1960년대 소설 연구

자유의 이념, 자유의 현실

지은이 이수형(李守炯, Yi, Soo-Hyung) 1974년 경북 의성에서 태어나 서울에서 자랐다. 서울대 국어국문학과에서 현대문학을 전공했다. 2007년 「이청준 소설에 나타난 교환 관계 양상 연구」로 박사학위를 받았고, 현재 서울대 연구교수로 재직하고 있다. 2002년부터 비평을 시작했으며 『문학과사회』 편집동인으로 활동 중이다. 저서로 『문학, 잉여의 몫』(문학과지성사, 2012) 등이 있다.

1960년대 소설 연구 자유의 이념, 자유의 현실

초판 인쇄 2013년 4월 25일 **초판 발행** 2013년 4월 30일
지은이 이수형 **펴낸이** 박성모 **펴낸곳** 소명출판 **출판등록** 제13-522호
주소 서울시 서초구 서초동 1621-18 란빌딩 1층
전화 02-585-7840 **팩스** 02-585-7848 **전자우편** somyong@korea.com **홈페이지** www.somyong.co.kr

값 23,000원

ISBN 978-89-5626-854-5 93810

1960년대 소설 연구

자유의 이념, 자유의 현실

The Idea and Reality of Freedom in 1960s Literature

이수형

소명출판

우리가 살고 있는 이곳에 현대적 혹은 근대적이라고 불릴 만한 삶이 출현한 시기는 보는 관점에 따라서는 더 앞으로 거슬러 올라갈 수 있겠지만, 오늘날의 삶과의 연속성을 고려한다면 도시화와 산업화가 전국적으로 급격하게 확대되기 시작한 1960년대가 한국 현대 사회의 삶과 풍속을 규정한 바 크며, 이런 점에서 1960년대 소설 역시 현대 생활에 대한 밑그림을 제공해 왔다고 볼 수 있습니다. 예컨대, 1960년대 소설에 자주 등장하는 대학생 주인공의 정서가 보편적 감성의 위치를 획득할 수 있었던 이유는 그 작품들이 인구의 대부분이 고향을 떠나 도시에서 생활하면서 부닞치는 타인들과의 관계를 선도적으로 포착했기 때문일 것입니다.

1960년대를 살아본 적 없는 제가 그때 쓰이고 읽힌 소설에 그리 낯설지 않게 공감할 수 있었던 이유 역시 그 연장선상에서 찾을 수 있을 것입니다. 반세기쯤 전의 소설 속에 묘사된, 화창하기보다는 오히려 어둡고 죄의식에 민감한 내면을 가까이 느낄 수 있었다면, 그것은 아마도 저를 비롯한 많은 사람들이 아직도 '60년대식'(김승옥 소설의 제목이기도 합니다) 삶을 살아가고 있기 때문입니다.

'진정한 자기' 따위에 대한 값어치가 현격히 추락하고 조롱받기조차 하는 21세기 포스트모던 사회의 도래 앞에서 '60년대식' 인간은 끝물일 수도 있고 또 연구 대상을 가까이 느낀다는 것이 득보다 실이 클 수도 있지만, 아무튼 지난 몇 년간 저는 기꺼이 책을 읽고 글을 썼습니다. 이 책은 그 산물입니다. 1부에는 최인훈 소설에 관한 글을 실었고, 2부에는 '60년대 작가'로 호명되는 작가들의 작품에 관한 글을 수록했습니다. 3부로 묶인 것은 1960년대의 앞뒤에 발표된, 그러나 어떤 면에서는 '60년대식'인 작품들에 관한 글입니다.

글을 쓰면서 또 책을 묶으면서 강단에서나 지면으로 귀중한 가르침을 주신 여러 선생님들께 새삼 감사함을 느꼈습니다. 여러모로 도움을 주신 소명출판에도 깊이 감사드립니다.

2013년 3월
이수형

차례

2부

1960년대 작가 연구

3부

전쟁, 애도, 윤리, 역사

1부

최인훈 소설 다시 읽기

결정론과 자유
최인훈의 초기 소설

신과 대면한 인간의 한계와 가능성
「라울전」과 「아겔다마」

해방공간의 나라 만들기와 가족로망스
「광장」

다시 쓴 나라 만들기와 가족로망스
「태풍」과 「광장」

결정론과 자유
최인훈의 초기 소설

1. 「광장」의 관념성의 기원

1950년대 소설은 '전후소설'이라는 명칭에서도 드러나는 바대로 외부의 상황이라는 타자에게 압도된 듯한 양상을 보인다. 그 상황은 무엇보다 냉전 체제 속에서 기정사실화된 남북 분단과 그로부터 정당성을 획득한 반공을 명분으로 내세운 자유당 독재를 중심으로 구조화되었다.[1] 1950년대와 단절하고 1960년대를 새롭게 구획한 4·19가 자유민주주의, 그리고 뒤이어 통일 문제를 주요 쟁점으로 삼았다는 사실은 전후 상황을 규정한 주요 요인이 무엇이었는가를 방증하고 있다.

이런 맥락에서 4·19 직후 발표된 최인훈의 「광장」은 월북과 중립국행이라는 이명준의 선택을 통해 1950년대를 구조화했던 독재와 남북 분단이라는 두 축을 일거에 겨냥함으로써 좌우 이데올로기 대립에 갇혀 있던 전후소설을 극복할 수 있는 발판을 마련한 것으로 평가받고

1 권영민, 『한국현대문학사』 2, 민음사, 2002, 103면.

있다.[2] 그러나 다른 한편으로, 「광장」이 전후의 폐허 속에서 주체의 방향 상실과 논리적 파행을 노정했던 전후소설을 넘어서기 위해 현실에 대한 전체적인 인식을 기획하고는 있지만, 그것이 작가의 지나친 관념 투사를 낳아 결과적으로 현실을 제대로 반영하지 못했다는 한계가 지적되기도 한다.[3] 실상 이러한 두 가지 평가는 동전의 양면처럼 서로 맞물려 있다. 다시 말해, 주체를 압도하는 타자의 영향으로부터 벗어나기 위해 주체의 동일성을 회복하려는 시도가 「광장」의 성과를 낳은 근거였다면,[4] 그것은 또한 타자(상황)에 대한 주체의 과잉 투사로 인해 현실을 주체의 관념에 의해 표백하는 결과를 낳은 이유가 되기도 한다.

주목할 것은 주체의 동일성 확립 과정에서 발생하는 현실의 관념화가 '나는 자유롭지 않다'라는 명제로 수렴되는 인식에 그 기원을 두고 있다는 점이다. 이는 「광장」은 물론, 초기 소설인 「GREY 구락부 전말기」, 「라울전」, 「가면고」 등에서도 공통적으로 발견된다. 우선 「광장」에 대해 간단히 살펴보면, "약탈과 사기"만이 횡행하는 남한의 광장에 대해 우회적으로 비판하면서 "밀실 가꾸기에만 힘쓰겠다"던 이명준의 태도에 결정적인 충격을 가한 것이 자신의 사생활(privacy)에 대한 공권력의 침해라는 사건이고, 그 때문에 탈출해서 정착한 북한의 현실에 비판적인 태도를 취하게 된 계기 역시 개인의 자율성을 질식시키는 "당의 명령"이다. 이 두 계기는 모두 부자유를 가리키고 있다.

> 여태껏 오해를 해온 것을 어렴풋이 깨달았다. 오해. Ego의 방문이 붕괴되는 소리가 들렸다. 그렇게 튼튼하리라고 믿었던 에고의 문이 녹크도 없이 무례스리 젖혀지고 흙발로 침입한 폭한이 그를 함부로 구타했다. 내 방

---

2 김윤식 · 정호웅, 『한국소설사』, 예하, 1993, 348면.
3 조남현, 「〈광장〉, 똑바로 다시 보기」, 『문학사상』, 1992.8, 188면.
4 김영찬, 「최인훈 초기 중단편 소설의 현대성」, 『상허학보』 7, 2001, 384면.

인데, 그자는 어찌 그리 방자할 수 있었을까. 그 점에 오해가 있은 게 분명했다.

여기도 기를 꽂을 공지(空地)는 없었다. 위대한 것들은 깡그리 〈일찌기〉 말하진 후였다. 감격할 필요는 없다는 것이다. 정확히 동작만 하라는 것이었다. 왜 이렇게 됐을까. 북조선에는 혁명이 없었던 탓일 것 같았다. 인민정권은 인민의 망치와 낫이 피로 물들어지며 세워진 것이 아니었다. 〈전세계 약소민족의 해방자이며 영원한 벗〉인 붉은 군대가 가져다 준 〈선물〉이었다.[5]

자유의 개념 중 좀 더 통상적인 것은 밀에게서 체계화된 자유주의적 자유이다. 이때 자유는 물질적·정신적인 것을 포함한 행복 일체를 추구하기 위한 개인의 활동에 강제가 가해지지 않는 상태를 뜻한다.[6] 서구의 역사적 과정을 배경으로 하는 이러한 자유 개념은 현실적이고 공리주의(功利主義)적인 타협의 산물을 낳게 되는데, 그 첫째가 민주주의적인 게임의 절차에 따라 획득되는 법적·정치적 자유이며, 둘째는 개인의 완전한 자유의 '희석된 형태'로서의 사생활이다.[7]

한편, 이와 다른 자유 개념으로 칸트에 의해 완성된, 자유의지 혹은 자기원인(causa sui)으로서의 자유를 상정할 수 있다. 여기서 자유란 주체의 전 행위가 어떠한 타자원인으로부터도 독립적이며, 따라서 주체의 원인성을 규정하는 근거가 외부에 있지 않은 상태를 의미한다.[8] 다

---

5 최인훈, 「광장」, 『새벽』, 1960.11, 262, 283면.

6 J. S. 밀, 서병훈 옮김, 『자유론』, 책세상, 2005, 34~35면.

7 Z. 바우만, 문성원 옮김, 『자유』, 이후, 2002, 66면. 자신의 방에서 경찰서로 강제 연행되어 폭행을 당한 이명준이 "나는 법률의 밖에 있는 건가"라고 자조하듯이, 이 두 자유, 즉 공적 자유와 사적 자유가 명확히 구분되는 것은 아니다.

8 I. 칸트, 백종현 옮김, 『실천이성비판』, 아카넷, 2002, 220~228면.

시 말하면, 이때의 자유는 선행하는 원인에 의해 결과가 수반된다는 결정론(determinism)과 대립하는 형식으로서의 자유이다.[9]

위의 인용에 의하면, 이명준에게 남한은 법적·정치적 자유에 대한 기대가 좌절되고 그나마 남아있던 사생활로서의 자유마저 유린되는 공간이고, 북한은 외부(붉은 군대, 당)의 명령에 따를 것만을 강요당하는 공간이다. 따라서 표면적으로는 남한을 자유주의적인 자유가 왜곡된 '부패한 자유주의' 체제로, 북한을 자유의지로서의 자유가 훼손된 '전체주의' 체제로 규정할 수도 있지만, 그것만으로는 불충분하다. 북한에서처럼 '타자의 명령'이 원인이 되어 '주체의 행동'이라는 결과를 낳았다면, 그 관계는 당연히 결정론적인 것이며 여기서 주체가 자유롭지 못한 것은 분명하다. 그러나 근본적인 질문을 던진다면, 이명준이 남한에서 법적·정치적 자유에 대한 기대를 포기하고 밀실에서의 사생활을 추구하는 것 역시 남북 분단과 독재라는 외부의 원인 때문이므로, 이 역시 결정론적이다. 다만 이명준이 사생활에서만큼은 자유롭지 않느냐고 반박할 수 있을 텐데, 이러한 반박에 대해 좀 더 살펴볼 여지가 있다.

논의의 편의상 밀과 칸트를 중심으로 자유 담론을 구분하였지만, 이 둘을 나누는 것은 쉽지 않다. 예컨대, 현실적으로 자유란 자기가 하고 싶은 것을 하는 상태로 표현될 수 있지만, 이때 '자기가 하고 싶은 것'이 진정 자기로부터 말미암은 것인가라는 문제는 여전히 해결되지 않은 채로 남는다. 이러한 문제제기는 "관습적인 것을 빼고 나면 그들에게는 따로 자기 고유의 기질이라는 것이 아예 없다. 정신 자체가 굴레에 묶여 있는 것이다. 재미삼아 하는 일도, 다른 사람이 무엇을 하는지 먼저 살피고서 따라하고, 군중 속에 묻혀 들어가기를 좋아한다. 선택도 그저 사람들이 흔히 하는 것 가운데서 고르는 데 국한된다"라는 밀의 지적에서도 확인할 수 있다.[10] 여하간 밀은 법적·정치적으로 자유를

9 최용철, 「결정론과 자유의 문제」, 『철학연구』 11, 1986, 14~20면.

보장함으로써 이러한 문제를 해결하려는 입장을 유지한다. 그러나 1960년대에 이미 자유의 법적·정치적 보장이라는 측면에서 한국 사회보다 훨씬 더 진보적이었던 서구의 시민들이 스스로 노예 되기를 원한다는 사실에 대한 김수영의 우려가 선취했다시피,[11] 법적·정치적 보장으로는 해소될 수 없는 자유의 잉여가 존재한다는 것은 명백하다. 그들은 돈이나 명예, 안락을 원하지만, 그것은 그들 자신이 원하는 것이 아니라 관습적으로 주어진 것을 따르는 데 불과하며 따라서 자유가 아니다.

이명준은 아버지에게 남한의 청년들이 "섹스와 재즈와 그림 속의 미국 여배우의 젖가슴에서 허덕이지 않으면, 재빨리 외국인을 친지로 삼아서 외국으로 내빼고 있"거나 "이도저도 못하는 우리 같은 것은, 철학이니 예술이니 하는, 19세기 구라파의 찬란한 옛날 얘기책을 뒤적이면서, 자기 자신을 속이"고 있다고 호소한다. 그리고 그 이유에 대해 "젊은 사람치고, 이상주의적인 사회 개량의 정열이 없는 사람이 어디 있겠습니까? 다만 그들은 남조선이라는 이상한, 참으로 이상한 풍토 속에서는 움직이는 자리를 가지지 못했다는 것뿐"이라고 말한다. 요컨대, 누군가가 퇴폐나 출세를 지향하는 것은 물론, 부르주아 집안에 기식하는 이명준 자신이 밀실에서 철학이나 예술에 몰두하는 것마저 스스로의 자유로운 선택이 아니라 '이상한 풍토'라는 원인에 의해 결정된 결과일 뿐이라는 것이다.[12] 자유와 결정론의 관점에서 보면, 사생활이

10 J. S. 밀, 앞의 책, 116~117면.

11 김수영은 「시여, 침을 뱉어라」에서 "그(서방측 자유세계의—인용자) 시민들의 대부분은 군거(群居)하고, 인습에 사로잡혀있고, 순종하고, 그 때문에 자기의 장래에 대해 책임을 질 것을 싫어하고, 만약에 노예제도가 아직도 성행한다면 기꺼이 노예가 되는 것도 싫어하지 않을 정도다"라고 진단한다(김수영, 『김수영 전집』 2, 민음사, 1981, 253면).

12 칸트는 주체의 활동의 내적 원인과 관련된 자유, 즉 행복 추구의 자발적인 표현처럼 보이는 주체의 성향조차도 그가 속해 있는 사회나 상황에 의해 결정될 수 있기 때문에, 이러한 '심리학적 자유'가 자유에 대한 해답이 될 수 없다고 보았다(A. 주판치치,

어느 정도 보장된 남한 사회와 그렇지 못한 북한 사회의 차이는 그다지 중요한 것이 아니다. 사생활이라고 인정되는 부분조차 자기가 좋아서 선택했다기보다 외부의 원인에 의해 결정되기 때문이다. 오히려 두 사회 모두 결정론적 관점에서 자유롭지 않다는 공통점이 부각된다.

자신의 행동을 상황의 탓으로 환원하는 이명준의 현실 인식을 논리적으로 틀렸다고 단정하기는 쉽지 않지만, 그것이 다분히 관념적이라는 점을 부정하기도 어렵다. 또, 이러한 결정론적 세계관에서 자유(의지)가 현실적으로 어떤 의미를 띠는가에 대해서 되물을 때도, 가령 이명준이 내세우는 자유가 공권력의 강제에 대한 비판으로 기능하는 경우에는 자유주의적인 의미를 획득함으로써 현실적인 의미 역시 갖게 되겠지만, 그렇지 않은 경우에는 '완전한 자유'에 대한 관념적인 사변에 그치는 것처럼 보일 수도 있다.[13] 후자의 자유, 즉 완전한 자유는 긍정적으로 본다면 유토피아에 대한 동경으로 이해될 수 있고, 다소 부정적으로 본다면 개인의 전적인 고립으로 이해될 것이다. 둘 중 어느 쪽이든 현실로부터 상당한 거리를 두고 있기 때문에 이명준이 추구하는 자유를 관념적인 자아가 현실과 부딪치면서 발생하는 갈등의 표출로 보는 것은 당연한 귀결일 수 있다.

요컨대, 「광장」의 관념성은 첫째, '나는 자유롭지 않다'라는 현실 인식, 즉 모든 사건의 원인이 상황으로 귀속되는 결정론적 세계관에서 비롯된 것이라고 할 수 있다. 현실이란 어느 정도 상황 결정론적이지만 전적으로 그렇지는 않다는 식의 상식적인 인식과 비교할 때, 「광

이성민 옮김, 『실재의 윤리』, 도서출판b, 2004, 49면).

13 김현은 장용학의 「원형의 전설」의 관념성을 설명하기 위해 '에피메니드의 역설'을 끌어들인 바 있다(김현, 「에피메니드의 역설」, 『현대한국문학의 이론/사회와 윤리』, 문학과지성사, 1991, 327면). 본고의 맥락에 맞게 수정하면 그 역설은 다음과 같이 요약할 수 있다. 현실을 전체적으로 인식하기 위해서는 불확실성을 줄여야 한다. 현실의 불확실성이란 다른 말로 하면 원인과 결과의 결정론으로는 설명할 수 없는 자유의 영역이다. 따라서 현실의 전체적 인식을 위해서는 자유를 부정해야만 한다.

장」의 결정론적 세계관의 관념성은 상대적으로 선명하게 드러난다. 둘째, 그러한 결정론적 세계관에서의 자유 역시 관념적이다. 결정론적 세계를 배경으로 할수록 자유 역시 점점 더 완전한 것이 되어야 하지만, 완전한 자유 역시 상식적으로 받아들여지는 현실에서는 '상상'이나 '사고실험'에 불과한 것으로 간주되기 때문이다.[14]

이러한 결정론적 세계관과 자유라는 주제는 「광장」 이전에 발표된 「GREY 구락부 전말기」, 「라울전」, 「가면고」 등의 초기 소설에서도 공통적으로, 그리고 좀 더 뚜렷하게 드러난다. 이를 분석함으로써 최인훈 초기 소설에 형상화된 결정론적 세계와 자유의 관계에 대해 살펴보고, 이러한 주제가 어떤 의의를 갖는가에 대해 밝히고자 한다.

2. 자유로운 이성의 조건

예수의 처형을 전후한 시기를 배경으로 서사가 진행되는 「라울전」은 기존의 연구에서는 주로 이성적으로 세계를 인식하려는 주인공 라울의 시도가 벽에 부딪치는 결말에 초점이 맞춰져 왔지만, 그에 앞서 이 소설이 신의 섭리라는 원인에서 비롯된 종교적 결정론에 대한 알레고리라는 점에 주목할 필요가 있다. "인간의 삶이 하나에서 열까지 하나님의 섭리에 의해 미리 예정되어 있다"는 기독교의 예정설은 결정론의 가장 순수한 형태라는 점에서,[15] 「라울전」을 통해 최인훈의 결정론적 세계 인식의 한 단면을 엿볼 수 있다.

---

14 Z. 바우만, 앞의 책, 95면.

15 김상봉, 『호모 에티쿠스: 윤리적 인간의 탄생』, 한길사, 1999, 115면.

> 신을 생각하는 기쁨은 더 말할 나위 없이 깊은 일이었고, 신의 아낌 속에서 산다는 기쁨은 일찍부터 라울로 하여금 '가림받은 자'의 자랑과 사명감을 깊이 새겨주었다. 그러나 바울은 전혀 달랐다. 그가 장군이 되지 않고 제사장이 된 것은, 다만 장군이란 로마인이 아니고는 될 수 없는 그의 민족의 처지와, 집안이 제사장직을 하여왔다는 것뿐이었다. (…중략…) 라울이 바울에게서 느낀 두려움은 바울이 자기의 위에 빛나는 운명의 별—더 히브리적인 나타냄을 한다면, 누가 더 신의 사랑을 받고 있는 자인가 하는 일에 있어서 라울 자기가 못한 자리에 서 있는 것이 아닌가, 하는 바로 그 점이었다. (…중략…) 아무런 까닭 없이 진다는 것, 그것도 번번이 그러하다는 일은 두렵고 우울한 일이었다. 그것은 어떤 운명적인 열등함을 보여주는 일이었다. 신은 우연 속에 나타나는 것일까?[16]

깊은 사명감에서 제사장이 된 라울과 달리 바울은 단지 유태인이고 제사장 집안 출신이라는 주변 상황 때문에 제사장이 되었을 뿐인데도 어릴 때부터 "아무런 까닭 없이" 항상 바울이 라울에 앞선다. 라울은 점차 신의 선택을 받은 것이 자기가 아니라 바울일지도 모른다고 의심하지만, 다른 한편으로는 그럴수록 더욱더 신과 더불어 있는 것은 자기라고 자신한다. 그 자신감의 원천은 지식(배움)의 우위이며, 그것은 또 "속임수에 빠지지는 않는다는 자신감"으로 이어진다. 따라서 라울이 지식을 추구하는 것은 알 수 없는 상황의 지배로부터 자유로운 인식(경험적 인식에 대한 이성적 인식)의 주체로서 자기를 확립한다는 의미를 띠게 된다.

앞서도 언급했듯이 라울의 지적 우위는 바울의 행운 앞에서 결국 패배하게 된다. 그리고 이러한 실패의 결말 때문에 「라울전」은 이성으로는 세계를 완벽하게 이해하거나 설명할 수 없다는 주제를 드러낸다고

16 최인훈, 「라울전」, 『우상의 집』, 문학과지성사, 1993, 48~49면.

해석되어 왔다. 이러한 해석에는 라울이 이성적 인식 주체라는 전제가 깔려 있다. 그런데 이 전제는 정당한 것인가? 라울을 이성적이라고 판단할 수 있는 주요한 근거는 "배움이 없는 자가 신을 말할 수 있다는 것을 믿지 않"는 라울이 단지 세상의 풍문이 아니라 "경전과 사료를 뒤져 꼼꼼한 계보학적인 검토"를 한 끝에 얻은 사실에 근거해 예수가 다윗왕의 후손이라고 인정하는 사건이다.

> 바울이 나사렛 사람을 전혀 따져볼 값도 없는 엉터리라고 나오자, 라울은 다르게 생각하고 싶은 마음이 더 굳어졌다. 학생 시절에, 바울이 넘겨짚어서 골라낸 구절을 오기로 건너 뛰어버린 것과 똑같은 움직임이다. (바울이 아니라고 하니깐……) 나는 그렇다고 해야지 그런 심사였다. 그러나, 내기와 우연과 예언에서는 늘 바울이 이기지 않았는가? 그러나 이번에는 나는 사실을 쥐고 있다. 사실? 어떤 사실? 책에서 낸 연대 셈과 돌림자 따지기? (…중략…) 알아보기에 지치면 오랜 기도를 하였다. 라울은 그 옛날, 신이 그의 사랑하는 자에 내린 특별한 아낌—즉 믿을 수밖에 없는 '신의 강제'를 베풀기를 기도했다.[17]

그러나 라울은 자신이 알게 된 사실 앞에서 머뭇거린다. 여기에는 몇 가지 이유가 있다. 우선, 그는 "총독이 부르는 잔치니, 교구장 회의니 하는 상식을 깨뜨리지 못하"기 때문에 예수를 만나 자신이 밝혀낸 사실을 직접 확인할 기회를 얻지 못한다. 또 다른 이유는 그가 스스로 사실을 확인하기보다는 "신의 강제"가 주어지기를 간구하기 때문이다. 그러나 신은 자기가 아닌 바울을 선택하고 이 때문에 라울은 미쳐 파멸한다. 이러한 사건 전개는, 일차적으로는 인식하는 주체로서의 라울과 실천하는 주체로서의 라울이 서로 분열되어 있음을 보여준다. 라울

17 최인훈, 「라울전」, 52면.

은 인식의 측면에서는 남들보다 우월할 수 있지만, 실천의 측면에서는 상식에 묶인 남들과 다를 바 없다. 그런데 그 우월한 것처럼 보이는 인식의 성격은 또 어떠한가?

「라울전」의 결말이 더 많이 아는 자가 더 행복한 것은 아니라는 메시지를 전달하는 것은 틀림없지만, 단지 지식이 많다고 해서 라울을 이성적 인식 주체로 볼 수 있는가? 이성적 인식은 세계의 필연적인 진리에 도달하는 것 자체를 목적으로 한다. 기원 전후를 살았던 라울이 구약의 신을 이성적으로 인식하려 한다는 설정 자체가 일종의 아나크로니즘이라는 점을 감안할 때, 신에 대한 이성적 인식은 18세기 계몽주의의 이신론(理神論)에서 그 전형을 볼 수 있는바, 이 역시 신이라는 제1원인으로부터 비롯되어 자연필연적으로 결정된 세계의 인과성을 이성적 진리의 형태로 인식하는 것을 뜻한다.

이와 달리, 라울은 바울을 이기기 위한 수단으로, 궁극적으로는 자기가 신의 선택을 받았음을 확인하기 위한 수단으로서 지식을 강박적으로 추구한다. 또 예수가 메시아임을 믿었던 것 역시 단지 지적 탐구의 결과 때문만이 아니라, "바울이 아니라고 하니깐……"과 같이 바울에 대한 경쟁심 때문이기도 하다. 이는 바울이 예수를 따르게 되었다는 소식을 듣고 라울이 "또 한 발 늦었구나! 지금 느낌은 이것이었다. 나사렛 예수가 신이냐 아니냐는 어쩌면 나중 일이었는지도 모른다"라고 고백하는 장면에서 여실히 드러난다. 라울에게는 예수가 참이냐 거짓이냐는 진리 판단의 문제보다 자기가 이겼느냐 졌느냐는 문제가 더 시급하고 근본적인 것이다. 그는 자기 자리라고 믿었던 것이 바울의 몫으로 돌아가자 "바울이 자기인 줄 알고 있는 것을 보고 안타깝고 분이 치밀"고 결국 이성의 반대편인 광기에 사로잡힌다.

이런 사건의 추이를 볼 때, 라울을 이성적 인식 주체라고 규정하기에는 바울에 대한 '운명적 열등감'이라는 비이성적 요소가 그의 사고와 판단에 개입하는 정도가 지나치게 심하다는 것을 확인할 수 있다. 다시 말해, 「라울전」은 라울이 세계를 이성적으로 인식했음에도 불구하고 그것이 현실(혹은 운명)이라는 비이성 앞에서 좌절하고 만다는 것으로 요약될 수 있는 서사가 아니라, 그가 운명적 열등감이라는 정념에 휘둘렸을 뿐 끝내 그로부터 벗어나지 못했고 그 결과 이성적이지도 못했다는 식의 서사로 보는 편이 더 적절할 것이다. 라울이 의식적으로 지식을 추구했다는 것과 그가 실제로 이성적이었다는 것은 서로 별개의 문제이다.

그런데 바울에 대한 라울의 열등감은 그의 삶을 둘러싼 성장 배경의 산물이라는 점에서 상황 결정론의 결과이며 또 신의 뜻에 의한 운명이라는 점에서 종교적 결정론의 결과라서, 그가 어떻게 손 쓸 수 있는 것이 아니다. 가령, 라울이 미쳐 파멸하는 것은 바울에 대한 열등감 때문이고, 그 열등감을 갖게 된 것은 어릴 때부터 승부마다 항상 졌던 경험 때문이고, 항상 졌던 것은 신의 뜻 때문이다. 이 인과 연쇄의 어디에도 라울 자기의 탓이라고 할 만한 것은 없다. 「라울전」의 세계는 인간의 자유가 아니라 "신의 강제"에 의해 세상만사가 결정되는 세계이다. 라울이 두려워했던 대로 바울이 제사장이 되고 또 자기보다 늘 앞섰던 것은 우연이 아니라 운명이며 신의 뜻이었고,[18] 마찬가지로 지식을 통해 신과 합일하고자 애썼던 라울이 자기 의사와는 무관하게 미치광이

18 정영훈은 「라울전」의 결말에 대해, 책(지식)에서 필연성을 찾던 라울이 우연 앞에서 패배하는 것으로 해석하고 있다(정영훈, 「최인훈 소설에 나타난 주체성과 글쓰기의 상관성 연구」, 서울대 박사논문, 2005, 61~62면). 그런데 지금까지 라울이 바울과의 승부에서 자기가 계속 패배하는 것을 우연의 탓으로 돌림으로써 진정한 승자는 자기라고 믿어 왔다는 점을 감안할 때, 바울이 예수의 부름을 받은 것이 또 한 번의 우연이라면 라울이 굳이 이 사건 때문에 스스로 파멸할 이유는 없다. 이 사건은 라울이 우연이라고 이해했던 바울의 승리가 실은 신의 뜻에 의한 필연 혹은 운명이었음을 증명하는 결정적인 계기로 보는 것이 타당하다. 따라서 「라울전」의 결말은 라울이 우연이라고 오해했던 것이 실은 필연이었음이 밝혀지는 것으로 이해할 수 있다.

로 죽는 것 역시 신의 뜻이다. 라울은 신의 결정론으로부터 조금도 자유롭지 않다. 자신의 의지와는 상관없이 예수의 선택을 선물 받은 바울의 다음과 같은 단언, "옹기가 옹기쟁이더러 나는 왜 이렇게 못나게 빚었느냐고 불평을 한들 무슨 소용이 있으랴. 옹기쟁이는 자기가 좋아서 못생긴 옹기도 만들고 잘생긴 옹기도 빚는 것이니"라는 말이 결정론의 핵심을 명시한다.

이러한 결정론은 라울이 자유롭지 않을 뿐만 아니라 결코 자유로울 수 없다는, 자유의 불가능성으로 귀결되는 것은 아닌가? 그렇다면 진리를 추구하는 이성의 자유, 그리고 그것의 통속적인 버전으로서 학문의 자유는 단지 수사에 불과한 것인가? 라울의 경우를 보자. 그는 지식에 의해 우연(아무런 까닭 없는 바울의 잇단 성공)으로 가득한 상황으로부터 자유로울 수 있다(바울의 성공을 신의 뜻으로 오인하지 않음)고 믿었지만, 실은 그 우연들의 결과인 열등감으로부터 조금도 자유롭지 못했고 그래서 이성적이지 못한 판단을 거듭했고 그로 인해 미쳐버린다.

이성적일 때 자유롭다는 말은 자유로워지려고 할 때 이성적이 될 수 있다는 말로 바꿀 수 있다. 예컨대, 어떻게 해도 바울이 자기를 앞서고 급기야 신의 선택까지 받았다는 데서 오는 열등감으로부터 자유로워지려고 할 때 비로소 라울은 이성적으로 판단할 수 있는 가능성을 얻게 된다. 이를 학문의 자유로 일반화시켜도 마찬가지이다. 학문의 주체가 상황의 탓으로 귀속되는 정념으로부터 자유롭지 않다면 그때의 학문은 제도로 보장될 수는 있겠지만 이성적일 수는 없다. 그런데 상황으로부터 어쩔 수 없이 결정된 여러 정념으로부터 전적으로 자유로운 주체가 현실적으로 있을 수 있는가? 스피노자에 의하면, 인간의 자유는 자기의 정념을 결정하는 원인을 이성적으로 인식하는 것에서부터 시작된다.[19]

19 김상봉, 앞의 책, 210~217면. 이에 따르면, 이성적이기 위해서는 자유로워야하고 자

「라울전」은 스스로를 이성적이라고 오해했지만, 상황(그리고 신)의 결정론으로부터 자유롭지 못했던 라울의 실패담이다.[20] 스스로 자유로운 인식 주체이고자 했던 라울에게 남은 유일한 길은 자신의 열등감을 우연의 탓으로 돌리지 않고 거기서부터 인식을 출발해 열등감의 원인에 이성적으로 접근하는 것이다. 최인훈의 소설에서 주인공에게 강박된 정념들(예컨대, 월남민이나 제3세계 지식인으로서의 콤플렉스)의 기원으로 거슬러 올라가 과거의 트라우마를 서술·분석하는 모티프가 유난히 많다는 사실은 라울의 실패로부터 작가 최인훈이 깨달은 바가 결코 적지 않다는 점을 암시하고 있다.

3. 강요된 즐거움과 죄의식

「GREY 구락부 전말기」의 현은 독서 편력 끝에 "누리가 유리 실로 만든 실공이기나 하듯, 처음과 끝이 돌고돌아 비끄러매진 마지막 매듭까지 보아 버렸"다는 결론에 이른다. 그러나 이러한 결론은 모든 것을 다 알았다는 지적 만족이 아니라 어디에도 새롭고 독창적인 것은 없다는 회의를 낳는다. 현과 몇몇 비슷한 청년들이 모여 잡담과 소일을 일삼는 그레이 구락부의 발당 선언은 이러한 회의를 보다 직접적으로 드러내고 있다.

유롭기 위해서는 이성적이어야 하므로, '자유=이성'이다.

20 최인훈이 「광장」에서 기독교와 마르크스주의의 유사점을 비교하는 장면을 참고할 때, 「라울전」이 극화하는 종교, 진리, 구원의 문제는 마르크스주의와 지식인의 관계를 연상시킨다.

움직임의 길이 막혔을 때, 움직이지 않음이 나옵니다. 예스라고 하기 싫을 때 노라 하지 않고 그저 입을 다무는 것도 또한 훌륭한 움직임입니다. '손쉬운 도피'란 말을 속물들은 멋대로 지껄입니다. 손쉬운 풀이가 아닙니까? 우리는 이 손쉬움에 대듭니다. 창조는 끝났습니다. 다만 기계적 되풀이만이 남았습니다. 신이 늘 꾀를 내고 사람은 덤으로 찍어낼 따름입니다. 천재가 피리 불면 무리는 장단을 넣습니다. 우리는 겉보기를 믿지 않습니다. 겉보기는 허울인 까닭입니다. 우리는 역사의 알몸을 보았습니다. 역사란 시간의 아지랑이입니다. 우리는 시간을 믿지 않습니다. 우리는 말짱한 빈손, 이것을 위하여 이 자리에 모였습니다.[21]

현을 비롯한 멤버들은 창조는 끝났고 기계적인 반복만이 남았다고 선언한다. 그것은 '신의 꾀—사람의 덤으로 찍어내기', '천재의 피리 소리—무리의 장단 넣기' 등으로 변주되어 표현된다. 그들에게 허용된 몫은 독창성의 차원에서 보면 원형의 반복일 뿐이고, 인식론의 차원에서 보면 이전의 원인에 귀속되는 결과일 뿐이라고 할 수 있다. 그것은 새롭지도, 자유롭지도 않다.

「GREY 구락부 전말기」에 대한 기존의 평가는 지식에 대한 믿음이 좌절된 데 따른 반동으로 회의와 피로를 드러낸다거나 현실로부터 자발적으로 고립되어 세계를 정관하며 사유한다는 등, 주로 인식론의 차원에서 진행되었다.[22] 그레이 구락부 멤버들이 처한 상황을 인식론적으로도 설명할 수 있기는 하지만, 그럴 경우 그들이 보여주는 세계 인식의 내용은 빈약하기 짝이 없으며, 따라서 부정적인 평가로 이어질 수밖에 없다. 그러나 '구락부(俱樂部)'라는 명칭이 암시하듯, 그들이 세계를 인식하기 위해서가 아니라 서로 즐거움(쾌)을 나누기 위해 모인

---

21 최인훈, 「GREY 구락부 전말기」, 『우상의 집』, 16~17면.

22 김영찬, 앞의 글, 394면; 정영훈, 앞의 글, 62면.

다는 점을 감안한다면 인식의 내용이 빈약하다는 식의 평가는 초점을 벗어난 것이라고 할 수 있다. "남의 즐거움을 받아주는 것이 민주주의고, 남의 취미에 대한 너그러운 아량이 얼마나 동네를 숨돌릴 수 있게 만드는 것인가"라는 현의 생각은 그레이 구락부가 지향하고 있는 지점을 정확히 표현하고 있다. 요컨대, 그레이 구락부가 지향하는 바는 개개인이 자유롭게 즐길 수 있는 상태, 즉 '즐김=자유'의 경지이다.

물론 그레이 구락부가 어떤 즐거움이라도 상관없이 받아들이는 것은 아니다. 관습적인 즐거움이라면 그것은 누군가의 즐거움을 반복하는 것에 지나지 않고 또 전혀 독창적이지 않기 때문이다. 독창적인 즐거움은 곧 미(美)에서 느끼는 즐거움이다. 그것은 또한 무관심성(disinterestedness)라는 개념이 명시하듯, 현실의 이해관계로부터 자유로운 상태이기도 하다. 요컨대, 그레이 구락부에서 추구하는 즐거움은 미 혹은 예술에 대한 즐거움이며, 이는 움직임이 길이 막힌 막다른 골목에서 자유로워지려는 의도를 반영하고 있다고 할 수 있다.

> 움직임의 손발을 갖지 못하고, 내다보는 창문만을 가진 인간형이 있다. 손 하나 발 하나 까딱하긴 싫고, 다만 눈에 보이는 온갖 빛깔, 형태를 굶주린 듯 지켜봄으로써 보람을 느끼는 사람, 이런 사람은 '창' 타입의 사람이다. (…중략…) 눈으로 하는 사귐은 떨어져 있고 번거로움이 없다. 그는 화창한 삶의 봄과, 매서운 싸움의 겨울을 바라본다. 그는 즐거움에 몸을 불사르지 않는 한편, 괴로움에 대하여 저주하지도 않는다. (…중략…) 저 새빨간 양철 지붕 밑에는 사과꽃처럼 진한 삶이 있는 것일까. 저 새파란 지붕 밑에는 창포꽃처럼 숨 쉬는 여자의 슬픔이 있는 것일까. 그러나 그 모든 지붕들도 이 찬란한 저녁노을의 때가 되면, 빠짐없이 한 가지 잿빛의 너울을 쓰는 것이다.[23]

23 최인훈, 「GREY 구락부 전말기」, 23~24면.

「GREY 구락부 전말기」를 분석하는 자리에서 비교적 자주 언급되었던 위의 인용에서 "창 타입의 사람"이라는 표현이 특히 주목을 받았는데, 그것의 핵심은 수동성이나 무기력함에 있는 것이 아니라 무관심성에 있다.[24] 따라서 그런 타입의 사람은 미적 판단의 주체, 즉 미적 즐거움을 느끼는 주체이다. "창으로 바라보는 풍경은 거의 아름다웠다" "창으로 바라보는 인물은 모두 소설 가운데 주인공처럼 흥미를 돋우며, '안'과 바깥의 '어울림' 속에 살아 있는 인물이었다"라는 현의 진술에서처럼, 미적 판단의 주체에게 창밖의 풍경은 회화나 소설과 같은 예술적 대상이 된다. 미적 판단이 수행되는 것과 동시에 그렇게 판단하게 된 이유가 무엇인지, 혹은 빨간 지붕, 파란 지붕 밑에 어떠한 삶이 숨어 있는지 등에 대한 지적·도덕적 판단은 중지된다.

이에 대해 두 가지 문제제기가 가능하다. 첫째는 미적 판단의 의의에 대한 것인데, 실상 소설의 내용만으로는 그레이 구락부에서 즐기는 미의 성격 자체에 대해 평가하기는 어렵다. 여기서 미적 즐거움은 그 자체의 의미나 성과보다 현실 상황에 대한 자유로움이라는 형태를 통해 소극적으로만 규정된다. 두 번째 질문은 지적·도덕적 판단을 배제한 채 현실로부터 자유로운 미적 판단이 과연 존재할 수 있는가 하는 것이다. 학문의 자유의 경우와 마찬가지로 이념적으로는 예술창작의 자유가 인정되지만, 어떤 대상을 과연 무관심한 상태에서 미적으로 판단하는 것이 현실적으로 가능한가라는 문제는 쉽게 해결할 수 있는 것이 아니다.

그러나 그레이 구락부가 미적 즐거움을 통해 확보하려고 한 자유의 영역은, 이러한 문제들에 대한 해답을 찾기도 전에, 엉뚱한 사건으로

24 쾌는 상대적인 상태이므로 전적으로 쾌만 있는 삶에서는 쾌를 느낄 수 없다. 이러한 규칙의 유일한 예외가 미를 직면했을 때 느끼는 쾌, 즉 무관심적인 기쁨(disinterested delight)이다(H. 아렌트, 김선욱 옮김, 『칸트 정치철학 강의』, 푸른숲, 2002, 205면).

붕괴된다. 경찰에서 "매일같이 모여서 불온서적을 읽고, 이 자들과 연락하여 국가를 전복할 의논들을 한 게 아니냐?"라는 혐의로 구락부 멤버들을 연행했기 때문이다.

> 이 까다로운 그의 사정을 무슨 수로 이 자에게 알릴 것인가. 그러나 가만 있을 수는 없었다. 그는 체면을 겨우 지키는 데까지 일을 비속화시키면서 누누한 풀이를 꾀했다. (…중략…) 이번에는 현을 데리고 형사실로 왔다. 이윽고 K, M, C도 뒤미처 들어왔다.
>
> "별일 없을 것 같아. 오늘은 여기서 자고 내일 아침 집으로 돌려보낼 테니……"
>
> 하고는 나가버렸다. 난로가에 의자를 끌어다놓고 앉은 채 그들은 입을 떼지 않았다. 그들은 저마다 무슨 비열한 일을 저지르고 난 연후에 동시를 만난 그런 느낌이었다. 심하게 말하면 동지를 팔고 놓여난 배반자의 괴로움을 똑같이 치르고 있었다.[25]

일종의 해프닝에 불과한 그레이 구락부 검거 사건은 '불온세력'에 과민반응 하는 반공 독재 정권의 히스테리에 대한 풍자일 수도 있다. 그렇지만 멤버들이 느끼는 죄의식에 대해서는 좀 더 진지하게 접근할 필요가 있다. 경찰에서 그레이 구락부에 둔 혐의는 전혀 사실과 다르므로, 상식적으로라면 멤버들은 사실을 증언하고 풀려난 것에 지극히 안도해야 할 것이다. 그러나 그들은 뭔가 양심에 거리끼는 일, 예컨대 배신 같은 것을 했다는 죄의식을 느낀다. 그 죄의식의 정체는 무엇인가?

경찰서에서 풀려난 현이 키티에게 "그레이 구락부는 기실 무정부주의와 테러리즘을 내세우는 비밀 결사의 세포였어"라고 거짓말을 하는 장면이 암시하듯, 그 죄의식은 멤버들이 그레이 구락부가 대단한 비밀

25 최인훈, 「GREY 구락부 전말기」, 39면.

결사라도 되는 양 스스로를 기만하면서 대리 만족을 얻었음에도 불구하고 그 사실을 부인했다는 이유에서 기인한 것이라고 할 수 있다. 문학예술과 철학을 논하면서 자기를 상황으로부터 자유로운 미적 주체라고 오해했지만 실은 현실로부터 도피해 잡담으로 소일한 것일 뿐이었다는 것을 알았을 때 그들은 죄의식을 느끼게 되고, 또 처벌이 두려워 자기들의 모임을 굴욕적일 정도로 비속하게 만들었을 때 다시 한 번 죄의식을 느낀다. 그들은 이중으로 자유롭지 않다. 그들의 즐김이 무관심한 것이 아니라 실은 부자유한 사회라는 상황의 산물일 뿐이라는 점에서 그들은 자유로운 미적 주체가 아니었다. 이뿐 아니라 더 심각한 문제가 있다. 그레이 구락부 정도의 모임마저도 용납되지 않는 상황에서 그들이 자유로워지기 위해서는 비밀결사의 세포 같은 것이 되어야 하지만 그러지 못했다는 점에서 그들은 좀 더 근본적으로 자유롭지 않았다.

4. 사랑과 타자의 자유

주인공 민이 진정한 '자기'를 찾기 위해 탈을 벗으려는 과정을 다룬 「가면고」의 모티프는 「GREY 구락부 전말기」의 결말에서도 잠시 언급되고 있다. 거기서 현은 "아름답고 신비하지만 그것만을 쓰고 있을 수 없는 탈을 인제는 벗어야 할 것이 아니냐"라고 고민한다. 그 탈을 현학적인 취향에 의해 자유로움을 가장하는 장치로 이해한다면, 「가면고」는 이성적 인식이나 미적 판단이 아닌 제3의 방법으로 주체의 자유를 확보하려는 시도를 보여줄 것임을 예상할 수 있다.

「가면고」는 앞의 두 소설에 비해 좀 더 분명하게 전쟁 이후라는 상황에서 출발한다. 민은 제대 후 잠시 동안 전쟁에서의 극한 체험이 오히려 진정한 자기를 찾는 계기가 되었다고 믿는다. "이 시대에 살 수 있는 세금을 치른" 그는 "빈정대는 웃음이 아니고, 열심히 살아보자는 담담한 생각"을 스스로 되새긴다.

> 전쟁이 개인의 운명을 바꾸었느니, 전쟁이 기성 질서와 생활 감정을 어쨌느니, 전쟁이 무엇을 무엇했느니, 그래 전쟁이 없었다면 네가 운동의 네 번째 법칙을 발견할 것을 못 했단 말인가. 전쟁통에 그만 배울 걸 제대로 배웠겠습니까 머리를 긁는 친구, 전쟁에 그만 깡그리 가산을 날리고 이러면서 소주잔을 비우는 빵장수, 전쟁이 저를 이렇게 만들었어요. 당치도 않은 피해망상을 실습해 보는 갈보의 센티멘틀리즘, 거짓의 무리들이여 열세 번이나 지옥으로 가라. (…중략…) 전쟁은 게으른 자와 음탕한 자들에게만 핑계를 주었다.[26]

민은 "전쟁이 저를 이렇게 만들었어요"라는 사람들의 한탄을 피해망상이나 센티멘털리즘 정도로 치부하지만, 전후 상황에서 전쟁이라는 결정원인을 단지 핑계에 불과한 것이라고 간단히 부정할 수 있을까? 아닌 게 아니라 전쟁 탓을 하는 사람들에 비해 우월하다고 믿었던 민의 자신감은 "사랑과 순결"을 믿었던 한 여자가 자기 동료의 옛 애인이었다는 사실을 알게 됨으로써 곧바로 무너진다. 이 사건이 민의 자신감을 깨뜨릴 만큼 대단한 것이었는가에 대해서 「가면고」의 서사 내부에서는 더 이상의 설명이 없다. 그러나 거꾸로 생각하면, 그 정도의 사건에 철회될 자신감이었다면 그 자신감은 처음부터 성급한 오해에 지나지 않았던 것이라고 판단해도 크게 틀리지는 않을 것이다. 다시 말해, 민의 자신감은 전쟁의 영향을 은폐하기 위한 성급하고 과장된

26 최인훈, 「가면고」, 『크리스마스 캐럴/가면고』, 문학과지성사, 1993, 164면.

포즈에 지나지 않았다는 것이고, 이는 달리 말하면 민 역시 전쟁이라는 원인으로부터 자유롭지 않음을 의미한다.

"상징적인 공포" "상징적인 악의에 찬 우연의 장난" 등으로 지칭되는 그 사건은 민에게 "어떤 일이 술술 풀려나갈 것처럼 보이다가도 중요한 매듭에 와서는 틀림없이 파장이 되고 만다는, 그런 악의에 찬 선고"를 내리고, 그 결과 그는 "밖으로 쏠렸던 모든 관심이 안으로 초점을 옮겨 자기 자신의 완벽한 초상화를 갖고 싶다는 생각"에 집착한다. 요컨대, 민은 자기 입장에서는 우연일 수밖에 없지만 동시에 불가피한 것이기도 한 외부의 원인으로부터 벗어나기 위해 진정한 자기를 찾으려고 한다.[27] 이때 "진짜 그 자신"이란 결정론으로부터의 자유(혹은 자율성)의 다른 이름이다.

민은 우선 자유를 얻기 위해 전쟁 전의 백과사전 시대로 회귀한다. 이는 앞서 살펴본 「라울전」, 「GREY 구락부 전말기」는 물론 최인훈 소설 전반에 걸쳐 발견되는 독서에 대한 탐닉의 연장선상에 있다. 최인훈의 주인공들에게서 공통적으로 발견되는 책의 관념적 세계에 대한 몰두는 현실 전체를 관념화하려는 욕망으로 해석되는 것이 일반적이다. 물론 현실에 대한 관념화의 목표는 주체의 자유의 영역을 확보하는 것이다.

이와 관련해 김현은 "세련된 사회에서는 책과 현실은 아주 희귀한 예를 제외하면 거의 마찰을 일으키지 않는다. 그러나 변혁기의 사회에서는 그 사회를 움직이는 추상적 진리와 그것으로 인한 금기 체계가 이미 그 사회에 알맞지 않은 진리를 흔히 말하는 책들과 마찰을 일으키게 된다. 그로서는 (책과 현실이 충돌한다는 사실을—인용자) '우연히' 깨

27 이와 관련하여 장수익 역시 「가면고」에서 주체의 자유의지와 관계없이 부여되는 외적 운명으로서의 우연이 주체에 절대적인 영향력을 행사하고 있다고 해석한다(장수익, 「회의적 주체와 타자에 대한 사랑」, 『작가연구』 14, 2002, 189면).

달게 된 것이지만 그 사회로서는 필연적인 교육 과정을 통해서 그를 계몽한 것이다"라고 지적한 바 있다.[28] 책의 '보편적이고 추상적인 진리'편에 서 있는 최인훈의 주인공들에게 반대편의 사회적 진리, 즉 "남조선이라는 이상한, 참으로 이상한 풍토"나 남북 분단, 반공 독재 등에 의해 결정되는 현실의 논리는 우연처럼 그러나 실은 필연으로 육박해 온다. 그 결정론을 받아들인다면 그는 조금도 자유로울 수 없다. 이런 맥락에서 책에 대한 탐닉은 상황 결정론으로부터 주체의 자유를 확보하기 위한 시도로 보는 것이 타당하다.

그러나 「라울전」을 분석하면서 지적했듯이 지식 추구 자체가 자유로운 주체의 확립으로 이어지는 것은 아니다. 라울의 경우에서 볼 수 있듯이, '보편적이고 추상적인 진리'와 섣불리 동일시한 주체는 스스로를 자유롭다고 오인하는 부자유한 주체일 뿐이다. 그보다는 자기가 결정론으로부터 자유롭지 않다는 것을 인식하고 그 자유롭지 않음의 원인에 대해 인식하는 것에서 자유의 가능성이 출발한다고 했거니와, 「가면고」에서는 민이 연상하는 전생(前生)에 대한 서사와 그가 집필하고 있는 무용 대본의 서사를 통해 이러한 작업이 진행된다.

민은 심령학회에서 자유연상과 암시를 이용한 최면치료를 받으며 자기 전생인 인도 가바나 국 다문고(多聞苦) 왕자의 삶을 서술한다. 그 서사는 왕자가 진정한 자기를 찾기를 소망해 학문에 몰두하는 것에서 시작하여 사랑을 통해 자기를 구하는 것으로 끝난다. 민이 집필하는 무용 대본의 스토리 역시 신데렐라가 왕자의 사랑을 얻는 과정을 다루고 있다. 주목할 것은 이 서사들에서 사랑에 이르는 것이 곧 자유로워지는 것임이 암시된다는 점이다.

> 인간은 원래 가련한 공주처럼 아름답고 착하다. 흉악한 마귀 할미가 그

28 김현, 「최인훈의 정치학」, 앞의 책, 348면.

녀를 저주하여 불행하게 만든다. 착한 기사가 씩씩하게 구원한다. 이거야 이거. 이편이 훨씬 씨가 먹혔다. 가만있자. 그러면 공주는 결국 악과 선 사이에서 자기는 아무 참여 없이 운명에 주물리는 무엇이 되고 말지 않은가. 자유 의지며 주체성이 없지 않은가. 역시 헤브라이의 인격주의가 더 깊다. 불쌍한 공주와 기사 얘기는 중세의 페미니즘과 북방 민족의 유치한 괴기 취미와의 결합 이외의 아무것도 아니다. 정말? 정말 그런가? 그렇지 않을걸. 바이블의 알맹이가 인간을 신의 종이라고 보는 데 있다면 인간의 주체성이란 무슨 말인가. 이놈아 주체성이란 회개의 주체성 말이다. 오라 자수의 자유 말이지. 노예의 권리 말이지? 신은 입법하고 인간은, 범죄, 준수, 혹은 자수한다는 자유 의지 말이지? 그렇다면 악신과 선신 사이에서 몸부림치는 공주가 가진 슬픔의 자유와 오십보 백보 아닌가?[29]

민은 무용 대본을 구상하는 중에 '헤브라이즘'과 '페어리 테일리즘'(fairy taleism)이라는 두 가지 형태의 결정론을 상정한다. 전자는 신을 제1원인으로 하는 종교적 결정론이고, 후자는 권선징악을 실현하는 관습적 · 세속적 결정론이다. 사람은 원래 자유롭게 태어난 것이 아니고, 오히려 신이나 운명에 의해 결정되어 있다는 것에 대한 인식에서 출발하는 대본의 스토리는 신데렐라가 그러한 결정론을 넘어 왕자에게 사랑을 고백함으로써 "외적 운명이 내적 필연으로 바뀜" 즉 자유의 획득에 이르는 것으로 결말을 맺는다.[30]

사랑에 이르면 자유로울 수 있는가? 엄밀히 말하면 사랑과 자유 역시 이성과 자유의 관계와 마찬가지로 동시발생적이다. 사랑에 이를 때 자유롭고, 자유로울 때 사랑에 이를 수 있다. 진정한 자기를 찾는 데 고

---

29 최인훈, 「가면고」, 214면.

30 최현희는 민의 대본에 등장하는 신데렐라를, 자신의 주체성을 포기한 채 타자의 욕망을 충족시키는 데 만족하는 인물로 이해하고 있는데, 이는 본고의 분석과는 상반된다(최현희, 「최인훈 소설에 나타난 '사랑'의 의미 연구」, 서울대 석사논문, 2003, 33면).

심하는 민은 동시에 미라와의 관계에서도 고통스러워한다. 민과 미라는 진정한 자기를 구하기 위해 타자를 배제한다는 점에서 똑같이 닮았다. 그러나 자기가 자유를 추구하는 것처럼 타자도 또한 자유를 추구한다. "타자를 수단으로서만이 아니라 동시에 목적으로 대하라"라는 칸트의 보편적 도덕규칙을 자기의 자유를 추구하면서 동시에 타자의 자유를 인정하라는 것으로 이해할 수 있다면,[31] 미라가 떠난 뒤 정임을 통해 "자기만 '사람'이고 다른 사람은 인형으로 알고 살아오던 사람이, 처음으로 또 다른 자기 밖의 '사람'을 발견한" 민은 비로소 타자를 '인형'(부자유=수단)이 아닌 '사람'(자유=목적)으로 인정하기 시작한다. 그리고 여기서부터 사랑이 출발한다. 이런 맥락에서 「가면고」에서의 사랑은 관능적인 것이 아니라 윤리적인 것이라고 할 수 있으며, 이는 최인훈의 소설 전반에 걸쳐 공통적으로 해당된다.

"'본 케이스는 청년기의 보상 의식의 나타남으로서, 싸움에 다녀온 젊은이들이 그 동안의 공백 기간을 무엇인가 값있는 어떤 것을 빨리 얻음으로써 메워보려는 정신 현상의 하나임.' 이 대목 발입니다."

"그 대목에 약간 불만이 있으시다 그런 얘긴가요?"

"이를테면…… 모든 사람의 정신 활동을 이처럼 환경과 그에 대한 '대응'의 두 가지로 나누어버리면 결국은 인간을 해체한다는 거나 다름이 없지 않을까 하는 생각입니다. (…중략…) '환경' '대응' 그리고 제3의 요소가 필요합니다. '꿈'이랄지, '명예'랄지, 물리학은 환경과 반작용으로 충분히 세계를 설명하지요. 그러나 인간을 설명할 때는 또 하나 제3의 계기가 반드시 필요하지 않을까요? 그렇지 않고서야 운동과 행위를 구별할 수 없지요."[32]

---

31 가라타니 고진, 송태욱 옮김, 『윤리21』, 사회평론, 2001, 119면.

32 최인훈, 「가면고」, 265면.

「가면고」는 민의 전생을 분석해 왔던 심령학회 회원들의 토론으로 결말을 맺는다. 그에 의하면 민이 사랑을 절실히 요청하는 것은 전쟁 체험에 대한 보상 심리, 즉 그것으로부터 자유로워지려는 요구의 산물이다. 이러한 분석은 당연히 '환경(상황)–대응'의 결정론을 벗어나지 못한다. 심령학회 회원 중 한 사람의 이의제기에서처럼, 사람이 상황과 그에 대한 대응만으로 구성되는 자동기계가 아니라면, "제3의 계기"가 필요하지 않은가? 그 계기를 자유라고 불러 마땅하다. 다만, 「가면고」에서 민의 스토리는 사랑에 의해 자유에 이르게 되지만, 소설 안에 개입해 들어온 메타 분석에 의하면 그 자유는 여전히 미정형이며, 가능성의 상태로만 남아 있음을 지적할 수 있다. 이는 「가면고」의 소설적 완성도를 해치는 화자의 주석인 한편, 이후의 최인훈 소설이 지속적으로 자유의 문제를 둘러싸고 전개될 것임을 암시하는 단서이기도 하다.

5. 자유와 윤리

자유에 대한 문제제기는 어느 정도 관념적인 것처럼 보일 수밖에 없다. 자유로운가라는 질문은 자기 이외의 다른 것, 예컨대 상황에 의해 결정되는가 그렇지 않은가, 즉 주체의 행위가 타자원인에서 비롯된 것인가 자기원인에서 비롯된 것인가라는 질문으로 치환될 수 있다. 통상적으로는 인간은 자유롭기도 하고 동시에 상황에 의해 결정되기도 한다는 선에서 자유의 문제에 대한 봉합이 이루어지지만, 결정론적 입장을 취한다면 자유란 불가능한 것이 된다.

칸트는 주체(의 행위)가 불가역적이고 중층적인 사건의 흐름이라는 인과관계 속에 필연적으로 구속되어 있기 때문에 자유는 불가능하다고 말한다. 예컨대, 주체는 이미 정해진 외부의 규범에 따르거나 자기가 원하는 것에 따라 행동할 수 있는데, 전자의 경우 주체는 규범으로부터 자유롭지 않으며 후자의 경우 역시 그 이전까지 축적된 경험으로부터 자유롭지 않다는 것이다.[33] 전자를 외적 강제라 하고 후자를 내적 강제라 할 때, 특히 후자와 관련된 자유, 즉 '심리학적 자유' 또한, 자기가 원하는 것이 사회적, 역사적 상황이나 과거의 경험과 무관하게 진정 자유롭게 선택된 것인가의 문제에 대해 명확히 답할 수 없다는 이유로 부정된다.[34]

일견 관념적으로 보이는 가정에서 출발하는 칸트의 자유 개념이 제출된 맥락을 살펴볼 필요가 있다. 자신의 행위에서 구속의 혐의를 깨닫지 않은 한 주체에게 자유의 문제는 중요하지 않다. 말을 바꾸면, 그것이 외적 강제이든 내적 강제이든 간에 주체가 선택의 여지없이 즉 불가피하게 그렇게 할 수밖에 없다고 스스로 인정하는 상황에 부딪칠 때 비로소 주체는 자기가 자유롭지 못하다는 것을 인정한다. 그런데 만약 자유가 없다면, 주체의 행위는 어쩔 수 없이 강요된 것이므로 그는 자신의 행위에서 기인한 어떤 결과에 대해서도 책임질 필요가 없으며, 심지어 중대한 죄를 저지른 경우에도 그에게 책임을 물을 수 없다는 모순이 발생한다. 요컨대, 자유가 없으면 윤리도 없다는 결론에 도

---

33 I. 칸트, 앞의 책, 208~215면.

34 정신분석의 논의를 빌려 소원(욕망) 성취의 실패가 대리 만족의 추구로 나아가는 경우를 예로 들어보자. 이전의 실패 때문에 다른 소원을 추구한다면 그것은 외부의 인과관계로부터 자유롭지 못한 것이다. 칸트가 말한 '심리학적 자유'에 대해서 프로이트 역시 부정적인 입장을 취한다. 그에 의하면 통상적으로 자유의지를 확신하는 사람들도 중요한 판단을 할 때에는 "나는 그렇게 되었어. 달리 어쩔 수가 없었어"라고 결정론적 태도를 취하며, 단지 사소하거나 자기와 무관한 판단을 내릴 때에만 자유롭게 행동한다고 믿는다는 것이다. 물론 프로이트는 자유로운 것처럼 보이는 사소하거나 무관한 판단 역시 '무의식적 동기'에 의해 결정되는 것이지, 자유의 영역은 아니라고 부언한다(S. 프로이트, 이한우 옮김, 『일상생활의 정신병리학』, 열린책들, 2003, 338~339면).

달한다.

칸트는 신으로부터 해방된 근대의 윤리의 조건에 대해 검토하고 있는바, 그것은 절대적인 판단의 기준이 사라졌을 때 주체의 책임을 물을 수 있는 기준을 어디서 찾아야 하는가의 문제이기도 하다.[35] 그에 따르면 윤리의 가능성은 자유로운 주체에게 있으며, 역으로 자유로울 때에만 주체는 윤리적일 수 있다. 윤리의 기준이 사라졌다는 것은 단지 근대 일반의 문제일 뿐 아니라 보다 구체적인 조건을 반영한 문제이기도 하다. 6・25 직후 "윤리의 붕괴를 가져왔고 일체의 가치 척도를 무너뜨린" 전후 상황은 전통적인 공동체라는 보호막이 사라진 결과, 윤리적 판단 기준의 확립을 절실하게 요청하게 된다.

> 「칸트」적 자유의사적(自由意思的) 추상적 인격으로부터 「롬부로소」적 숙명적 구체적 인간에의 이행은 고전학파로부터 실증학파(신파)의 발전을 말하는 것이다. 고전학파와 실증학파의 기본적 대립은 범인의 자유의지를 인정하느냐 부정하느냐에 있다. 환언하면 비결정론과 결정론과의 대립이기도 하다. 고전학파가 파악한 인간은 이성적 인간이었다. 구체적 인간의 파악으로서는 부족함이 있다. 그러나 고전학파도 신파와의 대결 발전에 있어 의지의 자유의 입장은 견지하나 소질, 환경에 의하여 상대적으로 결정되는 구체적 인간의 파악으로 발전하는 것은 주목할 바 있다. 실증학파(신파)가 파악한 인간은 비이성적 숙명론적 인간이었다. 의지의 자유 없는 소질과 환경에 의하여 결정되는 인간이었다. 인간의 구체적 파악에 성공하였지만 윤리적 파악을 하지 못하였다.[36]

35 공동체를 존속시키기 위한 객관적인 규범으로서의 윤리와 개인의 행복이나 이익의 최대 추구로서의 윤리를 상정해 볼 수도 있다. 그러나 앞서 말한 대로, 공동체의 관습이나 실정법 혹은 개인의 행복이나 이익이라는 기준은 내・외적으로 강제된 것, 즉 타율적인 것으로 그 기준을 따르다 설령 잘못된 결과를 낳더라도 주체에게 책임을 물을 수 없다는 점에서 윤리를 보장하지 못한다(가라타니 고진, 앞의 책, 99면).

결정론과 자유, 그리고 윤리의 문제는 단지 소설가의 상상 속에서만 꾸며진 것이 아니라 실제로 유무죄를 판단해야 했던 법률가의 현실에 존재하고 있었다. "격렬한 자유경쟁을 기초로 하는 현 자본주의 사회는 무수한 실업자와 빈곤자 또 범죄자를 내고 있다. 또 참혹한 전쟁은 평화한 가정을 파괴하여 무수한 소년과 여성들을 가두에 방황케 하여 그들로 하여금 범죄자로 하였다"라고 보고되는 전후 상황에서, 인간에게 자유의지가 있는가 없는가 혹은 인간의 행위가 비결정론적인가 결정론적인가와 같은 질문은 관념적인 것이 아니라, 지극히 현실적인 필요에 의해 제기된 것이다.

본고는 「광장」에서 드러나는 자유의 양상이 단순하게 규정되기 어렵다는 문제제기에서 시작하여 그 이전에 발표된 「GREY 구락부 전말기」, 「라울전」, 「가면고」 등에서 세 가지 형태로 모색된 자유의 가능성에 대해 살펴보았다. 서두에서 전후소설이 상황에 압도되는 양상을 띤다고 말했거니와, 전후소설에서 익히 보아온 실업과 빈곤이라는 절박한 상황은 현실의 무게에 눌려 자기를 잃어버린 몰개성적 허무주의자나 포즈화된 정신적 외상을 동반한 센티멘털리스트들 양산했다.[37] 상황에 의해 결정된 그들에게 자유를 기대할 수 없는 것은 당연하며, 또한 윤리적 판단을 기대할 수도 없다. 따라서 전후소설을 극복하기 위해서는 무엇보다 주체의 자유의 가능성에 대한 탐색이 요구되는 것은 당연하다.

자유를 소설의 직접적인 대상으로 취하는 것은 다분히 관념적일 수 있는 위험성을 내포하며, 최인훈의 초기 소설 역시 그러한 위험성을 전적으로 비켜가지는 못했다. 그러나 전후 상황에 의해 압도되어 있는

36 남홍우, 「형법에 있어서의 자유: 특히 인간의 윤리적 주체에 대하여」, 『사상계』, 1955. 6, 143면.

37 김현, 「허무주의와 그 극복: 동인문학상 수상 작가를 중심으로 한 시론」, 『사상계』, 1968. 2, 297~298면.

현실 안에서 자유로울 수 있는 여지를 찾기 어려울 때 자유의 가능성에 대한 탐색이 관념이라는 대안에 의지할 수 있다는 점에서, 그 관념성 역시 현실(그 배경으로서의 전후 상황)이라는 원인에 귀속되는 산물이며, 이는 최인훈 소설이 '현실 : 관념'이라는 이분법으로 구획되는 것이 아님을 증거하고 있다. 요컨대, 최인훈 소설은 관념을 통해 자유로 초월한 것이 아니라 자유에 의해 현실의 부자유를 분석하고 자유의 가능성을 모색하고 있다.

「광장」 이후의 최인훈 소설에서 주체의 자유의 문제는 지속적으로 다뤄지며, 또 학문, 예술, 사랑이라는, 가능한 자유의 세 가지 형태의 지위도 계속 유지된다.[38] 이후 최인훈 소설에서는, 한 개인의 의식과 기억에 대한 심층적(심리적) 원인 분석에서 출발해 민족국가 차원의 역사에 대한 파악을 거쳐 서구 근대 풍속과 전통이 충돌하는 탈식민적 상황에 이르기까지, 자유의 가능성에 대한 가히 총체적이라고 부를 만한 소설적 탐색이 지속적으로 수행된다.

---

38 최인훈 자신은 「광장」 이전과 이후를 '내면 : 현실'의 구도로 구분하고 있으나(최인훈, 「나에게 있어 〈광장〉 이전과 이후」, 『문학과사회』, 1996 가을, 1362면), 자유의 관점에서 최인훈 소설에 접근할 때 단절보다는 오히려 연속성에 주목할 수 있다. 이에 대해서는 김영찬도 비슷한 지적을 한 바 있다(김영찬, 앞의 글, 411면).

신과 대면한 인간의 한계와 가능성

「라울전」과 「아겔다마」

1. 절대적 조건과 대면한 인간

예수와 동시대를 살았던 주인공을 등장시키고 있는 최인훈의 「라울전」과 박상륭의 「아겔다마」에서는 기독교의 신이라는 절대적 존재와 관련된 종교적 문제, 가령 신의 섭리나 예정설, 신정론(theodicy) 등이 주요하게 다루어지는 한편, 그러한 절대적 존재와 마주한 인간의 한계와 가능성에 대한 모색도 함께 시도되고 있다. 「라울전」에 대한 논의에서 이동하는 "이 작품이 바로 기독교의 교리를 문제 삼은 것으로 보느냐, 아니면 이 작품에서 기독교의 세계란 단지 알레고리의 차원에서 하나의 방편으로 동원된 것에 불과하고 본질적인 의미를 갖지 않는 것이라고 보느냐"의 관점에 따라 작품에 대한 의미 부여가 달라질 수 있다고 지적하거니와,[1] 이는 「아겔다마」의 경우에도 공통적으로 해당될 것이다. 본고에서는 종교(기독교)적 측면보다는 인간의 한계와 가능성

1 이동하, 「〈목공 요셉〉과 〈라울전〉에 대하여」, 『한국소설과 기독교』, 국학자료원, 2003, 280면.

에 대한 작가의 문제의식에 주목하는바, 이를 통해 다음의 두 가지 문제를 살펴보고자 한다.

「라울전」과 「아겔다마」가 발표된 1960년을 전후한 시기의 한국 사회는 6·25전쟁의 폐허와 혼란에서 점차 벗어나는 중이었음에도 불구하고 "행위가 의존할 가치의 체계가 무너"져 "옛 도덕은 벌써 새 세대의 실천을 다스릴 권위를 잃었는데 아직 이 시대가 납득할 수 있는 새로운 모랄은 세워지지 않"았다는 부정적인 인식으로부터 여전히 자유로울 수 없었다.[2] 종교와 관련된 내용을 다루고는 있으나 종교가 제시하는 가치 체계를 전적으로 수용하고 있지는 않은 「라울전」과 「아겔다마」는 인간이 스스로 자신의 가치를 정립하려는 지난한 과정을 작가 나름의 관점에서 서술하고 있다.

"초기의 박상륭의 작품들은 기독교적 세계관의 소설적 연장이라 할 만큼 기독교적 세계관 내지는 기독교 신화의 메타 구조를 수용"하고 있으며,[3] "다양한 사유체계들의 중층적 교직에도 불구하고 박상륭 문학의 근간을 이루는 것은 기독교"라고 평가되어, 최인훈에 비해 박상륭의 경우는 기독교와 보다 밀접한 관계를 맺고 있음을 볼 수 있다.[4] 그러나 이 경우에도 "기독교적 자장 안에서의 사유이면서 정통 기독교에서 행해지는 관점과는 사뭇 다른 입장"이며 "박상륭 식의 내면화한 상당한 변용을 겪은 기독교적 사유"라는 점이 고려되어야 한다.[5] 이런 맥락에서 「라울전」과 「아겔다마」는 절대적 존재 앞에 선 불완전한 인간이라는 알레고리를 통해 전쟁이라는 절대적 조건에 대한 체험과 그로부터 기인한 피해자 의식으로 요약될 수 있는 전후 상황을 극복하기

---

2 김태길, 「자유의 윤리」, 『사상계』, 1963.11, 248~249면.
3 김경수, 「구원과 중생(重生)을 위한 탐색」, 『아겔다마』, 문학과지성사, 1997, 489면.
4 김명신, 「그리스도의 '수난'과 '죽음' 이미지의 소설적 구현으로서의 박상륭 소설」, 『국제어문』 21, 2000, 135면.
5 김명신, 「말씀의 우주에서 마음의 우주로의 편력」, 『작가세계』, 1997 가을, 27면.

위한 작가의 모색이 투영된 작품이라는 관점에서 고찰될 필요가 있다.

본고에서 확인하고자 하는 두 번째 문제는 「라울전」과 「아겔다마」가 최인훈과 박상륭의 가장 초기작 중의 하나이지만 두 작가의 문학세계를 대표하는 경향을 상당 부분 예고하고 있다는 점이다.[6] 이는 물론 최인훈과 박상륭의 문학이 그 자체로 일관된 체계를 구축하고 있다는 사실에 대한 증거이지만, 또한 「라울전」과 「아겔다마」가 두 작가의 문학세계에 있어 중요한 위치를 점하고 있다는 사실을 뒷받침하기도 한다.

2. 주어진 운명과 스스로 찾는 운명

최인훈의 「라울전」은 기독교의 사도 바울과 밀접한 관계가 있는 것으로 설정된 라울의 일대기를 형상화하고 있다. 어린 시절부터 함께 자랐으나 "라울은 그 어린 나이에 조심성과 깊은 신앙심이 뚜렷했으나 바울은 팔팔하고 조급했다"고 할 만큼 둘의 성격은 판연히 달랐다. 성장하여 제사장이 되고 나서도 이러한 성격의 차이는 그대로 유지된다. 장군을 꿈꿨던 바울이 제사장이 된 것은 다만 로마인이 아니라는 출신상의 이유와 대대로 제사장직을 수행해 온 집안의 내력 때문일 뿐이다. 반대로 라울은 "어느 누구보다도 신에게 가까운 자리에 있다는 희열에 넘친 은총감이 그의 생활의 중추뼈"였을 정도로 선택받은 자의 긍지와 사명감을 품고 종교적 삶에 헌신해 왔다. 그러나 라울은 신의 은총이 자신을 저버리고 바울을 선택했다는 사실에 절망한 끝에 비참

6 등단작 「GREY 구락부 전말기」에 이어 발표된 「라울전」은 최인훈의 추천 완료작이며, 제5회 『사상계』 신인문학상 가작으로 선정된 「아겔다마」는 박상륭의 등단작이다.

한 죽음을 맞는다.

이러한 결말은, 작가가 「라울전」의 말미에 인용한 대로, "옹기가 옹기쟁이더러 나는 왜 이렇게 못나게 빚었느냐고 불평을 한들 무슨 소용이 있으랴"라는 「로마서」의 비유를 강하게 연상시킨다. "모든 인간의 삶이 하나에서 열까지 하나님의 섭리에 의해 미리 예정되어 있다"는 기독교의 예정설을 고려한다면,[7] 신의 은총이 라울이라는 한 인간의 힘으로 좌우될 수 없음은 명백하다. 마찬가지 맥락에서 라울에 비해 종교적 사명감도 부족하고 심지어 예수 생전에 그를 박해하기까지 했던 바울에게 오히려 신의 은총이 내렸다는 사실 역시 그 정당성을 문제 삼을 수 없다.

이러한 사정을 감안한다면, "신은 왜 나에게 주를 스스로의 힘으로 적어도 반은 인식했던! 나에게 나타나지를 아니하였는가?" "아무런 노력도 없는 사울에게 그처럼 큰 은혜를 내린 것은 무엇 때문인가?"라는 억울함을 호소하며 미쳐간 라울에게 제시할 수 있는 종교적 해답은 자명하다.[8] 그러나 「라울전」에서 작가가 겨누고 있는 문제는 종교적인 영역에 한정되지 않는다. 사실, 라울은 그 이전부터 바울에 대해 "어떤 운명적인 열등감", 곧 "누가 더 신의 사랑을 받고 있는 자인가 하는 문제에 있어서 라울 자기가 열세에 서 있는 것이 아닌가"라는 불안을 느끼고 있었다. 어린 시절부터 바울과의 경쟁에서 그가 우연한 패배를 거듭해 왔기 때문이다.

> 유년, 소년 시절의 이 같은 일들이 라울에게 커다란 영향을 미쳤다. 라울은 바울의 도박사로서의 행운을 부지불식간에 시인하는 미신에 사로잡히게 되고 그러한 상대방의 이점에 대하여 자기는 인생을 한 치, 한 치 계산

---

7 김상봉, 『호모 에티쿠스: 윤리적 인간의 탄생』, 한길사, 1999, 115면.
8 이동하, 앞의 글, 280~281면.

하면서 살아간다는 안티테제를 나날이 자각하면서 살아왔다. 그러나 라울은 깊은 자신 속에 살아 왔다. 나는 적어도 함정에 빠지지 않는다는 자신감. 그것은 라울의 지성이었다(85면).[9]

기존의 연구에서 주목한 라울의 성격, 곧 학문을 통한 이성적 사고를 중시하는 지식인적 성격은 이와 같이 "운명적인 열등감"과 그로 인한 불안에 대한 대응으로 형성된 것이다. 라울이 지성적인 삶을 살기로 결심했다는 것은 바울에게 주어진 행운을 단지 우연이거나 불합리한 것에 불과하다고 판단했음을 의미한다. 다시 말해, 라울에게 바울의 행운이란 올바른 지적 판단을 방해하는 일종의 "함정"일 뿐이다. 그러나 라울이 실성한 상태에서 죽음을 맞는 「라울전」의 결말은 그 함정이 지적 판단에 의해 피할 수 있는 것이 아님을 암시한다.

이에 대해서는 주로 세계를 이성적으로 인식하려는 라울의 지적인 측면이 현실의 불합리성에 의해 좌초되는 것으로 이해되어 왔다. 위의 인용을 비롯하여 "바울의 그 불로소득적인 행운에 대항하여 라울의 자신을 견지시켜 준 것은 바로 라울 자신의 지석인 우위"와 같은 구절에서 드러나는 바와 같이 라울의 지적인 삶은 자신의 가치를 스스로 정립해 가는 과정이었다고 할 수 있거니와, 이 점에서 지성은 자기 확인을 위한 가장 기본적인 토대로 작용하고 있다. 그런데 라울의 성격을 단지 지성적인 측면만으로는 설명하기에는 다소 무리가 따른다.

이 문제에 답하기 위해 라울의 성격을 보다 면밀히 살펴볼 필요가 있다. 라울은 "연구하면 연구할수록 나사렛 사람 예수는 다윗왕의 찬란한 가계 속에 분명한 자리를 차지"하고 있다는 사실을 확신하게 된다. 여기서 라울은 다른 사람들, 특히 바울에 비해 지적인 우위를 점하고 있다. 그러나 라울의 확신이 단순히 지적인 활동의 결과인 것만은

9 이하 인용 면수는 최인훈, 「라울전」, 『자유문학』, 1959.12에 따름.

아니다. 바울에 대한 열등감 때문에 지적인 길을 선택했던 것과 마찬가지로 "바울이 나사렛인을 전혀 재고의 여지도 없는 사기사라고 나오는 태도가 라울에게는 반발적인 신념을 주었"던 측면도 무시할 수 없다. 바울에 대한 이와 같은 대결의식은 사건이 진행될수록 더욱 고조되거나와, 예수를 모함하는 음모에 가담하라는 대제사장의 요구를 단호히 거절했던 것 역시 그 때문이다.

> 바울이 전향하였다는 말은 지금껏 그가 주저하고 있던 마지막 장벽을 일격에 날려버렸다. 라울은 자기 자신이 온 정력과 학문을 쏟아서 믿지 못하던 나사렛 사람 예수의 신성을 바울이 전향했다는 한 마디를 듣는 순간에 긍정한 것이었다.
>
> (또 한 발 늦었구나!)
>
> 그 순간에 느낀 감정은 이것이었다. 나사렛 예수가 신이냐 아니냐는 어쩌면 제 이 제 삼의 문제였는지도 모른다. (…중략…) 더도 덜도 아니고 막배가 선교를 떠난 순간 부두에 도착한 자, 그것도 번번이 그러는, 아니 생애를 그렇게 헛물을 켜 온 자의 절망이었다(94면).

결정적으로 바울에 대한 패배가 확정되는 순간, 라울은 회복할 수 없는 절망적 상태에 놓인다. 바울의 전향에 의해 비로소 예수의 존재에 대해 확신하게 된 라울은 "예수가 신이냐 아니냐"라는 문제를 학문적으로 연구해 답을 얻었다고 믿었던 것이 오해에 불과했음을 깨닫는다. 그뿐 아니라 "예수가 신이냐 아니냐"라는 연구의 대상 자체를 바울에 대한 운명적 패배 앞에서 부차적인 문제로 폄하함으로써 지금까지 자신을 지탱해 왔던, 곧 자기 확인의 토대가 되어 왔던 지성을 포기하기에 이른다.

이 장면에서 라울의 지적인 삶을 추동해 온 동기가 궁극적으로는 이성에 대한 신뢰가 아니라 바울에 대한 운명적 열등감이라는 사실을 확인할 수 있다.[10] 또한, 라울이 자신의 시중을 들던 노예를 고문하고 그 때문에 자기를 키워준 또 다른 노예가 자살에 이르도록 했던 것 역시 바울에 대한 패배가 근본적인 원인이라고 할 수 있다. 이러한 일련의 사건 뒤에 라울은 "온화하고 단정한 얼굴"에서 "패배한 악마의 고소와 저주에 가까운 추악한 얼굴"로 바뀐 채 파멸한다. 이런 점들을 감안하면, 라울의 파멸은 지식인으로서 실패했기 때문이라기보다는 지금까지 자신을 지탱해 왔던 지성을 한 순간에 저버렸기 때문이라고 보는 편이 더 적절할 것이다.

물론, 라울이 지성을 견지한다고 해서 신의 은총이 보장되리라고 말할 수는 없다. 이 때문에 「라울전」은 스스로에 의한 자기 존재의 확인이 결국 불가능할 수밖에 없음을 말하고 있는 것처럼 보이기도 한다.[11] 그러나 라울에게 그러한 기회가 전혀 주어지지 않았던 것은 아니다. 그는 자신의 문제가 무엇인지 알고 있었고, 그 문제를 해결하려는 계획을 세우기도 했지만 다만 끝내 실행에 옮기지 못했다.

> 라울은 경전을 통해서 그 나사렛 사람에 대한 많은 것을 알고 있었으나 그 실 아무것도 모르는 것이었다. 라울은 아직 그를 보지 못한 것이다. 그는 몇 번이나 베들레헴으로 내려갈 계획을 세웠으나 그때마다 이 일 저 일로 이루지 못했다. 백사 불구하고 내려간다면 못할 것도 없었으나 총독이 부르는 연회니, 교수장 회의니 하는 상식을 깨뜨리지 못하는 라울이었다. (…중략…) 라울이 나사렛 사람의 발밑에 엎드리기 위하여는 단 한 걸음이 필요했고 그 단 한 걸음은 반드시 필요한 한 걸음이었다. 라울은 그것을 분

10 정과리, 「21세기에 다시 읽는 최인훈 문학의 문제성」, 『글숨의 광합성』, 문학과지성사, 2009, 30면.

11 차봉준, 「한국 현대소설에 형상화된 신의 공의와 섭리: 최인훈의 〈라울전〉과 이문열의 〈사람의 아들〉을 중심으로」, 『문학과 종교』 14-2, 2009, 120~121면.

명히 자각하고 있었고 그 곳에 그의 고민이 있었다. 눈에 보지 못한 것을 믿을 수는 없었다. 그리고 라울은 총독의 연회와 교구장 회의와 제사에 한 번도 빠짐이 없이 그것이 보여지기를 기다리는 것이었다(86~87면).

"예수라는 나사렛 사람의 풍문이 들려오기 시작했을 때" 라울은 "경전과 사료를 섭렵하여 치밀한 계보학적인 검토"를 시작한다. 이러한 지적・학문적 노력을 통해 라울은 한편으로는 다른 사람들에 비해 지적 우위에 설 수 있었지만, 다른 한편으로는 "많은 것을 알고 있었으나 그 실 아무것도 모르"고 있다는 사실을 그 스스로도 자각하고 있다. 바울의 전향 소식을 듣고 "또 한 발 늦었구나!"라고 절망했던 그에게는 말 그대로 "단 한 걸음"이 부족했는데, 그러나 여러 차례 베들레헴을 방문할 계획을 세우고서도 그 실행은 차일피일 미루어진다. "눈으로 봐야지, 가서 눈으로 봐야지"라는 다짐을 여러 차례 되뇌면서 마침내 길을 떠나기로 결심한 지 사흘 뒤 예수의 죽음을 접한 라울에게 "단 한 걸음"을 위한 기회는 끝내 무산되고 만다.

자기 눈으로 직접 봐야겠다는 라울의 생각은 대단히 절실하고 진지하거니와 이를 "눈에 보지 못한 것을 믿을 수는 없다(to see is to believe)"라는 격언의 축자적 의미만으로 이해하는 것은 충분치 않다. "가서 눈으로 봐야지"라는 말의 뜻을 온전히 이해하기 위해서는 「광장」의 '작자 소감'을 참고하는 것이 도움이 될 것이다.

메시아가 왔다는 이천 년래의 풍문이 있습니다. 신이 죽었다는 풍문이 있습니다. 신이 부활했다는 풍문도 있습니다. 컴뮤니즘이 세계를 구하리라는 풍문도 있습니다.

우리는 참 많은 풍문 속에 삽니다. (…중략…) 인생을 풍문 듣듯 산다는 건 슬픈 일입니다. 풍문에 만족치 않고 현장을 찾아갈 때 우리는 운명을 만납니다. 운명을 만나는 자리를 광장이라 합시다. 광장에 대한 풍문도 구구합니다. 제가 여기 전하는 것은 풍문에 만족치 못하고 현장에 있으려고 한 우리 친구의 애깁니다.[12]

눈으로 직접 본다는 것은 풍문으로만 듣는 상태와 대비되며, 나아가 그것은 "풍문에 만족치 않고 현장을 찾아"가겠다는 것을 의미한다고 볼 수 있다. 예수와 동시대를 살았음에도 불구하고 메시아가 왔다는 것을 풍문으로만 접했던 라울이 예수를 만나기 위해 베들레헴을 방문하겠다고 결심했던 것 역시 단지 직접 봐야만 믿을 수 있겠다는 심리의 소산이 아니라 그 역사적 사건의 현장에 참여하겠다는 사명감의 투영으로 이해해야 한다.[13] 역사의 현장에 참여하기 위한 과정에서 학문적·지적 인식이 도움이 될 수도 있겠으나 그런 인식에 이르렀다고 해서 저절로 역사적 현장에 동참할 수 있는 것은 아니다. 결국, 라울의 실패는 현실과 그 현실에 대한 인식 간의 괴리 때문이라기보다는 역사의 현장에 동참하기를 끝내 주저했기 때문으로 보는 것이 타당하다.[14]

이 문제는 라울보다 2000년 뒤에 세상에 나온 「광장」의 이명준에게도 마찬가지 중요성을 갖는다. 일상의 무의미를 벗어나기 위해 독서에 몰두하는 "철부지 철학자" 혹은 "관념 철학자의 달걀"로서의 이명준이

12 최인훈, 「광장」, 『새벽』, 1960.11, 239면.

13 정과리 역시 "이 시선의 권능에 대한 라울의 욕망이 의미하는 바는 무엇인가? 그것은 최인훈의 소설에 관한 한 무엇보다도 해방 이후의 한국인의 민족적 과제에 연결되는 욕망"이라고 언급하면서 자기 눈으로 직접 보겠다는 라울의 결의를 「라울전」의 핵심 주제로 지적하고 있다(정과리, 앞의 글, 34면).

14 종교적 입장에서 「라울전」을 분석한 이동하는 라울의 실패에 대해 "예수를 만나야겠다는 생각을 품었다면 모든 것을 제쳐놓고 그 당장에 예루살렘으로 뛰어갔어야 옳았는데" 그러지 못했으며 따라서 "자신의 모든 것을 던져 구원의 문제를 추구하는 적극성과 치열성을 갖지 못했다"는 측면에서 접근하고 있다(이동하, 앞의 글, 282~283면). 접근하는 관점은 다르나 라울의 실패가 인식과 관련된 것이 아니라 실천과 관련된 것이라는 분석에는 상통하는 부분이 있다.

서 있던 지점은 지성을 앞세워 인생을 한 치 한 치 계산하며 살고자 했던 라울의 그것과 거의 동일한 것이었다. 라울과 마찬가지로 "인생을 풍문 듣듯" 살아온 이명준은, 그러나 좌우 대립이 극심했던 정치의 현장에 직접 참여하게 됨으로써 "풍문에 만족치 못하고 현장에 있으려고 한 우리 친구"로서의 삶을 살기 시작하고 그 현장(광장)에서 자신의 운명을 만난다. "신의 강제"를 기다리며 현장에 참여하기를 주저했던 라울의 불행한 운명과 비교한다면, 「광장」의 이명준이 스스로 자신의 가치를 정립하려는 단계에 한 걸음 더 다가섰다는 점을 의심할 수는 없을 것이다. 물론 그의 운명 역시 행복했던 것만은 아니다.

3. 신과 인간의 대립을 넘어선 구도의 길

박상륭의 「아겔다마」는 예수 처형 당일 가룟 유다가 예수를 판 대가로 받은 은 삼십 세겔 꾸러미를 들고 귀가하는 장면에서 시작된다. 최인훈의 「라울전」의 주인공이 작가의 상상에 의해 형성된 인물인 데 비해, 「아겔다마」의 유다는 「마태복음」과 「사도행전」 등의 종교적 텍스트를 전거로 형성된 인물이다.[15] 「아겔다마」의 가장 핵심적인 사건은 물론 예수에 대한 유다의 배반이다. 이에 대해 작가는 유다의 입을 빌려 다음과 같이 서술한다.

15 이동하에 의하면 「아겔다마」의 유다의 성격은 「사도행전」의 내용을 중심으로 하면서 「마태복음」을 부분적으로 절충하여 형성되었다(이동하, 「박상륭의 〈아겔다마〉에 나타난 가룟 유다와 예수의 모습」, 『개신어문연구』 22, 2004, 380~381면).

> 당신은 나를 배반했었소. 그리곤 나로 하여금 당신을 배반하도록 충동시켰소. 당신은, '나와 함께 그릇에 손을 넣은 그가 나를 팔리라'하고 말했었소. 그러나 내가 어떻게 가장 존경했었던 당신을 배반할 생각을 꿈엔들 가져볼 수 있었겠습니까? 존경하지도 않으면서 덩달아 추종하는 그런 사내도 있을 줄 알았습니까? 하기야 존경과 미혹(迷惑)은 거리가 멀지요. 나도 그 미혹된 사람들 중의 하나였을 테니까요. 나는 결국 당신에게서 실망하고 말았습니다. 하여튼 당신은 왕이 아니고, 미혹자라는 걸 맨 처음으로 안 것은 나였소. 그것도 당신이 일깨워 준 덕분이었지만, 하필 당신은 왜 나를 택했는지 지금도 그것이 의문이오(470~471면).[16]

이동하에 의하면, 유다의 배반을 다룬 기독교 복음서들은 배반의 이유와 그 양상에 대해 약간씩 상이한 진술을 하고 있으나 그에 대한 궁극적인 평가에 있어서는 "인간적으로 상대해 주거나 모종의 고려를 해 줄 가치가 없는 악인"이라는 데 대체로 동의하고 있다.[17] 위의 인용에서는 이와는 다른 관점에서 유다가 자신의 행위에 대해 일종의 변호를 시도하고 있다. 유다가 예수를 배반한 동기는 크게 두 가지로 제시되고 있는바, 첫째는 왕이 아니라 미혹자일 뿐인 예수 자신이 유다의 기대를 먼저 배반했기 때문이라는 것이다. 이는 예수가 "유다의 지상적인 갈증을 흡족히 해갈시켜주지 못하였"고, 그 결과 유다가 열심당의 당원이 됨으로써 그에 대한 불만을 해소하려고 했다는 서술에 의해 보완되고 있다. 둘째는 유다가 배반을 감행하도록 예수가 충동했다는 것이다. 이 역시 "나는 당신의 아버지가 내 몫으로 지워준 십자가를 훌륭히 졌습니다"라는 유다의 진술에 의해 뒷받침된다.

「아겔다마」에서 제시되는 유다의 변호는 그의 배반을 복음서와는 다

16 이하 인용 면수는 박상륭, 「아겔다마」, 『사상계』, 1963. 12에 따름.

17 이동하, 「박상륭의 〈아겔다마〉에 나타난 가룟 유다와 예수의 모습」, 375~377면.

른 관점에서 접근하는 대표적인 견해를 반영하고 있거니와,[18] 이는 결국 현실적 가치(정치)와 초월적 가치(종교) 간의 충돌, 그리고 인간의 자유의지와 신의 섭리 간의 충돌로 요약할 수 있다. 자신을 변호하는 유다가 예수를 배반한 이유에 대해 초월적 가치보다는 현실적 가치를 중시했기 때문이며, 또 자신의 의지보다는 신의 섭리가 개입했기 때문이라고 주장하는 것은 지극히 당연하다. 「아겔다마」의 결말을 통해 "〈예수〉적인 요소와 〈열심당〉적인 요소 사이의 투쟁이 전자의 완전한 패배로 종결되"고 있으며,[19] 또한 "예수의 구속사라는 거대한 섭리 속에 분명한 역할을 감당한 정당성"을 근거로 유다의 배반이 옹호되고 있다는 등의 분석에는 유다 자신의 변호가 상당 부분 반영되어 있다.[20] 그런데 「아겔다마」의 서술을 좀 더 면밀히 살펴본다면 유다의 자기변호가 그처럼 일방적으로 전개되고 있지만은 않다는 점을 확인할 수 있다.

"나는 당신의 아버지가 내 몫으로 지워준 십자가를 훌륭히 졌습니다. 그리고 당신도 약간의 비겁만을 제외하면 훌륭했습니다. 그것으로 당신과 나와의 일은 끝난 것입니다. 무엇 때문에 이제 또 나를 괴롭히려 하시오?"

이 말이 끝나자 자기 이마를 어루만지던 손이 잠간 동안 바르르 떠는 것을 유다는 느꼈다. 그래서 유다는 눈을 번쩍 뜨고 자기 앞을 똑똑히 쳐다보았다. 유다의 눈은 승리에 넘쳐 있었다.

눈앞에는 하늘보다도 넓게 보이는 두 개의 파란 눈이 유다를 지켜보고 있었다. 웃음도 없고, 다정스럽지도 않고, 그렇다고 미워하는 눈도 아닌,

18 이에 대해서는 김명신, 「말씀의 우주에서 마음의 우주로의 편력」, 30~31면; 변지연, 「박상륭 소설 연구: 근대 극복의 양상을 중심으로」, 동국대 박사논문, 2002, 48~51면; 이동하, 「박상륭의 〈아겔다마〉에 나타난 가롯 유다와 예수의 모습」, 378~379면; 차봉준, 「박상륭 소설의 기독교적 상상력 연구: 〈아겔다마〉의 성서 모티프 패러디 양상을 중심으로」, 『문학과 종교』 12-1, 2007, 127~130면 참조.

19 이동하, 「박상륭의 〈아겔다마〉에 나타난 가롯 유다와 예수의 모습」, 396면.

20 차봉준, 「박상륭 소설의 기독교적 상상력 연구」, 131면.

―의미가 바래 버리고 빛이 없는 눈이었다. 그 눈 속에서는 아무리 훌륭한 포도주 담그는 사람이라고 해도 한 방울의 즙도 짜낼 수 없는 듯했다. 그 눈 속엔 무(無)가 있었고, 휴지(休止)가 있었고 그리고 그것은 불멸 그 자체이기도 했다. 그러나 유다는 그런 눈을 원하지 않았다. 증오든, 사랑이든, 그 어느 쪽의 의미를 담은 눈을 원했다. 유다로서는 그 눈을 견딜 수가 없었다. 유다는 다시 한 번 패배했다(469면).

예수의 처형을 목격하고 집으로 돌아와 불안에 떨던 유다는 갑자기 어머니처럼 모시던 노파를 겁간하고 며칠 동안 정신을 잃었다가 예수의 손길을 느끼고 잠에서 깨어난다. 침묵하는 예수 앞에서 초조함을 감추지 못하던 유다는 "참을 수 없어 진실되게 그러면서도 분노를 섞어" 자신의 정당성을 변호하기 시작한다. 그런데 "나는 당신의 아버지가 내 몫으로 지워준 십자가를 훌륭히 졌습니다"라고 말하면서 승리감에 넘쳐 예수를 쳐다보던 유다는 불현듯 "다시 한 번 패배했다"고 판단하기에 이른다. 그 패배를 만회하게 위해 다시 발악적으로 예수를 공격하던 유다는 끝내 "자기의 영혼이 저장해 누었던 기름을 모두 빼앗긴 듯" "견딜 수 없게 되어 눈을 감아 버"린다. 그러다가 또 어떤 이유에서인지 유다는 불현듯 "승리나 패배를 초월한" 상태에서 웃음을 짓는다.

이미 심사평에서 "관념이 승한 작품"으로 "작가의 주제의식이 좀 더 뚜렷해야겠다"라는 지적을 받았던 「아겔다마」의 서사를 작품 내부의 요소들만으로 명확히 이해하는 것은 쉽지 않지만,[21] 예수에 대한 유다의 위치가 승리에서 패배로, 다시 승리나 패배를 초월한 상태로 변화하고 있다는 점은 비교적 분명하게 확인할 수 있다. 유다가 처음에 승리감을 느꼈던 이유는, 기존의 논의에서 지적된 대로 자신의 변호가 정당성을 획득하고 있다고 판단했기 때문이다. 그러나 그 승리감은

21 「선후평」, 『사상계』, 1963.12, 393~394면.

"의미가 바래 버리고 빛이 없는" 예수의 눈을 마주한 순간 패배감으로 돌변한다. 이때 돌연 유다가 절감한 패배는 자신이 결코 이해할 수 없는 절대적 존재와의 대면에서 비롯된 것으로 볼 수 있다.

최인훈의 「라울전」에서 라울의 처지가 그러했던 것처럼, 인간이 절대적 존재를 이해한다는 것은 근본적으로 불가능하며 그것은 유다의 경우도 예외가 아니다. 유다는 자신이 예수에게 승리를 거두었다고 생각했으며 당연히 그러한 승리감이 그의 눈에 여실히 드러난다. 반대로 유다가 패배했더라도 그 감정 역시 그대로 노출될 것이다. 그러나 절대적 존재로서의 예수의 눈에서는 어떤 것도 드러나지 않는다.[22] 그것은 어떠한 인간적인 의미로도 번역될 수 없으며, 따라서 유다는 그것을 이해할 수 없다. 눈앞에 나타난 예수에게 자신의 정당성을 설득시켰다고 믿었던 유다는 실은 독백을 하고 있었을 뿐이다.

> 결국은 유다가 참을 수 없어 진실되게 그러면서도 분노를 섞어 이렇게 외쳤다.
>
> "…………………."
>
> 그러나 대답은 들리지 않았다.
>
> "도대체 당신은 무엇 때문에 나에게 오셨습니까?"
>
> 유다는 깊은 사념에 잠기면서 꺼질듯이 뇌까렸다.
>
> "…………………."
>
> "무엇을 나에게서 더 원하십니까?"
>
> "…………………."(469면)

22 혹은 위의 인용에서처럼 "그 눈 속엔 무(無)가 있었고, 휴지(休止)가 있었고 그리고 그것은 불멸 그 자체이기도 했다"라고 말할 수도 있다. 아무것도 드러나지 않든, 혹은 무, 휴지(정지), 불멸이 드러나든, 인간이 이해할 수 있는 영역을 넘어선다는 사실에는 변함이 없다.

처음부터 예수는 아무 말도 없었다. 자기 앞에 모습을 나타낸 예수에게 유다는 무엇을 원하느냐는 질문을 퍼붓지만 예수는 끝내 아무 대답도 하지 않는다. 그 앞에서 불안을 감추지 못하던 유다는 예수가 추궁하지도 않았는데 제풀에 자기에게는 잘못이 없다고 변명하기 시작했으며 제멋대로 승리했다고 판단하지만, "증오든, 사랑이든, 그 어느 쪽의 의미"도 담고 있지 않은 예수의 눈과 대면한 순간 자신이 패배했음을 인정할 수밖에 없다.

재차 자신을 변호하고자 시도하는 유다에게 예수는 이번에는 침묵하는 대신 "나는 받아야만 하느리라"라는 말을 반복하기 시작한다. 예수의 침묵 앞에서 먼저 한 번 패배했던 유다는 이번에 그 말의 의미를 파악하려고 몸부림치면서 다시 한 번 자기변호를 전개하지만 이 경우에도 유다의 말은 독백에 불과하다. "나는 받아야만 하느니라"라는 말이 무슨 뜻인지, 이것이냐는 뜻인지 아니면 저것이냐는 뜻인지를 묻는 유다에게 같은 말을 반복하는 예수는 침묵하는 예수와 마찬가지로 유다가 이해할 수 있는 영역의 바깥에 존재하고 있기 때문이다.

이 장면에서 제시되는 예수와 유다의 대면은 '케 보이(Che vuoi?)'라는 질문을 던지는 타자로서의 신과 인간이 대면하는 장면을 연상시킨다.[23] 케 보이, 곧 '당신은 무엇을 원하고 있는가'라는 근본적인 수수께끼를 풀지 못하는 한, 유다는 자신의 발화가 예수에게 받아들여지고 있는지 확인할 수 없으며 이러한 불안은 또 다시 그를 견딜 수 없는 곤경으로 몰아넣는다.

> "나는 내 것을 받으려 하느니라."
>
> 유다는 더 이상 말하지 않았다. 너무 많이 말했고, 너무 지쳤고, 굶주렸다. 뿐만이 아니라, 그와의 이야기하는 중에 자기의 영혼이 저장해 두었던

23 S. 지젝, 이수련 옮김, 『이데올로기라는 숭고한 대상』, 인간사랑, 2001, 200～202면.

기름을 모두 빼앗긴 듯했기 때문이다. 그래 견딜 수 없게 되어 눈을 감아 버렸다. (…중략…) 유다가 기력을 다해 다시 눈을 떠 보았을 땐, 자기를 바라보던 눈도, 이마 위의 손도, 목소리라고 느꼈던 어떤 음향도 어느 사이엔지 없어진 때였다. 유다는 그것을 알곤 미미하게 웃었다. 승리나 패배를 초월한 것이었다. (…중략…) 그땐 유다의 눈도 서서히 변해 가던 중이었다. 의미가 하나씩 하나씩 바래 버렸던 것이다(471면).

장황한 자기변호에도 불구하고 여전히 같은 말을 반복하는 예수 앞에서 유다는 더 이상 견뎌내지 못하고 눈을 감는다. 그는 "너무 많이 말했"는데, 그것은 필요 이상으로 말을 많이 했기 때문이라기보다는 아무리 말을 해도 결코 예수의 태도를 바꿀 수 없을 것이기 때문이다. 앞에서도 언급했듯이, 기존의 논의에서는 이 장면에서 예수에 대한 유다의 주장이 그 정당성을 획득한 것으로 이해되어 왔다.[24] 그러나 이를 신에 대한 인간의 우위, 혹은 초월적인 것에 대한 지상적인 것의 우위로만 이해하는 데는 다소 무리가 있는 것처럼 보인다. 무엇보다 "의미가 하나씩 하나씩 바래" 가는 유다의 눈이 애초에 부정하려 했던 예수의 눈, 곧 "의미가 바래 버리고 빛이 없는 눈"을 따르고 있기 때문이다. 이로써 유다가 예수의 뒤를 따르게 되었음을 의미한다고 보기는 어렵지만, 적어도 그가 자기변호를 통해 예수의 우위에 서려던 단계에서 벗어나 있음을 암시하고 있다.

이와 관련하여 좀 더 논의를 보충하자면, 「아겔다마」의 유다에게 보이는 변화는 '뙤약볕' 연작의 전개와 비교할 수 있다. '뙤약볕' 연작은 신의 '말'이 곧 법이라고 믿던 인간들이 그 말을 버리고 지상의 가치를

24 예컨대, 이동하는 유다의 신랄한 공격 앞에서 예수가 "의미 있는 답변"을 하지 못하고 같은 말을 기계적으로 반복하다가 사라지는 장면을 예수적인 요소가 최종적으로 완전히 패배하는 것으로 해석한다(이동하, 「박상륭의 〈아겔다마〉에 나타난 가룟 유다와 예수의 모습」, 408면).

찾아 떠나지만 끝내 파멸하고 홀로 남은 인간이 스스로 말을 찾는 과정을 3부에 걸쳐 형상화하고 있거니와, 여기서 말을 찾는 과정은 곧 구도의 과정이기도 하다. 스스로 말을 찾는 구도의 길은 「아겔다마」의 유다에게서 암시된 과정이기도 하다.

곤경에 몰렸던 유다가 불현듯 "승리나 패배를 초월한" 상태에 이르기까지 어떤 변화를 겪었는지에 대해 「아겔다마」는 그가 눈을 감았다가 다시 떴다고 짧게 서술할 뿐, 별 실마리를 주지 않는다. 그러나 박상륭 소설의 전체적인 흐름을 "선/악, 하늘/땅 등의 이원화된 세계관 속에서 갈등하고 번뇌하던 인물이 장편으로 전이되어 가면서 상호모순된 원리의 통합화과정을 거쳐 새로운 생명의 원리 안에서 구원의 희망을 역설하는 인물로 변모"된다고 이해할 때, 기존의 논의에서는 이원화된 세계관을 드러내고 있는 것으로 해석된 「아겔다마」의 유다에게 이미 "인물의 득도의 긴 여정을 통해 스스로 주인공 자신이 인신(人神)을 구현"하는, 박상륭 소설의 대표적인 경향이 내포되어 있다고 할 수 있다.[25] 약간 과장해서 말한다면, 박상륭의 작품들은 등단작 「아겔다마」의 결말 부분에서 유다가 눈을 감았다 다시 뜬 그 짧은 순간을 위해 바쳐진 것이기도 하다.[26]

---

25 김명신, 「말씀의 우주에서 마음의 우주로」, 28~29면.

26 실제로 박상륭의 장편 「잡설품(雜說品)」은 단편 「무소유」에서 "—중략—"이라고 간단히 표시된 부분을 원고지 1,800매 분량으로 다시 쓴 결과물이다.

4. 자기 윤리 정립의 가능성

1960년을 전후하여 발표된 최인훈의 「라울전」과 박상륭의 「아겔다마」는 기독교의 신이라는 절대적 존재와 마주한 상황에서 불완전한 존재인 인간이 드러내는 한계와 가능성을 동시에 탐색하고 있다. 이는 상당 부분 전쟁이라는 절대적 조건으로부터 자유로울 수 없었던 전후 한국 사회의 윤리적 혼란을 극복하려는 작가의식을 반영한다고 볼 수 있다.

최인훈의 「라울전」은 종교적이고 지성적인 삶을 살았던 라울이 신의 은총을 받지 못하고 파멸하는 과정을 다루고 있다. 신의 섭리 앞에서 인간의 한계를 여실히 드러내는 라울은 결국 그 한계를 극복하지 못했다. 「라울전」의 서사를 보다 면밀히 검토할 때, 주인공 라울이 바울에 대해 운명적인 열등감을 갖고 있었으며 그 열등감을 이기기 위해 지성적인 태도를 형성해 왔다는 점에 주목할 수 있다. 그러나 지적인 탐구를 통해 예수의 존재를 인식할 수 있었던 라울이 아닌 바울에게 신의 은총이 내렸다는 것은 지성적인 태도에 의해 운명적인 열등감을 넘어설 수 있으리라는 라울의 생각이 오해였음을 보여준다.

라울이 파멸에 이른 것은 지성적인 삶을 살았기 때문에 아니라 운명적인 열등감 앞에서 자신을 지탱해 주었던 지성을 포기했기 때문이다. 물론, 라울이 지성을 견지했더라도 그에게 신의 은총이 내렸으리라는 보장은 없다. 그러나 라울에게 기회가 전혀 없었던 것은 아니다. 예수를 풍문과 책으로만 접했던 라울에게는 그를 직접 만나 역사의 현장에 참여할 수 있는 기회가 있었다. 그러나 라울은 운명이 주어지기만을 기다렸을 뿐, 스스로의 운명을 찾아갈 수 있는 가능성을 저버린다. 그 가능성이 최인훈의 대표작 「광장」에서 다시 한 번, 보다 진전된 형태로 시도되고 있다는 점은 주목할 만하다.

박상륭의 「아겔다마」는 예수를 배반했던 유다가 예수와 대면하는 장면을 중심으로 구성되어 있다. 예수와 마주한 유다는 초월적 가치보다 현실적 가치가 더 중요했기 때문에 예수를 배반했으며, 또 그 배반에는 신의 섭리가 작용하고 있다는 점을 근거로 자기변호를 시도한다. 이러한 유다의 주장에 대해서는 이미 종교적으로 논박된 바 있거니와, 소설로서의 「아겔다마」에서 주목할 수 있는 것은 예수와 유다가 대면하는 장면이 어떻게 형상화되고 있으며, 그에 따라 유다의 태도가 어떻게 변화하고 있는가의 문제이다.

불안한 상태에서 장황하게 자기의 행동을 변호하는 유다와 달리 예수는 시종일관 침묵하거나 의미를 알 수 없는 말을 반복하고 있다는 점에서 유다의 발화는 일종의 독백에 불과하다. 자기변호에 성공했다고 믿었던 유다가 돌연 패배를 절감한 이유 역시 예수가 자신이 이해할 수 있는 영역 밖에 존재하기 때문이다. 기존의 논의에서는 「아겔다마」의 결말이 유다의 주장을 옹호하는 것으로 이해되었으나, 그보다는 신과 인간의 이분법을 넘어선 제3의 길을 암시하는 것으로 보는 것이 타당하다. 그리고 이 점에서 「아겔다마」는 박상륭 소설을 대표하는 경향을 예고하고 있다.

서두에서 「라울전」과 「아겔다마」가 발표될 당시의 윤리적 혼란에 대해 언급했거니와, 좀 더 보충하면 그 혼란은 "종교나 형이상학 또는 그 밖의 어떤 선천적인 권위가 밖으로부터 우리에게 도덕의 원리를 부여한 바 없다"는 데서 비롯된 것이며,[27] 이를 극복할 수 있는 가능한 방안 중의 하나는 자기 스스로 삶의 원리를 형성하는 것이라고 할 수 있다. 이러한 시대적 요청 앞에서 「라울전」과 「아겔다마」는, 역설적으로 가장 권위 있는 절대적 존재와 대면한 인간이라는 알레고리를 통해 자

27 김태길, 앞의 글, 249면.

신의 윤리를 정립할 수 있는 가능성을 진지하게 모색했다는 점에서 그 의의를 찾을 수 있다.

해방공간의 나라 만들기와 가족로망스
「광장」

1. 「광장」의 서사적 중층성

「광장」에 대한 논의는 최근에 이르기까지 작품의 가치를 새롭게 정립하고자 하는 측면에서는 물론 기존의 평가를 교정하고자 하는 측면에서도 비교적 활발하게 진행되고 있다. 「광장」에 대한 교과서적이고 정통적인 평가가 '밀실 : 광장'의 비유에 의해 남한 사회를 "밀실만 풍성하고 광장은 사멸"했을 뿐 아니라 그 밀실마저 "문이 녹크도 없이 무례스리 젖혀지"는 곳으로, 반대로 북한 사회는 광장이 있기는 하나 "개인적인 '욕망'이 taboo로 되어 있"어 그 "광장에는 꼭두각시뿐 사람은 없"는 곳으로 대비함으로써 남북한의 현실, 특히 정치체제를 효과적으로 비판할 수 있었다는 데에 초점이 맞춰져 있다는 사실에는 크게 이견이 없다. 이후의 논의는 밀실－광장 담론의 의의를 보다 엄밀하게 평가하고 비판하려는 방향으로 전개되거나,[1] 혹은 그 담론을 최인훈

1 「광장」은 과도한 수사적 표현으로 의미가 모호해지거나 일방적인 진술 위주의 경향을 드러내는 동시에 추상적 이분법의 제약으로 현실의 구체성을 배제하는 결과를 낳는다

의 소설 전체를 조망하는 틀 안에서 보다 폭넓게 이해하려는 방향으로 전개되어 왔다.[2]

그 귀결점이 긍정적이든 부정적이든, 「광장」에 대한 논의가 꾸준히 계속되어 온 이유를 "발표된 지 이미 30여 년이 지난 지금까지도 동시대적 감각 속에서 그 작품을 논할 수는 없"기 때문이라는 데서 찾는 것은 작품 외적인 측면에서는 타당하지만,[3] 그와 함께 내적인 계기를 고려할 필요가 있다. 이와 관련하여, 「광장」의 서사 자체가 "시민적 자기완성의 과정을 그리는 교양소설", "정치적 환경이 압도적인 역할을 하고 있다는 의미에서의 정치소설", "인간조건에 대한 실존적 추구"로서의 소설 등과 같은 여러 하위서사들을 포괄하는 중층적 구조를 이루고 있다는 유종호의 지적을 참고할 수 있다.[4] 유종호는 이에 대해 부정적인 평가를 내리지는 않지만 "여러 계기가 과도히 욕심스럽게 어울려져 있기 때문"에 "중층적 구조가 때로 위태로워 보"인다는 우려를 나타내는바, 이러한 중층성은 한편으로는 「광장」의 서사를 풍성하게 만들 수 있으나, 다른 한편으로는 서사의 일관성을 잃게 할 수도 있다.

가령, 밀실-광장 담론은 일차적으로는 정치체제에 대한 비판으로 기능하지만 그 저변에, 유종호의 표현을 빌리면 "인간조건에 대한 실존적 추구" 곧 정치적 차원을 넘어선 실존적 자유 개념이 전제되어 있다면, 이 때문에 밀실-광장 담론의 정치적 의의가 퇴색하는 것까지는 아니더라도 어느 정도 불분명해지는 부작용을 피하기 어렵다. 마찬가

는 점에서 부정적으로 평가되기도 한다. 조남현, 「〈광장〉, 똑바로 다시 보기」, 『문학사상』, 1992.8; 하정일, 「주체성의 복원과 성찰의 서사」, 『1960년대 문학 연구』, 깊은샘, 1998 참조.

2 이러한 논의는 주로 주체-타자 담론을 방법론으로 취한다. 권명아, 「에고의 좌표 그리기로서의 소설」, 『상허학보』 8, 2002; 정영훈, 「최인훈 소설에 나타난 주체성과 글쓰기의 상관성 연구」, 서울대 박사 논문, 2005 참조.

3 구재진, 「최인훈의 〈광장〉 연구」, 『국어국문학』 115, 1995, 212면.

4 유종호, 「소설과 정치적 함축」, 『세계의 문학』, 1979 가을, 72면.

지로 "정치적 환경이 압도적 역할을 하고 있"는 것처럼 보이다가도 어느새 자기완성을 고집스레 추구하는 주인공 이명준이 노정하는 관념적 성찰과정이 전면에 부각되는 양상이 반복되는 「광장」의 서사는 어느 한쪽으로 성격을 규정하기가 쉽지 않다.

다소 도식화해서 말하면, 해방공간에서 전개되는 정치적 서사와 이명준 개인의 서사라는 두 개의 큰 축으로 구성된 「광장」의 전체 서사에는 일종의 비약이 존재한다고 할 수 있다. 이는 대체로 개인적 서사가 정치적 서사에 대해 지나친 영향력을 행사하는 양상으로 나타나며, 좀 더 구체적으로는 내성적이며 나아가 자의식 과잉 상태로 비치기까지 하는 이명준의 정치적 행동이나 현실 비판이 개인적 차원에서 비롯되는 관념성 등을 적절히 조정하지 못해 독단적이거나 추상적인 상태로 귀결된다는 평가를 낳는다.

이러한 비약은 「광장」의 서사가 여러 층으로 이루어져 있다는 사실에서 기인한다는 점에서 쉽게 해소될 수 없으며, 또한 이로부터 「광장」에서 피상적이거나 자의적이라고 평가되는 측면은 물론 참신성과 독창성으로 평가되는 측면까지 더불어 비롯되었다는 점에서 단지 부정적으로만 평가할 수 없는 문제이기는 하나, 그 층간 격차를 좁히는 방법에 대한 고찰은 계속될 필요가 있다. 이는 곧 「광장」의 서사를 보다 충실히 이해하는 방법이기도 한바, 본고에서는 「광장」에 나타나는 정치적 서사와 이명준의 개인적 서사를 나라 만들기와 아버지 찾기라는 두 사건을 중심으로 재구성하고 이들 간의 관계를 살펴봄으로써 「광장」의 서사를 좀 더 일관된 관점에서 분석하고자 한다.

2. 해방공간의 정치적 지향

철학과 3학년 이명준은 "사람이 무엇 때문에 살며 어떻게 감격을 가지고 살 수 있는지"를 알고 싶고 "세계와 삶에 대한 그 어떤 그럴싸한 결론"을 얻기를 원한다. 그러나 "눈으로 보고 느끼고 생활하는 모든 종류의 일상사에 관한 한 그는 아무런 의미도 거기서 느낄 수 없"었고, 그래서 한동안 "인생을 진지하게 생각하고 간 사람들이 남겨 놓은 책을 모조리 구해서 읽"는 데서 보람을 구해 왔지만 지금은 그것마저도 얼마간 불만스러운 상태이다.

이러한 이명준을 "철부지 철학자" 혹은 "관념 철학자의 달걀"이라고 부르는 화자의 입장은 비교적 공정하다. 정선생과의 대화에서 현실의 정치, 경제, 문화가 의미(가치)를 담보하기는커녕 오히려 경멸스러울 수밖에 없음을 날카롭게 갈파하는 이명준은 철학이라는 이름에 값하는 지적 능력을 소유하고 있지만, 다른 한편으로 아버지와 막역한 관계였던 변성제의 후견에 전적으로 의존하는 자신의 생활에 대해서는 "그저 그렇게 살아가는 것이거니 놀랍도록 철저한 무관심"으로 일관해 왔다는 점에서 그는 미성숙한 철부지에 불과하기 때문이다. 그러나 이러한 상태는 사라졌던 아버지의 귀환으로 인해 급격한 변화를 맞는다.

> 영미 아버지한테서 그 얘기를 듣고, 경찰에 두 번 다녀온 지금 그의 생활의 토운이 완전히 무너지고 말았다. 〈어느 날 아침 일어나 보니 그는 미행이 붙은 범죄자였다. 뒤따르는 검은 그림자〉 그런 생활이 자기 자신의 몫이 되었던 거다. 누군가가 그에게 복수한 것일 게다. 생명의 무료함을 한탄하던 자에게 악의에 찬 그 누군가가 네 이놈 맛 좀 보라고. 아니 그런 환상 속의 공포가 아니었다. 등허리가 쭈뼛한 현실의 공포였다. 정치의 광장

에서 온 자객이 그의 침실 앞을 서성거리게 된 것이다(257면).[5]

"남로당을 박헌영이와 둘이서 만들어 놓고" 8·15 직후 월북하여 몇 년간 소식이 끊겼다가 대남방송을 통해 출현한 아버지는 이명준의 생활을 크게 바꾸는데,[6] 이는 이명준의 삶을 "정치의 광장"과 연결시켰다는 의미에서만이 아니라, 더 중요하게는 그의 삶을 "환상"에서 "현실"로 옮겨 놓았다는 의미에서 그러하다. 현실을 무의미한 것으로 성급히 배제하고, 다만 책에서 세계와 삶의 의미를 찾고자 하며 나아가 "세상이 돌고 돌다가 가장 이상적인 형태로 톱니가 물린 순간"에 대한 "환각"을 좇는 단계의 이명준은 자신이 꿈꾼 환상에 주박(呪縛)되어 있다. 이처럼 환상 안에서 "생명의 무료함을 한탄"하는 대신, 현실에서 "사는 것처럼 사는" 것이 반드시 정치적 계기에 의해서 가능한 것만은 아니지만, 또 "사는 것처럼 사는 법이 좀 없을까요?"라는 질문에 대뜸 "정치는 어때?"라고 반문한 정선생에게 "오늘날 한국의 정치란 미군부대 식당에서 나오는 청소차를 청부 맡"는 것에 불과하다고 단언함으로써 원조경제에 기생하는 정치를 경멸했던 장면을 염두에 둔다면 상당히 아이러니하지만, 이명준을 현실로 끌어들인 계기가 월북한 아버지와 연루되는 정치적 사건이라는 설정은 「광장」 서사의 기본 방향을 좌우한다.

"저 빛나는 4월이 가져온 새 공화국에 사는 작가의 보람을 느낍니다"라는 '작자 소감'을 굳이 참조하지 않더라도, 「광장」이 4·19의 자장 안에 위치한다는 점에 대해서는 "이 작품이 발표 당시에 불러일으킨 반응과 화제의 신선도는 4·19세대의 자유로운 감성을 반영한다"로 대표되는 평가들에 의해 여러 차례 확인되어 왔다.[7] 「광장」이 반영한다

---

5 이하 인용 면수는 최인훈, 「광장」, 『새벽』, 1960.11에 따르며, 필요할 경우 다른 판본을 참조한다.

6 서울에서 박헌영 중심으로 조선공산당이 재건된 것은 1945년 9월이지만, 조공을 포함한 좌익 3당이 합동하여 남로당이 결성된 것은 1946년 11월이다.

고 말해지는 "4·19세대의 자유로운 감성"의 의미에 대해 다시 한 번 생각해 보자. 4·19는 이승만 정부의 장기 집권을 종식시켰다는 측면에서 독재에 항거한 민주주의 운동이지만, 그 이듬해 5월까지의 상황 전개를 고려한다면 또한 통일운동이기도 하다.[8] "전근대적 권위주의와 극단적인 반공 이데올로기의 결합"으로 규정되는 이승만 정권의 기원은 분단체제를 수용하고 철저한 반공국가를 육성하고자 했던 단정 세력이 집권한 1948년으로 거슬러 올라가거니와, 6·25를 거치면서 공고해진 반공 이데올로기는 1950년대 내내 자유민주주의체제를 수호한다는 명분 아래 권위주의적 정권을 재생산하는 한편 북진통일론 이외에 일체의 분단·통일 논의를 불온시하고 금지함으로써 분단체제를 강화시켰다.[9] 이로 보면 이승만 정권을 붕괴시킨 4·19가 반독재 운동일 뿐 아니라 분단체제를 극복하려는 통일운동으로서의 의미를 지니게 된 것은 필연적인 귀결일 것이다. 또 이런 점에서 「광장」이 "처음 4·19혁명의 정치사 속에서 구시대 청산 혹은 남한 사회 비판의 동기로 태동되었으나, 주인공의 행적을 둘러싼 서사구조의 성격상 필연적으로 분단 현실 전체를 비판하는 분단소설의 성격으로 굳어졌"을 것이라는 추론은 「광장」의 사건 전개와 4·19의 전개 과정 사이의 상동성에 대한 지적이기도 하다.[10]

변성제로부터 아버지의 소식을 전해들을 때만 해도 "자기와 전혀 무관한 이야기"로 치부했던 이명준은 며칠 뒤 "빨갱이 새끼"라는 이유로 경찰서에서 폭행당해 피투성이가 된 채 한낮의 대로에 나선 후에야 자신이 "돈과, 마음과, 몸을 지켜준다는 법률의 밖에 있는 어떤 길"에 서 있다는 사실을 깨닫는다. 그 "법률"이란 남한체제가 당연히 보장하리

7 염무웅, 「상황과 자아」, 『현대한국문학전집』 16, 신구문화사, 1968, 499면.
8 강만길, 「4월혁명의 민족사적 맥락」, 『4월혁명론』, 한길사, 1983, 19면.
9 서중석, 「정부수립 후 반공체제 확립과정에 대한 연구」, 『한국사연구』 90, 1995, 430면.
10 한기, 「〈광장〉의 원형성, 대화적 역사성, 그리고 현재성」, 『작가세계』, 1990 봄, 93면.

라고 "오해"했던 것이지만 첨예한 좌우대립을 배경으로 반공주의를 내세운 독재권력 앞에서 간단히 그 효력을 상실한다.

> 그자는 명준을 제쳐 놓고 동료들 쪽으로 돌아앉아서 경험담을 늘어놓기 시작했다. 명준은 그의 얘기를 들으면서 또 한 번 놀랐다. 그는 소위 자기의 전성시대라고 하면서 일제 때 특고형사 시절에 좌익을 다루던 이야기를 하고 있는 것이었다. 그는 특고(特高)가 마치 한국 경찰의 전신이나 되는 것처럼 이야기했다. (…중략…) 그의 술회담을 듣고 있으려니까 명준은 자기가 마치 일본 경찰의 특고 형사실에 와 앉아 있는 듯한 착각에 사로잡혔다. 형사의 얘기는 그토록 과거와 현재를 혼동하고 있었다. 빨갱이 잡는 걸 가지고 볼 때 지금이나 일본놈 시절이나 다름없다고 생각하고 있는 게 여실했다. A≠B B≠C ∴A=C라는 논리, B가 빨갱이었다. 그는 아까 아까(빨갱이라는 일본말)를 연발했다(263면).

얼마 후 재차 경찰서에 출두한 이명준은 자신이 일본 경찰에 피체된 듯한 착각에 빠진다. 당당하게 '아까(赤)'라는 말을 연발하는 담당 형사는 "일제는 반공이다. 우리도 반공이다. 고로 양자는 같다"는 논리에 의해 일제의 식민통치체제와 해방 이후 수립된 체제 간의 연속성을 공공연하게 주장하기 때문이다. 그러나 이 논리는 거꾸로, 두 체제가 반공이라는 점에서 연속될 때 그중 한 체제가 부당한 것이라면 다른 한 체제도 역시 그럴 수 있지 않은가라는 문제제기를 낳는다.[11]

이는 「광장」이 해방공간을 배경으로 하고 있다는 점과 함께 이해될 수 있다. 1945년 8・15해방에 의해 개방되었다가 1948년 8, 9월 남북한에 각각의 정부가 수립됨으로써 막을 내린 해방공간의 성격을 나라 만들기 과제가 수행되는 가운데 국가나 정치체제가 아직 미정형인 상태

11 김진기, 「'정치적 자유'의 한 양상」, 『상허학보』 17, 2006, 286면.

로 특징짓는다면,[12] 그 공간을 무대로 한 「광장」은 좌우대립에 대해 보다 유연하게 접근할 수 있을 뿐 아니라 나아가 해방공간 본래의 과제인 나라 만들기를 고찰할 수 있는 가능성을 갖는다. 해방공간의 좌우대립은 통일된 근대민족국가건설을 위한 체제경쟁으로서의 의미를 띠었던바, 이때 중요하게 부각된 문제는 반봉건(=근대) 과업을 위한 토지개혁과 반식민(=민족) 과업을 위한 친일파 처리였다.[13] 그러나 친일파 처리에 있어, 반공체제를 강화하고자 했던 미군정(또 미군정 기구를 이어받은 이승만 정부)은 친일경찰조직을 그대로 수용했으며, 그 결과 위의 장면처럼 친일경찰은 "공산당과 싸운 애국인사"로 남한체제 내에 자리잡는다.[14] 극심한 좌우대립의 상황에서 나라 만들기 과제가 수월하게 진행되기를 기대할 수는 없다 하더라도 친일경찰조직을 존속시키는 식의 나라 만들기는 일제로부터의 해방이라는 이름에 값하기 어렵다. 형사로부터 폭행당하던 이명준은 아버지 역시 동일한 고초를 겪었으리라고 상상하는데, 이때 아버지는 우선은 "이름 있는 컴뮤니스트"로서가 아니라 "반일투사"로서 아들에게 육박하고 있다.

나라 만들기라는 관점에서 접근할 때, 아버지의 돌연한 출현으로 인해 이명준이 경찰의 호출을 받은 시기가 1948년 5월이라는 사실 역시 우연하지만은 않다.[15] 반공체제하에서 월북한 남로당계 공산주의자

12 김윤식, 『해방공간 한국작가의 민족문학 글쓰기론』, 서울대 출판부, 2006, 377면.

13 서중석, 「해방 후 주요 정치세력의 국가 건설 방안」, 『대동문화연구』 27, 1992, 238면.

14 서중석, 『한국현대민족운동연구』 2, 역사비평사, 1996, 129면.

15 월북 후 노동신문사에서 근무하던 이명준은 아버지와의 불화로 집을 나와 하숙하던 중 은혜를 만나며, 그 이듬해 6·25가 발발한다. 『새벽』 판본에는 아버지와의 갈등이 표면화된 시기("월북한 지 반년이 지난 이듬해 봄")와 은혜를 만난 시기("월북 후 두 번째 맞는 평양의 봄") 사이에 1년의 간격이 있지만, 정향사 판본부터는 은혜와의 만남 역시 "처음으로 맞는 평양의 봄"에 있었던 것으로 수정된다. 그의 월북 시점은 전자에 의하면 1947년, 후자의 의하면 1948년이다. 월북 직후 남한 신문의 빨찌산 관련 기사가 언급되는 것을 볼 때, 그의 월북은 '야산대'의 무장투쟁으로 남로당 전술이 선회된 1948년으로 보는 것이 적절하다. 한편, 1948년 7월 인천에 머물던 이명준이 "지난 가을 이래 (…중략…) 그들의 교제는 이 여름까지 근 일 년 가까운 세월"이라고 말하는 것에서, 윤

를 아버지로 두고 있다는 사실은 그 자체만으로도 적지 않은 정치적 문제를 야기할 수 있겠지만, 그 이전에는 아들인 이명준에게는 물론 경찰에게도 아버지의 존재가 전혀 문제되지 않았다는 것을 고려한다면, 굳이 이때 아버지가 다시 등장했다는 사실은 좀 더 구체적인 맥락에서 이해될 필요가 있다.

이명준 개인에게 "갑자기 등장한 아버지는 어떻게 맞았으면 좋을지 어리둥절한 어떤 〈소문〉과 같"았던 데 비해, 당시 남북정세를 고려한다면 아버지가 "요사이 민주주의민족통일전선인가에서 대남방송에 나오는" 중앙선전책임자로 귀환했다는 것은 우발적인 사건 이상의 의미를 지닌다. 미소공동위원회 결렬 후 한반도 문제가 유엔으로 이관되어 1948년 2월 가능한 지역에서의 총선거안이 결의되자 분단고착에 대한 위기의식은 한층 고조되었으며, 이는 "통일된 조국을 건설하나가 삼팔선을 베고 쓰러질지언정"이라는 비장한 성명을 발표한 김구가 김규식과 함께 남북지도자회의를 제의하고 이에 대해 4월 19일 평양에서 남북연석회의가 개최되는 결과로 이어졌다. 단정저지를 위한 좌우합작은 5·10 단선 이후에도 지속적으로 시도되었는데,[16] 이러한 정치상황에서 남·북조선 '민전'의 역할이 전면에 부각되었다는 사실을 참고한다면, 「광장」의 텍스트에 가시적으로 드러나지는 않지만 단정수립을 둘러싼 1948년의 정세 변화가 민전 대남방송을 통한 아버지의 귀환을 낳았다고 추정할 수 있다. 바로 그 아버지의 귀환이 이명준의 삶을 전변시켰다는 점에서 해방공간의 나라 만들기 과제와 이명준의 삶 사이의 거리는 의외로 그리 멀지 않다.

애를 만난 것이 1947년 가을임을 알 수 있다.

16 남로당 계열은 물론 민족주의 우파 측의 상당수 인사들이 북한정부 수립에 참여한 것은 그들이 "민족문제 또는 통일문제에서는 단정세력에 대립적이었고, 그 점이 작용한 때문도 있었겠지만, 북이나 좌파의 '통일정부' 수립 주장에 점차 공명"했기 때문이다(서중석, 앞의 책, 59면).

이명준의 월북 역시 이러한 맥락에서 접근할 수 있다. 인천 윤애의 집에서 여름을 나던 중 단골로 들르던 목로주점의 주인에게 "이북 가는 배"가 있다는 말을 우연히 전해들은 이명준은 "마치 그 말을 기대하기나 했던 것처럼" 안도감을 느낀다. "수태고지"를 받듯 수동적으로 이루어진 이명준의 월북을 이해하기 위해서는 경찰서에서 법외의 존재로 고초를 겪었으며 윤애와의 관계 역시 만족스럽지 못했다는 사정 등을 함께 고려할 수 있거니와, 이로부터 그의 월북에 대해서는 이데올로기 선택이라는 비교적 명확한 설명은 물론, "때묻지 않은 새로운 광장"에 대한 환상의 추구 혹은 현실에 대한 환멸과 그에 따른 현실 도피 등 여러 측면에서 설명되어 왔다.

단일한 의미로 이해되지 않을 뿐 아니라 자각적인 선택의 결과로 보기도 어렵다는 점에서 이명준의 월북은 막연한 기대감의 산물일 개연성이 다분하다. 그렇다 하더라도 그 기대감이 단지 사회주의나 공산주의에 대한 것이 아니라 해방공간의 나라 만들기에 부여된 가능성에 대한 것임을 지적할 필요가 있다.[17] "원초적인 체제 선택이 가능한 희유의 역사 공간"으로서의 해방공간은 단정이 수립되는 시점에 이르러서는 남북한 중 어느 한쪽 체제를 선택하는 것으로 가능성의 폭이 현저히 줄어들 수밖에 없었지만,[18] 그렇다고 해서 그 가능성이 반드시 좌우 이데올로기 중 어느 한쪽의 선택만을 함의했던 것은 아니다. 해방공간에서 문학가동맹 의장으로 전신(轉身)했던 이태준에 대한 「화두」의 변호도 이 연장선상에 있다. 곧, 이태준의 「해방전후」에서 작가의 자전적 인물 현의 행적은 "해방된 조국에서의 정치적 강령은 사실상 좌우합작으로까지 갈 수 있"어야 한다는 노선을 따른 결과인바, "「해방 전후」의 주인공

17 이명준이 월북한 1948년 7~8월에는 '통일정부' 수립을 위해 민전이 조직한 인민대표자대회에 참석할 남한 대표 1,800여 명이 육·해로를 통해 해주로 월북하기도 했다.

18 김윤식, 앞의 책, 18면.

이 받아들인 노선은 당시로서 그렇게 말이 안 되는 것은 아니"었다는 것이다.[19]

그러나 이명준의 눈에 비친 북한은 그가 기대했던, 해방공간의 가능성이 실현된 나라가 아니라 "잿빛 공화국"일 뿐이다. 북한에 대한 「광장」의 비판이 "구태여 이명준의 입을 빌지 않더라도 되풀이되어 귀에 익은 것"인데, "다른 점이 있다면 상투적인 반공이라는 관점을 배반당한 혁명의 관점으로 옮김으로써 설득력을 넣으려 했다는 점"이라는 유종호의 지적대로,[20] 이명준은 북한의 혁명이 '감동, 열기, 정열'이 아니라 '무기력, 숨 막히는 공기' 등에 의해 진행되고 있다는 이유에서 열렬히 북한체제를 비판한다.

「광장」의 개작 과정에서 '혁명'이 "나라의 팔자를 고치는" 일로 풀이되고 있듯,[21] 북한의 '인민민주주의혁명'은 국가건설을 위해 1946~47년간에 진행된 일련의 개혁과정을 가리키며, 이는 1946년 3월 단행된 토지개혁에 의해 본격적으로 시작된다.[22] 이명준의 월북 이후를 다루는 「광장」의 3장이 만주의 조선인 꼴호즈(집단농장) 장면에서 시작될 뿐 아니라, 꼴호즈 보도 기사로 인해 이명준이 자아비판에 회부되는 사건이 서사 전개에서 중요하게 기능한다는 점에서 토지개혁은 「광장」에서 적지 않은 의미를 갖는다. 친일파, 민족반역자, 5정보 이상 지주 등의 토지를 무상으로 몰수하여 소작농과 반(半)소작농에게 무상 분배함으로써 봉건지주제를 폐지한 북한의 토지개혁은 20여 일만에 신속하

19 최인훈, 『화두』 2, 문이재, 2002, 63~64면. 이는 미군정 설문조사에서 중간노선 지지 비율이 70%에 이르렀다는 사실에서도 암시된다(황의서, 「해방 후 좌우합작운동에 대한 국내 정치세력의 입장 비교분석」, 『한국정치학회보』 31, 1997, 66면).

20 유종호, 앞의 글, 71면.

21 최인훈, 『광장/구운몽』, 문학과지성사, 1976, 117면.

22 북한의 인민민주주의혁명은 이외에 노동법・남녀평등법 시행, 중요산업 국유화 등을 주요내용으로 한다(이종석, 「북한사회주의정권의 성립과정」, 『역사비평』, 1988 가을, 26~28면).

게 완결된다.

> 이 엄청난 땅덩어리가 옛날에는 동양척식회사의 소유였다고 한다. 이 땅이 주인에게 돌아간 건 우선 좋은 일이었다. 다만 농민들이 토지개혁의 결과 더 살기 좋아졌는지는 단정할 수 없었다. 그가 조사한 바에 의하면 북조선 농민들의 경우 토지개혁을 좋아하는 층은 소수에 국한돼 있었다. 그는 처음에 놀랐다. 땅을 그저 얻은 사람들이 기뻐하지 않는다니? 그 이유를 곧 알았다. 농토는 매매가 금지돼 있었다. 농토는 국유였다. 그들은 지주 영감의 소작인에게 국가의 소작인으로 옮아간 것뿐이었다. 그가 보기에는 소시민의 경우도 마찬가지였다. (…중략…) 노동자들은 보수보다도 보수의 약속에 지쳤고 인민경제계획의 초과달성이라는 이름으로 봉사를 강요당하고 있었다. 인민공화국이 번성하고 있다는 소문은 요란했으나 정작 자기 주위를 돌아보면 아무것도 없었다. (…중략…) 활발한 창의(創意)는 볼 수 없고 작업 할당과 마지못한 실행뿐이었다. 〈일착을 해도 상품은 없다〉는 데야 누가 뛸려고 할까? 당이 뛰라고 하니까 뛰긴 해도 그저 그만하게 뛰는 체하는 것뿐이었다(277~278면).

월북 후 노동신문 편집부에서 근무하던 이명준은 남만주의 조선인 집단농장을 취재하고서 토지개혁의 의의와 성과에 대해 부정적인 판단을 내리기에 이른다. 남한의 경우와 마찬가지로 북한 사회에 대한 분석 역시 구체적인 사건의 형상화에 의하지 않기 때문에 「광장」에서 토지개혁의 구체적인 양상을 찾아보기는 어렵다. 또한 현장에서 한 걸음 물러서 있는 이명준의 관찰과 판단 역시 주관적인 한계를 벗어나기는 쉽지 않다. 농민들이 토지개혁을 얼마나 환영했는지, 토지매매 금지뿐 아니라 과도한 농업현물세제 실시로 인해 그들이 토지개혁을 사인지주제에서 국가지주제로의 단순한 변화에 지나지 않는 것으로 받아들였는지,[23] 또 혁명 과정에서 농민과 소시민의 사적 소유권 및 창발성이 어느 정도 보장되었는지, 그것이 "인민경제계획"이 요구하는 생산성 달성에 어떤 영향을 미쳤는지 등의 문제들에 대해서는 신문사 기자 이명준의 분석만으로 그 실체를 파악하는 데 한계가 있으며,[24] 특히 전쟁 이전의 시점에서는 이러한 문제들에 대한 최종적인 대답 자체가 유보적일 수밖에 없었다.[25]

그렇다고 해서 「광장」에서 보이는 북한체제 비판이 주관적인 차원에 머무는 것만은 아니다. "당이 뛰라고 하니까 뛰긴 해도 그저 그만하게 뛰는 체하는 것뿐"이라는, 토지개혁에 대한 이명준의 결론적 판단이 갖는 숨겨진 의미를 살펴보자. 이기영의 「개벽」에서 "하늘이 일방적으로 모든 것을 해결해 준" 일종의 개벽에 비유될 만큼 북한의 토지개혁은 획일적이고 전격적으로 진행되었거니와, 이로써 토지개혁에 대한 인식은 "혁명적 낙관주의라는 획일적이고도 단일한 무갈등이론으로 환원"된다.[26] 일부 지주와 학생들의 저항이 있기는 했으나 실제로 "북한혁명은 내부로부터의 계급적 저항이 세계혁명 역사상 가장 작고 빠르게 종식된 사례로 기록될 수 있"다는 점에서 무갈등이론이 전혀 근거 없는 것은 아니며, 또 이런 점에서 북한혁명을 "계급투쟁 없는

23 『새벽』 판본의 "북조선 농민들의 경우 토지개혁을 좋아하는 층은 소수에 국한돼 있었다"는 부분은 1976년 전집 판본에서 "토지개혁을 좋아하는 층은 열에 다섯쯤이었다"로 수정된다.

24 한 대담에서 최인훈은 "북한의 평상 생활인으로서 북한의 생활에 대한 보고(報告)"라는 점에서도 「광장」의 의의를 찾을 수 있다고 말한 바 있지만(최인훈, 「최인훈의 최근의 생각들」, 『작가세계』, 1990 봄, 59면), 자전소설인 「화두」에서 자신이 소읍의 소상공업자 집안 출신으로 "농촌 지역의 실상이 어떠했는지는 잘 모르겠"다고 밝히고 있어 토지개혁의 인식에 어느 정도 한계가 있음을 암시한다(최인훈, 『화두』 1, 65면).

25 전쟁 이전 북한의 경제정책은 국유화 중심의 사회주의 경제 외에 기존에 존재하던 소상품 경제와 자본주의 경제 형태가 탄력적으로 운영되었다(정태헌, 「해방 전후 경제계획론의 수렴과 전쟁 후 남북에서의 적대적 분화」, 『한국사학보』 17, 2004, 254면).

26 김윤식, 「토지개혁과 개벽사상」, 『한국 현대현실주의 소설연구』, 문학과지성사, 1990, 233면.

계급혁명"으로 부르는 것도 가능해진다.[27]

> 감격할 필요는 없다는 거다. 정확히 동작만 하라는 것이었다. 왜 이렇게 됐을까. 북조선에는 혁명이 없었던 탓일 것 같았다. 인민 정권은 인민의 망치와 낫이 피로 물들여지며 세워진 것이 아니었다. 〈전세계 약소민족의 해방자이며 영원한 벗〉인 붉은 군대가 가져다 준 〈선물〉이었다. 바스티유의 감격도 없고 동궁(東宮) 습격의 흥분도 없다. 기요틴(단두대)에서 흐르던 피를 목격한 조선 인민은 없으며 동상과 조각을 함마로 부수며 대리석 계단을 몰려올라 가서 황제의 침실에 불을 지르던 횃불을 들어본 조선 인민은 없다. 그들은 혁명의 소문만 들었을 뿐이다. (…중략…) 북조선 인민에게는 주체적인 혁명 체험이 없었다는 데 비극이 있었다. 공문으로 시달된 혁명. 우에서 아래로. 그건 혁명이 아니다(283면).

> 그렇게 함으로써 경제학의 추상적인 법칙을 이명준 자신의 주체적 〈증오〉로 번역하려 했다. (…중략…) 이명준이 공산당원이 되기 위해서는 증오가 필요했다. 인민의 적을 갈아먹고 싶도록 치열하고 고귀한 증오가 있어야만 했다. 남한에서는 〈경멸〉밖에는 그의 감정재고(感情在庫) 속에 발견할 것이 없었다. 북한에서는 〈환멸〉을 얻었을 뿐 증오의 감정을 구할 원천이 없었다. 왜냐하면 〈인민의 원수〉들은 공문혁명의 결과 모조리 이남으로 빼소니친 다음이었으므로(289면).

앞에서도 언급했듯이, 이명준은 "감격할 필요는 없"으며 "정확히 동작만 하라"고 요구하는 혁명, 곧 '흥분, 감동, 열기, 정열'이 빠진 혁명은 혁명이 아니며, 그와 같은 가짜 혁명의 이름으로 "창조적 정열이 아니라 철통같은 명령"을 강요한다는 점에서 집요하게 북한체제를 비판하

27 박명림, 「북한혁명의 성격: 반(半)정복과 반(半)혁명」, 『아세아연구』 97, 1997, 191면.

고 있다. 이러한 태도는 "공산주의를 논하는 자리에서 사회적 경제적 역사적 차원의 심층구조는 전연 문제로 삼지 않고, 단지 낭만적인 충동의 중요성만을 거듭 외치고 있을 따름"이라는 이유에서 핵심을 벗어난 것으로 평가되기도 했지만,[28] 위의 인용에서 이명준이 말하는 '흥분 없는 혁명'이란 곧 '계급투쟁 없는 혁명'을 의미함을 알 수 있다. 다시 말해, 인민공화국을 건설하는 혁명이란 인민이 적대계급("인민의 적")과 투쟁하는 "주체적인 혁명 체험"을 거쳐 완수되어야 함에도 불구하고 그렇지 못했으며, 그 결과 위에서 아래로 시달된 일방적인 명령에 의한 "공문혁명"이 될 수밖에 없다는 것이다.

나라 만들기라는 측면에서 '계급투쟁 없는 혁명'의 의미에 대해 생각해 보자. 토지개혁으로 대표되는 북한혁명이 저항 없이 신속하고 순조롭게 진행될 수 있었던 것은, 물론 소련군정의 지원이 가장 큰 이유였지만, "〈인민의 원수〉들은 공문혁명의 결과 모조리 이남으로 뺑소니" 쳤다는 이명준의 말대로 토지를 몰수당한 지주들이 계급적 저항 대신 삼팔선을 넘어 북한 탈출을 선택했다는 것도 그에 못지않게 중요하다. 심지어 지주들의 월남은 적대계급 축출을 위해 방임되는 측면도 있었으며, 이로 인해 북한 사회는 내부적으로 계급갈등이 최소화되었고 그 결과 계급투쟁 없는 혁명이 가능할 수 있었다.[29]

이는 두 가지 점에서 나라 만들기에 내재된 가능성을 축소시켰다고 할 수 있다. 첫째, 지주·반공세력의 월남에 의해 북한 내부의 갈등은 최소화된 반면, 남북 간의 이데올로기 갈등은 그에 비례해 심화됨으로써 남북 분단이 고착되는 결과를 낳았다. 둘째, 남한의 5·10 선거에 출마한 거의 모든 후보자들 역시 토지개혁을 공약했다는 사실에서도 알 수 있듯, 해방공간에서 토지개혁은 필연적인 추세였으나 계급분할

---

28 이동하, 「서문과 본문의 거리」, 『한국문학』, 1986. 1, 331면.

29 박명림, 앞의 글, 190면.

선으로서의 삼팔선을 전제한 상태에서 단행된 무상몰수 무상분배 형태의 토지개혁은 체제 내로 포용할 수 있었던 계층마저 적대시하고 배제함으로써 북한 내부의 이데올로기 분포를 지나치게 협소화했다.[30]

북한에 대한 이명준의 비판에 이러한 문제의식이 충분히 반영되지는 않는다. 북한체제를 비판하는 이명준의 논리는 '계급투쟁이 없다→혁명의 흥분이 없다→명령만 있다'는 연결고리에만 고착됨으로써 소영웅주의적 태도로 비칠 수 있는 혐의를 쉽게 벗지 못한다.[31] 그러나 중요한 문제는 계급투쟁이 없다는 사실 자체가 아니라 계급투쟁이 없게 된 역사적 맥락이며, 나아가 그것이 근대민족국가건설의 가능성을 저버린 결과라는 점에 대한 인식이다. 이 문제에 대해서는 자신의 기억을 무의식 수준에서 탐구해 가는 환상의 여행 끝에 북한에 잠입한 「서유기」의 주인공의 입을 통해 좀 더 구체적으로 암시된다.

> 독고준 "선생님은 마치 약속을 잘 아는 사람이 일부러 어긴 것처럼 공박하고 인민의 적이며 부르조아라고 협박했습니다. 당신은 공화국의 벗을 만들어내는 것이 임무였음에도 불구하고 공화국의 적을 만들어냈습니다. 그것도, 있지도 않은 적을 말입니다."
>
> 지도원 "벗이 아니면 적일 것이 아닌가?"
>
> 독고준 "당신은 제 말을 알아듣지 못하고 계십니다. 벗도 적도 아닐 수 있습니다."
>
> (…중략…)
>
> 지도원 "그것은 동무가 썩은 부르조아들에게서 배운 인식론인가?"

---

30 동유럽에서 유상몰수 정책이 적지 않았던 것처럼 중소지주에 대한 보상은 폭넓은 지지기반 확대를 위해 필요한 일이었으나 북한은 이를 외면했다. 친일파에 대한 무조건적, 즉각적 처분 요구 역시 오히려 친일파 진영을 확대시키는 반작용을 낳았다(서중석, 『한국현대민족운동연구』, 역사비평사, 1993, 610~611면).

31 김윤식, 『한국문학의 근대성과 이데올로기 비판』, 서울대 출판부, 1987, 246면.

독고준 "썩은 부르조아라뇨?"

지도원 "남반부의 한 줌도 못 되는 썩은 부르조아들 말이다."

(…중략…)

독고준 "남반부의 한 줌도 못 되는 부르주아들이란, 당신이 만들어낸 허깨비다. 그런 건 없다."

지도원 "이승만 괴뢰집단이 없단 말인가?"

독고준 "없다. 철옹성 같은 북반부의 민주 기지라는 허깨비 속에서 당신들이 보고대회 때마다 만들어내는 인민의 단결이 허깨빈 것처럼, 모두 허깨비다."[32]

최인훈 소설에서 소년 주인공이 (소)부르주아의식을 버리지 못한다는 이유로 소년단 지도원과 동료 학생들에 의해 고발당하는 장면은 「회색인」 이래 반복적으로 무대화된다. 위의 장면의 근원적인 주제는 미성년 개인의 사회화에서 발생하는 곤경이지만, 북한이 계급갈등이 최소화된 사회로 정립되는 과정에 내재한 문제로 그 범주를 역사화하는 것은 그리 어렵지 않다. 요컨대, 인민공화국의 적내세력을 일방적으로 규정하고 축출함으로써 "철옹성 같은 북반부의 민주 기지"가 건설될 수 있었지만, 그것은 "공화국의 벗을 만들어내는", 곧 남북 분단을 극복한 근대민족국가건설이라는 역사적 사명을 저버렸기 때문에 가능한 것이었다. "토지개혁은 봉건제도와 일제잔재의 근거지인 북조선 농촌을 민주주의 근거지로 전환시켰"으며, 이는 "전조선 민주주의 건설의 기초가 된다"는 김일성의 발언으로 요약되는 민주기지노선은 혁명을 남한으로 확대시킬 것이라는 예상과 달리 남북 분단을 심화시켰을 뿐 아니라, 그 연장선상에서 획책된 전쟁에 의해 나라 만들기 과제를 돌이킬 수 없는 실패로 이끈다.[33]

32 최인훈, 『서유기』, 문학과지성사, 1994, 278~279면.

3. 가족로망스의 업둥이, 사생아, 영웅

이명준의 아버지가 1948년 단정 수립을 전후한 시점에 귀환했다는 사실은 「광장」의 정치적 지향을 해방공간의 나라 만들기와 연결시킨다는 점에서 중요한 의미를 갖지만, 「광장」의 서사를 아버지와 아들 간의 긍정적 · 부정적 역학관계를 중심으로 구성된 일종의 가족로망스로 규정한다는 점에서도 그에 못지않게 중요하다.[34] 비단 「광장」뿐 아니라 해방과 분단, 6 · 25 등의 사건을 배경에 전제하는 소설에서 아버지의 의미가 실제적인 차원에서든 상징적인 차원에서든 나라 만들기 과제를 함축하는 경우는 드물지 않다. 김윤식이 지적한 바와 같이, 부자관계를 다루는 서사의 한 전형을 아들이 자기를 찾는 과정에서 "아비를 모방하고 극복하는" 단계를 거치는 성장소설적 서사에서 구할 수 있는데, 이러한 서사가 "6 · 25라든가 일제시대라든가 또는 이와 관련된 이데올로기적 상황이라는 한국적 역사성"과 겹쳐질 때 아들에게 아버지는 정치적 이데올로기로서의 의미를 갖게 된다. 이런 맥락에서 일제 식민치하는 아버지가 사라진 상황으로, 또 해방이나 분단은 아버지가 귀환하거나 둘이 된 상황으로 이해될 것이다.[35] 정치적 사건으로서의 혁명은 "어떤 종류의 가족로망스가 가부장적 아버지에 의해 지배

---

33 전현수, 「해방 직후 북한의 토지개혁」, 『대구사학』 68, 2002, 124~125면.

34 프로이트에 의해 어린 아이(혹은 신경증 환자)가 부모와의 관계를 상상적으로 변형시키는 환상적 시나리오로 규정된 가족로망스 개념을 발전시킨 로베르는 이를 소설의 원형적 서사로 확장한다. 아버지에 대한 아들의 태도는 부정 일변도인 것만은 아니다. 로베르는 현실의 아버지를 부정하지만 대신 환상의 아버지를 추구하는 아들을 낭만주의적 경향의 업둥이로 유형화한다. 단순한 이분법을 따르는 업둥이와 달리, 사실주의적인 사생아 유형은 진짜 아버지로 상상된 아버지에 대해서도 긍정과 부정을 동시에 수행하는 보다 복잡한 면모를 보인다(M. 로베르, 김치수 · 이윤옥 옮김, 『기원의 소설, 소설의 기원』, 문학과지성사, 1999).

35 김윤식, 「부성 원리의 형식」, 『운명과 형식』, 솔, 1992, 232~234면.

되던 가족로망스를 대체할 것인가"에 대한 문제의식을 촉발시킨다.[36] 이명준이 자신의 삶에서 아버지의 존재가 차지하는 의미를 인식하는 것이 곧 나라 만들기와 관련된 정치의 광장에 뛰어드는 것을 의미하는 「광장」 역시 이러한 계열의 서사에 속한다.

해방 직후 아버지가 월남하고 곧 이어 어머니마저 세상을 떠나 "고아나 다름없는 신세"인 이명준이 "부르죠아의 집안"에 기식하면서 독서에 탐닉하고 있음은 앞에서 언급한 바와 같다. S은행 지점장 변성제의 집에서 그의 자녀 태식, 영미 등과 함께 살고 있는 이명준은 그 가족의 너그러운 원조에 신세를 지고 있는 것에는 이상하리만큼 무관심한 반면, "사무치는 이야기 같은 것은 아예 취미 없"는 무의미한 삶을 지속하고 있다는 이유에서 그들을 "그 부모에 그 자녀"라고 싸잡아 무시하는 편이다. "주위의 생활이 그가 구하고 있는 것이 아니"라는 사실을 알지만, 그렇다고 그 생활이 제공하는 안락을 버리지 않는 이명준은 "그들과 시시덕거릴 때의 얼굴과 그 혼자서 자기로 돌아왔을 때의 얼굴"을 나누는, 편리한 그러나 자기기만의 일종이라 할 수 있는 태도를 취한다.

> 그는 아찔한 도취감이 불시에 온 몸을 휩싸는 것을 느끼며 그 자리에 우뚝 서 버렸다. 우선 머리에 온 것은 그 전에 언젠가 기억할 수는 없지만 이와 똑같은 장소 똑같은 시각에 이런 자세대로 지금 느끼고 있는 감정에 사로잡혀서 멍하니 서 있은 적이 있다는 환각이었다. (…중략…) 세상이 돌고 돌다가 가장 이상적인 형태로 톱니가 물린 순간 같았다. 여자의 생각이 문득 났다. 그는 자기가 아직도 애인을 가지지 못한 것을 생각했다. 그러나 그 순간에는 여인과의 사랑이란 몹시도 번잡한 것으로 느껴지고 다만 어떤 여인이 자기에게 움직일 수 없는 애정의 확신을 준 다음 그 자리에서

36 L. 헌트, 조한욱 옮김, 『프랑스 혁명의 가족로망스』, 새물결, 1999, 21면.

죽어버리고 자기는 아무 의무감도 없는 포화된 순수 감정만을 소유하고 싶었다. (…중략…) 만일 이러한 순간이 이상적으로 극단이 되면 세계의 처음과 마지막, 발을 디디고 선 바루 아래 땅에서 우주의 끝까지가 한 장의 마음의 스크린에 동시에 투영된다는 것도 가능한 것이 아닌가 그는 상상했다. 그런 공상은 몹시 즐거운 사유의 오락이었다. 그는 학과 가운데서 희랍 고대 일군의 자연철학자들의 학설에 흥미가 있었다(245~246면).

부르주아 가족의 무의미한 삶과 대비되는, "혼자서 자기로 돌아왔을 때의 얼굴"이 지향하는 바는 "세상이 돌고 돌다가 가장 이상적인 형태로 톱니가 물린 순간"에 현현하는 "아찔한 도취감"으로 요약된다. 이명준이 대학에 입학하던 해 "계시"처럼 체험했던 그 도취감은 "발을 디디고 선 바루 아래 땅에서 우주의 끝까지가 한 장의 마음의 스크린에 동시에 투영"된, 곧 "세계의 처음과 마지막"이 합일된 동일성 상태를 의미한다. 위의 인용에는 이러한 동일성에의 지향에서 비롯된 두 가지 계기가 시사되고 있는데, 첫째는 고대 자연철학 등에 대한 공부를 통해 세계 전체를 파악하려는 것이며, 둘째는 타자, 특히 여성과의 관계에서 합일의 상태에 이르려는 것이다. 그러나 끊임없이 자기 존재를 의식하고 자기 존재가 무화될 것을 염려한 결과, 세계 파악에 있어서나 타자와의 관계에 있어서 항상 회의적이거나 독단적인 태도를 보이는 이명준에게 자기와 대상의 일치를 통해 존재의 총체성을 확보하려는 시도는 대체로 실패로 귀결된다.

이명준 스스로도 "환각"의 일부라고 인정할 만큼 다분히 관념적이고 비현실적인 동일성 지향은 「광장」의 서사 전반에 걸쳐 모습을 드러내고 있는데, 이 동일성의 자연철학적 버전이 "세계의 처음과 마지막"이 합일되는 상태라면 그것의 사회학적 버전이 바로 "개인의 밀실과 광장이 직통"하는 상태이다. 이러한 동일성이 봉합하고자 하는 것이 우선은 무의미한 삶을 영위하는 부르주아 가족과 함께 살고 있으면서 동시에 의미 있는 삶을 추구하려는 이명준 자신의 분열된 상태라는 점을 감안한다면, 주위 가족에 대한 불만을 우주와의 합일로 해소하려는 그의 태도에는 과도한 비약이 개입하고 있음에 틀림없지만, 그 이면에는 다음과 같은 좀 더 구체적인 문제의식이 있다.

> 이런 광장들에 대하여 사람들이 가진 감정이란 불신(不信)뿐입니다. 그들이 가장 애끼는 건 자기의 방 밀실뿐입니다. 그는 밀실에만은 한 떨기 백합을 마련하기를 원합니다. 그의 마지막 보루기 때문이지요. '저희들에겐 좋은 아버지였어요.' 국고금을 덜컥한 정치인을 아버지로 가진 인테리 영양의 술회가 풍기는 수수께끼는 여기 있는 겁니다. 오 좋은 아버지, 나쁜 인민의 공복, 개인만 있고 국민은 없습니다. 밀실만 풍성하고 광장은 사멸했습니다. 각기의 밀실은 신분에 비례해서 그런대로 풍성합니다. 개미처럼 물어다 장식하니깐요. 좋은 아버지, 불란서로 유학 보내준 좋은 아버지, 청렴한 교사를 목 자르는 나쁜 시학관(視學官), 그게 같은 인물이라는 이 엄청난 역설. 아무도 광장에서 오래 머물지 않아요(256면).

정선생과의 대화에서 남한의 정치, 경제, 문화를 그 특유의 광장 비유로써 논파하던 이명준은 왜곡된 광장이 낳는 밀실의 역설(모순)적 상황을 야유하는 것으로 결말을 맺고 있는데, 이때 밀실에서 발생하는 역설이 '좋은 아버지=나쁜 인민의 공복'이라는, 아버지의 모순적 형상의 형태로 드러나고 있음에 주목할 수 있다. 이러한 모순은 이명준 자신이 처한 상황에도 그대로 적용된다. 그 스스로가 말했듯 남한에 존재하는 "경제의 광장"이 "최소한 양심을 지키면서 탐욕과의 조절을 꾀하자는 자본주의의 교활한 악덕조차 없"는 곳이라면 은행 지점장 변성제 역시 여기서 예외일 수 없으며, 그 변성제에게서 친자식 못지않은 후견을 받고 있는 이명준의 처지 또한 현실적으로는 "국고금을 덜컥한 정치인을 아버지로 가진 인테리 영양"과 크게 다르지 않기 때문이다.[37]

물론 이명준은 광장과 밀실의 상호모순이라는 "수수께끼"를 모르지 않으며, 그렇기 때문에 변성제의 친자식인 태식, 영미와 "시시덕거릴 때의 얼굴과 그 혼자서 자기로 돌아왔을 때의 얼굴"이 갖는 거리를 반성적으로 의식할 수 있다. 그러나 그 모순을 의식하는 것과 그것을 해소하는 것은 별개의 문제여서, 환각에 가까운 도취상태를 구하거나 필경 부도를 맞고야 말 광장을 기대하는 데 머무는 이명준은 해결 곤란한 모순이 존재하는 현실 너머에서 이상적이자 관념적인 해답을 구할 뿐이다.

이러한 태도는, 아버지의 출현으로 인해 자신의 삶이 위기를 맞은 뒤에야 비로소 "여태껏 그 집을 주인집이라 여긴 적이 없었"던 것을 의아하게 생각할 만큼 자연스럽게 변성제 가족의 일원으로 지내왔음에도 불구하고, 이명준의 위치가 본디 그 "부르죠아의 집안"의 업둥이(foundling)라는 사실과 관련된다.[38] 만약 변성제가 친부라면 이명준은 아버지의 모순적인 형상에 대해 실망이나 반항을 동반한 심각한 고민을 하지 않을 수 없겠지만, 변성제가 일종의 양부, 곧 가짜 아버지인 한 그것은 자신의 존재를 위협할 만큼 큰 문제가 되지 않는다. 그 결과 이명준은 아버지와 갈등을 겪지 않고도 자기만의 관념의 세계로 진입할 수 있는데, 현실과의 싸움을 피하면서도 자기를 포기하지 않기 위해 "꿈꾸기를 선택함으로써만 분열을 모면"하는 것이 가족로망스 안에서 업둥이에게 주어진 일반적인 해결책이라는 점은 이명준의 상태를 이해하는 준거가 된다.[39]

---

37 김태환, 「〈광장〉과 〈난장이…〉 읽기, 그리고 천천히 다시 읽기」, 『문학과사회』, 1996 가을, 1379면.

38 김미영, 「최인훈 소설에 나타난 가족로망스의 의미」, 『어문학』 97, 2007, 216~217면.

39 M. 로베르, 앞의 책, 44~46면.

그런데 이명준은 자신의 친부가 누구인지 잘 알고 있다. 애초에 그가 업둥이 처지가 된 것은 정치적인 이유 때문이다. 아버지가 대남방송에 출현한다는 소식을 전해들은 이명준은 기관총으로 경계선이 나뉜 아버지의 구(區)에는 "갈 염을 내지 말아야 했고 가고 싶다고 생각한 일도 없"다고 말한다. '갈 수 없음'과 '가고 싶지 않음'이 구별되고는 있으나 실상 이 둘은 크게 다르지 않다. 가고 싶지 않은 이유에 대해 그는 정치를 경멸하기 때문이라고 해명하고 있지만 "그의 경멸이 사실은 강한 관심이 그런 모양으로 표현된 것인 줄은 모르고 있었다"는 서술을 참고한다면 '가고 싶지 않음' 역시 '갈 수 없음'이라는 정치적 금지의 결과이기 때문이다. 따라서 이명준이 자신의 친부를 찾는 것은 개인적 사건인 동시에 정치적 사건이다.

> 눈물이 주르르 흘렀다. 분하고 서러웠다. 보람을 위함도 아니면서, 아버지 때문에? 어쩐지 아버지를 위해서 얻어맞아도 좋을 것 같았다. 멀리 있던 아버지가 바로 곁에 있다는 사실을 그는 깨달았다. 그의 몸이 거기서부터 비롯한 한 마리 정충(精虫)의 생산자라는 자격을 빼 놓고서도 아버지는 그에게 튼튼히 연결돼 있었다. 아버지는 그의 옆방에 살고 있었던 거다. 옆방에 사는 아버지를 미워하는 사람들이 명준의 방 도아를 부수고 들어와서 그에게 대신 행패를 부린 것이었다. 멀리 있는 아버지가 내게 코피를 흘리게 하다니. 이건 무얼 말하는 것일까. (…중략…) 영미 아버지의 지위를 봐서라도 자기를 그렇게까지 다루지는 않으리라는 믿음이 있었던 터에 거침없이 손지검을 하는 형사의 태도는 어찌된 일일까. 여태껏 오해를 해온 것을 어렴풋이 깨달았다. (…중략…) 그는 자기 부친의 이름이 모욕당하는 자리에서 아버지에 대한 애정이 탄생하는 것을 인식했다(262면).

경찰서에서 폭행당한 이명준에게 중요하게 부각되는 것은 "멀리 있던 아버지"와 "영미 아버지", 곧 진짜 아버지와 가짜 아버지의 대비이다. 그는 두 아버지 모두에 대해 오해하고 있었음이 밝혀지는데, 멀리 있다고 생각했던 진짜 아버지가 실은 자신과 바로 연결되어 있었으며 가짜 아버지 밑에서는 최소한의 의미 있는 삶을 추구하는 것마저 불가능하다는 사실을 깨닫게 되기 때문이다. 이명준에게 두 아버지 중 하나를 자유롭게 선택할 수 있는 기회가 주어진다면, 이 순간 그가 누구를 선택할지는 어느 정도 자명해 보인다.

이명준이 서울의 변성제가 아니라 평양의 이형도를 진정한 아버지로 인정한다면 그 이유는 이형도가 '친부(real father)'인 때문이겠지만, 이때 친부는 단지 '생부(blood father)'를 의미하는 것만은 아니다. "그의 몸이 거기서부터 비롯한 한 마리 정충의 생산자라는 자격을 빼 놓고서도 아버지는 그에게 튼튼히 연결돼 있"다는 말에서 보이듯, 아버지의 위상은 아들과의 생물학적 혈연관계 이상의 것과 관련된다. 전직 특고 출신 친일경찰에게 얻어맞던 이명준이 새삼 각성하게 되는 "아버지에 대한 애정"이 그 아버지가 과거 식민치하에서 "신념을 위해서 청춘을 어두운 골목과 이역의 벌판에서 보"내면서 경찰에게 같은 고초를 겪었다는 사실에서 비롯한다는 점을 고려한다면, 아버지에 대한 아들의 애정이란 아버지가 복무했던 정치적 이데올로기에 의해 매개된 것임이 분명해진다.

요컨대, 아버지란 '경험적 아버지'인 동시에 '상징적 아버지'이며,[40] 후자의 의미에 주목할 때 아버지는 "정치적 이데올로기의 상징"이 된다. 경험적 아버지가 아들의 성장에 의해 자연스럽게 극복되는 대상인데 반해, 상징적 아버지는 보다 복잡한 문제를 야기하며 특히 6·25를 배경으로 한 소설에서는 상징적·이데올로기적 아버지가 쉽게 극복되지 못하고 신성화되는 경향을 드러내거니와,[41] 이는 일제시대의 '나

40 A. 주판치치, 이성민 옮김, 『실재의 윤리』, 도서출판b, 2004, 299면.

라 찾기' 혹은 그 연장선상에서 해방공간의 '나라 만들기'라는 정치적·이데올로기적 과제에 복무했던 아버지들이 전쟁 통에 죽거나 사라져 버렸기 때문이다. 이와 같이 아버지가 부재하는 상황을 대표하는 명제가 '아비는 남로당이었다'의 형태로 제출되었음은 주지의 사실이다. 남로당의 8·15 폭동에 연루되어 복역, 이듬해인 1948년 6월에 석방된 후 한 달 남짓 집에 머물다 아들에게 곧 돌아오마고 약속하고 사라진 박선생에 대한 짧은 기록인 채만식의 「처자(妻子)」가 서두에 놓일 이 계열의 소설은 1960년대를 거쳐 1970~80년대 한국소설사의 중요한 흐름을 이루고 있다. 아버지가 부재하는 상황에 대해서는 몇 가지 반응이 유형화되는바, 위에서 본 대로 부재하는 아버지를 대신하는 가짜 아버지의 현실로부터 퇴각하는 업둥이 유형이 그 하나라면, 가짜 아버지의 현실에 대항하는 사생아 유형이 다른 하나이며, 그 사이에 부재하는 아버지에 대한 그리움을 지닌 채 현실을 살아가는 고아 유형을 상정할 수 있다.[42]

「광장」의 이명준의 출발점이 업둥이의 자리임은 위에서 살펴본 바와 같다. 이와 관련하여 김현은 최인훈 소설에 선제되어 있는 "가족은 없다. 그러므로 나는 자유다"라는 명제를 분석하면서 가족, 특히 아버지 없는 아들의 유형을 둘로 나누고, "둘 다 새로운 사회를 건설할 의무를 짊어지고 있지만, 서구의 사생아에겐 정신적 고독·해방감이, 다시 말하자면 거역·반역 정신이 상존"하는 데 반해 최인훈 소설의 "한국의 뿌리 뽑힌 인간에겐 질서 속에 자리잡고 싶다는 욕망만이 실감"됨

41 김윤식, 「부성 원리의 형식」, 234~235면.

42 한국소설사에서 사생아 유형을 민족문학계열의 리얼리즘소설에서 찾는다면, 고아 유형은 이 계열과 구별되는 리얼리즘 소설에서 찾을 수 있다. 로베르의 가족로망스론에 따르면 고아 유형은 업둥이나 사생아 유형으로 나뉘어 귀속될 것이나, 가령 김원일 소설로 대표되는 경향은 고아 유형으로 별도로 분절될 수 있을 것이다. 맥락은 다소 다르지만 나병철 역시 한국소설의 가족로망스에서 업둥이와 사생아 외에 고아 유형을 상정한다(나병철, 『가족로망스와 성장소설』, 문예출판사, 2007, 34~43면).

을 지적하고 있다.[43] 여기서 "질서 속에 자리잡"는다는 말에는 보충설명이 필요하다. 예컨대, 월북 후 남한에서 정계의 지원을 받는 사업가로 성공한 매부 현호성을 "비열한 악한"이라고 경멸하면서도 그의 집에 기식하며 경제적 후견을 받아들이는 「회색인」, 「서유기」의 독고준이, 부르주아 가족에 얹혀살면서 밀실과 광장의 직통을 고민하는 이명준의 또 다른 버전임을 참고하면, 최인훈 소설의 주인공이 원하는 것은 한편으로는 현실과의 갈등을 피하지만 그렇다고 전적으로 현실에 순응하는 것도 아닌, 제3의 자리(업둥이의 자리)라고 할 수 있다.

그런데 아버지의 귀환으로 경찰에 소환된 뒤 이명준은 업둥이의 자리를 지키면서 현실과 거리를 두는 것이 자의에서든 타의에서든 더 이상 가능하지 않음을 깨닫는다. 통상적인 경우라면 이명준 역시 사생아나 고아의 자리 중 하나를 선택해야 하겠지만, "저마다 체제 자체를 마음대로 선택할 수조차 있었던(이는 곧바로 '저마다 아버지 자체를 마음대로 선택할 수조차 있었던'으로 치환된다—인용자) 해방공간"의 특수성의 대표자로서 그는 평양의 아버지를 찾아간다. 이제 평양의 진짜 아버지가 아들의 기대만큼 자신의 상징적 책무에 충실하기만 하다면, 「광장」의 서사는 아버지의 권위를 존중하는 아들이 세계와 타협하여 성장해 가는 사회화의 과정이 자연스럽게 이루어지는 해피엔드를 맞을 것이다.

> 〈민주주의 민족통일전선〉 중앙선전책임자인 그의 부친은 모란봉 극장에 가까운 적산집에 새 아내와 살고 있었다. 평안도 사투리가 그대로 순박한 〈한국의 딸〉이었다. 태고연한 한국여성의 타입, 그저 여자였다. (…중략…) 그 풍경은 무기력한 샐러리맨 가정의 저녁풍경일망정 반일투사며 이름 있는 컴뮤니스트였던 아버지의 무대일 수는 없었다. (…중략…) 도대체 어디

43 김현, 「헤겔주의자의 고백」, 『현대한국문학의 이론/사회와 윤리』, 문학과지성사, 1991, 345면.

에 혁명이 있단 말인가. 일류 컴뮤니스트의 집안에 중류 부르죠아의 그것 같은 차분한 평화가 도사리고 있는 바에야 혁명의 청신한 흥분이 어디 있단 말일까. 부친은 아들을 피하듯 했다. 난봉꾼 아들을 피하는 마음 약한 아버지, 구역질이 나는 부르죠아 집안의 풍경이었다. 밖에 나가서 아버지라는 이름에 합당치 않은 죄를 범하고 있는 사나이가 자기 아내와 장성한 자녀에게 보이는 양보, 그러면 아버지는 무슨 죄를 밖에서 범했다는 건가. 혁명을 판다는 죄, 이상과 현실을 바꾸면서 짐짓 살아가는 죄, 그걸 스스로 모를 리 없는 아버지가 계면쩍어서 하는 태도일거다(273～274면).

아버지가 단지 경험적 존재만을 의미하는 것이 아닌 한, 아무리 생부라 하더라도 아들이 부과하는 상징적 차원의 시험을 거쳐야 한다. 그러나 불행하게도 평양의 아버지에게서 이명준이 기대했던 상징적 책무, 곧 "반일투사이며 이름 있는 컴뮤니스트"라는 이름은 명실상부하게 실현되지 못한다. 아들에 의해 혁명가로 상상되었던 아버지가 실은 "공문으로 시달된 혁명"만 횡행하는 북한 사회에서 "혁명의 흥분을 가장"하기 위해 "혁명을 팔고 월급을 타는" "위신자"일 뿐이기 때문이다. "태고연한 한국여성"과 재혼해 "무기력한 샐러리맨의 가정"을 영위하면서 "보람있게 청춘을 불태우고 싶"다고 항변하는 아들을 애써 피하는 아버지에게서 이명준은 "밖에 나가서 아버지라는 이름에 합당치 않은 죄를 범하고 있는 사나이가 자기 아내와 장성한 자녀에게 보이는 양보"를 목격한다. 결국, 자신이 탈출한 남한 사회의 "부르죠아 집안"의 아버지에게서 보았던 '나쁜 인민의 공복=좋은 아버지'라는 모순이 반복되는 상황을 맞은 이명준은 낙담 끝에 "아버지와 자기는 이제 남이 된 것"임을 선언하기에 이른다. 곧, 평양의 아버지는 아들에 의해 부인된다.

'좋은 아버지'에 반목하고 집을 나와 따로 살기 시작한 이명준은 어떤 의미에서는 "난봉꾼 아들"이다. 그러나 그는 이러한 아들 역할을 계속하지는 못하는데, 이는 개인으로서의 아버지의 확장태인 부성적(paternal) 현실과 관련된 이유 때문이다. 혁명을 선전하지만 정작 혁명을 실천하지 않는 아버지의 위선은 곧 혁명의 소문은 무성하지만 막상 혁명은 없는 북한의 모순적 상황에 바로 대응되며, 따라서 이명준이 '아버지는 위선적인 혁명쟁이'라고 말하는 것은 "북조선의 공산당원들은 치사하고 비굴하고 게으른 개들"이라고 말하는 것과 같다. 그런데 이명준은 그들에 의해 형성된 질서, 다시 말해 "〈당〉이 생각하고 판단할 테니 너희들은 복창만 하라"는 현실의 법 앞에서도 아버지 앞에서만큼 맹렬하게 반항하는 것이 가능한가? 남한에서처럼 관념의 세계로 도피한다면 모를까 현실과 연관된 상태에서 전적으로 현실의 법을 무시하는 것은 불가능하다. 그는 꼴호즈 취재 후 회부된 자아비판에서 "맡은 바 자리에서 당이 요구하는 과업을 치루면 그만"이라는 현실의 법에 잠시 반발하지만 결국 "과오를 청산하고 당과 정부가 요구하는 일군이 될 것을 맹세"함으로써 위선적인 현실을 수용한다. 그리고 현실에 대한 "요령"을 터득하자 아버지에 대한 반항 역시 그친다.

정향사 판본에 추가된 에피소드에서 "중앙정부의 고관" 아버지 덕분에 노동자 휴양소에 머물게 된 데 대해 더 이상 반발하지 않는 이명준은 "혁명을 판다는 죄"를 저지른 "나쁜 인민의 공복"인 동시에 "좋은 아버지"라는 모순적 형상에 대한 고민을 그만두며, 이로써 남한에서와 달리 진짜 "부르죠아의 외아들"이 된다. 위선적인 아버지뿐 아니라 "치사하고 비굴하고 게으른" 공산당원들을 아우르는 '아버지들'에 의해 재생산되는 현실의 법을 따르는 것은, 경박한 변명이 필요한 타락인 동시에 좀 더 현실적인 의미의 타협이기도 할 것이다.[44] 그러나 "세상

44 이 타협은 현실 모순의 종합보다는 덜 야심적이지만 "'이것 아니면 저것'이라는 비극적 논리를 발견하는 것이 아니라 오히려 '~뿐만 아니라 ~도'라는, 좀 더 타협적인 논리를

의 이치"에 대한 터득이 너무 늦었거나 6·25가 너무 빨랐다.[45] 전쟁이 발발하자 이명준은 아버지 밑에서 한편으로는 사회화(성장) 과정을 거치면서 다른 한편으로는 "바둥대 봤자 아버지랑 그 또래가 이 사회를 결국 움직이고 있"음을 받아들이면서 "굿이나 보고 떡이나 먹"자는 아들의 자리를 박차고 나간다.

> 나는 이번 전쟁을 겪어서 부활하고 싶어. 아니 탄생하고 싶단 말이야. 이런 전쟁을 겪고도 말끔한 손으로 돌아가고 싶지 않다는 거야. 내 손을 피로 물들이겠어. (…중략…) 당이 노나주는 전리품을 기대할 수는 없어. 내 손으로 약탈해야 돼. 나의 남은 생애를 쓰고도 남을 전리품을. 옛날부터 전쟁이란 그런 거야. 그때 자네가 나타난 거야. 옛 은인의 아들. 맘 맞는 농담을 지껄이던 짝패. 그리고…… 그건 말하지 않지. 이 이상 더 좋은 재료가 어디 있나. 나는 그걸 짓밟겠다는 거야. 그 썩어진 모랄의 집에 불을 지르겠단 말이어든. 그래서 범죄인이 되겠어. 또는 인민의 영웅이 되겠어. (…중략…) 내 손으로 분명히 해낸 나의 죄. 그래서 탄생하겠다는 결세(285~286면).

이명준에게 전쟁은 재탄생의 계기로 의미화된다. 그것은 "북한에서 끝내 배우지 못한 증오를 S서 건물 지하실에서 배"움으로써 계급투쟁 없는 혁명의 "엑스트라"에서 혁명의 주체로, "인민의 영웅"으로 변신한

발견"함으로써 문제를 해결하려 한다는 점에서 일종의 성장으로 해석될 법하다(F. 모레티, 성은애 옮김, 『세상의 이치: 유럽문화 속의 교양소설』, 문학동네, 2005, 37면).

45 "명준이 조바심이 나게 된 것은 전쟁 때문이었다. 그때까지 그는 늦추잡고 있었다. 견뎌야 할 오랜 시간이, 이 사회를 바른 모습으로 돌리고, 그런 모습에 맞춰 남녘을 끌어붙일 때까지 사이에는 놓여 있는 것이라고 짐작했다. 그러자 전쟁이 터지고, 인민군은 물밀 듯 남으로 밀고 내려갔다. (…중략…) 겁이 났다. 역사란 하나 다음에 둘이 오는 것은 아니었던 모양인가? 속물로 보인 사람들이 실은 정치적 '어른'이었던 것인가"(최인훈, 『광장/구운몽』, 164~165면).

다는 정치적 의미와 함께 아버지(어른)를 넘어선다는 의미를 포괄한다. 가족로망스에서 사생아가 원하는 궁극적인 목표는 스스로 아버지가 되는 것이다. 이를 위해 아버지의 법을 중단시키고(아버지를 죽이고) 새로운 법을 정초하는 과정을 거쳐야 한다는 점에서, 사생아로서의 이명준이 "썩어진 모랄의 집에 불을 지"르는 죄를 범하려는 것은 어떻게 보면 필연적인 귀결이다. 그가 자신의 죄를 숨기지 않고 오히려 "내 손으로 분명히 해낸 나의 죄"라고 명시하는 이유는 그 죄가 '나' 자신의 법을 창조하는 동시에 아버지의 아들이 아닌 자율적이고 독립적인 '나'를 탄생시키는 계기가 된다고 판단하기 때문이다. 요컨대, 이명준은 "스스로 출생"하고 스스로 만든 법을 따르는 "영웅의 삶"을 꿈꾼다.[46]

자신이 꿈꾼 각본대로라면, 죄를 지었다는 사실에 있어서는 동일하지만 여하간 그는 "범죄인"이 아니라 "영웅"이 될 것이다. 그러나 이명준은 은인의 아들이자 친구인 태식을 고문하면서 "환희와 비슷한 감정"을 느끼는 이유를 스스로 설명하지 못해 머뭇거린다. 실은 "너무나 뚜렷한 설명을 일부러 회피"하는 것인데, 그가 감추려는 것은 자신이 'S서의 형사, 히틀러의 고문관, 스페인의 종교재판관, 왕조의 형리' 등과 다르지 않다는 사실, 곧 정당한 이데올로기에 복무한다는 명분 아래 수행되는 고문 속에 자신의 가학적 향유를 투자하고 있다는 사실이다.[47] 이로써 이명준은 자율적인 법을 세우는 혁명가 또는 영웅이 아니라 "고문자"나 "강간자", 곧 사악한 범죄자일 뿐이며, 따라서 자신이 경멸해마지 않았던 "혁명을 팔고 월급을 타는" 아버지들 이상의 위선자임이 드러난다.

남북을 넘나들면서 남한에서는 "활동할 공간을 가지지 못했"기 때문에, 북한에서는 "정확히 동작만 하라"는 명령 때문에 자율적인 존재

46 M. 로베르, 앞의 책, 50면.
47 S. 지젝, 이만우 옮김, 『향락의 전이』, 인간사랑, 2002, 138면.

가 될 수 없다고 변명해 왔던 이명준은 전쟁을 통해 스스로 자율적인 존재로 태어나려고 했다. 그러나 재탄생을 위한 것으로 합리화되었던 행동(죄)이 자율적인 법을 정초하는 데 이르지 못하고 오히려 그 자신이 부정하고자 했던 아버지들의 위선을 더욱 급진적으로 흉내내는 데 불과하다는 사실을 깨닫는 순간, 이명준의 변명은 효력을 상실한다. 더 이상 변명이 통하지 않는다면, 그는 외부를 겨눴던 날카로운 비판의 칼날을 자신에게 돌려 스스로를 단죄해야 하지 않는가?

낙동강 전선의 치열한 전투로부터 숨어들어간 동굴, 이른바 "반지름 삼미터의 반원형 광장" 안에서 허겁지겁 은혜의 몸을 탐하거나 포로수용소에서 "아무도 자기를 알 리 없는 먼 나라로 가서 전혀 새로운 인간이 되기 위하여" 중립국행을 선택함으로써 또 한 번 현실로부터 퇴각하려던 이명준은 "인간은 정직해야지"라는 독백과 함께 자살로 삶을 마감한다. 아마도 그의 자살은 현실로부터의 극단적인 퇴각이거나 자신에 대한 극단적인 단죄, 둘 중 하나일 것이다. 개작에 의해 결말의 의미가 다소 변하기는 했으나, 『새벽』 판본의 결말에 부각되었던, 새 삶을 선택하기보다 스스로 정직해야겠다는 이명준의 의시를 높이 산다면, 그의 자살은 어떤 의미에서는 더 이상의 변명을 멈추고 스스로의 행동을 책임지려는 최초의 자율적 시도로 평가될 수 있다.[48]

48 이와 관련하여, 이명준의 자살을 "최초로 자기중심적 사고에서 벗어나 자신에 대한 절대의 확신을 허물고 자기반성에 나아"가는 일종의 자기 처벌로 해석하는 논의를 참조할 수 있다(정호웅, 「〈광장〉론: 자기 처벌에 이르는 길」, 『시학과 언어학』 1, 2001, 104면).

4. 「광장」과 「태풍」의 연속성

「광장」에서 국가 선택의 가능성이 부여되었다고 '상상'된 해방공간은 그 자체로 현실 반영의 공간이기보다는 로망스적인 공간일 것이다. 아버지 선택의 상상적 시나리오가 가족로망스라면, 나라 만들기의 상상적 시나리오는 국가로망스로 명명될 수 있다. 그러나 해방공간의 정치현실이 엄연히 역사적 영역에 속해 있음이 틀림없는 한, 해방공간의 가능성 또한 상상의 영역에만 머물 수는 없다. 「광장」은 가족로망스를 전제한 나라 만들기 서사가 실패하는 과정을 통해 현실의 중요한 흐름, 예컨대 당시 남북한의 정치세력이 지향했던 반공주의나 민주기지노선에 의해 해방공간의 가능성이 왜곡되어 가는 양상을 반영하고 있다.

「광장」의 현실 인식에 한계가 없는 것은 아니다. 해방공간에 대한 인식은 6・25의 역사적 의미를 파악하는 방향으로 발전될 필요가 있으나, 「광장」에서 6・25는 이명준 개인의 차원에서 접근되는 데 그치며, 이런 측면에서 「광장」의 서사는 불완전한 상태에서 종결된다고 할 수 있다. 이후 「회색인」, 「서유기」 등의 소설에서는 「광장」의 주제가 배면화되는 한편, 이명준의 마지막 과제였던 개인의 자율성에 대한 추구가 전면에 부각되는 양상이 드러난다. 이러한 전개에는 4・19의 연장선상에서 전개되었던 분단체제 극복을 위한 통일운동이 곧바로 봉쇄된 현실 정치상황의 영향도 무시할 수 없을 것이다.

물론 탈식민적 정치 및 풍속을 대상으로 한 '크리스마스 캐럴' 연작이나 '총독의 소리' 연작 등을 통해 「광장」의 문제의식이 상대적으로 간접화된 형태로 지속되어 왔다는 점을 놓쳐서는 안 된다. 그와 함께 「태풍」에서 「광장」의 국가로망스와 가족로망스가 다시 한 번, 더욱더 로망스적인 버전으로 반복된다는 점에 주목할 수 있다.[49]

작가에 의해 “「광장」에서 내가 내놓지 못했던 이 지상에서의 창조적 생활의 원리”의 제시로 의미화되었던 「태풍」의 주인공 오토메나크는 항해 중 조난되었던 「광장」의 이명준의 후일담을 잇고 있다. 식민지 출신으로 나파유인과 친나파유파라는 가짜 아버지로부터 가짜 역사를 배웠던 그는 상징적 권위를 지닌 새 아버지 카르노스의 권유를 받아들여 자살하려던 마음을 버리고 새 이름과 삶을 부여받아 진짜 역사를 배우고 실천한다. 또한, 니브리타와 나파유에 차례로 식민화되었던 아이세노딘 역시 카르노스의 지도 아래 독립 전쟁에서 승리하여 제3세계의 이상적인 국가로 거듭남으로써 나라 찾기와 나라 만들기 과제를 완수한다. 요컨대, 「태풍」의 서사는 「광장」에서 실패한 가족로망스와 국가로망스의 성공적 버전이다.

「태풍」의 성공적인 서사를 위해 철자 바꾸기(anagram)에 의해 이름과 역사가 뒤집힌 그야말로 상상의 공간이 요구된다는 점에 대해서는 여러 한계가 지적될 수 있다. 그러나 달리 생각하면, 그런 한계를 무릅쓰고서라도 「광장」의 보완이 시도되었다는 사실은 「광장」에 내포된 문제의식이 작가에게 갖는 의의의 중대함을 재차 확인시키고 있다.

49 정과리는 「광장」-「회색인」-「서유기」-「소설가 구보씨의 일일」-「태풍」이라는, 작가 자신이 구성한 5부작 중 「광장」에서 「태풍」으로 직행하는 경향이 분화될 수 있음을 지적하면서 두 작품의 관련성에 주목한다(정과리, 「모르기, 모르려 하기, 모른 체하기: 〈광장〉에서 〈태풍〉으로, 혹은 자발적 무지의 생존술」, 『시학과 언어학』 1, 2001, 114면).

다시 쓴 나라 만들기와 가족로망스

「태풍」과 「광장」

1. 탈식민주의적 관점의 보완

1973년 『중앙일보』에 총 243회(1.1~10.13) 연재된 최인훈의 「태풍」은 1994년 「화두」가 발표될 때까지 20여 년간 작가의 마지막 장편소설로 남아 있었다. 최인훈은 1960년대에 발표한 「광장」, 「회색인」, 「서유기」, 「소설가 구보씨의 일일」 등의 주요 작품들을 통해 "충분히 소설 연습을 한 다음" 마지막으로 집필한 「태풍」에서는 "픽션이라는 문학 관습에서 요구하는 메타포를 전부 만족시키면서 이야기를 전개"하고자 했다고 밝힌 바 있다.[1] 가상역사소설로 읽힐 수 있는 「태풍」에서 픽션이란 소설 일반의 장르적 속성을 넘어 작품 특유의 기획이나 창작 방법의 일환으로 보는 것이 적절하다.

'아이세노딘'은 '인도네시아'를 거꾸로 표기한 것이며 '로파그니스'는 '싱

1 최인훈, 「〈두만강〉에서 〈바다의 편지〉까지」, 『문학과사회』, 2009 가을, 450~451면.

가포르'이며 '나파유'는 일본이며 '애로크'는 '코리아'(한국), '오토메나크'는 '가네모도'(金本)이다. 그리고 거기 나오는 애국투사 '카르노스'는 물론 '수카르노' 수상이다. 어째서 이런 복잡한 수수께끼 식으로 작품배경을 설정했느냐고 물을 때, 이 물음 자체가 곧 이 작품의 방법이 인류학적 관점에 의거했음을 뜻한다. '나' '우리 민족' '우리 국가'의 관점에서 관찰할 때, 그 '민족' '국가'는 객관적 분석이 거부되기 쉽다.[2]

연재가 끝난 뒤 같은 지면에 게재된 짧은 평을 통해 김윤식은 「태풍」에서 픽션이 지닌 의미를 일목요연하게 지적하고 있다. 그것은 고유명사의 철자 바꾸기를 통해 상상된 가상의 세계를 배경으로 민족 및 국가에 대한 식민지인의 의식을 객관적(인류학적) 관점에서 분석하는 과정으로 요약된다. 이후 「태풍」에 대한 연구 역시 이러한 측면에 주목하는 경향에서 크게 벗어나지 않았거니와, 특히 2000년대 들어 「태풍」 연구가 보다 활성화된 것은 "과거 식민 시대이든 현재의 탈식민 시대이든 식민 현상을 분석하고 비판하는" 것을 목표하는 탈식민주의적 담론의 등장에 힘입은 바 크다고 할 수 있다.[3] 한국이 일본의 식민지로부터 독립한 지 30여 년이 지난 탈식민 시대에 식민주의를 본격적으로 문제 삼고 있다는 점은 「태풍」의 탈식민주의적 독해를 견고하게 뒷받침하고 있다.

「태풍」에 대한 탈식민주의적 연구에서 주목받은 것은 "상관인 나파유인들조차도 그를 어려워하는" "사관학교 출신보다 더 사관학교 출신다운 식민지 출신 장교"인 오토메나크에게서 드러나는 특징, 곧 식민 본국의 식민주의자(colonizer)를 과도하게 모방하는 식민지인(colonized)의 형상이다.[4] 식민지적 모방(mimicry)의 대표적인 사례로 꼽힌 이러한

2 김윤식, 「민족과 역사의 인류학적 의미」, 『중앙일보』, 1973.10.15.
3 고부응 외, 『탈식민주의』, 문학과지성사, 2003, 6면.

속성은 "식민권력의 지배 전략적 기능에 조응하고 감시를 강화"하는 동시에 "규범화된 지식과 규율권력에 내재적인 위협이 되는 차이와 반항의 기호"로 작용한다는 점에서 양가적이며, 이런 의미에서 탈식민주의적 가능성의 유력한 증거로 제시된다.[5]

그러나 뒤에서 보다 자세히 살펴보겠지만, 오토메나크의 성격에는 식민지인의 양가성만으로는 해명되지 않는 특질들이 존재하며, 그 결과 일본 국문학이나 대동아공영권 등의 형태를 띤 식민주의 담론과의 친연성이 지적되어 "「태풍」이 보여주는 세계관은 탈식민주의적 세계관이 아니라 여전히 식민주의적 세계관"이라는 결론이 도출되기도 한다.[6] 이러한 연구는 「태풍」에 드러난 식민주의 이데올로기의 양상을 세밀하게 독해함으로써 작품 이해의 폭을 넓히고 있으나 내용적 측면에 대한 분석에 치우친 나머지 「태풍」의 서사를 구체적으로 분석하는 데에는 다소 미흡한 양상을 보인다.

본고는 탈식민주의적 양가성보다는 「광장」의 이명준으로 대표되는 최인훈 소설의 일련의 주인공들이 공유하는 특질들과의 비교를 통해 오토메나크의 성격을 분석하고 나아가 아버지와 아들의 관계를 중심으로 형성되는 가족로망스적 갈등에 주목함으로써 기존의 연구에서 조명되지 못한 「태풍」의 서사적 특징을 검토하고자 한다. 또한 「태풍」이 부각시키고 있는 민족과 국가의 문제에 대해서도 탈식민주의적 관점과는 달리 역사적인 조건에 보다 주목함으로써 최인훈 소설 세계에서 「태풍」의 역사인식이 갖는 의의를 살펴볼 것이다.

---

4 구재진, 「최인훈의 〈태풍〉에 대한 탈식민주의적 연구」, 『현대소설연구』 24, 2004, 358~363면; 주민재, 「가상의 역사와 현실의 관계」, 『한국근대문학연구』 10, 2004, 281~288면.

5 H. 바바, 나병철 옮김, 『문화의 위치』, 소명출판, 2002, 179면.

6 강진구, 「반식민의 이중성을 넘어」, 『탈식민의 텍스트』, 이회, 2003, 106~111면; 송효정, 「최인훈의 〈태풍〉에 나타난 파시즘의 논리」, 『비교한국학』 14, 2006, 102~109면.

2. 식민주의 이데올로기와의 동일시

1970년 발표된 「두만강」에 묘사된 식민지적 상황의 기본 골격은 「태풍」에 적지 않게 반영되어 있다. 1943년, 두만강과 접한 H읍(회령)을 시공간으로 하는 「두만강」에는 일본인, 조선인 가릴 것 없이 싱가포르 함락을 축하하는 등불 행렬에서 일장기를 흔들고, 아시아의 번영을 위해 미국 · 영국과 전쟁을 시작한 '덴노오헤이까'의 이름을 황송하게 부르며, 전쟁이 장기화됨에 따라 물자부족에 시달리면서도 남방의 자원을 개발해 일본이 승리할 것이라는 데 추호의 의심도 없는 H읍의 삶이 비교적 여과 없이 드러난다. 이와 같은 식민지 풍속은 전쟁으로 호경기를 누리고 있는 조선인 목재상의 다음과 같은 판단으로 수렴된다. "나라 안 어느 누가 조선 민족이 일본에게서 독립해야 하겠다는 생각을 꿈에나 하고 있어. 없어! 없지! 다 일본 백성이 될 사람들이지, 인젠 민족이고 국가고 독립이고 하는 따위의 생각은 티끌만큼도 남지 않은 백성이 아닌가?"

> 침략자와 피침략자 사이에 가장 비극적인 시기는 언제일까? (…중략…) 비극의 큰 윤곽이 원경으로 물러가고 피침략자가 침략자의 언어로 조석 인사말을 하게 되는 때다. 일상 속에 주저앉은 비극. 비극의 구도 속에서의 희극, 아니 그 속에 있는 당자들은 희극이라고도 느끼지 않는다. 심판의 바로 전날까지 아물거리는 아지랑이 (…중략…) 물론 어리석은 자에게만이지만, 1943년의 H읍은 이런 아지랑이 속에 있다.[7]

---

7 최인훈, 『하늘의 다리/두만강』, 문학과지성사, 1994, 125면.

위에 인용된 「두만강」의 프롤로그에서 명시되듯, 그러한 판단이 침략자(식민주의자)와 피침략자(식민지인)의 실체를 왜곡하는 '아지랑이', 곧 환각에 사로잡힌 결과라는 것은 명백하다. 그러나 환각이되 "심판의 바로 전날까지" 벗을 수 없는 환각이다. 이러한 환각 상태는 「태풍」의 프롤로그에서 "모든 것을 끝내는 태풍이 일기 전의 약간 뜸한, 어떤 고요함의 시간"이자 "가장 환상적인 시간"이라는 형태로 다시 등장한다.[8] 역사의 심판이 태풍처럼 닥쳐 환상이 곧 붕괴되리라는 사실을 모르는 오토메나크는 "자기 고향인 애로크가 나파유의 식민지라는 사실도 까맣게 잊"은 채 "나파유가 니브리타를 쳐부수고 모든 아시아 사람에게 독립을 가져오기 위해 싸운다는 대의명분"에 홀려 "희극적으로 잘못된 삶"을 살고 있다.

H읍의 왜곡된 식민지적 삶이 "일상 속에 주저앉은 비극"이라면, 오토메나크의 경우를 살펴보기 위해서는 나파유 고전문학을 전공하고 나파유주의 이념서를 탐독하는 등의 지적 욕구를 고려할 필요가 있다. 최인훈 소설의 주인공이 책읽기를 즐긴다는 것은 익히 알려진 특징인바, 이때 주목해야 할 것은 독서의 목적이 단순히 세계에 대한 이해나 인식의 차원에만 머물지는 않는다는 사실이다. 예컨대 「광장」에서 이명준의 독서가 "사람이 무엇 때문에 살며 어떻게 살아야 보람을 가지고 살 수 있는지를 알아야 한다"는 목적에서 수행되었던 것처럼, 지적 욕구는 인식만이 아니라 인식과 행위가 결합된 차원에서 작동하며 또한 이 둘이 서로 모순이 아닌 화해의 상태에 이르는 것을 지향한다.[9] 그러나 역사

8 "내가 '아지랑이'라고 한 것에는 그런 복잡한 뉘앙스가 담겨 있었던 것이었고, 그 소설을 더 이상 끌고 나가지 못하게 된 것도 점점 써나가는 동안에 자꾸 더 넓은 문맥에서 그것을 봐야만 하겠다 하는 욕심이 계속되었던 때문"이라고 작가의 말을 참고할 때(최인훈, 「최인훈의 최근의 생각들」, 『작가세계』, 1990 봄, 47면), 「태풍」은 보다 넓은 시야 안에서 식민주의의 '아지랑이'를 다룬 후속작으로 볼 수도 있다.

9 차미령, 「최인훈 소설에 나타난 정치성의 의미 연구」, 서울대 박사논문, 2010, 20~22면.

의 진행과 함께 행위와 인식은 점차 분리되어 서로 모순을 야기하며,[10] 그 결과 최인훈 소설의 주인공은 대체로 불안하고 분열된 주체의 경향을 드러낸다. 그런데 희귀하게도 「태풍」의 오토메나크는 행위와 인식의 모순을 극복하고 그 둘의 통합에 성공한 것처럼 보인다.

> 오토메나크 중위의 자신이 없고 초조하기만 하던 청년 시절에 처음으로 든든한 발판과 초점이 잡힌 눈을 준 것이 군인이라는 신분이었다. (…중략…) 정작 대학 시절만 해도 유리 칸막이 너머로 보는 수족관 속의 모습처럼 딴 세상 풍경의 서먹서먹함을 풍기며 어른거리던 나파유 고전 문학의 세계가, 군대에 들어온 지 얼마되어갈 무렵에는, 오토메나크에게는 불시에 몸속의 피처럼 울컥 알아졌다(12~13면).[11]

그러나 오토메나크의 성공은 가짜 성공이다. 그는 자신이 행위와 인식의 통합에 이르렀다고 믿고 있지만, 실은 단지 이데올로기와의 동일시에 성공했을 뿐이다. 고전적인 이데올로기 개념이 허위의식(false consciousness), 곧 틀린 인식을 뜻하는 것과 달리 현대적 의미의 이데올로기가 행위의 차원에서 작동한다는 점을 참고한다면,[12] 나파유 제국의 장교라는 자리를 위임받고 나서야 쓸모없고 의미 없던 지식(인식)을 비로소 "몸속의 피처럼" 진실로 받아들일 수 있게 되는 오토메나크는 이데올로기적 동일시의 대표적인 성공 사례라 할 만하다.[13] 요컨대, 그는 나파유주의가 옳다고 인식했기

10 최인훈, 『문학과 이데올로기』, 문학과지성사, 1994, 27면.

11 이하 「태풍」의 인용은 최인훈, 『태풍』, 문학과지성사, 1992에 따름.

12 이와 관련하여 "이데올로기의 환영은 지식의 측면에 있는 게 아니라 이미 현실 자체에, 사람들이 행하고 있는 것의 측면에 있다"는 명제를 참고할 수 있다(S. 지젝, 이수련 옮김, 『이데올로기라는 숭고한 대상』, 인간사랑, 2002, 67면).

13 정과리는 인식(지식) 너머에서 작동하는 이데올로기의 속성이 오토메나크에게서 '모르려 하기'와 '모른 체하기'의 행태로 드러나고 있음을 지적한다(정과리, 「모르기, 모르려 하기, 모른 체하기: 〈광장〉에서 〈태풍〉으로, 혹은 자발적 무지의 생존술」, 『시학과 언어학』 1, 2001, 132~133면).

때문에 군인이 된 것이 아니라, 군인이 되었기 때문에 비로소 나파유주의가 옳다고 인식하게 된 것이다.

3. 부성적 권위의 붕괴

최인훈 소설의 다른 주인공들과 달리 이데올로기적 동일시에 성공했다는 점에서 예외적으로 보이는 오토메나크의 행보를 「광장」의 이명준과 비교할 때, 아버지와 아들의 관계를 중심으로 형성된 구조적 유사성이 발견된다는 점은 주목할 만하다. 두 작품에서 아버지는 단지 가족 내의 '사적 아버지'로만이 아니라 이데올로기를 대표하는 '공적 아버지'로도 기능하고 있다. 물론, 각각의 아버지가 공적 차원에서 아들에게 행사하는 부성적 권위의 양상은 상이하다. 「태풍」의 오토메나크에게 부성적 권위의 담지자로서의 아버지 혹은 그 대리인으로서의 마야카는 "가장 그럴듯한 모범", 곧 이데올로기적 동일시의 이상적인 모델로 인정된다.[14]

> 젊은 사람은, 삶은 이제부터라고 생각한다. 그리고 두리번거린다. 가장 그럴듯한 모범을 찾아서. 지금껏 오토메나크에게는 그 모범이란, 나파유주의의 자랑스러운 전사라는 것이었다. 마야카 같은 사람으로 사는 것이었다. 마야카 씨의 저 자자하게 알려진 논문들. 나파유와 애로크는 원래 한민족이었고, 지금 다시 하나가 되어 아시아 사람이 하나로 뭉치는 본보

14 부성적 권위의 담지자로서의 아버지는 "이상적 동일화의 지점인 안도감을 주는 자아이상"으로 작동한다(S. 지젝, 이성민 옮김, 『까다로운 주체』, 도서출판b, 2005, 502면).

기가 되고 있다는 이론. 오토메나크는 이 이론을 믿었고 그렇게 살 작정이었다(67면).

이와 달리 「광장」의 이명준에게는 그러한 아버지가 존재하지 않는다. 월북한 아버지와 친분이 있던 은행가의 후견 아래 업둥이 신세로 생활하던 그는 그나마 조언자로서의 권위를 유지하고 있던 정선생 앞에서 부성적 권위를 노골적으로 부정한다. "불란서로 유학 보내준 좋은 아버지"가 동시에 "깨끗한 교사를 목 자르는 나쁜 장학관"이기도 하다는 모순을 간파한 그는 사적으로 "좋은 아버지"일지라도 공적으로는 "나쁜 인민의 공복(公僕)"이라는 모순적 형상을 지닌 아버지에게서는 부성적 권위를 기대할 수 없다는 결론에 이른다. 부성적 권위에 대한 부정은 정선생의 권위에 대한 부정이기도 하므로, 그 역시 "신생에서 친구로 내려"오는 권위의 추락에서 예외일 수 없다.

월북한 아버지가 대남방송에 출현했다는 이유로 경찰서에서 고문당하던 그가 새삼스럽게 아버지와의 관계를 자각하고 평양행을 감행하는 것 역시 남한에는 부재하는 부성적 권위를 회복하려는 목적에서 비롯된 것으로 볼 수 있다. 그러나 "혁명을 팔고 월급을 타는 사람"에 불과한 평양의 아버지 또한 "밖에 나가서 아버지라는 이름에 어울리지 않는 죄를 저지르고 있는 사나이가, 자기 아내와 철든 아이들에게 보이는 너그러움"이라는 형상에서, 곧 "나쁜 인민의 공복"이면서 "좋은 아버지"라는 모순된 상태에서 벗어나기 어렵다.

아버지의 지위가 이처럼 상이함에도 불구하고 오토메나크와 이명준은 각각 "모든 아시아 사람에게 독립을 가져오기 위해 싸"우는 "나파유주의의 자랑스러운 전사"와 "북조선의 공산주의자의 혁명가로서의 품위"를 갖춘 "인민의 영웅"이라는 형태로 이데올로기적 주체가 되기를 열망하며, 이를 위해 군인이 된다는 점에서는 서로 공통된다. 다만,

오토메나크의 경우 아버지가 이미 이데올로기를 대표하고 있으며 따라서 아버지에 버금가는 이데올로기적 주체가 되려는 반면, 이명준의 경우는 아버지가 이데올로기를 대표하는 데 실패했으며 따라서 아버지를 넘어선 이데올로기적 주체가 되려 한다는 점에서 차이가 있을 뿐이다. 그러나 친나파유파 거두의 아들이자 나파유 제국의 충성스러운 신민(subject)으로 출발한 「태풍」의 오토메나크는 결정적인 계기를 통해 「광장」의 이명준이 겪은 사건들을 거꾸로 되풀이하기 시작한다.

> 친나파유의 거물이 친구의 아들에게 패전을 알려주어 몸을 보전하라고 권한 것이다. (…중략…) 오토메나크는 마야카가 징그러웠다. 그리고 부친에 대해서는 혐오스러움을 느꼈다. 자기 아들을 빼돌리면서 남의 자제들을 전쟁으로 몰아넣고 비행기를 헌납하는 친나파유파. 아버지를 벌하는 수단이 된다면 오토메나크는 죽고 싶었다(60~61면).

「태풍」의 갈등은 애로크 출신 최고의 나파유주의 이데올로그인 마야카가 아버지의 부탁으로 오토메나크를 방문하는 장면에서 본격적으로 시작된다. 나파유의 패망이 임박했음을 예상한 아버지는 아들을 후방으로 피신시키려고 한다. 그것은 "어버이된 심정"에서, 또 "애로크 사람이 이 전쟁에서 나파유인처럼 사생결단할 것이야 무어 있는가"라는 회의에서 나온 결정이다. 이러한 마야카의 전언에 대해 "공적으로는 끝까지 나파유주의의 나팔을 불면서 전사해야 마땅"할 아버지와 마야카가 어떻게 그럴 수 있느냐고 반문하는 오토메나크의 태도는 무엇보다 먼저 부성적 권위를 문제시하고 있다. 나파유주의 전사이자 이데올로기적 동일시의 모델로서 아버지가 행사했던 부성적 권위는 "자기 아들을 빼돌리면서 남의 자제들을 전쟁으로 몰아넣고 비행기를 헌납하는 친나파유파"라는 모순된 형상에 의해 붕괴되고, 아들은 아버지에게 혐오감을 느낀다.

오토메나크가 비난하고 있는 아버지의 모순된 형상은 기본적으로 이명준이 제기했던 것과 유사하다. 요컨대, 오토메나크의 아버지 역시 사적으로는 "좋은 아버지"이지만 공적으로는 "나쁜 인민의 공복"이다. 사건의 순서는 약간 다르지만 "마야카씨의 방문 이후 오토메나크의 머리에서 부친의 근엄한 눈매가 지닌 예전의 권위는 허물어"지고, 그 결과 오토메나크와 이명준이 처한 상황은 상당히 유사해진다.

4. 실존적 문제와 정치적 문제의 갈등

「광장」이 "정치적 환경이 압도적인 역할을 하고 있다는 의미에서의 정치소설"인 것은 분명하지만, 서사 내부에 정치로 수렴되지 않는 사건들을 포함하고 있으며 특히 이명준은 "정치에 관련되는 소설의 주인공으로서보다는 시민적 자기완성의 과정을 그리는 교양소설의 주인공으로 적격"이라는 유종호의 지적은 타당한 것으로 보인다.[15] 「광장」의 서사 안에는 남북한에 두 개의 정부가 수립되고 곧이어 6·25가 발발했던 역사적 격변을 다루는 정치적 서사와 철학과 대학생인 이명준의 정체성 탐색을 중심으로 하는 개인적 서사가 내포되어 있다고 볼 수 있다. 이 두 하위서사는 서로 충돌하기도 한다. 4·19의 자장 안에서 읽혀왔던 「광장」은 밀실과 광장의 비유를 통해 남북한의 정치 현실을 효과적으로 비판하고 그 극복의 가능성을 제시했다는 측면에서 높

15 유종호, 「소설과 정치적 함축」, 『세계의 문학』, 1979 가을, 72면.

은 평가를 받아왔지만, 다른 한편으로는 주인공에게 보이는 미성숙성이나 조급함 등에 대한 비판적인 평가가 제기되기도 했다.[16] 이는 정치적 서사와 개인적 서사 간의 불안정한 관계에서 연유한 것으로 이해할 수 있다.

그런데 앞에서 분석한 바와 같이 이명준의 개인적 서사가 아버지와 아들의 관계를 중심으로 구조화되고 있으며 또한 아버지의 위상이 정치적 · 이데올로기적 영역에까지 걸쳐 있다고 할 때, 「광장」의 서사를 정치적인 것과 개인적인 것으로 나누는 기준 자체가 뚜렷하다고 보기는 어렵다.[17] 따라서 이명준이 전쟁에 참전함으로써 "인민의 영웅"으로 "다시 태어나고 싶어. 아니 비로소 나고 싶단 말이야"라고 소망할 때, 그는 물론 정치적인 차원에서 진정한 혁명가가 되기를 원하고 있지만 동시에 개인적인 차원에서 부성적 권위를 상실한 아버지의 아들이 아닌 새로운 아들로 태어나기를 원하는 것이기도 하다.

오토메나크가 처한 상황은 좀 더 복잡하다. 그 역시 아버지를 "나쁜 인민의 공복"으로 비난할 수는 있지만, 마땅히 봉사해야 할 공적 가치가 무엇인지는 알지 못하기 때문이다. "자기가 태어난 나라와 자기들을 통치하는 나라가 정말 한 나라인 줄로 믿고 살아온" 그에게 공적 가치란 나파유 제국일 것이나, 이러한 인식은 마야카의 방문을 계기로 점차 의심받기 시작하며 우연히 니브리타의 식민통치 자료를 발견하고 "문서들을 읽어본 끝에 그는 니브리타와 나파유가 같은 나라"라는 사실을, 다시 말해 애로크가 일개 식민지에 지나지 않는다는 사실을 인정

16 이동하, 「서문과 본문의 거리」, 『한국문학』, 1986.1; 조남현, 「〈광장〉, 똑바로 다시 보기」, 『문학사상』, 1992.8.

17 프랑스 혁명을 아버지와 아들의 가족로망스로 분석한 린 헌트에 의하면, 정치적 사건을 전적으로 가족로망스로 환원할 수는 없지만 "정치는 상상력에, 따라서 어느 정도는 환상에 의존하며, 가족 경험은 이러한 환상의 많은 부분의 원천을 이루고 있다"는 식의 매개 관계를 설정하는 것은 가능하다(L. 헌트, 조한욱 옮김, 『프랑스 혁명의 가족로망스』, 새물결, 1999, 21면).

하기에 이른다. 나파유주의라는 이데올로기가 단지 인식의 차원에서 작동할 뿐이라면, 그것이 틀렸다는 사실을 안 오토메나크가 이데올로기를 폐기하는 수순으로 나아가는 것은 지극히 당연하다. 그러나 이데올로기가 단순히 인식만이 아니라 인식과 행위 모두에 관련되어 있다면, 그로서는 "무엇 때문에 살며 어떻게 살아야 보람을 가지고 살 수 있는지"에 관한 문제, 곧 삶과 윤리의 문제에 봉착하지 않을 수 없다.

> 그는 나파유주의자로서의 자기에게서 자기 것이 아닌 것을 될수록 많이 끌어내려고 애썼다. 아버지, 집안, 그가 받은 교육—그러고 보니 오토메나크에게 남는 것은 아무것도 없었다. 모든 것이 자기 책임이 아니고 부친의, 교육의, 역사의 책임인 것처럼 보였다. 이전 같으면 모두 자기 재능이라고 치부할 것을, 거꾸로 남의 탓이라고 셈하고 보니 그는 책임 없이 홀가분했다. 그런데 애써 얻은 이 홀가분함이 그를 괴롭혔다. 자기가 아무것도 아니라는 것을 그는 참기 어려웠다. 순결한 홀가분함보다 죄 많은 무게를 바라는 마음이 사람에게는 있는지도 모른다(62면).

이 실존적 문제 앞에서 오토메나크는 자기기만적인 책임회피의 차원에서 자신을 전적으로 수동적인 존재, 즉 어떠한 자유의사도 없이 "부친의, 교육의, 역사의" 결정에 따르는 일종의 '사물'로 간주함으로써 "모든 것이 자기 책임이 아니"라고 변명할 수 있을 것이다.[18] 그러나 식민지 출신이라는 자격지심을 넘어서기 위해, 또 아버지에 버금가는 나파유주의자가 되기 위해 군문에 들어 나파유 제국의 충실한 신민으로 살아왔던 것을 역사와 아버지의 탓으로 돌린다면, 그는 책임을 면할 수는 있지만 동시에 "자기가 아무것도 아니라는 것" 역시 인정해야만 한다. 만약 이러한 자기부정을 받아들일 수 없다면, 그는 민족을 배신

18 J. P. 사르트르, 손우성 옮김, 『존재와 무』 1, 삼성출판사, 1976, 159면.

한 죄 역시 부정해서는 안 되며 자기가 지은 죄에 스스로 책임을 져야 한다.

「태풍」의 서사 대부분은 이처럼 자기존재의 증명이라는 실존적 문제와 민족의 죄인이라는 정치적 문제에 이중으로 속박된 오토메나크의 고민을 서술하는 데 바쳐지고 있거니와, 그가 선택한 길은 이데올로기적 가치를 개인의 신념 차원으로 축소·환원하는 것으로 요약될 수 있다. 포로수용소에서 근무하다 정치공작에 차출된 그는 백인(니브리타) 식민통치로부터 아이세노딘을 해방시켜 아시아 공동체를 실현한다는 대의명분을 내세우지만, 다른 한편으로는 "동양에 진출해서 하루아침에 유명해진 이름 없는 니브리타 청년들"을 꿈꾸고 있다는 점에서 백인 식민주의자와 그다지 다르지 않은 면모를 보이고 있었다. 그러나 이데올로기적 명분의 실체를 알게 된 후 그는 "아시아의 해방을 말하면서 애로크는 나파유의 밥이 돼야"하는 가짜 아시아주의와 "말 그대로의 아시아주의"를 구분하려고 애쓴다.

물론, 서사가 진행될수록 군부 내부의 갈등이나 아니크계 아이세노딘인 학살과 같은 사건들이 이어짐으로써 말 그대로의 이상적 아시아주의가 현실정치에서 실현되기란 불가능하다는 사실이 점점 더 분명해진다. 그러나 현실에서 불가능해질수록 오토메나크 개인의 신념은 반대로 더 공고해지는데, 이는 그가 뿌리 깊은 나파유주의자이기 때문은 아니다.[19] 아이세노딘 여성과의 결혼을 통해 민족 간 통혼을 실천하겠다거나 "자기가 한 일에 책임을 지"고 "아시아 공동체를 말 그대로

19 탈식민주의적 양가성의 핵심은 지배자의 문화가 피지배자에게 부과될 때 필연적으로 '차이'와 '오염'을 수반하며, 따라서 피지배자는 지배자의 모범을 충실히 따르는 듯하지만 동시에 엉터리 흉내를 냄으로써 전복적 효과를 발휘한다는 것이다(박상기, 「탈식민주의의 양가성과 혼종성」, 『탈식민주의』, 231~232면). 이런 측면에서 자신이 나파유인이 아니라 애로크인이라는 차이에 대한 자각이 명확해짐에도 불구하고 이데올로기적 가치를 더욱 신념화하는 오토메나크의 경우는 전형적인 식민지인의 양가적 반응으로 보기 어렵다.

믿고 실천하고 죽"은 '아이세노딘의 호랑이'의 뒤를 따르겠다는 등의 결심 역시 정치적 행위라기보다는 개인적 신념에 가까운 것으로 볼 수 있다. 이는 "번연히 그른 일인 줄 알면서 이런 길을 걸어왔"던 아버지나 마야카와는 달리 자기는 위선자가 아니라는 것을 증명하는 동시에 자기가 옳다고 믿었던 가치를 배신하지 않음으로써 자기존재를 부정하지 않으려는 그의 절박한 상황을 반영하고 있다.

> 이렇게 끝장인가. 어리석은. 아무것도 모르고 경거망동한 일생. 어떻게 할 수만 있다면 바로잡아보려고 한 일생. (…중략…) 이 모든 것이 누군가에게 속은 탓인 것 같았다. 나파유. 그렇다. 모든 것은 나파유놈들이 애로크를 침략한 데서 비롯했다. 아직도 나라 밖에서 나파유를 반대해서 싸우는 사람들이 있겠지. 그러나 나 같은 사람은 어떻게 할 수 있었는가. 말하자면 한 시대가 권력의 모두를 다해 취하게 한 환상 속에서 자기를 지키지 못했다는 죄. 내가 못났다는 죄. 그것이다. 이 죄에서 그 모두에 대해서 책임을 져야 하는가(313~314면).

앞에서 언급한 「광장」의 경우와 마찬가지로, 「태풍」에 대한 비판적 독해 역시 오토메나크 개인의 서사와 식민주의 이데올로기를 다루는 정치적 서사 간의 간섭에서 기인한다. 표면적으로 「태풍」은 서사의 막바지에 이르기까지 아시아 공동체라는 이데올로기적 가치를 폐기하지 않는 것처럼 보이며, 이 때문에 일본 식민주의나 파시즘에 대한 반성적 성찰이 부족하다는 비판이 제기되기도 했다.[20] 그러나 「태풍」에서 나파유주의라는 이데올로기가 쉽게 폐기되지 않는 근본적인 이유는 정치적 동기보다는 아시아 공동체라는 가치가 옳다고 믿었던 자신

20 박진영, 「되돌아오는 제국, 되돌아가는 주체」, 『현대소설연구』 15, 2001, 303~304면; 송효정, 앞의 글, 113~114면.

의 죄를 "어떻게 할 수만 있다면 바로잡아보려고 한" 오토메나크 개인의 실존적 고투에서 비롯된 것으로 보는 것이 합당하다.

카르노스를 호송하던 중 태풍으로 무인도에 난파하여 "우리 목숨을 황제 폐하를 위해 티끌처럼 버리"자고 부하들에게 훈시하는 장면은 오토메나크가 여전히 식민주의의 자장 안에 머물러 있다는 유력한 증거로 인용되어 왔다. 그러나 그는 카르노스에게 "동포들에게 죄지은 사람"이기 때문에 죽을 수밖에 없다고 고백하고 있기도 하다. 죽음을 결심했다는 사실은 동일하지만 그 이유는 전혀 다르다. 그가 개인적인 신념의 차원에서는 아시아 공동체를 따르지만 나파유 제국을 이롭게 할 뜻은 없다고 여러 차례 다짐했던 사정을 감안한다면, 후자의 이유가 보다 진실에 가까울 것이다. 따라서 오토메나크가 말하는 죽음은 자신의 신념에 더욱 충실함으로써 이데올로기적 차원에서 저지른 죄를 씻고자 했던 계획이 막다른 곳에 이르자 결국 스스로를 처벌하려는 의도에서 나온, 일종의 자살로 볼 수 있다.

5. 역사적 과제로서의 민족국가

앞의 논의를 통해 식민주의 이데올로기의 문제를 전면에 내세우고 있는 「태풍」은 정치적 서사로서의 요소를 다분히 지니고 있지만, 다른 한편으로는 가족로망스적인 갈등이나 자기존재 증명을 위한 고민 등 주인공 오토메나크의 개인적 서사 또한 중요하게 다루고 있음을 확인할 수 있다. 이데올로기적 가치를 신념의 문제로 환원함으로써 민족의 죄인이 될 수도 없지만 자기를 부정할 수도 없다는 이중구속 상태를 해소하고자 했던 그가 무인도에 고립되어 자살에 가까운 죽음을 결심한다는 것은, 자신의 죄를 스스로 벌하려는 의도를 감안한다 하더라도 다른 선택의 여지가 없는 절망적인 상황에 이르렀음을 방증하고 있다. 그러나 이명준과 달리 오토메나크는 카르노스의 권유로 아이세노딘 독립전쟁에 참여함으로써 죽음을 면한다. '로파그니스―30년 후'라는 제목 아래 후일담이자 에필로그적인 내용을 서술하는 「태풍」의 결말은 되살아난 오토메나크의 삶을 개괄적으로 요약하는 데 그치고 있어 구성상의 난점을 드러내고 있기는 하나,[21] 「태풍」의 역사인식을 검토하는 데 있어 몇 가지 중요한 시사점을 제공한다.

> 나는 동포들에게 죄지은 사람입니다. 무슨 낯으로 고국에 돌아가겠습니까. 아무도 풀 수 없을 것 같던 이 물음을 풀어준 정말 짐작도 못한 카르노스의 해결. 당신은 아이세노딘 사람이 될 생각은 없습니까. (…중략…) 사람은 육체로서는 한 번 나는 것이지만, 사람으로서는, 사회적 주체로서는 몇 번이고 거듭날 수 있습니다. 곧 당신은 당신이 아이세노딘을 위해 할 수 있는 일에 참가할 수 있습니다. (…중략…) 당신은 아이세노딘 독립의 은인이 될 것이오. 아니 독립에 공이 큰 아이세노딘 사람이 됩니다. 당신은 거듭날 수 있습니다(360면).

식민주의 이데올로기와 동일시에 성공함으로써 나파유주의자라는 정치적 주체가 될 수 있었지만, 식민지인으로서의 자각을 통해 분열을 겪고 끝내 죽음을 선택하려던 오토메나크가 부활했다는 것은 그가 정치적 주체성을 회복했음을 의미한다.[22] 정치적 주체로 부활하기 위해

21 이상갑, 「식민국과 식민지의 이분법을 넘어서」, 『근대민족문학비평사론』, 소명출판, 2003, 206면.

22 "건넌방에 있는 인물(카르노스—인용자)이 그(마야카—인용자) '대신'이라는 생각은 아직 오토메나크에게는 떠오르지 않았다"라는 서술에서 암시되듯, 마야카의 방문을

서는 또 다른 이데올로기가 요청되는바, 이와 관련하여 기존의 연구에서 주로 언급된 것은 1955년 인도네시아에서 개최된 아시아·아프리카 회의(반둥회의)로 대표되는 비동맹노선이다. 그런데 「태풍」에서 카르노스의 주도로 형성된 비동맹노선의 의미가 강조되고 있다는 지적은 타당하지만, 민족이나 국가 간의 경계 너머에 존재했던 것으로 오해되기 쉬운 비동맹노선이 실은 "아시아에서 근대적 민족국가 형성과정과 정확하게 궤를 같이"한다는 사실에 대해서는 그다지 주목하지 않은 것처럼 보인다.[23] 그 이유 중에는 식민주의가 민족국가 이데올로기인 민족주의의 한 유형이므로 "탈식민의 가능성을 모색하기 위해서는 식민과 피식민의 경계를 스스로 해체하거나 혹은 아예 거부해야만" 한다는 판단도 중요하게 작용했을 것이다.[24] 그러나 이와 같은 포스트모던-탈식민주의적 판단은 오히려 식민지의 정치적 저항을 봉쇄할 위험성을 내포하고 있기도 하다.[25] 이와 달리 역사적으로는 민족주의가 탈식민(혹은 반식민) 운동의 가장 중요한 거점이었다는 사실은 자명하다.[26]

'국가'(식민 본국)에 의해 통치되고는 있으나 그 운영에 참여할 정치적 주권을 갖지 못한 식민지 '민족'이 국가에 저항했고, 그 저항이 민족과 국가를 연결하는 민족국가(nation-state) 수립을 지향했다는 것은 역사적으로 증명된 사실이다.[27] 물론, 정치적 주권의 획득을 위한 저항이 반드시 식민지인들의 민족국가 수립을 통해서만 성공할 수 있는가의 문제

받은 후 이데올로기적 동일시의 모델을 상실하고 끝내 죽음을 결심했던 오토메나크가 가까스로 부활하는 과정은 카르노스를 부성적 권위를 지닌 새로운 아버지로 받아들이는 과정으로 이해할 수도 있다.

23 백원담, 「아시아에서 1960~70년대 비동맹/제3세계운동과 민족·민중 개념의 창신」, 『중국현대문학』 49, 2009, 128면.

24 박진영, 앞의 글, 302면.

25 김준환, 「탈식민주의와 포스트모더니즘」, 『탈식민주의』, 97면.

26 L. 간디, 이영욱 옮김, 『포스트식민주의란 무엇인가』, 현실문화연구, 2000, 129~130면.

27 B. 앤더슨, 「오래된 국가, 새로운 사회」, 동남아정치연구회 편역, 『동남아 정치와 사회』, 한울, 1992, 123~126면.

에 쉽게 답할 수는 없다. 그러나 민족국가란 본질적으로 그 구성원을 파시즘적으로 억압하고 동원하며 따라서 식민주의 국가와 다를 바 없다는 주장에 성급하게 동의할 필요 또한 없을 것이다.[28] 민족국가 및 그 이데올로기로서의 민족주의에는 혈통이나 배타성을 강조하는 측면과 인민주권이나 보편성을 강조하는 측면이 공존하기 때문이다.[29]

이러한 측면에서 접근할 때, 외국인인 오토메나크가 식민주의 국가에 저항한 아이세노딘 독립전쟁에 참전함으로써 정치적 주체성을 회복할 수 있었다는 것은 「태풍」에서 식민지인의 민족국가 수립이라는 과제가 배타적인 혈통이나 문화를 넘어 보편적인 역사적 사명으로 인식되고 있음을 암시한다.[30] 최인훈 자신은 이 역사적 과제를 "한 민족 속에 단일한 정치 질서를 세우는 일"이라고 언급한 바 있거니와, 이는 "전 민족을 실질적으로 대표하는 단일 정부를 세우지 못하고 있는" 남북 분단이라는 현실인식으로 이어진다.[31] 작가는 「광장」에서 제시하지 못한 '부활의 논리'를 「태풍」에서 표현하고자 했다는 의도를 여러 차례 언급한 바 있다. 굳이 오토메나크를 부활시켜야 할 이유는 무엇인가? 그것은 오토메나크의 부활이 개인의 문제만이 아니라 민족국가 차원의 문제이기도 하기 때문이다. 「광장」이 이명준 개인의 실패만이 아니라 민족국가 수립의 실패를 다룬 서사라면,[32] 「태풍」을 통해 성공

28 이에 대해서는 진태원, 「국민이라는 노예?」, 『민족문화연구』 51, 2009 참조.

29 통상 전자를 독일적인 'Volk'로, 후자를 프랑스적인 'nation'으로 대비하며, 니시카와는 이를 '문화'와 '문명'의 관계로 해석한다(니시카와 나가오, 윤대석 옮김, 『국민이라는 괴물』, 소명출판, 2002, 106면).

30 실제로 포로수용소 감시를 위한 군속으로 인도네시아에 동원되었던 조선인 양칠성이 현지 독립군에 가담해 게릴라로 활동하다 1949년 네덜란드군에 의해 총살당했다는 역사적 사실은 주목할 만하다(로스티뉴, 「한국인 군속의 인도네시아에서의 독립운동」, 인하대 석사논문, 2009, 37~40면). 오토메나크의 모델이 되었을 법한 양칠성의 행적은, 그러나 인도네시아 현지에서도 1975년에 알려졌던 만큼 「태풍」 연재 당시의 최인훈이 이를 접했을 가능성은 크지 않다. 문학적 상상력과 역사적 사실이 조우한 희귀한 사례로 볼 수 있을 것이다.

31 최인훈, 『길에 관한 명상』, 문학과지성사, 2010, 52면.

한 것 역시 한 개인의 삶뿐 아니라 식민지의 민족국가 수립이라는 역사적 과제이기도 하다. 이런 점에서 「태풍」은 「광장」의 실패를 상상적으로 보상하는 소원성취의 서사이며, 최인훈의 소설 세계에서 독특한 위상을 갖는 작품이라고 할 수 있다.

32 위의 책, 188면.

2부

1960년대 작가 연구

1960년대 소설과 자의식의 드라마

타율성과 책임
1960년대 서정인 소설

죄의식과 위악
김승옥의 중단편소설

언어의 정치학과 문학의 수행성
1960~70년대 이청준 소설

박태순 소설과 이동성mobility

1960년대 소설과 자의식의 드라마

1. 자의식의 형성과 타자성

1960년대에 등단하여 당대에 두각을 나타낸 서정인, 김승옥, 이청준 등으로 대표되는 일군의 작가들의 소설은 외부의 사건보다 주인공의 의식에서 전개되는 사고나 감정 등을 서술하는 데 주력했던바, 이러한 의식이 궁극적으로는 자기에 대한 의식, 곧 자의식으로 수렴한다는 점에서 이들 소설의 주요한 경향을 '자의식적'이라고 규정할 수 있을 것이다.[1] 이러한 경향의 소설에 내재한 자기 확인의 기획을 통해 형성된 주체(자기)는 김현 등의 동시대 비평가에 의해 합리적이고 자율적인 개인, 곧 근대적 개인의 표지로 평가되기 시작했다.[2] 그러나 다른 한편으

1 의식이 외부가 아니라 자기를 대상으로 지향되어 있는 상태를 뜻하는 '자의식적(self-conscious)'이라는 용어는 일반적으로 '자기반영적(self-reflective)' 혹은 '내성적(introspective)' 등과 유의어로 사용된다. 이러한 개념이 문학연구에 수용되면서 자기반영소설, 내성소설 등의 용어를 낳았는데, 전자는 글쓰기 과정 자체를 드러내는 메타픽션으로, 후자는 주인공의 심리 서술이 주가 되는 소설로 의미가 분화되고 있음을 볼 수 있다.

2 김주연, 「새 시대 문학의 성립」, 『아세아』, 1969.2; 김현, 「세대교체의 진정한 의미」, 『세대』, 1969.3.

로, 역시 1960년대에 정교화되기 시작한 민족문학론과 리얼리즘론의 입장에서는 자의식적 경향의 소설이 사회적 관심을 배제하고 시야를 개인적 차원으로 협소화한다고 비판되기도 했다.[3] 자기 확인이 반드시 자의식적 경로를 통해서만 이루어지는 것은 아니며, 또 자기 존재에 대한 불안이 과도한 자의식을 낳을 수도 있다는 점에서 자의식이 긍정적인 측면만을 가진 것도 아니다. 따라서 이러한 소설에 접근하기 위해서는 위의 비판까지를 고려하면서 그 자의식이 어떻게 발현되는지를 구체적으로 살펴볼 필요가 있다.

이와 관련하여 우선 서정인, 김승옥, 이청준의 소설이 자기폐쇄적이거나 자기중심적이라고 비판하는 것의 피상성을 지적할 수 있다. 이런 비판은 이른바 4・19세대의 선도적 위상이 지나치게 중시되었다는 판단에서 나온 것으로 보인다. 그러나 이들의 소설에서 자기 확인이라는 문제가 강조된 것은 틀림없지만, 먼저 자기가 존재하고 그 후에 외부의 세계를 의식 내부로 끌어들이는 것이 아니라 그와는 반대로 외부의 계기에 의해 자기가 의식된 뒤에서야 비로소 갈등이 전개되기 시작한다는 사실에 주목할 수 있다. 이런 측면에서 보면 오히려 갈등은 늘 자기 아닌 외부의 타자로부터 촉발되며, 이 때문에 이들의 소설은 자의식적이면서도 긴장을 유지할 수 있다.

다시 말해, 자기 확인을 위해 자의식적 태도를 취한다고 해서 그것이 자기 자신을 인식이나 판단의 원점으로 설정한다는 것은 아니다. 그와는 달리, 자의식적 주체에게는 자기라는 존재 자체가 대체로 불확실하다. 그에게 타자는 동일시나 배제의 대상이기 이전에 알 수 없는 어떤 것으로 다가오기 때문이다.[4] 타자와 마주한 관계 안에서 발생하

3 백낙청, 「시민문학론」, 『민족문학과 세계문학』 1, 창작과비평사, 1978, 60면.
4 주체와 타자의 관계에서 공유되는 해석의 총체성 바깥에 잉여로 존재하는 것이 타자의 타자성이다(이종영, 『가학증, 타자성, 자유』, 백의, 1996, 138면).

는 비대칭성 혹은 불확실성으로서의 타자성이 발현되는 전형적인 사례를 타자의 시선에서 찾을 수 있다. 주체와 타자의 관계를 예시하는 시각 모델에 의하면, 자기에 대한 의식은 자기를 바라보는 타자의 시선에 의해서 비로소 촉발된다.[5] 여기서 두 가지 점을 지적할 수 있다. 첫째, 타자의 시선을 깨닫기 전에는 자기에 대한 의식이 존재하지 않았다. 둘째, 타자의 시선에 자기가 어떻게 보여지는지 알 수 없다. 타자의 시선 앞에서 의식되는 자기에 대한 태도로는, 그런 자기가 아닌 '진정한' 자기(자율적 자기)가 있다고 믿는 경우와 그렇게 타자에게 보여진 자기(타율적 자기)를 그대로 수긍하는 경우를 상정할 수 있으며, 통상적으로는 상황에 따라 주체의 임의로 둘 중 하나가 선택되는 반면, 자의식적 주체에게서는 그 선택이 계속해서 지연된다.

최인훈, 서정인, 김승옥, 이청준, 박태순 등의 1960년대 작가를 대상으로 하는 기존의 연구에서 주체와 타자의 관계를 분석의 틀로 삼는 경우는 어렵지 않게 찾아볼 수 있거니와, 이는 자의식의 구조를 보다 정치하게 분석하기 위한 선택이라고 할 수 있다. 그러나 외부의 현실(타자)을 제거하거나 초월함으로써 관념적이고 자기폐쇄적인 주체가 형성된다는 결론은 기존의 비판과 크게 다를 바 없다.[6] 다른 한편에는 자의식적 태도에 의한 자기반성이나 성찰의 계기를 긍정적으로 평가하는 논의가 있다.[7] 자기 자신에 대해 거리를 둔 채 반성하는 의식 작용은 스스로를 손쉽게 변명하거나 정당화할 위험을 막는 최소한의 방지책이 된다는 점에서 의의를 찾을 수 있으나, 반성 역시 의식 내부의 작용이며 따라서 반성적 거리를 주체가 일방적으로 무화시킬 수도 있다는 점에서 관념적이거나 자기중심적이라는 기존의 비판을 벗어나

---

5 J. P. 사르트르, 손우성 옮김, 『존재와 무』 2, 삼성출판사, 1976, 111면.

6 이호규, 「1960년대 소설의 주체 생산 연구」, 연세대 박사논문, 1999; 임경순, 「1960년대 지식인 소설 연구」, 성균관대 박사논문, 2000.

7 김영찬, 「1960년대 한국 모더니즘 소설 연구」, 성균관대 박사논문, 2001.

기 쉽지 않다.

그렇다면 1960년대 소설의 자의식적 경향에서 어떤 긍정적인 의미를 발견할 수 있는가? 자기 혹은 자기가 놓여 있는 상황을 의식함으로써 자기반성의 계기를 마련할 수 있다는 것은 지극히 일반적인 결론이다. 그런데 1960년대 소설의 자의식적 주인공들에게서는 이러한 일반론을 넘어 보다 구체적인 특질로서의 죄의식이 두드러지게 드러나고 있음에 주목할 필요가 있다. 곧, 불확실하고 비대칭적인 타자성과 대면한 주체에게 죄의식이라는 특정한 정념이 형성되고 있는 것이다. 이 죄의식은 궁극적으로 자기반성으로 이어지겠지만, 일종의 윤리적 고민을 유발한다는 점에서 쉽게 무화될 수 없는 내적 갈등을 야기한다.

타자성을 자각했을 때의 반응으로서의 죄의식은 타자에 의해 보여진 자기의 일부 생각이나 행위에 대한 것이면서, 근본적으로는 자기가 보여지고 있다는 사실, 즉 자기가 시선의 타자성으로부터 자유롭지 않다는 사실 자체에 대한 죄의식이다.[8] 이때의 죄의식은 자기 탓이 아니며 따라서 법적・관습적으로도 책임질 필요가 없는 우연적이거나 필연적인 사건 앞에서 환기된다. 본고는 서정인, 김승옥, 이청준의 소설을 통해 자의식적 주체에게 나타나는 타자성과 죄의식을 양상을 살펴보고 이러한 양상의 1960년대적 맥락을 검토하고자 한다.

8 A. 주판치치, 이성민 옮김, 『실재의 윤리』, 도서출판b, 2004, 53면.

2. 부자유에 대한 죄의식과 반어적 태도

서정인의 등단작 「후송」은 이명 증상을 자각하고 수도 병원으로 후송되기를 원하지만, 기대했던 후송은 계속해서 지연되고 이리저리 병원을 옮겨 다니는 과정을 성중위의 의식을 통해 서술하고 있다. 군대 조직 속에서 별 문제없이 생활하던 그에게 나타난 이명은 대상의 타자성과 자기가 분리된 결과이며, 따라서 그것은 단지 증상일 뿐 아니라 자기를 의식하고 있다는 표지이기도 하다. 난관에 부딪치기는 하지만 고집스러우리만큼 타자에게 자기(곧 이명 증상)를 증명하려던 그가 자기 확인에 실패하는 것은 결말 부분에서의 자동차 사고 때문이다. 우연히 지나가는 자동차를 얻어 타려는 그의 요구가 거절당한 뒤 곧바로 사고가 발생하고, 객관적으로는 우연의 일치라고 판단할 수밖에 없는 사고에 대해 성중위는 알 수 없는 죄의식을 느낀다.

이러한 죄의식은 우선 무의식적 욕망에서 기인한 죄의식으로 설명할 수 있다. 그가 사고가 나기를 "절대 바라지는 않았"고 다만 "위험하다고 생각했었을 뿐"이라고 거듭 스스로를 설득하는 것은, 오히려 차를 태워 달라는 자신의 청이 거부되었을 때 자기도 모르게 사고가 일어나기를 원했을지도 모른다는 의혹을 떨치기 어렵다는 사실을 암시한다. 이는 사고 소식을 들은 한 병사가 "성중위님을 안 태워줘서 그랬어요, 그 새끼들"이라고 "무심코 지껄인 한 마디는 그의 아픈 데를 바로 때렸다"라는 서술에 의해 보다 분명해진다.

그러나 그보다 더 중요한 죄의식의 기원은 타자성과의 관계에서 찾을 수 있다. 알 수 없는 타자와의 대면에서 발생하는 비대칭성 혹은 불확실성이라는 상태에 주목할 때, 주체의 지평에서는 미리 짐작해 볼 수 없고 최소한의 계획도 세울 수 없는 미래의 시간으로서의 '사건'은 가장 대표적인 타자 중 하나이다.[9] 예기치 못했던 자동차 사고, 그것도 자기가 동승했을 수도 있었으므로 "마치 죽음이 그를 스치고 지나간 듯한 느낌"을 갖도록 한 자동차 사고 앞에서 성중위는 사건의 타자성을 절감한다. 이는 곧 성중위 자신이 대단히 타율적인 위치에 놓여 있음을 의미하는 것이기도 하다.

그가 느끼는 타자성은 비단 자동차 사고만이 아니라 후송 과정 전체를 대상으로 한다. 푸른 옷의 군인들과 대면한 그는 곳곳에서 자신의 의사를 가로막는 "벽"을 만난다. 마침내 그는 후송 기차에 몸을 싣게 되지만, 그 후송 명령은 성중위가 거의 포기했을 때 전혀 예상치 않게 하달된 것이다. 그는 후송을 기뻐하는 대신 더욱 더 절망하며 죄의식을 느낀다. 그의 죄의식은 자기가 그 상황으로부터 자유롭지 못했다는 것에 대한 죄의식이고, 그가 자유롭지 못한 것은 사건의 타자성 때문이다.[10]

사건의 타자성과 관련하여 「물결이 높던 날」의 주인공 현수는 호감을 갖고 있던 여자와의 관계가 친구 석호의 악의 없는 행동 때문에 실패한 것에 대해 "일은 글렀다. 그러나 누구의 잘못도 아니다. 분명히 잘못된 데가 있었는데 잘못한 사람은 아무도 없었다. 누구를 나무랄 것인가"라고 말한다. 책임 소재의 판단을 회피하는 듯한 현수의 태도는 필요 이상의 책임을 느끼는 성중위와 반대인 것 같지만, 사건의 타자성을 각성한 결과라는 점에서는 동일하다. "그것은 누구의 탓인가?"라는 질문에 그들은 제대로 대답할 수 없고, 현수 역시 타자성으로부

9 A. 바디우, 이종영 옮김, 『윤리학』, 동문선, 2001, 54~55면.

10 관점에 따라서는 죄의식을 느낀다는 것이 오히려 외부의 타자성에 자기가 불필요하게 간섭받는 것이라고 볼 수도 있다. 그러나 성중위가 느낀 죄의식은 타자에 의해 요구된 것이 아니라 오로지 자기에 의해 요구된 것이라는 점에서, 그의 죄의식은 자율성을 확보하는 출발점이 된다. 그와 반대로 자기 스스로 느낀 죄의식을 습관에 기대어 무시하는 것이 오히려 타율성을 수긍한 결과로 이해할 수 있다.

터 자유롭지 못한 것에 대해 자학한다.[11]

자기를 자유로운 인간이 아니라 무대 위에서 연기하는 배우에 불과할 뿐이라고 자조하는 「의상을 입어라」의 '나'에게 타자성에 구속된 타율적 상태는 보다 심화된다. 재직하던 중학교의 교장이 5·16 직후 재건국민운동본부가 내건 정책을 따를 것을 강압적으로 명령하는 데 대해 무기력한 항의를 해 보던 '나'는 브라질로 이민을 떠난 친구와의 편지에서 "내어던져진 것은 나인데 내어던진 것은 나의 의지가 아니다. 나는 제삼의 의지에 의해 살기 시작했고 또 살아가고 있다. 그 제삼의 의지를 받아들이느냐 거부하느냐. 양자택일이 있을 뿐 중간은 없다"라는 고백을 통해 타자성과 자기 확인 사이의 딜레마에 봉착했음을 밝히고 있다.

한편, 작가 스스로 "무의식의 의미를 의식의 논리로 붙잡으려" 했다고 밝히고 있는 「미로」는 앞의 소설들과는 다른 경향을 드러낸다. 기차를 기다리다 알 수 없는 타자로부터 승강장이 어디냐는 질문을 받은 '나'는 그가 왜 자기에게 물어보는지, 자기에게서 어떤 대답을 기대하는지 전혀 알 수 없기 때문에 공포에 사로잡혀 결국 자기 자신도 해독할 수 없는 신호를 타자에게 보낸다. 몇 차례에 걸쳐 우연히 마주치는 타자의 질문을 계기로 '나'가 자기의 상태를 파악해 가는 「미로」는 타자성에 의해 자의식이 촉발되는 장면을 전형적으로 보여준다. '나'가 우연히 참가한 심포지엄에서 치열하게 펼쳐지는 "모든 죽음은 자살이다, 아니다 타살이다"라는 논쟁은 사건의 자율성과 타율성을 두고 벌어지는 자유의지와 결정론 간의 해묵은 논쟁을 희극적으로 제시하고 있다. 이에 대해 '나'는 모든 죽음은 자연사라는 대안을 내놓는다. "죽기 전에 자연스러운 죽음도 없지만, 죽은 다음에 부자연한 죽음도 없"

11 정신분석에 의하면, 죄의식과 자학(자기 처벌) 욕구는 구조상 동일하다(S. 프로이트, 「문명 속의 불만」, 김석희 옮김, 『문명 속의 불만』, 열린책들, 2003, 303~304면).

다는 궤변은 자유와 타자성 간의 대립에 대한 반어로서의 해답이라고 할 수 있다.

이로부터 서정인 소설의 다른 경향이 분기되는데, 이는 스스로 배우 역할을 떠맡지만 그 역할에 동일시하지 않고 그것이 단지 연기일 뿐임을 의식하는 주인공이 등장하는 소설이다. 「분열식(分列式)」과 「원무(圓舞)」는 제목에서부터 '나'가 일종의 배우이며 삶 역시 연기에 불과하다는 점을 암시한다. "사실과 허위를 가려낸다는 것은 어려운 일이라기보다 어리석은 일"이며, 따라서 "나 좋을 대로 생각해 버리는 습관이 있"는 「분열식」의 주인공은 타자가 원하는 대로 땅 주인, 결혼식 하객, 회사원 등으로 자기의 역할을 바꾸고 있으며, 복잡한 남녀 관계가 얽힌 「원무」의 주인공들 역시 상황에 따라 자신의 역할을 맞바꾸고 있다. 이러한 상태는 자신의 타율성에 대한 반어적 태도를 강하게 환기한다.[12]

이에 맞춰 타자와의 관계를 매개하는 언어에 대한 작가의 태도 또한 변한다. 자기도 남 못지않게 부도덕하면서 교사의 부도덕성을 나무라는 교장의 사설에 대해 "아무리 부패하고 타락했다 해도, 부패했다, 타락했다 허는 말도 없이 부패허고 타락해서야 되겄소?"라면서 대수롭지 않게 넘어가는 「나주댁」에서의 언어는, 예컨대 「후송」에서 자기의 진실을 타자에게 전달하려고 애쓰는 성중위의 언어와 사뭇 다르다. 또

12 타자가 보는 대로, 즉 타자가 원하는 대로 자기를 연기하는 주인공은 서정인의 소설은 물론, 김승옥의 「다산성」, 「내가 훔친 여름」, 이청준의 「행복원의 예수」, 「문단속 좀 해주세요」, 박태순의 「연애」 등, 1960년대 소설에서 공통적으로 발견된다. 이는 자기에 대한 포기가 아니라 자기란 타자의 시선 앞에서만 의식되는 것이라는 사태의 노골적인 표현이다. 1960년대 작가들이 타자의 시선이라는 모티프에 대단히 민감했음은 김승옥, 김현, 박태순, 이청준이 참가한 좌담의 "타인 자신이 어떻게 반영되며 타인에게 어떻게 흡수되어 반영되느냐…… 소설의 관심은 타인과의 관계,…… 타인 자체, 그 문제부터 시작하는 거지. 타인을 의식하는 것이 바로 참여 아냐? 타인의 반응이 어떻게 작용하는가가 참여지"와 같은 언급에서도 명시된다(「현대문학방담」, 『형성』, 1968 봄, 82면).

한, 지방 소도시를 배경으로 한 취객의 의식을 서술하는 「우리 동네」에서의 "왜 악을 쓰느냐고 물었다. 그래서 나는 그들이 나를 노려보고 있었기 때문에 악을 썼다고 대답했다. 그랬더니 그들은 일제히 그들 중의 누구도 나를 노려본 적이 없다고 말했다"와 같은 의미 없는 대화는 타자와의 대화가 봉착하는 한계를 반어적으로 풍자하고 있다.[13]

3. 가해자 / 피해자의 역할 바꾸기와 책임 회피

김승옥 소설의 주인공에게서 과도한 자기연민을 걷어낸 맨얼굴을 볼 수 있는 것은 「누이를 이해하기 위하여」에서이다. 화자가 바뀌는 몇 개의 장으로 구성되는 「누이를 이해하기 위하여」 중 '프로필'이라는 장에서는 제목 그대로 '자칭 소설가라는 그 작자'에 대한 인물 소개가 이루어진다. 가난뱅이이며 치한인 그는 어떤 일을 하는지 그 일 자체보다는 "자기의 존재를 알리려는 데 목적이 있는", 일종의 배우이다. 그런데 "성실한 데라고는 도시 찾아볼 수 없고 성실한 척해 보이려는 노력만이 일종의 고통의 표정으로" 각인된 그를 냉소하던 화자는 "만일 신이 계시다면…… 내게도 다소 인간적인 데는 있다고 말씀하실 거야"라는 그의 고백을 의도치 않게 듣고 꺼림칙해진다. 김승옥 소설의 주인공은 그 '인간적인 데'를 입증하기 위해, 자기가 원해서가 아니라 어쩔 수 없이 그런 역할을 맡을 수밖에 없었다는 사건의 불가피성, 곧

13 "보이지 않는 사람, 그 자리에 없는 사람, 아직 태어나지 않은 사람을 상대로 하는 이야기는 듣는 사람의 의견을 구할 수가 없다"는 작가의 말처럼, 어떤 대화에서든 타자의 전부를 파악할 수 없으며 따라서 소통 불능에 부딪칠 수밖에 없게 만드는 타자성을 반어적으로 확대시키는 경향은 '달궁' 연작 등의 소설로 이어진다.

사건의 타자성을 강조하게 된다.[14]

「생명연습」과 「건」, 그리고 부분적으로는 「환상수첩」에서 서술되는 주인공의 소년기는 죄 이전의 세계와 죄 이후의 세계의 대립을 배경으로 한다. 「생명연습」에는 "한 오라기의 죄도 거기에는 섞여 있지 않"고 "누구나 정당하게 살고 정당하게 죽어"가며 패륜, 고독, 전쟁이 없는, '나'와 누나의 "화사한 왕국"과 그에 대립되는, 어머니의 배반과 형의 패륜으로 점철된 세계가 있다. 어머니의 배반이 형의 패륜을 부른 것이며, 따라서 형은 '아버지의 법'을 끌어들여 패륜의 정당성을 증명하려 한다. 그러나 「생명연습」의 논리는 훨씬 과격하다. 법이 존재한다는 것 자체가 이미 죄 있음을 전제하는 것이며, 따라서 법의 정당성은 "누구나 정당하게 살고 죽는 것"을 보장하지 못한다는 식으로 전개되기 때문이다. 오히려 법의 세계에서는 누구나 죄의식을 갖게 된다.

「건」에서 '나'가 저택의 지하실이 불타는 것을 목격했을 때 느끼는 절망과 윤희 누나를 만났을 때의 상실감이 죄의식을 환기시키는 것 역시 죄 없는 세계가 파괴되었기 때문인바, 어쩔 수 없는 상황에서 느끼는 죄의식은 '나'로 하여금 죄 없는 시대에 "먹칠을 해버리"는 죄를 짓도록 강제한다.[15] 미영의 집으로 윤희 누나를 유인하는 '나'는 무의식적이고 근원적인 죄의식을 합리화하기 위해 실제로 죄를 짓는 사례를 보여주고 있다.[16] 그러나 동시에 '나'는 죄 없는 세계를 파괴된 이유가 실은 전쟁 때문이며 자기는 어쩔 수 없는 상황의 피해자일 뿐이라는

14 이런 태도는 배우로서의 역할에 대해 반어적 거리를 드러내는 서정인 소설의 경향과는 구별된다.

15 이는 「생명연습」에서 형을 죽이려는 '나'를 비롯해 정순의 육체를 범하는 한교수의 경우도 포함된다.

16 상대적으로 작은 죄를 짓는 것은, 원죄 혹은 다른 것과 비교할 수 없이 큰 죄, 예컨대 「건」에서처럼 순수했던 세계 전체를 잃었다는 죄에 대한 죄의식을 경감시킨다(S. 프로이트, 「정신분석에 의해서 드러난 몇 가지 인물 유형」, 정장진 옮김, 『예술, 문학, 정신분석』, 열린책들, 2003, 381면).

사실을 알고 있기 때문에 스스로 죄를 지으면서도 마치 "억울한 일로 선생님한테서 꾸중을 들을 때"처럼 억울함을 느낀다.

요컨대, 피해자가 가해자로 변환되는 과정에 죄의식이 내재하고 있으며, 김승옥 소설의 주인공은 이러한 과정을 통해 성인(분열된 주체)이 된다.[17] 이런 과정을 거쳐 '자기'를 만들어낸 주인공이 "타인의 어떤 언어, 포즈를 그대로 받아들이"고 "자기라는 것이 얼마나 하찮은 것인가를 잘 알고 있다"는 지적을 받는 것은 당연한 결과이다.[18] 서울내기 친구를 닮기 위해 위악을 연기하는 「환상수첩」의 '나', 관객에게 받아들여질 만한 고통을 연기하는 「누이를 이해하기 위하여」의 '그'와 같은 인물들은 처음부터 타자성에 대해 '어쩔 수 없음'의 태도로 일관하고 있을 뿐이다. 그러나 그 어쩔 수 없음의 태도는 운명적인 성격을 띠고 있기 때문에 쉽게 거부할 수 없는 것이기도 하다.

자기 힘으로는 감당할 수 없는 사건의 피해자로서 죄의식을 떠맡은 후, 살기 위해(글자 그대로 '생명연습'을 위해) 가해자를 연기하는 김승옥의 주인공을 변호하기란 쉽지 않다. "성실하지 못하고 작위의 세계를 계속 살아나가는 그의 주인공들을 그는 배우 자기 존재에 대해 괴로워하고 채찍질하는 피가 도는 사람으로 그려주기 때문에, 사람들은 곧잘 누구라도 이럴 수밖에 없지 않느냐는 짙은 체념에 동감해 버린"다는 김현의 지적처럼,[19] 그 변호는 운명의 희생양으로서의 자기에 대한 감상과 연민에 의해서만 가까스로 유지될 수 있다. 「무진기행」은 그러한 경향의 정점이면서 동시에 균열의 시작이다.

---

17 「환상수첩」의 결말에 보이는 "지상에 죄가 있을 리 없다. 있는 것은 벌뿐이다. 벌은 무섭지 않다. 무서운 것은 죄다, 라고 떠들며 실상은 벌을 피하기 위해서 이리저리 도망다니던 어리석은 나여"라는 구절 역시 과도한 죄의식과 그에 대한 이상 반응으로 일관된 '나'의 상황을 요약적으로 보여준다.

18 김현, 「미지인의 초상」, 『현대한국문학의 이론/사회와 윤리』, 문학과지성사, 1991, 262면.

19 김현, 「구원의 문학과 개인주의」, 앞의 책, 390면.

「무진기행」의 윤희중의 삶에서 자기의 몫은 존재하지 않는다. 무진에서는 어머니에 의해, 서울에서는 장인과 아내에 의해, 어쩔 수 없이 골방에 숨어 있거나 승진 운동에 휩쓸렸을 뿐이다. 이런 이유에서 윤희중은 스스로를 자기로서는 어쩔 수 없는 사건의 비극적 피해자인 척 가장하지만, 이 경우 그가 마주치는 사건의 필연적, 운명적 성격은 이미 현저하게 줄어 있다. 결말에서 갑가지 날아온 "전보의 눈" 역시 고작해야 서울 생활로 복귀하라는 아내의 명령에 불과할 뿐 필연적 사건으로서의 타자성을 전달하기에는 미흡하다. 윤희중은 하인숙에게 "저는 옛날의 저를 오늘의 저로 끌어다 놓기 위하여 갖은 노력을 다하였듯이 당신을 햇볕 속으로 끌어 놓기 위하여 있는 힘을 다할 작정입니다"라는 편지를 썼다가 찢어버린다. 그러나 폐기 여부와 무관하게 이 편지의 고백은 처음부터 이율배반적이다. 왜냐하면 그가 '오늘의 자기'를 만들기 위해서 했던 갖은 노력이란 실은 자기를 타자성에 종속시키는 것에 다름 아니었기 때문이다. 그는 하인숙을 배반하여 다시 한 번 타율을 택함으로써 '오늘의 자기'를 지속시킨다. 윤희중이 느끼는 '부끄러움' 역시 죄의식의 통속화된 버전이다.

이러한 변화는 「차나 한잔」, 「다산성」, 「그와 나」 등의 소설에서 주인공이 느끼는 '어쩌다가'의 감정으로 이어진다. 「차나 한잔」의 "그야말로 '어쩌다가'의 연속이었다. 그는 자기가 지난날 우연 속에 자신을 맡겨버린 것이 역겨워졌다"나 「다산성」에서 "찐빵이 있다는 것이 문제가 아니라 찐빵의 눈에 들려고 애쓰는 너의 태도가 문제란 말이야", 「그와 나」에서 "아아, 그 하찮은 녹슨 쇠못 한 개! 불가시적인 작은 우연이야말로 내가 가장 두려워해온 것이었다"와 같은 구절은 '우연', '찐빵', '녹슨 쇠못' 등에 의해 결정되는 주인공의 희극적 삶을 단적으로 보여주고 있으며, 이는 자신의 삶으로부터 스스로의 책임을 철회하는 결과를 낳는다.

타자의 일방적 결정에 따른 타율적 행위에 대해 면책이 인정된다는 것을 뒤집어 생각하면, 책임지는 행위는 어떤 사건에서의 자율성을 인정하는 것으로부터 시작된다고 할 수 있다. 이런 점에서 공통적으로 사건의 타자성을 표상하는 '어쩔 수 없이'와 '어쩌다가'의 태도는 둘 다 책임 회피를 위한 주체의 방어 기제이지만,[20] 전자와 달리 후자는 애초부터 필연성과는 거리가 멀며, 따라서 이러한 경향의 소설은 사건 전개의 긴장감을 상실하고 희화화 · 통속화되는 경향을 보인다.[21]

4. 죄의식을 방어하기 위한 자기 은폐

「소문의 벽」에서 작가 자신이 진단했듯이, 이청준 소설의 주인공은 대개 진술공포증을 앓고 있다. 주인공에게 진술공포증을 낳게 하는, 즉 진술을 강요하는 타자를 군사정권 하의 강압적 권력으로 치환할 수도 있지만 이에 대한 보다 존재론적인 접근도 가능하다. '나'에게 질문을 던지는 타자는 「퇴원」, 「임부(姙夫)」, 「병신과 머저리」, 「나무 위에서 잠자기」 등 많은 소설에서 공통적으로 발견된다. 「퇴원」에서 얼굴을 비춰보라며 거울을 건네면서 "내력 깊은 이야기"를 요구하는 윤간

---

20 「무진기행」의 윤희중 역시 서울은 책임의 공간, 무진은 무책임(배반)의 공간이라는 식으로 책임에 대해 여러 차례 언급한다. 그러나 "미끈하게 일을 처리해버린다"는 것을 의미하는 서울에서의 책임이란 책임 회피의 다른 이름일 뿐이다.

21 김승옥은 소설집 후기에서 "우리들은 외계에 재빠르게 반응할 뿐이지, 무엇인가를 내부에서 만든 후에 그것을 외계에 대하여 밀고 나갈 줄을 모르는 족속 같다"고 말한 바 있다(김승옥, 『서울, 1964년 겨울』, 창우사, 1966, 376면). 타자성에 대한 반응이 아닌, '자기만의 것'에 대한 본격적인 탐색이라 할 수 있는 「확인해본 열다섯 개의 고정관념」과 「서울, 1964년 겨울」은 아쉽게도 사적인 취향의 확인에 그친다.

호사 앞에서 '나'가 불안한 이유는 그녀가 권력의 화신이어서라기보다는 '나'에게 진정한 자기 이야기가 없기 때문이다. '나'가 가까스로 기억해낸 가부장적 가족과 군대에서의 경험에도 자기는 없다. 따라서 '나'가 윤간호사와의 대면에서 폭로될 것을 두려워하는 비밀이란, 자신이 환자인지 아닌지 알지 못하는 것처럼 스스로가 어떤 존재인지 알 수 없다는 바로 그 사실이다. 「퇴원」은 윤간호사라는 타자의 질문으로 인해 자기에 대한 의식을 자각하지만, 그 자기의 내용이 무엇인지는 알 수 없는 상태에서 종결된다.

누군가의 아이를 밴 사팔뜨기 누이가 자살하는 사건을 다룬 「임부」의 '나'에게도 자기는 없다. 「퇴원」의 '나'가 타율적 집단 속에서 자기를 상실했다면, 「임부」의 '나'는 식중독으로 부모가 일찍 죽어 고아원에서 자랐고, 미대에 진학했지만 결국 장의차 운전수로 낙착된 삶의 진행 속에서 차츰 자기를 상실했다. 누이와 그 누이의 사정을 알고 있는 옆방 현희의 시선을 느낄 때마다 "깜박 잊고 지내는 '나'라는 것을 생각하게 되"는 '나'는 지금까지 자신의 삶에 그랬던 대로 누이의 삶에도 방관자적 태도로 일관할 뿐 아니라, 불행할 수밖에 없을 사팔뜨기 주제에 "자기 진실을 만난" 주인공이 되겠다고 발버둥치는 누이에게 "옛날부터 누구의 존재를 예감하고, 그를 위해서만 그렇게 지내 왔던 것 같은" "유일한 유산"을 선사하는 것이 정당하다고 판단한다. 결국 누이는 독약을 먹고 자살한다.

'나'가 독약을 미리 사 두었든 그렇지 않든 간에, '나'에게 있어 누이의 불행한 죽음은 불가피한 것이다. 이는 '나'가 불행한 삶을 당연한 것으로 받아들이면서 자기를 상실했을 때 이미 수긍한 것이다. 그럼에도 불구하고 '나'는 죄의식으로부터 자유롭지 못하다. 누이의 자살을 포함한 '나'의 삶 전체가 자기로서는 어쩔 수 없이 진행되어 왔고 그래서 그 삶 안에 자기가 책임질 몫이 없다고 변명하지만, 바로 그처럼 타자성에 종속된 타율적 삶을 살아왔다는 것, 다시 말해 '자기'를 망각했다는 이유 때문에 '나'는 자기를 의식하게 만드는 누이와 현희의 시선에 죄의식을 느낀다.

「병신과 머저리」에서도 형과 '나'는 상실한 자기를 찾으려 한다. 자기를 찾도록 부추기는 것은 누군지 알 수 없는 '얼굴'이고, 이 얼굴이 형과 나에게 방관과 무책임에 대한 죄의식을 부른다. 자신이 쓰던 소설의 결말에서 오관모를 죽였을 때 형은 피투성이인 채로 웃고 있는 얼굴이 자기의 얼굴임을 깨닫는 반면, 혜인과 헤어진 뒤 화폭의 얼굴과 마주한 '나'는 끝내 얼굴의 정체를 확인하지 못하고 따라서 그 얼굴이 환기하는 죄의식에서 벗어나지 못한다.

타자와의 대면에서 자기를 말할 수 없다(곧, 자율적인 '나'가 없다)는 이유 때문에 죄의식을 느끼는 주인공은 자기를 타자에게 전달함에 있어 언어가 가지는 한계를 핑계로 그 죄의식에 대한 방어를 시도하기도 한다. 언어의 비대칭성에 대한 인식은 등단작 「퇴원」에서 이미 발견할 수 있다. '나'는 모든 대화는 "일종의 자기 대화" 또는 "스스로를 향한 행위"에 불과하며, 타자와의 대화란 처음부터 불가능하다고 생각한다.[22] 언어를 통한 타자와의 소통에 내재하는 곤란함으로부터 다음의 두 유형의 사건이 발생한다.

첫째는 주인공의 진실이 전달되기 어렵다는 것으로, 이는 「별을 보여드립니다」와 「공범」 등에서 잘 드러난다. 전자는 "언제나 나를 버려두고 나서 변명거리를 훌륭하게 만들어" 내는 "논리의 요술", 즉 타자와의 대화가 아니라 자기 합리화에 봉사하는 대화술을 냉소하고 있으며, 후자는 학보(學保) 출신인 자신에게 위화감을 갖는 부대원들과 소

22 "모든 요구는 언어가 허용될 수 있는 한계 이전의 것"이라는 인식은, 말을 통해 타자에게 전달되고 남은 것, 즉 언어를 매개로 한 요구의 잉여가 욕망이라는 라캉의 공식(욕구 − 요구 = 욕망)을 연상시킨다. 여기서 자기(욕망)를 언어로 전달할 수 있는 가능성은 극히 제한된다.

통할 수 있다고 믿는 고준과 달리, 그 위화감 때문에 살인에 이른 김효의 사건을 통해 "누구나 자기 나름으로는 진실을 주장하고 있"다는 것이 실제로는 "아무것도 진실은 이야기되지 못한 것과 마찬가지"라는 결말에 이른다.

둘째는 주인공 스스로 대화의 규범을 교란시키는 것이다. 다시 말해, 어차피 진실이 전달되지 않을 대화이기 때문에 속임수를 통해 자기를 감추고 타자와 대면하는 것으로, 「행복원의 예수」, 「소매치기올시다」, 「가수(假睡)」, 「문단속 좀 해 주세요」 등이 그 대표적인 예이다. 「행복원의 예수」에서 고아원 출신의 '나'는 예수(혹은 그 대리자로서의 원장)의 시선을 끌려고 애쓰지만, "손아귀에 감춘 것을 흔들어 섞은 다음, 그것을 어떻게 다시 나누어 쥘까를 생각하고 있는 것 같"은 그 시선은 항상 예측과 어긋나고 '나'는 빈손만을 선택한다. 타자의 시선의 의미를 이해하는 데 실패해 자신이 늘 속았다고 생각하는 '나'는 고아원에서 쫓겨난 후에는 스스로 타자를 속이는 쪽을 택한다. 이 외에도 소매치기라는 특이한 주인공이 등장하는 「소매치기올시다」, 「문단속 좀 해 주세요」 역시 속임수로 자기를 감추는 스토리의 전형을 제시한다.

소매치기 화자는 역설적으로 타자(범행 대상)와의 "정당한 대결"을 운운한다. 소매치기라는 자신의 정체를 미리 암시함으로써 타자와 정당한 관계를 맺는다는 것이다. 그러나 「문단속 좀 해 주세요」에서처럼 타자는 '나'가 밝힌 정체를 믿을 수도 믿지 않을 수도 없는 상황에 처한다는 점에서, 소매치기가 말하는 정당한 관계란 처음부터 반어적인 의미를 띨 수밖에 없다. 이러한 화자는 「소문의 벽」에까지 이어지는데 스스로 정신병자임을 자처하는 소설가 박준이 그러하다. 이는 "나는 거짓말쟁이다"라고 말하는 화자의 경우와 같이, 대화에 내재하는 타자성을 극대화한다.[23]

---

23 널리 지적되었듯이 이청준 소설에는 본격적인 액자소설 형식을 포함해 넓은 의미에

타자와의 대화를 매개하는 언어의 타자성에 대한 인식은 「씌어지지 않은 자서전」에서 '나'에게 진술을 강요하지만 또한 '나'의 진술을 받아들이기를 끊임없이 거부하는 심문관이라는 의인화를 거쳐 「소문의 벽」에서 권력의 형태로 현상된다. 이는 「잃어버린 말을 찾아서」 연작과 「당신들의 천국」에서 이루어질, 언어와 권력의 타자성에 대한 보다 정교한 탐구를 예기한다.

5. 타자성과 죄의식의 1960년대적 맥락

서정인, 김승옥, 이청준의 소설은 타자성의 개입으로 자기를 의식하게 되는 사건으로부터 출발한다. 그런데 자기를 의식하는 계기가 이미 타자와의 관계를 전제하고 있기 때문에 자기라는 존재는 본질적으로 타율성을 내포할 수밖에 없다는 역설이 발생한다. 이들의 소설은 출발하자마자 막다른 골목에 부딪쳤고 이 때문에 소설의 주인공들은 한편으로는 죄의식에 시달리며, 다른 한편으로는 이 죄의식을 방어하기 위해 타자성 앞에서 반어적인 태도에 기대거나, 필연적으로 혹은 우연히 떠맡은 역할을 연기하거나, 타자성 자체를 탐구하는 방향으로 나아간다. 여기서 간과할 수 없는 것은, 이와 같이 죄의식을 방어하는 과정이 동시에 자기가 형성되는 과정이기도 하다는 점이다.

전후소설의 한 경향으로 '피해자 의식'을 꼽는다는 것은 타자에 의해

서 '대신 말하기'로 규정할 수 있는 서술 형식이 자주 발견된다. 이런 서술 형식은 언어가 진실을 온전히 전달하지 못한다는 것, 또 대신 말하는 화자의 정체는 굳이 밝힐 필요가 없다는 것, 즉 숨겨도 무방하다는 것을 정당화시켜준다는 점에서 위와 경향과 연속된다.

주체가 일방적으로 피해를 입었다는 인식이 지배적이었음을 의미하는 것으로 볼 수 있다.[24] 물론, 상황을 극복하려는 의지나 생활에 대한 의욕 등, 휴머니즘적 가치로 묶일 수 있는 주제를 다룬 소설 역시 비슷한 시기에 발표되고 있다는 점에서 전후소설에 속하는 모든 작품이 피해자 의식에 사로잡혀 있다고 말할 수는 없다. 다만, 최인훈의 「가면고」에서 다뤄지고 있는 것처럼, 전쟁의 피해에 대한 일종의 보상심리로서 성급하게 전쟁의 상처를 극복했다고 믿었다가 좌절하는 전후세대의 자화상은 휴머니즘을 내세운 선우휘, 오상원 등의 전후작가가 놓인 위치를 반성적으로 점검할 수 있는 지점을 제공한다. 「가면고」의 결말은 그 보상심리가 피해자 의식의 변형된 형태일 수 있음을 암시한다.

구체적인 작품 분석 이전에 추상적인 차원에서 말하면, 피해자에게는 죄의식이 존재하기 어렵다고 할 수 있다. 자기가 결정할 수 있는 상황이 아니라 전적으로 타자에 의해 결정되는 상황에서는 선악의 구별, 나아가 죄의 인식 자체가 불가능하다고 할 때, 타자의 가해를 불가피하고 수동적으로 받아들였을 뿐인 피해자에게 죄나 윤리의 문제를 요구하는 것은 불가능하기 때문이다.[25] 전쟁과 전후의 절박한 상황이 제시하는 사건의 타자성은 손창섭과 장용학의 소설에서 전형적으로 드러나거니와, 예컨대 폭탄이 저기가 아니라 여기에 떨어져 죽을 수도 있었던 자기가 지금 살아있다는 것은 자기로서는 도저히 개입할 수 없는 속수무책의 문제이다.[26]

이런 점에서 서정인, 김승옥, 이청준의 소설에서 타자성에 대한 인식과 죄의식의 자각이 함께 이루어졌다는 것은 타자에 의해 결정되는 자기와 그럼에도 불구하고 타자에 의해 전적으로 결정되지 않는 자기

---

24 천이두, 「계승과 반역」, 『이청준: 우리시대의 작가연구총서』, 은애, 1979, 158~159면.
25 가라타니 고진, 송태욱 옮김, 『윤리21』, 2001, 3장 참조.
26 조현일, 『전후소설과 허무주의적 미의식』, 월인, 2005, 149~152면.

에 대한 동시적 이해를 심화시킨 것으로 파악할 수 있다. 이러한 인식의 1960년대적 맥락을 포착하면 다음과 같다.

역사적 의의를 판단하기 전에 그 자체만으로 본다면 4·19 역시 해방이나 전쟁과 같이 예측하기 어려웠던 사건의 하나로 상정할 수 있다. 물론, "4·19도 하나의 역사적 사건으로는 8·15, 6·25 등 같은 범주로 보려는 사람들도 있겠지만, 다른 것들은 역사적으로 밖에서 주어진 사건임에 비추어 4·19는 본질이 상당히 다른 부류의 것으로 역사의 밖에서 주어진 것이 아니라 내부로부터 형성된 것"이라는 지적은 정당하다.[27] '밖에서 주어진 것 : 내부로부터 형성된 것'의 관계가 '타율 : 자율'을 의미한다면, 4·19에 대해 문학 내부에서는 대표적으로 김현과 백낙청에 의해 '4·19세대'와 '미완의 혁명'이라는 이름으로 자율성을 강조하려는 역사적 해석이 이루어졌다. 이러한 사후 해석의 반대편에 방관적, 수동적 입장에서 "우연을 가장한 필연"으로서의 4·19를 맞았다고 증언하는 문인, 작가들의 회고가 있다.[28] 이와 같은 4·19의 양면성은 1950년대의 타율 일변도의 상황에서 벗어나 자율－타율의 의미를 탐색하는 계기가 되었던 것으로 보인다.

1960년대에 급격하게 진행되었던 근대화에 대해서도 비슷한 맥락에서 접근할 수 있다. 근대화라는 과제 역시 서구 편향적이거나 일부 엘리트에 의해 주도되는 것만이 아니라 "한국적이면서 동시에 민중적이어야 한다"는 이중의 자율성이 강조되었지만, 그 기대가 쉽게 성취되었던 것은 아니다.[29] 예컨대, 근대화가 문학 영역에서는 자율성에 대한 위기

---

27 구중서·김윤식·김현·임중빈, 「4·19 혁명과 한국문학」, 『사상계』, 1970.4, 291면.

28 김병익·김승옥·염무웅·이성부, 「4월혁명과 60년대를 다시 생각한다」, 『4월 혁명과 한국문학』, 창작과비평사, 2002, 20～22면.

29 김경동·김용준·이호철·차기벽 외, 「한국의 근대화」, 『아세아』, 1969.5, 45～46면. 하버마스에 의하면 '근대화'가 개념으로서 정립된 것은 1950년대 이후이며(J. 하버마스, 이진우 옮김, 『현대성의 철학적 담론』, 문예출판사, 1994, 20～21면), 그 개념이 도입된 배경에 이미 문화적 근대성(과학, 예술, 도덕의 합리화)과 사회적 근대성(자본주

로 받아들여졌는데, 이는 순수・참여 논쟁의 당사자인 이어령과 김수영이 경제발전을 최우선 과제로 삼은 1960년대의 근대화가 자유를 위협한다는 점에 동의하고 있다는 사실에서도 확인할 수 있다.[30]

1960년대 한국 사회를 규정하는 두 요소로서의 4・19와 근대화는 타자성에 대해 민감하게 반응하는 자의식을 형성했거니와 서정인, 김승옥, 이청준 소설은 이러한 경향을 대표한다.[31] 물론, 그 자의식은 자율적 주체로서의 자기를 구성하는 데까지 이르지 못해 죄의식을 수반한다. 앞에서도 언급했듯이, 이러한 죄의식은 구체적인 잘못(죄)에 대한 것을 넘어 주체가 자유롭지 못한 상태 자체에 대한 것이다. 다시 말해, 마땅히 자유로워야 함에도 불구하고 그렇지 못한 타율적인 상황에 머물러 있다는 사실이 주체에게 죄의식을 유발한다.

따라서 죄의식은 주체가 자유롭지 못하다는 사실에 대한 증거이다.[32] 그런데 죄의식은 또한 주체가 자유롭지 못한 상태를 스스로 죄

의 기업과 관료주의 국가의 제도화) 간의 괴리가 내재되어 있었다. 다시 말해, 문화적 근대성과 사회적 근대성의 균형 발전을 상정했던 모델이 폐기되고, 문화적 근대성으로부터 분리되어 자족적으로 진행되는 사회적 근대화를 정당화하는 것이 근대화론의 요체이다. 한국의 근대화는 1950년대 말에 수입된 로스토우 유(類)의 근대화론을 충실히 따랐으며, 그 결과 급격한 사회적 근대화에 의해 문화의 식민화(타율화)가 진행된다.

30 이어령, 「'에비'가 지배하는 문화」, 『조선일보』, 1967.12.28; 김수영, 「지식인의 사회참여」, 『사상계』, 1968.1, 92면. 이어령과 김수영에게 근대화는 고속도로, 공장, 은행, 수력발전소의 댐 등과 그 배후의 정치권력으로 표상된다. 물론, 논쟁이 진행되면서 근대화의 타율성・타자성에 대한 진단과 처방이 서로 차별화되어 이어령이 경제발전과 상업주의에 맞서는 창조의 자유를 주문해 문학(문화)의 자율성을 강조한 반면, 김수영은 자유로운 주장과 설득, 즉 토론의 장을 확보하기 위해서는 언론의 자유가 필요함을 강조한다.

31 지방 출신 서울 유학생이었던 서정인, 김승옥, 이청준의 소설에서 4・19가 단편적으로만 언급된 것과 달리, 근대화의 문제는 서정인의 「분열식」, 「나주댁」, 「가을비」, 「우리 동네」와 김승옥의 「생명연습」, 「역사」, 「누이를 이해하기 위하여」, 「무진기행」, 이청준의 「별을 보여드립니다」, 「나무 위에서 잠자기」, 「문단속 좀 해 주세요」, 「목포행」 등에서 서울과 시골의 대비라는 형태로 비교적 빈번하게 다루어진다. 그 외에 사회의 획일적 분위기를 통해 근대화의 영향이 반영되기도 한다.

32 타자성과 죄의식에 대한 방어의 산물로서의 '자기'는 물론 자율적 주체에 미달하며,

로 인정하고 있다는 사실에 대한 증거이기도 하다. 이 지점에서 죄의식은 어떤 윤리적 태도와 만나게 된다. 이러한 윤리적 태도는, 민감한 자의식을 드러내는 서정인, 김승옥, 이청준의 소설이 단지 1960년대의 타율적 사회에 대한 자기폐쇄적 주체의 불안을 반영하고 있다는 부정적 평가를 넘어설 수 있는 계기를 제공하게 된다. 또한, 이를 통해 1970~80년대의 이른바 모더니즘 소설 역시 문학 영역 바깥에서 사회적 의미를 형성할 수 있는 기본적 토대를 마련했다고 할 수 있다.

그 때문에 회의주의적이거나 상대주의적이라는 비판을 받기도 한다. 자율적 주체가 되는 길은, 예측 불가능한 타자성을 자유로운 가능성으로 바꾸는 것으로부터 시작한다고 알려져 있다. 이러한 방법론은 1960년대 소설의 앞머리에 놓이는 최인훈에 의해 "사랑과 시간"이라는 버전으로 이미 제시된 바 있다. 개인과 사회의 갈등을 한국과 서구의 갈등으로 환원하는 태도가 암시하듯, 「광장」의 이명준은 서구 중심의 세계사를 보편적인 기준으로 전제하고 한국의 현실을 바라본다. 세계사라는 보편으로서의 타자와 동일시함으로써 주체가 된 이명준에게 한국의 현실은 이해하기 곤란한 것으로 타자화된다. 「회색인」의 독고준 역시 이와 비슷한데, 그는 한국적 현실이라는 타자를 이해하거나 예측할 수 없는 곤경 속에서 마지막 방편으로 사랑과 시간을 제시한다. 사랑과 시간(미래)은 각각 타자의 타자성과 사건의 타자성을 가능성의 관점에서 긍정적으로 변환한 말이다. 그러나 「회색인」에서 사랑과 시간은 세계사라는 보편과 동일시한 주체를 위한 최소한의 알리바이로 기능할 뿐이어서 일종의 관념적 선취에 가깝다.

타율성과 책임

1960년대 서정인 소설

1. 사건의 타자성

1962년 「후송」으로 등단하여 현재까지 작품 활동을 계속하고 있는 서정인의 소설을 전체적으로 이해하는 것은 쉽지 않다. 이러한 난점은 단지 서정인의 소설이 오랜 시기에 걸쳐 발표되었고 아직까지 진행 중이라는 사실에서 비롯되는 것만은 아니다. 기존의 논의에 의하면, 서정인의 소설은 크게 두 단계로, 좀 더 세분화하면 세 경향으로 구분될 수 있는데, 각각의 관계를 파악하는 것의 곤란함이 서정인 소설을 전체적으로 이해하는 데 있어서의 곤란으로 이어진다.

가령, 부분적으로는 「철쭉제」에서 징후가 감지되었던 변화가 '달궁' 연작을 기점으로 서정인의 소설에 전면화된다는 사실은 여러 논자들에 의해 공통적으로 지적되었으며,[1] 이 변화가 서정인의 소설을 과연

1 이 변화는 우선 서술방식이나 구성과 관련된 형태적 특징으로 두드러지게 발현되거니와, 이에 대해서는 정호웅이 다음과 같이 간명하게 지적한 바 있다. "단락의 구분 없음, 대화와 지문의 구분 없음, 화자의 모호성, 직접화법과 간접화법이 한 문장 안에 용해되

근대적 의미에서의 소설로 볼 수 있는가 라는 본질적인 문제로까지 이어지는 질문을 던질 만큼 중대한 것이었다는 점에 대해서도 대체로 동의되고 있는 형편이다.[2] '달궁' 연작에서 본격적으로 등장한 이러한 경향이 최근 출간된 『모구실』에서도 그대로 이어지고 있다는 점을 감안한다면, 서정인의 소설은 크게 두 단계로 나뉜다고 할 수 있다. 유종호의 평가를 빌려 간단히 구별하면, '달궁' 연작 이전에는 "압축과 절제의 미학 질서"를 존중하는 단편소설에 대한 지향이 두드러졌다면, 그 이후에는 다소 방만한 대화성(對話性)이 두드러진다는 것이다.[3]

그러나 '달궁' 연작의 변화가 본격화되기 이전 시기의 서정인 소설과 관련해서도, 이를 대상으로 단일한 경향을 발견해 내기가 수월하지만은 않다. 요컨대, '달궁' 연작 이전의 서정인 소설 또한 「후송」과 「강」으로 대표되는 두 계열로 나뉠 수 있는바,[4] 전자가 "개인의 내면적이고 관념적인 삶을 다룬 것"이라면 후자는 "소시민의 일상적인 삶을 다룬 작품"으로 구별된다.[5] 이와 같은 경향에 대해서는 「후송」, 「미로」의 주인공에게서 보이는 자의식의 적극성을 긍정하고 「강」, 「나주댁」, 「원무」의 주인공들이 소시민적 삶으로 타락해 가는 과정을 비판적으로

어 있음, 대화와 독백으로 이어지는 문체, 마침표와 콤마, 물음표를 제외한 모든 문장부호를 사용하지 않음, 주인공의 여로에 따라 이야기가 전개되지만 그 여로 마디마디에 결정되어 있는 무수한 토막 이야기들의 독자성이 완벽하게 유지되고 있음, 한 토막의 이야기가 새롭게 떠올린 말 하나의 열쇠 역할을 하여 다음 토막의 이야기를 열게 됨, 어떤 대상(말이나 사건 또는 행위)의 이모저모를 말장난으로 보일 정도의 말뒤집기를 통해 진단하고 있음, 역사와 사회, 그 속을 사는 인간들의 삶에 대한 비평적 진단을 실어 나르는 에세이투 문체, 때로는 판소리의 율격을 그대로 옮겨 놓은 느낌을 주는 4·4조의 율격이 막힘없이 흐르는 율문체 등이 이 새로운 형식의 내용 항목이다"(정호웅, 「타락한 세계에 대한 비평적 진단」, 『작가세계』, 1994 여름, 78면).

2 이러한 문제를 제기하는 대표적인 경우로 김윤식, 「〈달궁〉에서 〈봄꽃 가을열매〉까지」, 『한국현대소설과의 대화』, 현대소설사, 1992 참조.

3 유종호, 「삭막한 삶과 압축의 미학」, 『철쭉제』, 민음사, 1986, 237면.

4 강상희, 「말과 삶의 현상학」, 『철쭉제 외』, 동아출판사, 1995, 516면.

5 서정기, 「리얼리스트의 변신」, 『작가세계』, 1994 여름, 49면.

평가하는 경우와, 이와는 반대로 「후송」, 「미로」의 작가의식이 비극적이고 수동적인 반면 「강」, 「나주댁」의 경우 작가의 현실인식이 심화된다고 평가하는 경우로 그 경계가 나뉘고 있다.[6] 이상을 참고할 때, 서정인 소설에 대한 전체적인 검토를 위해서는 이러한 경향들 간의 관계를 어떤 식으로 설명할 것인가가 주요한 문제임을 알 수 있다.

본고는 서정인 소설의 전개를 설명하는 데 있어 '타자성'으로 개념화할 수 있는 계기가 중요하다는 전제에서 출발한다. 기본적인 의미에서 타자성이란 타자와 마주한 관계 안에서 발생하는 불확실성이라고 정의할 수 있는바, 타자성이 발현되는 전형적인 사례는 통상 '나'를 바라보는 타자의 시선의 속성에 의해 설명된다. 사르트르의 『존재와 무』에서 기원하는 시각 모델에 의하면, 자기 자신에 대한 '나'의 의식은 '나'를 바라보는 타자의 시선에 의해서 촉발된다.[7] 다시 말해, 타자에 대해 자기가 외재적 대상으로서 보여지고 있다는 사실을 깨달은 후에야 '나'는 비로소 타자와 자기를 분리할 수 있으며 이와 함께 자기 자신을 의식할 수 있게 된다.

일종의 동어반복이지만, '나'는 타자와 분리된 존재로서의 '나'이며, 자기에 대한 의식, 곧 자의식 역시 타자와 분리된 '나'에 대한 의식이다. 그런데 자의식은 '나'를 주체로 거듭 태어나게도 하지만 동시에 타자와의 관계에서 '나'를 소외라는 병에 끊임없이 시달리도록 만들기도 한다. 가령, 타자와 분리된 존재로서의 '나'를 의식하는 순간, '나'는 곧바로 타자의 시선에 자기가 어떻게 보여질지 알 수 없다는 불확실성에서 기인하는 불안을 느끼게 된다. 이러한 불안은 '나'가 언어를 통해 자기 의사를 타자에게 전달하려고 할 때에도 비슷하게 반복되는데, 이때의

6 각각의 대표적인 경우로 김병익, 「비극과 연민」, 『문학사상』, 1973.3; 오생근, 「타락한 세계에서의 진실」, 『문학과지성』, 1975 여름 참조.

7 J. P. 사르트르, 손우성 옮김, 『존재와 무』, 삼성출판사, 1976.

불안 역시 '나'의 말을 타자가 어떻게 받아들일지 알 수 없다는 사실에서 비롯된 것이다.

현실에서의 타자는, 친숙하든 낯설든, '나'의 해석적 총체성 안에서 파악된다. 엄밀히 말하면, 타자에 대한 '나'의 파악은 타자에 대한 '나'의 예측이다. 그 예측은 맞을 수도 있지만, 어긋날 가능성 역시 상존한다. 시선이나 언어를 매개로 한 타자와의 관계의 기원에는 이러한 불확실성이 존재하며, 이 때문에 '나'와 타자의 관계는 관습이나 법 등, '나'와 타자 간에 공유되는 규칙에 의지해 유지될 수밖에 없다. 물론 규칙을 공유한다고 해서 그 관계에서 비롯되는 불확실성이 전적으로 해소되는 것은 아니다. 요컨대, '나'와 타자와의 관계 안에서 '나'의 예상을 벗어나는, 곧 '나'와는 전혀 다른 잉여로서 존재하는 것을 타자의 타자성이라고 할 수 있다.

이러한 타자성은 사건의 타자성으로 확장될 수 있다. 타자의 경우와 유사한 맥락에서 사건 역시 '나'의 지평에서는 미리 짐작해 볼 수 없고 최소한의 계획도 세울 수 없는 미래의 시간으로 정의한다면,[8] 사건이 지니는 우연적이고 예측 불가능하며 나타나자마자 사라지는 잉여물로서의 속성은 세계라는 타자와 대면하고 있는 '나'가 맞닥뜨리게 되는 사건의 타자성이라고 할 수 있다. '나'와 사건과의 관계에 이와 같은 타자성이 내재한다는 것은, 말을 바꾸면 어떤 사건과 관련하여 '나'가 전적으로 타율적인 자리에 위치한다는 것을 의미한다. 이러한 타율성의 반대편에 '나'의 자유 혹은 자율의 상태가 있다. 현실에서 마주치게 되는 여러 사

8 레비나스의 타자 철학에 의하면, 사건이란 "경험 세계를 통해 언제나 넘쳐흐르는, 시각을 통해 사물을 수용하는 것과는 전혀 같지 않은 방식으로" 우리를 덮치는 것이며, 따라서 "최소한 미리 짐작해볼 수 없이, 그리고 오늘날 사람들이 흔히 말하듯이 최소한의 계획도 세울 수 없이" 닥쳐오는 것이다. 예컨대, 사건은 '죽음'과 같은 것이며, "절대적으로 예기치 않게 닥쳐온다는 사실"에서 비롯하는 "미래의 외재성(초월성)"을 고유한 속성으로 한다(E. 레비나스, 강영안 옮김, 『시간과 타자』, 문예출판사, 1996, 84~86면).

건들에 대한 통상적인 태도, 즉 '나'는 어느 정도는 타율적이지만 동시에 어느 정도는 자율적이기도 하다는 타협적인 태도와 달리, 서정인 소설의 주인공들은 사건의 타자성(타율성)에 대해 대단히 민감하다.

서정인 소설이 "자기 결단이나 선택에 의존하기보다는 관습이나 타성에 의해서 수동적으로 기존 세계의 일부인 삭막하고 갑갑한 나날의 삶을 재생산하는 일의 타락됨을 보여"준다는 유종호의 간단한 언급이 암시하고 있듯이,[9] 주체의 타율성에 대한 작가의 민감한 반응에 대해서는 주인공들이 세계를 비극적으로 인식한다거나 그 결과 자유의사에 의해서 결정되지 않는 상황에 대해 체관(諦觀)의 태도를 보인다는 식의 단편적 지적이 있어 왔다.[10] 본고는 서정인의 초기 소설을 대상으로 이러한 타율성의 내용과 의미를 좀 더 상세히 분석함으로써, 초기 소설에 대한 체계적인 설명을 시도하는 동시에 초기 소설이 서정인 소설 전체에서 차지하는 위상을 점검하는 것을 목적으로 한다.

2. 주체의 타율성과 책임

명령과 복종을 관계의 기본으로 하는 군대를 배경으로 전개되는 서정인의 등단작 「후송」에서 타율적인 상황이 부각되는 것은 일견 당연한 것처럼 보인다. 그러나 주인공 성중위의 경우는 그 사정이 좀 더 복잡하다. 전방 부대에서 근무할 때 별다른 이상이 없었던 성중위는 빈 깡통을 향해 권총을 난사한 뒤부터 이명(tinnitus) 증상에 시달린다. 이

9 유종호, 앞의 글, 239면.

10 조은하, 「서정인 소설 연구」, 고려대 석사논문, 1996, 24~25면.

어령이 적절하게 지적한 대로, 이 사건은 "로깡땡이 돌을 던지려고 집어 들었을 때 '구역'을 느낀 것"과 마찬가지로 "타자를 의식한 순간이며, 타자와 자기와의 벽을 느끼게 된 순간"을 형상화하고 있다.[11] 성중위는 그 사건 이후 타자의 존재에 대해 의식하는 동시에 타자로부터 분리된 '나'의 존재를 의식하게 되는데 그 '나'에 대한 의식, 즉 자의식은 역설적으로 이명이라는 병리적 증상으로 발현하고 있다. 성중위에게 있어 이명 증상을 의식한다는 것은 타자와 구별되는 자기 자신을 의식하고 있다는 가장 확실한 증거이지만, "이 확실하고도 분명한 일이 타자에게는 애매한 것으로 전달될 뿐"이다.

성중위는 자신의 증상을 치료하기 위해 중대 의무지대에서 사단 의무중대로, 다시 제50야전병원과 제17후송병원 등으로의 후송을 요청하면서 그때마다 의사소통이 가로막히는 "절벽"을 느낀다. '나'의 증상을 타자(의무장교)에게 이해시키는 데 있어서의 곤경은 곧 '나'를 타자에게 전달하는 데 있어서의 곤경 일반과 동일한 것이다. 자신의 의사와는 무관하게 감옥과도 같은 후송병원에서 언제 내려질지 알 수 없는 후송 특명을 기다리던 성중위는 자기가 불려가지도 않은 상태에서 후송 심사가 진행된 끝에 원했던 수도병원이 아닌 부산의 육군병원으로의 후송이 결정되어 기차에 오른다.

이와 같은 서사의 전개에 주목한다면, 「후송」은 군대라는 특수한 환경에서 성중위가 처한 타율적 상황에 대해 서술하고 있는 것으로 이해될 수 있다. 그러나 「후송」은 단순히 타자에게 '나'의 의사를 전달하는 데 곤란을 겪는다거나 혹은 '나'의 신상에 관한 결정이 타자에 의해 판단된다는 사태만을 지적하고 있지는 않다. 「후송」은 사건의 타자성과 관련하여 좀 더 근본적인 문제를 제기하고 있는바, 이는 후송 특명을 기다리던 성중위가 우연히 자동차 사고를 목격하는 장면에서 드러난다.

11 이어령, 「소설의 방법」, 『사상계』, 1963.2, 304면.

> 그 소리는 성중위가 연대본부에 가는 도중에도 그치지 않았다. 성중위는 그것을 강력히 부인했다. 그는 소리없이 외쳤다. 나는 그것을 생각하지 않았었다…… 더구나 그것을 바라지는 더욱 아니하였다…… 절대, 절대 바라지는 않았다…… 다만 내리막에서 저렇게 속력을 내다간 위험하지 않을까, 라고만 생각하였었다. (…중략…) 그는 열심히 주장하였다. 주장하고 보니 설복된 듯도 하였다. 그러나 마음 한구석에 자리잡은 허전함은 어쩔 수 없었다. (…중략…) 그는 많은 사고의 현장을 목격해 왔었다. 폭발 사고는 교통사고보다 더 참혹했었다. 그러나 그가 보아온 어떤 사고도 이번 것만큼 충격적인 것은 없었다. 그는 그 이유를 어렴풋이 느낄 수 있었다. 그 중에는 속도와 정지의 결정적 대조도 있었고, 그 차에 편승했을 경우를 상상하는 데서 오는 사고자들과의 동일시 의식도 있었다. 마치 죽음이 그를 스치고 지나간 듯한 느낌이었다. 그러나 이례적인 충격의 원인은 그뿐이었을까? 그는 그들을 저주하였었는지도 몰랐다. "자식들, 꼬라박아버려라!" 그렇다면 그의 저주는 너무 빨리, 너무 선명히, 그리고 너무 비참히 실현된 셈이었다.[12]

여러 차례 난관에 부딪치기는 하지만 자신의 증상을 타자에게 이해시키려는 애초의 의도를 굽히지 않으면서 자기를 지켜 나가던 성중위는 자동차 사고를 목격한 날 이례적으로 술에 만취한다. 성중위가 태워 달라는 손짓을 보냈으나 이를 거절하고 지나가던 군용차가 곧바로 사고를 내고 중상을 입은 군인은 병원에 도착할 때까지 "아아 아 아"하고 고통을 호소한다. 제3자가 보기에는 자동차 사고 현장을 우연히 지나쳤다는 것에 불과할 수도 있는 상황에서 성중위가 필요 이상으로 과도하게 느끼는 "허전함"에 대해서는 두 가지 방향에서 접근할 수 있다. 첫째, 성중위 자신이 적절하게 분석하고 있듯이, 이 허전함은 동승시

12 서정인, 「후송」, 『강』, 문학과지성사, 1996, 42~43면.

켜 달라는 요구가 거절된 데 대한 자신의 "저주"가 즉시 실현된 것은 아닌가 라는 성중위의 무의식적 죄의식에서 비롯된 것일 수 있다.[13] 둘째, 이 허전함은 성중위 자신이 사고를 당할 수도 있었다는 상상, 즉 이 역시 스스로의 분석대로 "사고자들과의 동일시 의식" 때문에 자동차 사고를 자신과 전적으로 무관한 일로 치부할 수만은 없다는 생각에서 비롯된 것일 수 있다.

성중위는 자기는 사고가 일어나기를 바란 적이 없다는 부인을 여러 번 반복한다. 이때의 성중위의 심리 상태는 단지 무의식적인 죄의식만으로는 충분히 설명되지 않는다. 자동차 사고를 바라지 않았으므로 성중위는 그 사고와 무관한 것인가? 그렇다면 사고를 바란 사람은 누구인가? 아무도 사고가 발생하기를 바라지 않았을지 모르지만, 사고는 실제로 발생했다. 물론, 성중위가 바란다고 해서 언제나 사고가 발생하는 것 역시 아니다. 바라는 대로 모두 실현된다면, 왜 그가 그토록 바라는 수도병원으로의 후송은 끝내 이루어지지 않는가?

만취된 상태에서 성중위는 자동차 사고가 "그(성중위 자신—인용자)를 향해 쏜 화살이 엉뚱하게도 무고한 사람의 가슴"을 관통한 결과일지도 모른다고 생각한다. 사고를 당한 사람에 대한 죄의식과 동일시 의식이 복합된 성중위의 심리는 결국 자동차 사고라는 형태로 발생한 사건의 타자성에 대한 인식을 암시하고 있다. 다시 말해, 아무도 원치 않았거나 예상치 못한 사건이 발생하는 것은 불가피하며, 따라서 지금 여기서는 '나'를 피해 갔지만 그러한 사건이 '나'에게 닥칠 가능성은 언제 어디에나 잠재한다는 것이다.

「물결이 높던 날」에서 현수가 처한 상황은 「후송」에 비하면 좀 더 일상적이기는 하지만, 그 상황에서 주체가 지극히 타율적이라는 점에 있어서는 크게 다르지 않다. 제대 후 휴양차 부산의 형을 방문한 현수

13 A. 주판치치, 이성민 옮김, 『실재의 윤리』, 도서출판b, 2004, 53면.

는 우연히 군대에서 알고 지내던 석호를 만난다. 얼마 뒤 현수는 다방에서 일하는 명자에게 호감을 품게 되고 석호에게 그녀를 소개하기로 한다. 그러나 미처 소개하기도 전에 석호가 명자를 희롱한 탓에 현수는 그녀를 소개할 기회를 잃는다.

> 현수는 자학적이었다. 일은 글렀다. 그러나 누구의 잘못도 아니다. 분명히 잘못된 데가 있었는데 잘못한 사람은 아무도 없었다. 누구를 나무랄 것인가. 명자를 욕할 것인가? 죄없는 명자를? 석호를 욕할 것인가? 그는 다방 아가씨에게는 곧잘 야비한 장난을 거는 녀석이 아니던가. 자기 자신을 나무랄 것인가? 왜? 뭘 못 해서? 그렇다면 누구를 탓할 것인가? 다방 잘못인가? 명자가 다방에 있었다는 게 잘못인가? 명자의 전생애가 잘못이란 말인가? 누구의 탓도 아닌 그러나 너무도 분명한 잘못—그것은 무서운 공백이었다.[14]

현수는 이 사건으로 인해 명자와의 연애가 가망 없게 되었음을 깨닫지만, 예정된 연애의 실패보다 그를 더욱 더 절망적이고 나아가 자학적일 수밖에 없도록 만드는 것은 그 실패를 명확히 어느 누구의 잘못으로 돌리기 어렵다는 사실이다. 누군가가 의도적으로 현수의 연애를 방해하고 또 실패하도록 꾸민 것이라면, 이 사건에 대해 그 누군가를 탓하고 그에게 책임질 것을 요구할 수 있을 것이다. 그러나 현수 자신은 말할 것도 없고 다른 누구도 일이 잘못되기를 원한 적이 없으며, 따라서 아무도 일을 그르친 것에 대해 책임질 수 없다.

그렇다면 그 사건의 원인은 무엇인가? 명자가 다방에서 일하고 석호가 다방 종업원에게 야비한 장난을 거는 버릇을 갖고 있다는 상황에 국한해 보자. 그러나 원인을 좇아 질문을 거듭하던 현수가 마침내 "명

14 서정인, 「물결이 높던 날」, 『강』, 68면.

자의 전생애"라는 대답에 이르게 되는 것처럼, 누군가가 다방 종업원이라는 직업을 갖는 것이나 야비한 장난을 거는 습관을 갖는 것 따위는 오랜 시간에 걸쳐 크고 작은 원인들이 작용한 결과이므로 그 누군가에게 책임을 묻기 쉽지 않다.

사건의 원인을 제공했다고 할 수도 없고 사건의 전개를 미리 계획한 것도 아니라는 점에서 현수는 물론 석호와 명자까지도 그 사건에 관한 한 타율적인 위치에 있었다고 할 수 있으며, 현수의 자학 역시 궁극적으로는 자신의 타율성을 대상으로 한 것이다. "삶에는 꼭 들어맞는 톱니바퀴가 없었다. 어디엔가 반드시 맞지 않는 데가 있어서 불협화음이 있었다. 톱니바퀴를 둘 다 완전히 알지 못하는 이상 고장이 어디쯤인가를 누가 알 것인가"라는 현수의 말대로, 삶에는 "누구의 탓도 아닌 그러나 너무도 명백한 잘못"이 언제 어디서나 발생할 수 있는바, 그와 같은 사건의 타자성은 아무도 해소할 수 없는 "무서운 공백" 같은 것이다.

오페라 '팔리아치(Pagliacci)'의 아리아에서 제목을 빌려 온 「의상(衣裳)을 입어라」는 제목 이외에도 여러 참조항들에 의해 삶의 타율성을 암시하고 있다. 예컨대, 아내의 외도를 목격하고서도 무대에 나가기 위해 의상을 입어야 하는 유랑극단 단장의 심정을 노래하는 '의상을 입어라(Vesti la giubba)'라는 아리아는 실제의 '나'와 무대 위의 '나'의 괴리를 함의하고 있다. 또, 중학교 교사인 주인공 '나'가 출근하면서, 게오르규의 「25시」와 조지 오웰의 「1984년」으로부터 인용된 "살베 스크라뷔(안녕하셨습니까 노예님—인용자)"나 "자유는 노예, 평화는 전쟁" 등의 말들을 연상하는 소설 초반의 장면 역시 '나'가 수용소나 경찰국가에서 살아야 하는 「25시」나 「1984년」의 주인공들과 스스로를 동일시하고 있음을 보여 준다.

「의상을 입어라」는 학생 면담과 교무회의 등으로 이루어진 학교 장면과 이와는 시공간적으로 구별되는 '나'와 친구 찬의 대화 장면이 다소 혼란스럽게 병치되고 있다. 1960년대 초반의 중학교가 권위주의적이고 타율적인 분위기를 배경으로 하는 것은 쉽게 이해할 수 있다. 가령, 교무회의에서 교사들에게 한 사람도 빠짐없이 '재건복'을 입을 것을 요구하는 교장의 말에 '나'는 "한 사람쯤 빠지는 것이 인간적이 아닐까"라는 맥 빠진 항의를 머릿속에 떠올려 보지만, 학교를 둘러싼 무거운 분위기를 돌파할 만한 출구를 발견할 수는 없다. 게다가 찬과의 대화는 사회 전체에 만연한 타율적 분위기를 넘어 좀 더 근본적인 문제 제기를 드러내고 있다. 잡지사에 다니다 부조리한 행태를 더 이상 견디지 못해 사표를 내고 브라질로의 이민을 계획하고 있는 찬이 문제 삼는 것은 단지 당시의 사회 분위기만이 아니라 존재의 근본적인 타율성이다.

> 남의 호의에 얹혀살고 싶은 생각은 없다. 혼자 살 수는 없을 텐데…… 악의 속에서 살고 싶다는 이야긴가, 쏘아 보는 눈과 눈……. 우리는 우리의 영공(領空)을 무한히 침해받고 있다. 그래서 우리는 때로 누구의 소유도 아닌 허공을 바라보지 않는가. 막연한 표정. 악의도 호의도 아닌 선의의 무관심에도 선의가 있던가? 의지가 없는 곳에 무관심이 있을 텐데……. "누구의 의지도 아닌 의지, 적어도 나의 의지는 아닌 의지, 제삼의 의지." 찬은 의외에도 격렬하였다. "이 제삼의 의지에 의해서 우리는 세상에 태어난 거다. 그래서 흔히들 내어 던져졌다고 말한다. 내어 던져진 것은 나인데 내어 던진 것은 나의 의지가 아니다. 나는 제삼의 의지에 의해서 살기 시작했고 또 살아가고 있다. 그렇다고 해서 내가 그 제삼의 의지를 받아들였다는 것은 아니다. 받아들였다면 그건 나의 의지가 되는 거다. 여기에 검토가 필요한 것이다. 받아들이느냐 거부하느냐. 양자택일이 있을 뿐 중간은 없다."[15]

15 서정인, 「의상을 입어라」, 『세대』, 1963.9, 308면.

'나'와의 대화에서 찬이 말하고 있는 것은 자신을 둘러싸고 전개되는 사건에서, 좀 더 확장하면 삶 전체에서 자신의 자유의지는 애초부터 배제되었다는 사실에 관한 것이다. "내어 던져진 것은 나인데 내어 던진 것은 나의 의지가 아니"라면, 그것은 누구의 의지인가? 이러한 질문에 대해 찬은 "누구의 의지도 아닌 의지, 적어도 나의 의지는 아닌 의지, 제삼의 의지"라는 논리에 의해 가까스로 "제삼의 의지"라는, 자신의 삶을 이끌어가는 작인을 만들어 낸다.

물론, "제삼의 의지"와 같은 조어(造語)를 굳이 만들지는 않는다 해도 '나'를 둘러싼 사건이 전적으로 '나'의 의지에 의해서만 규정된다고 믿지 않는 한, '나'의 자유의지가 미치지 않는 영역에 대해 생각해 보는 것은 그리 이상한 일이 아니다. 그것은 신이나 운명과 같은 거창한 이름으로 불릴 수도 있고, 좀 더 상식적으로는 그저 세상 돌아가는 이지 같은 것일 수도 있고, 단순하게는 우연일 수도 있다.

찬의 "제삼의 의지"가 문제된다면, 그에게는 자신의 의지와 "제삼의 의지" 간에 양자택일이 있을 뿐, 타협은 존재하지 않는다는 사실 때문이다. 가장 손쉽게 생각할 수 있는 타협책이란 주어진 것들 중에서 가능한 한 자신에게 좋은 것을 선택하고 어쩔 수 없는 경우에는 운명이나 우연의 탓으로 돌려버리는 것이며, 이는 곧 '나'는 부분적으로는 타율적이지만 또 부분적으로는 자율적일 수 있다고 믿는 것이다.[16] 타협책이라고는 하지만 실은 지극히 자연스럽고 또 당연한 것처럼 보이는 이러한 태도를 받아들이지 않는다면, '나'는 어떤 결과를 맞을 것인가?

끝내 브라질로 떠난다는 찬의 엽서를 받고 난 후 '나'의 다음과 같은 상념은 이 질문에 대한 답을 명시하고 있다. "그것(어떤 사건—인용자)이 어느 방향에서 언제 어떤 형태로 나타날는지는 전혀 예측할 수 없었다. 그러나 무엇인가가 진행되고 있다는 것은 틀림없었다. 악의로 시

16 가라타니 고진, 송태욱 옮김, 『유리21』, 사회평론, 2001, 68면.

작된 일들이 선의로 변해가는 것도 있었고 선의로 시작된 일들이 본의 아니게 악의로 타락해 가는 것도 있었다. 그러나 그보다 더 많은, 엄청나게 더 많은 것으로는, 선의도 악의도 아니게, 그리고 언제부터인지도 모르게, 그저 그렇게 시작된 일들도 있었다." 곧, 타협을 거부한 주체에게 도래하는 것은 선의든 악의든 '나'의 의도와는 무관하게 진행되므로 전혀 예측할 수 없는, '나'로부터 전적으로 외재적인 사건이라고 할 수 있다.

그렇다면 찬은 왜 이러한 타협을 받아들이지 않는가 라는 또 다른 질문을 던질 수 있다. 작가 스스로 "꿈 이야기"이며 "무의식의 의미를 의식의 논리로 붙잡으려" 했다고 밝힌 바 있는 「미로」의 한 장면에서 이 질문에 대한 답의 암시를 얻을 수 있다. 「미로」는 기차역 장면, 축제 장면, 심포지엄 장면, 박사 집 장면 등 몇 개의 에피소드로 구성되어 있다.[17] 이 중 심포지엄 장면에서는 '모든 죽음은 자살인가 타살인가'라는 엉뚱한 문제를 두고 궤변에 가까운 논쟁이 벌어지고 있다.

> 미연에 방지될 수 없는 사고란 있을 수 없다고 말하는 사람이 더러 있는데 나는 그 의견에 전혀 찬성한다. 모든 사고에는 반드시 원인이 있고 그 원인에는 인위적인 부분과 자연적인 부분이 있다. 자연적인 요소도 사람이 알아서 조처했어야 옳았다는 점에서 사람이 책임을 져야 하고 따라서 그 사고로 인하여 인명 피해가 있었다면 그것은 자살 행위였다고 말할 수도 있다. 인위적인 요소는 물론 사람이 책임을 져야 하고 원했건 원치 않았건 간에 사고가 일어날 수도 있었다는 것을 알았었다는 점에서 의식적으로, 실수였다면 무의식적으로(그런데 이 무의식은 상당히 중요하다), 자살

17 이 중에서 축제 장면은 국가와 국민 사이에서 발생하는 수탈과 재분배의 관계를 보여주고 있는바, 이는 당시 박정희 정권의 통치술에 대한 알레고리로 볼 수 있다. 이에 대해서는 서은주, 「개발 독재 체계의 알레고리」, 『상허학보』 11, 2003 참조.

행위를 했었다고 할 수밖에 없다.

> 모든 사고는 미연에 방지될 수 있다. 그러나 모든 사고가 항상 미연에 방지되는 것은 아니다. 미연에 방지될 수 있는 것을 미연에 방지할 수 없는 것은 사람이기 때문이다. 책임을 질 수 있다는 말과 책임을 진다는 말은 전혀 별개의 것이다. 하물며 남의 과실로 인해서 빚어진 자기의 죽음까지 단지 그 과실의 가해 반경 속에 우연히 들어 있었다는 단 하나의 이유만으로써 책임을 져야 한다면, 그것은 확실히 신비의 도움을 빌려오지 않을 수 없을 것이다. (…중략…) 결론을 말하라면, 나는 죽음이란, 산아 제한까지를 포함해서 거의 모두가 타살이라고 거듭 주장하지 않을 수 없다.[18]

죽음이라는 사고 혹은 사건이 있다. 인과론적으로 접근한다면 모든 사고에는 당연히 원인이 있으며, 따라서 사고를 방지하기 위해서는 그 원인에 대해 미리 조처하기만 하면 된다. 그런데 원인을 정확히 파악하고 그에 대해 적절한 조처를 취하는 것이 항상 가능한가? 모든 죽음은 자살이라고 주장하는 측에 의하면, 원인을 파악하고 조처하는 것은 현실적인 가능성 여부와는 무관한 일종의 당위이며, 따라서 어떤 원인에 대해서도 '나'가 "조처했어야 옳"은데 그러지 않았다면 그것은 '나'의 책임이라는 것이다. 반대로 모든 죽음은 타살이라고 주장하는 측은 현실적으로 모든 원인에 대해 조처하는 것이 항상 가능할 수는 없으며, 따라서 책임지는 것 역시 불가능하다고 말한다.

죽음이 자살인가 타살인가 라는 질문은, 어떤 사건과 관련하여 주체가 자율적인가 타율적인가 라는 질문으로 변환될 수 있다. 위의 논쟁에 의하면, 자율은 단지 '나'에게 좋은 것을 선택하는 문제가 아니라 책임지느냐 마느냐의 문제이다. 물론 책임에 대해서도 '나'는 어떤 부분

---

18 서정인, 「미로」, 『강』, 112, 115면.

은 책임질 수 있고 어떤 부분은 책임지지 않는다는 식의 타협이 불가능한 것은 아니지만, 여하간 책임과 관련해서라면 '나'의 자율을 섣불리 선언하기란 그리 쉽지 않다.

어떤 사건에 대해 자율적이냐 타율적이냐의 문제에 대해서는, 자율적인 존재로서 그 사건에 대해 책임지는 것, 타율적인 존재로서 책임지지 않는 것, 자율과 타율 사이에서 타협하는 것의 세 가지 선택지가 있을 수 있다. 지금까지 살펴본 서정인 소설의 주인공들은 대체로 자신의 자율적이지(자유롭지) 못한 상태, 곧 타율성에 대해 고민하고 있다. 물론 그들이 타율적인 존재라면 어떤 사건에 대해 책임질 필요는 없겠지만, 책임 면제로부터 얻을 수 있는 이득보다 타율성에 대한 고민에서 비롯되는 괴로움이 월등히 크기 때문에 그들에게 책임 면제는 그다지 메리트를 갖지 못한다. 그들은 책임지는 것을 면제받기(회피하기) 위해 타율적인 존재가 되는 것이 아니라 반대로 책임질 수 없는 사건에 맞닥뜨리기 때문에 타율적인 존재가 될 수밖에 없는 것이다.

> 너는 아마도 너희 학교의 천재일 테지. 중학교에 가선 수재가 되고, 고등학교에 가선 우등생이 된다. 대학에 가선 보통이다가 차츰 열등생이 되어서 세상으로 나온다. 결국 이 열등생이 되기 위해서 꾸준히 고생해온 셈이다. (…중략…) 많은 것들 중에서 어느 하나만 적중하면 된다. 그런데 문제는 적중하느냐 않느냐가 아니라 적중하건 안 하건 간에 아무런 차이가 없다는 데에 있다. 적중하건 안 하건 간에 그는 그가 처음 출발할 때에 도달하게 되리라고 생각했던 것으로부터 사뭇 멀리 떨어져 있는 곳에 와 있음을 깨닫는다.[19]

> 그녀는 자기가 빠져나오려고 애써 바둥대는 어떤 수렁 속으로 자꾸만 자

19 서정인, 「강」, 『강』, 138~139면.

기를 끌고 들어가려는 보이지 않는 손을 느꼈다. 그녀는 가느다랗게 몸을 떨었다. 운명이란 알 수 없는 것이었다. 그래서 사람들은 기적을 기다리면서 살아갔다. (…중략…) 운명이란, 결국, 부모의 재산과 자기 자신의 많은 땀과 그리고 다소의 시간이 합쳐져서 되는 것인지도 몰랐다. 그렇다면 운명이란 알 수 없는 것이긴 해도, 지극히 정확한 것임에 틀림없었다.[20]

타율성에 괴로워하던 주인공들은 끝내 스스로를 알 수 없는 운명의 희생자로 간주하기에 이른다. 「강」과 「가을비」의 늙은 대학생 김씨와 윤간호사는 자신들의 예상이나 계획과 끊임없이 어긋나는, 나아가 전혀 상반되는 삶의 진행 과정 속에서 짙은 자기 연민에 빠진다. 대개의 사람들이 그러하듯, 아마도 대학생 김씨 역시 자신의 삶과 관련하여 뭔가를 계획하거나 예상했을 것이고, 또 그 예상이 적중하도록 하기 위해 여러모로 노력했을 것이다. 그럼에도 불구하고 그 예상이 쉽게 적중하지 않거나, 심지어는 "적중하건 안 하건 간에 그는 그가 처음 출발할 때에 도달하게 되리라고 생각했던 것으로부터 사뭇 멀리 떨어져 있는 곳에 와 있음을 깨닫게 되는 것은 무엇 때문인가? "운명이란 알 수 없는 것"이라고 생각하는 윤간호사의 말대로, 그것은 "자기가 빠져나오려고 애써 바둥대는 어떤 수렁 속으로 자꾸만 자기를 끌고 들어가려는 보이지 않는 손" 때문인바, 이 "보이지 않는 손"은 '나'로부터 전적으로 외재적인 사건의 타자성에 대한 적절한 비유라고 할 수 있다.[21]

---

20 서정인, 「가을비」, 『강』, 172~173면.

21 윤간호사에 의하면, 운명은 "알 수 없는 것"인 동시에 "지극히 정확한 것"이기도 하다. 이때 주체에게 있어 운명은 이중으로 외재적이다. 곧, 운명은 '나'가 파악할 수 없는 것인 동시에 자신의 운명의 정체를 파악했다고 해서 원하는 대로 바꾸거나 할 수 없는 것이기도 하다. 전자를 운명의 우연적 속성, 후자를 운명의 필연적 속성이라고 정리할 수 있는바, 주체가 그 전개 과정에 대해 예상하거나 손쓸 수 없다는 점에서 우연과 필연은 동일한 위상을 갖는다.

3. 자기기만과 아이러니

서정인의 초기 소설에서 사건에 대한 책임을 떠맡는 주인공, 즉 자신의 자율성(자유)을 승인하는 주인공이 등장하는 경우를 찾아보기는 어려운 데 비해, 타협적인 주인공은 종종 등장한다. 그리고 자신의 타율적 위치에 대해 고민하는 주인공과 비교할 때, 자율과 타율 사이에서 타협하는, 다시 말해 선택적으로 책임을 지겠다는 주인공에게서는 책임 회피의 혐의를 강하게 발견할 수 있다. 「원무(圓舞)」에서는 제목이 암시하는 바대로 여러 명의 등장인물들이 원환적 관계를 이루며 서로 얽혀 있다. 임변호사의 딸 원희, 원희가 기차에서 우연히 만난 탈영병 일호, 일호가 은신해 있는 병원의 간호사 순이, 순이의 남동생의 담임교사 두석, 두석의 학교 동료 삼화, 삼화의 옛 약혼자 석민의 순서로 등장하는 여러 인물들은, 예컨대 원희가 일호와 교제하다 헤어지고, 일호가 순이와 교제하다 헤어지는 식으로 꼬리를 맞무는 관계를 만들어 나가며, 마지막 장면에서 삼화와 결별을 선언한 석민이 임변호사의 소개로 원희와 만나기 시작함으로써 서로 잇단 관계는 순환 구조를 완결한다.

각각의 등장인물들은 무엇 때문에 만났다 헤어지기를 반복하는가? 「원무」의 전체 구조는 그들이 마치 꼬리를 물고 순환하는 원환 관계의 부속품처럼 보이게 한다. 물론 그들은 전체 관계 속에서 자신이 어떤 위치를 차지하고 있는지 알 수 없으며, 따라서 한 단계만 건너뛰어도 그들은 서로를 알지 못한다. 결국 그들은 각자 다른 이유 때문에 만나고 헤어지는 것이지만, 중요한 것은 정작 그들 자신이 그 이유를 모른다는 사실이다.

말은 내가 하지만 듣는 것은 아버지다. 사람이란 자기가 원하는 대로 듣는 힘밖에 가지고 있지 않다. 그런데도 어처구니없게 말하는 사람의 뜻도 그러려니 하고 단정해 버린다. 원희는 흰자위에 눈물이 번지는 것을 느꼈다. (…중략…) 그녀는 결심했다. 말을 하자. 나의 마음을 전달하기 위해서가 아니라 아버지의 기대를 만족시켜 주기 위해서 자, 말을 하자. 그리고 아버지가 무어라고 말씀하시는지 들어 보자.[22]

일호와 헤어진 원희는 해명을 요구하는 아버지에게 "도대체 무엇을 말하라는 거예요?"라고 되묻고 싶어진다. 요컨대, 일호와의 관계에서 벌어진 사건에 대해 원희는, 적어도 자신이 생각하기에는, 지극히 타율적인 위치에 있었다. "기차가 흔들렸기 때문"에 일호와 만나게 되었다고 설명하는 것은, 곧 "사람의 행동은 아마 마음과는 별로 상관이 없는 모양"이라는 것을 인정하는 데 불과하다. 원희는 자기의사와는 무관한 상태에서 어쩌다가 일호를 만나고 또 헤어졌을 뿐이다. 원희는 이중적으로 타율적인바, 일호와의 관계에서 타율적이었던 것은 물론, 이를 아버지에게 설명하는 데 있어서도 "나의 마음을 전달하기 위해서가 아니라 아버지의 기대를 만족시켜 주기 위해서"라고 변명함으로써 자기의사를 말하는 '나'의 위치를 버리고 그 대신 자신의 말을 듣는 타자에게 모든 처분을 맡겨 버리는 타율적인 위치를 선택한다.

일호와의 관계를 지속할 것인가 말 것인가를 잠시 고민하던 순이에게도 사정은 마찬가지이다. 누가 어떻게 하라고 명령하지 않는 이상, 순이 자신이 알아서 선택하면 된다는 점에서 그 고민은 간단해 보인다. 그러나 역설적으로 순이는 "알아본 다음에야 선택을 할 수 있는 것이 아닌가. 그런데, 알아보고 나자 선택은 이미 되어 버린 다음이었다. 선택의 선행 조건이 바로 선택"이라는 논리에 의해 "결국 선택이란 없"

22 서정인, 「원무」, 『창작과비평』, 1969 봄, 8면.

다는 결론에 이른다.

일호와의 관계에서 순이 앞에 가능한 선택지들이 존재한다는 것은 틀림없다. 가령, 순이는 일호를 계속 만날 수도 있고 만나지 않을 수도 있다. 그러나 그 선택은 순이가 선택'한' 것이 아니라 누군가 혹은 뭔가에 의해 선택'된' 것이다. 또, 최초에 선택된 선택에 의해 이후의 선택 또한 선택될 것이므로, 순이 자신이 선택할 몫은 없어진다. 사정이 이렇다면, 「물결이 높던 날」의 현수가 사건의 원인을 찾던 끝에 "명자의 전생애"라는 결론에 이르게 된 것처럼, 순이 역시 "일호가 23년 전에 성수의원의 원장이 될 사람의 외종 사촌 동생으로 태어났던 것과, 그녀가 1년 전에 그곳을 근무지로 택했던 것" 따위에서 원인을 찾을 수밖에 없다. 또, 이와 같은 원인에 의해 발생한 사건에 대해서라면 그녀는 타율적일 수밖에 없다.

원희나 순이뿐 아니라 「원무」의 모든 인물들은 사건에 대해 타율적이다. 그러나 그들은 타율적인 자신들의 처지에 대해 별반 고민을 하지 않는다. 그들에게 타율성은 고민의 대상이 되는 대신 책임 회피를 위한 좋은 핑계거리가 될 뿐이기 때문이다. 누군가와의 관계가 좋지 않은 결말에 이르렀지만 그 관계에서 그들은 타율적이었을 뿐이므로 어떤 책임도 맡을 필요가 없다. 또한, 책임을 느끼지 않으므로 새로운 누군가와의 관계를 원하는 대로 시작할 수 있다. 물론 새로 시작한 관계라고 해서 항상 잘 되리라는 보장은 없지만, 그때마다 타율성이라는 핑계를 얼마든지 끌어올 수 있으므로 이 역시 크게 고민할 필요는 없다.

자율과 타율 사이에서의 타협이란 논리적으로는 어떤 일에 선택적으로 책임진다는 것을 의미할 수도 있겠지만, 본질적으로는 어떤 일에 대한 책임 회피를 위해 봉사하게 된다. 이런 맥락에서 타협이란 자기기만의 일종이다.[23] 출세를 위해 약혼자였던 삼화와 헤어지고 원희를

23 사르트르는 자기기만(mauvaise foi)을 설명하기 위해 애인에게 손을 잡힌 여자의 심

만나기 시작한 석민의 변명은 이러한 타협의 본질을 보다 분명히 보여준다.

> 저는 속물을 아주 싫어했습니다. 그리고 그 싫어함에는 지금도 아무 변화가 없습니다. 다만 속물에 대한 저의 해석이 조금 달라졌을 뿐입니다. 사실 어떤 현상에 대해서 항상 같은 견해를 가질 수는 없는 법입니다. 배타적이고 독선적인 것만이 속물이 되지 않는 길이라고 생각했던 적도 분명히 있었습니다. 그러나 어찌 세상을 살아가는 길이 그것뿐이겠습니까. 그런 식으로만 세상을 살려는 것이 바로 속물이라고 말할 수도 있지 않겠습니까. 주어진 기회를 최대한으로 이용하고, 그 결과의 성패에 대해서 노심초사하여, 타협적으로 겸허하게 살려는 노력이야말로 얼마나 인간적인 것입니까? 그것이 만일 속물이라면 저는 즐거이 속물이 되겠습니다.[24]

자신의 행동이, 속물을 싫어한다는 기존의 신념을 배반한 것이 아니라 단지 속물에 대한 해석이 바뀐 결과일 뿐이라고 변명하는 석민은 소위 "인간적" 의미가 상소된 새로운 해석의 가치에 대해 "파렴치한 장광설"을 늘어놓는다. 석민의 변명은 삼화와 관련된 지금까지의 일에 대해서는 그 실패가 어쩔 수 없는 일이므로 책임지지 않겠지만, 원희와의 교제를 포함한 앞으로의 일과 관련해서는 자기가 원하는 대로 "주어진 기회를 최대한으로 이용하고, 그 결과의 성패에 대해서 노심초사하여, 타협적으로 겸허하게 살려는 노력"을 "즐거이" 하겠다는 것

리를 예로 든다. 그녀는 그 손을 뿌리치거나 뿌리치지 않는 것을 선택할 수 있지만, 그 선택을 미룬다. 자기기만이란 남자와 손을 잡았다는 것 때문에 느꼈을 수도 있는 죄의식으로부터 벗어나기 위해, 나아가 그 일에 대한 책임을 면제받기 위해, 그녀가 스스로를 타율적인, 즉 선택하는 것이 불가능한 존재로 생각하고 또 그렇게 믿게 되는 상태를 뜻한다(J. P. 사르트르, 『존재와 무』 1, 159~162면).

24 서정인, 「원무」, 50면.

으로 요약할 수 있다. 이러한 변명에 의해 석민은 스스로 자유롭다고 믿을 수 있는 동시에 책임을 면제받을 수도 있다.

이에 대해 두 가지를 지적할 수 있다. 첫째, 석민의 타협은 "인간적" 가치 운운하고 있지만 결국 책임 회피를 위한 변명에 불과하다. 이러한 변명을 통해 그는 미래에 대한 헛된 약속만을 남발함으로써 정작 지금 자기가 떠맡아야 할 책임은 부인하고 있는 셈이다. 둘째, 석민의 소위 "인간적"인 삶이란 상황에 따라 자신의 가치관이 언제든지 바뀔 수 있음을 뜻하는 것인바, 이 경우 '나'의 책임이란 애초부터 성립하기 어렵다. 가령, "속물"에 대한 '나'의 가치관이 바뀌었다면 그것은 상황이 바뀐 탓이며 따라서 바뀐 상황에 책임을 물을 수는 있어도 바뀐 상황 때문에 '타율적으로' 가치관을 바꾼 '나'에게 그 책임을 묻기는 어렵기 때문이다.

석민의 타협처럼 명백한 책임 회피는 아니라 할지라도, 자신이 타율적 존재라는 것에 대한 과도한 고민으로부터 벗어나려 한다면 자율과 타율 간의 타협은, 어떤 의미에서는 필수적인 것처럼 보인다. 그러나 서정인 소설에서 자율과 타율 사이에서의 타협이 어쩔 수 없다는 이유에 의해 긍정되는 것만은 아닌바, 이와 관련된 중요한 사례로 「분열식(分列式)」을 들 수 있다. 자기기만적인 타협에서는 자기가 타율적이라는 것이 대개는 변명으로 이용될 뿐이다. 가령, 자기의 의도는 그런 것이 아니었는데 어쩔 수 없이, 혹은 어쩌다 보니 그렇게 되고 말았다는 식이다. 이와 달리 「분열식」의 '나'는 자기가 타율적이라는 것 자체를 노골적으로 이용하고 또 즐기고 있으며, 따라서 이러한 '나'에게 있어 자기의 본래 의도 같은 것은 전혀 중요하지 않게 된다.

> 그는 나를 보자 대뜸 기뻐하면서 머리를 꾸벅했다. 할 수 없이 나도 그렇게 했다. 그리고 그가 "여기가 김원선 씨 댁이지요?"라고 말했으므로 "그렇

소," 하고 대답했다. 그랬더니 그는 창황히 두 손을 마주잡고 부비면서 말했다.

"아, 이건 정말 죄송스럽게 되었습니다. 그동안 그만 피치 못할 사정이 생겨서, 헤헤, 닷새가 늦어졌습니다만, 설마 계약을 취소하신다고 하지 않겠지요. 자, 여기 약속한 중도금이……, 헤헤, 이거 원 너무 미안해서……"

"아니요. 그게 아닌데요."

내가 말했다. 그러자 그는 더욱 당황해하면서 내게 더 말할 기회를 주지 않고 내 호주머니에 돈을 쑤셔 넣었다. 그리고 종이쪽지를 내밀었다. 받아보니 영수증 용지였다. 물론 형님 이름으로 되어 있었다. 나에게 형님 도장이 있을 리 없었다. 그래서 도장이 없다고 했더니 그는 "그럼 내일 다시 올 테니 그때 전번에 우리들이 써 드린 약속어음과 함께 주십시오."라고 말하고 행여나 내가 돈을 되돌려 줄까 봐서 그런지 총총히 돌아서서 오던 길로 갔다. 돈을 나에게 전한 것이 그에게는 대단히 흡족스런 모양이었다. 그의 모습이 길 모퉁이로 사라지자 나는 돈을 꺼내 보았다. 만원 뭉치가 셋이었다. 나는 그 돈을 받아 두기로 했다. 그리고 그 돈으로 오랜만에 바람도 쏘일 겸 조금 돌아다녀 보아야겠다고 마음먹었다.[25]

무작정 외출하려던 '나'는 집 앞에서 우연히 한 남자를 만난다. 그는 '나'를 형으로 오해하고 소금밭 대금으로 삼 만원을 건네준다. 그와 "할 수 없이" 인사를 교환하거나 대답하고, 또 "말할 기회를 주지 않고" 그가 건넨 돈을 받은 '나'는 그 어느 것도 '나'의 의도에 의한 것이 아니라는 점에서 당연히 타율적인 위치에 있다. 다시 말해, '나'와 그의 관계에서 발생한 사건은 기본적으로는 그의 오해에서 비롯된 것이며, '나'는 다만 오해받는 처지에 있을 뿐이다.

물론 그의 오해를 바로잡으려고 노력할 수도 있겠지만, '나'는 적극

25 서정인, 「분열식」, 『철쭉제』, 15~16면.

적으로 해명을 시도하지도 않을 뿐 아니라 오히려 돈이 생기자 당연하다는 듯이 "오랜만에 바람도 쏘일 겸 조금 돌아다녀 보아야겠다고 마음먹"는다. 이처럼 오해에 의해 사건이 전개되는 상황은 여기서 그치지 않는다. 읍내의 고모 집을 방문한 '나'는 순천에서 있을 결혼식에 가는 길이냐는 사촌의 말에 또 당연하다는 듯이 결혼식 참석을 위해 순천으로 향하고, 그곳에서 빵집 소녀가 서울이나 광주에서 오는 길이냐고 묻자 또 다시 광주행 기차에 오른다. '나'는 광주행 기차 안에서도 앞좌석에 앉은 사람들의 이런저런 오해에 모두 고개를 끄덕여 준다.

상식적으로 납득하기 쉽지 않은 '나'의 기이한 태도를 이해하기 위한 실마리는 "사람이란 자신의 존재양식을 결정함에 있어서 얼마나 많은 남들의 간섭을 받는 것인가. 그리고 그 간섭을 받아야 한다는 것은 얼마나 부당하고 이상한 일인가! 그러나 그것은 부당한 일도, 이상한 일도 아니었다"라는 말 속에 찾을 수 있다. 타자로부터 이런저런 간섭을 받는 '나'는 타율적 존재라고 하지 않을 수 없으며, 또한 자유로워야 할 존재로 상정되는 '나'가 현실에서는 그와 반대로 타율적이라는 사실은 "부당하고 이상한 일"이 아닐 수 없다. 문제는 이러한 타율성이 부당하고 이상하다는 것에 대해서는 사람들이 대체로 동의하지만, 그렇다고 해서 그들이 실제로 타율성을 해소하려는 방향으로 나아가지는 않는다는 점에 있다. 그 결과 실제의 삶은 항상 타율적인 상태를 벗어나지 못하는바, 이때 타율성은 해결해야 될 문제로서가 아니라 다만 부당하고 이상한 삶에 대한 변명으로의 의미만을 가질 뿐이다.

이에 대해 '나'는 "그러나 그것(타율성—인용자)은 부당한 일도, 이상한 일도 아니"라고 선언한다. 물론 이러한 선언은 일종의 아이러니적 효과를 발생시킨다. 「분열식」에서 보이는 '나'의 우스꽝스러운 행적은, 상식적인 수준에서 누가 봐도 전적으로 타율적이며 따라서 전적으로 부당하고 이상하다. 그런데 상식에 따르는 사람들과 「분열식」의 '나'

사이의 차이점은 무엇인가? 「분열식」의 아이러니가 겨누고 있는 것은 대개의 사람들의 삶 역시 변명이 마련되어 있다는 점만 다를 뿐, 실제로는 '나'의 삶과 마찬가지로 타율적이라는 사실에 대한 폭로이다. 다시 말해, 상식적인 삶 곧 자율과 타율 사이에서 적절히 타협하는 사람들의 삶 역시, 자기 의도는 그렇지 않았는데 남들의 오해 때문에 일이 예상과는 다르게 진행되었다거나 그러므로 자기에게는 책임이 없다는 식의 변명이 준비되어 있다는 것만 다를 뿐, 대체로 타율적인 상황을 벗어나지 못한다는 것이다. 이런 맥락에서 「분열식」에서의 '나'의 타율 일변도의 삶, 곧 자기의사라는 것을 전혀 인정하지 않음으로써 일말의 변명조차 필요 없는 삶은, 타율적으로 살아가면서 다만 변명으로 일관하고 있는 사람들의 삶을 반어적으로 비판하고 있다.

4. 타자성에 대한 지속적 탐구

서정인의 초기 소설은 타자성 중에서 특히 사건의 타자성에 주목하고 있으며, 그 결과 사건과 관련하여 자신의 타율적인 위치를 고민하는 주인공들이 등장하고 있다. 그들이 타율성에 대한 고민을 쉽게 해결하지 못하는 이유 또한 책임의 문제 때문임은 명백하다. 본고에서는 주로 1960년대에 발표된 소설을 집중적으로 분석했지만, '달궁' 연작 이전의 서정인 소설은 대체로 이러한 타율성에 대한 문제의식을 중심으로 계열화할 수 있다. 서정인의 초기 소설은 자유 대신 타율성을 문제 삼고 있지만, 이는 진정한 자유란 무엇인가에 대한 좀 더 진지한 문제의식이 반영된 것이다.

한편, 타자성(타율성)에 대한 문제의식은 '달궁' 연작 이후에도 꾸준히 견지되고 있는바, 이때의 타자성은 '나'와 타자 사이의 대화에 잠재한 타자성으로 수렴된다. 삶 곳곳에 타자성이 잠재해 있듯이, 대화에서도 역시 마찬가지이다. "보이지 않는 사람, 그 자리에 없는 사람, 아직 태어나지 않은 사람을 상대로 하는 이야기"라는 작가의 언급이 암시하는 것처럼, '달궁' 연작은 대화에 참여하는 타자의 범위를 가능한 한 확장하여 그 안에 잠복해 있는 타자성을 총체적으로 탐구하려는 시도의 산물이라고 할 수 있다.[26]

26 대화의 타자성에 대해서는 김윤식, 「자기증식형 연작소설의 휘황함」, 『모구실』, 현대문학, 2004 참조.

죄의식과 위악
김승옥의 중단편소설

1. '자기 세계'의 내적 구조

김승옥 소설 연구에서 빠짐없이 검토되는 주제 중 하나는 작가 자신이 등단작 「생명연습」에서 강조한 '자기 세계'라는 개념이다. 일찍이 김현은 '자기 세계'를 "의식 내부의 섬세한 조작을 통해 만들어진 현실의 부정"이라고 규정하면서 김승옥을 비롯한 '65년대 작가'들에 의해 "55년대 작가들의 무의지적이며 수동적인 주인공들의 의식이 점차 깨어나기 시작하고, 자기 환경과 상황의 의미를 캐어내려는 시도를 시작하게 된다. 이 말은 65년대 작가들의 주인공들이 승리한 인간이라는 것을 의미하지는 않는다. 마찬가지의 조건, 마찬가지의 상황 속에 위치해 있으면서도, 65년대 작가들의 주인공들은 그 상황을 뚜렷이 인식함으로써 그 상황을 극복해 내는 것"이라고 평가했는데,[1] 이 평가는 긍정적이면서 동시에 부정적인 것으로 전화할 수 있는 혐의를 갖고 있

1 김현, 「구원의 문학과 개인주의」, 『현대한국문학의 이론/사회와 윤리』, 문학과지성사, 1991, 384면.

다. '자기 세계'가 속악한 현실에 대한 부정의 의지를 표방하고는 있지만, 그 자체로는 개인적이고 추상적인 의식 안에서만 가능할 뿐이라고 평가될 수도 있기 때문이다.

'자기 세계'가 "타인과의 철저한 배타 감정", 곧 모두 속물들뿐이라고 간주되는 타인과 유리된 어떤 세계로 간주된다면 그것의 한계는 분명하다.[2] 그 한계에 대해서는 현실이 매개되지 않은 관념만으로 구축된 '자기 세계'가 구체적 현실에 부딪쳤을 때 여지없이 무너질 수밖에 없다고 전통적인 방식으로 비판될 수도 있으며,[3] '자기 세계'라는 동일적 상태가 존재할 수 없음에도 불구하고 그것을 구축하고 수립하려는 것은 환상일 뿐이라고 해체주의적으로 비판될 수도 있다.[4] 그리고 이러한 한계에 대한 지적은 김승옥 소설을 옹호하는 측에서건 혹은 비판하는 측에서건 공통적으로 4·19세대의 한계와 연결시켜 논의하는 것으로 이어진다.

그런데 논의의 중심에 놓인 '자기 세계'라는 개념이 각각의 연구자들에 따라 다른 의미내용을 갖는다는 사실에 주목할 필요가 있다. 이렇게 된 데에는 '자기 세계'가 연구자에 의해 추출된 개념이 아니라 작가가 소설에서 서술한 것을 그대로 차용하여 그것에 연구자 나름의 의미를 부여한 개념이라는 사실이 큰 영향을 미쳤다고 할 수 있다.

예컨대 류보선은 '자기 세계'에 대해 "기성의 관념체계, 허구화된 제도, 내용 없는 윤리감각 등에 묻혀 사는 삶을 거부하고 자기 고유의 삶의 논리를 찾아 헤매는 것"이라고 설명하고 있는데,[5] 그 예로 든 「생명연습」의 한교수, 오선생, 누나 등을 모두 "삶의 물신화·유형화를 강제하는 상황의 압력과 그에 강한 집착을 보이는 자신을 넘어선" 인물로

---

2 정과리, 「유혹 그리고 공포」, 『문학, 존재의 변증법』, 문학과지성사, 1985, 175면.
3 류보선, 「개인과 사회의 대립적 인식과 그 의미」, 『문학사상』, 1990.5, 162면.
4 차미령, 「김승옥 소설의 탈식민주의적 연구」, 서울대 석사논문, 2002, 19면.
5 류보선, 앞의 글, 159면.

동등하게 평가하는 것이 가능한지에 대해서는 의문의 여지가 있다. 또한 '자기 세계'를 "문란한 남자관계를 갖는 어머니와 이를 증오하는 형과의 적의로부터 벗어나, 나와 누나만이 함께 공유하는 한 오라기의 죄도 섞여 있지 않은 왕국"으로 보는 견해와 타인을 파멸에 이르게 하면서까지 타인을 용납하지 않으려는 개인의 폐쇄성과 그 이면에 자해의 욕망이 공존하는 세계로 보는 견해 사이에도 쉽게 좁혀지기 어려운 거리가 존재한다.[6] '자기 세계'의 의미로 전자가 순진함과 화해를, 후자가 폭력과 자해를 내세우고 있는 셈인데, 이 둘 사이의 관계를 어떻게 이해할 수 있는지는 여전히 불분명하다. 만약 타자와 자기(자아)에 대한 공격성을 표출하는 것이 적의와 죄가 없는 왕국을 회복하려는 욕망을 반영하는 것이라는 식으로 전자와 후자를 논리적으로 연결하려 한다면, 그 둘 사이의 관계를 해명하는 작업이 재차 요청될 것이다.

차미령은 '자기 세계'가 "함락시킬 수 없는 성곽" "거미줄이 자라나는 지하실" "밤과 낮이 있는 성곽" 등의 기표로 끊임없이 이동하기 때문에 통일된 의미를 형성하는 것이 불가능함에도 불구하고, 기표의 환유를 통해 의미 있음의 환상이 발생함을 지적하고 있다.[7] 이러한 지적의 타당성을 인정한다면, '자기 세계'가 어떤 의미를 지니고 있는가가 아니라 그것이 어떤 내적 구조에 의해 산출되는가 라는 질문을 던질 때 '자기 세계'의 정체에 한 걸음 더 다가갈 수 있을 것이다. 본고는 김승옥 소설을 이해하는 중요한 키워드인 '자기 세계'의 내적 구조를 파악하는 데서 출발하여 소설에 드러나는 죄의식과 그에 따르는 책임의 관계를 살펴보고 마지막으로 자유로운 주체의 가능성에 대해 검토하고자 한다.

---

6 김민정, 「김승옥론」, 『외국문학』, 1996 여름, 217면; 정과리, 앞의 글, 177면.

7 차미령, 앞의 글, 24면.

2. 상상적 왕국의 붕괴와 죄의식

「생명연습」과 「건」에는 어린 시절과 결별하는 소년 주인공이 공통적으로 등장한다. 여기서 어린 시절의 의미는 비교적 명백해 보인다.

> 우리의 왕국에서 우리는 그렇게도 항상 땀이 흐르고 기진맥진하였다. 그러나 한 오라기의 죄도 거기에는 섞여 있지 않은 것이었다. 오히려 거기에서 우리는 평안했고 거기에서 우리는 생명을 생각하고 있었다. (…중략…) 아니, 이러한 것들이 있었다기보다는 우리들이 그것을 의식하려고 애쓰고 있었다고 하는 게 옳겠다. 그러한 왕국에서는 누구나 정당하게 살고 누구나 정당하게 죽어간다. 피하려고 애쓸 패륜도 아예 없고 그것의 온상을 만들어주는 고독도 없는 것이며 전쟁은 더구나 있을 필요가 없다. 누나와 나는 얼마나 안타깝게 어느 화사한 왕국의 신기루를 찾아 헤매었던 것일까?(1권, 47~48면)[8]

「생명연습」에서의 어린 시절이란, 원래 존재했었는지는 확신할 수 없지만("이러한 것들이 있었다기보다는 우리들이 그것을 의식하려고 애쓰고 있었다"), 세계와의 분열을 경험하지 않은 상상적 자아가 존재하는 공간이다. 그 상상의 왕국에서는 한 오라기의 죄도 없이 자연필연적으로 누구나 정당하게 생명을 누리며, 따라서 패륜이나 고독, 더구나 전쟁 따위는 발붙일 수 없다. 이런 점에서 「생명연습」의 가장 중요한 갈등이 어머니의 "거의 문란하다고나 해야 할 남자관계"와 그에 대해 친모 살해 계획까지 세우는 형의 반발이라는 점은 복합적인 의미를 띤다. 어머니와 형의 관계에는 정당하지 못한 '오해'가 개재되어 있으며, 가족

8 이하 인용 면수는 김승옥, 『김승옥 소설전집』, 문학동네, 2004에 따름.

을 공포에 떨게 하는 '배반'(어머니)과 어머니를 살해하려는 '패륜'(형)이 뒤엉켜 있다. 상상적 왕국과는 반대로, 어머니와 형의 세계에는 이미 죄 지은 자들이 살고 있으므로 그 세계는 패륜과 고독으로 가득 차 있다. 따라서 「생명연습」은 어머니와 형 사이의 갈등을 한 축으로 삼는 한편, 상상적 왕국(누나와 '나')과 죄 지은 세계(어머니와 형) 간의 갈등을 또 다른 축으로 삼아 전개된다고 할 수 있다.

다락방에 홀로 기거하는 형이 어머니의 배반에 대한 "본능적인 의협심"을 자극하여 동생들을 설득할 때, 표면적으로 형은 죄에 대한 정당한 처벌을 요구하고 있지만 누나와 '나'는 "형의 의도는 그 너머에 있는 것"이었다고 생각한다. 누나와 '나'는 갈등의 두 축 사이에 이중으로 구속되어 있다. 다시 말해, 어머니의 배반에 대해 정당한 처벌을 요구하는 것과 누나와 '나'의 왕국을 지키는 것 사이에 필연적으로 모순이 발생한다는 것이다. "누구나 정당하게 살고 누구나 정당하게 죽"는 왕국의 법칙을 지키기 위해 정당하지 못한 것(예컨대, 아버지와 가족에 대한 어머니의 배반)을 처벌하려고 하는 순간, 역설적으로 "누구나 정당하게 살고 누구나 정당하게 죽"는다는 법칙은 거짓이 되며, 그 결과 왕국은 소멸하게 될 것이기 때문이다.

형이 어머니에 대한 처벌을 단호하게 요구할 수 있는 이유는 그가 상상적 왕국이 아닌 다른 세계를 지향하고 있기 때문이다. 여기서 「생명연습」의 가족에서 형의 위치를 "사라져버린 혹은 사라져가는 부성(父性)의 상징"으로 해석하는 논의를 참고할 수 있다.[9] 형이 아버지의 자리를 차지한다면 그래서 오이디푸스 이후의 가족을 구축한다면, 그것은 더 이상 상상적 왕국이 아니라 온갖 법과 질서, 금기가 존재하는 현실적 세계가 될 것이다.

형의 의도와는 반대로 누나와 '나'는 형과 공모하는 대신 형을 낭떠

---

9 김형중, 「김승옥 중단편 소설 연구」, 『한국문학이론과 비평』 6, 1999, 37면.

러지에서 떠민다. 이를 현실의 도래를 거부하고 상상의 왕국을 지키려는 행동으로 볼 수 있을까? 이러한 해석이 불가능하지는 않지만, 사라진 아버지의 도입은 형뿐 아니라 누나에 의해서도 시도되고 있음을 간과해서는 안 된다. 어머니를 살해하자는 형의 설득을 들은 후, 누나는 다른 남자를 끌어들이는 어머니의 행동이 실은 죽은 아버지를 찾아 헤매는 일이었다는 "거의 완전한 허구"의 작문을 감행한다. 그런데 부재하는 아버지를 찾아 헤맨다는 식으로 누나가 어머니의 행동을 정당화하려고 변명하는 순간, "누구나 정당하게 살고 누구나 정당하게 죽"는다는 왕국의 법칙은 무효가 된다. 상상의 왕국에서라면 변명 자체가 필요 없을 것이기 때문이다.

형과 누나의 차이는, 단지 형이 어머니의 행동을 아버지에 대한 배반으로 간주하여 처벌하려고 했고 누나는 어머니의 행동을 아버지에 대한 집착으로 간주하여 정당화하려고 했다는 데 있을 뿐, 누나 역시 어쩔 수 없이 상상의 왕국을 떠나 현실적인 가족, 즉 아버지를 중심으로 구축되는 가족을 선택할 수밖에 없다. 따라서 누나의 작문은 상상의 왕국을 지키려는 "최후의 노력"이지만 동시에 현실을 인정하는 "최초의 노력"이기도 하다. 이제 누나와 '나'가 친모 살해를 피하기 위해 형제 살해라는 패륜을 저지를 수밖에 없는 것은 당연한 귀결이다. 그렇게 해서 상상의 왕국은 붕괴되고 누나와 '나'는 성장한다.

어머니의 남자관계를 필사적으로 정당화하려는 누나의 작문을 읽은 형은 "그것은 일종의 극기일 뿐이다"라고 반복해서 말한다. '극기(克己)'를 통해 '자기 세계'로 진입한다는 점에 주목할 필요가 있다. 극기, 즉 자기 부정을 통해 '자기 세계'로 진입한다는 것은 논리적으로 모순처럼 보이지만, 전자에서 부정의 대상으로서의 '자기'는 상징적 동일시의 출발점이 되는 '자아'로, 후자에서 형성되어야 할 것으로서의 '자기'는 상징적 동일시의 결과 산출되는 '분열된 주체'로 분절할 수 있다.[10]

요컨대, 분열을 경험하지 않은 상상적 왕국 안의 자기, 곧 자연필연적 정당성에 속해 있던 자기가 현실의 정당성을 변호하고 인정하는 순간 '자기 세계', 곧 분열된 주체의 단계로 진입하게 되는 것이다.

이렇게 보면 '자기 세계'로의 진입 그 자체는 일반적인 의미에서의 성장(사회화)과 크게 다르지 않다. 다음을 지적할 수 있다. 첫째, 기존의 연구에서 자기 고유의 삶의 논리 혹은 속악한 현실에 대한 부정 등, 긍정적으로 규정되었던 '자기 세계'로의 진입은 그 자체로는 가치 판단의 대상이 아니라고 할 수 있다. '자기 세계'의 소유자의 사례로 자주 거론되는 「생명연습」의 오선생의 경우를 볼 때, 대학생이 된 '나'는 오선생이 "형 같은 경우는 아예 비길 수 없이 으리으리하게 확립된 질서"의 '자기 세계'를 구축했다고 인정하지만, 동시에 그 세계는 "긍정이라든지 부정이라든지 하는 따위의 의미를 일체 떠난 순송의 성곽"일 뿐이라고 말하기도 한다. 이런 맥락에서 '자기 세계'는 긍정적인 가치 평가와는 무관하다.

둘째, 그러나 '자기 세계'로의 진입을 성장과 전적으로 동일시하는 것은 성급한 일반화이다. 「생명연습」에 등장하는 또 다른 인물인 한교수의 사례를 살펴볼 때, "국화, 단, 남성"이라고 불릴 만큼 순수했고 정순을 지극히 사랑했던 한교수는 유학을 앞두고 기다리라고 할 수도, 그렇다고 결혼할 수도 없는 곤경에 빠진 상태에서 자기의 순수성을 부정하고 정순의 육체를 범하는 죄를 저지름으로써 '자기 세계'로 진입할 수 있었다.[11]

이러한 구조는 누나와 '나'가 형을 살해하려는 죄를 저지르는 사건

10 S. 지젝, 이수련 옮김, 『이데올로기라는 숭고한 대상』, 인간사랑, 2002, 178면.

11 「생명연습」에서 이 과정은 "하나의 세계가 형성되는 과정이 한마디로 얼마나 기막히다는 것을 나는 잘 알고 있다. 그 과정 속에는 번득이는 철편이 있고 눈뜰 수 없는 현기증이 있고 끈덕진 살의가 있고 그리고 마음을 쥐어짜는 회오와 사랑도 있는 것이다"라고 서술된다(1권, 35면).

전개의 반복이다. 여기에서 김승옥 식 '자기 세계'의 내적 구조가 비교적 분명히 드러나는바, 「생명연습」의 인물들은 어쩔 수 없는 상황에 직면하여 스스로 죄를 저지름으로써 자발적으로 죄인이 되는 방식을 통해 '자기 세계'로 진입하고 있다. 요컨대, 「생명연습」의 인물들은 속악한 외부의 현실에 의해 순수한 자기를 훼손당하는 것이 아니라 자기가 스스로의 순수성을 훼손하는 방식으로 성장한다. 이 때문에 그들은 죄의식을 갖게 된다.

이러한 죄의식의 정체는 「건」을 통해서도 확인된다. 「건」의 서두에 등장하는, "지하실에 틀어박혀 가슴 뛰는 놀이들을 하"던 방위대 본부 건물 역시 '나'의 왕국이라는 점에서 「생명연습」의 상상적 왕국과 동일한 의미를 갖는다. 그곳은 '나'가 회벽에 그림을 그리면 "나머지 아이들은 부러움과 감탄의 눈초리로 내가 그리는 그림을 바라보고 그 그림 속에서 많은 얘기를 끄집어내어서 지껄이며 떠들고 그 그림을 자기들이 그린 것처럼 아껴주고 다른 마을의 애들을 끌고 와서 자랑도 해주"던, 분열 이전의 상상적 세계이다. 그 상상의 세계에서 '나'는 미영과 윤희 누나를 좋아했다.

그러나 전쟁 중에 빨치산의 습격으로 방위대 본부가 불탄 데 절망감을 느낀 '나'는 아침을 먹으면서 무전여행을 떠나지 못하게 된 형의 불평을 듣고, 학교 가던 길에 윤희 누나를 만나고, 빨치산 시체를 구경하고, 집에 돌아와 점심을 먹고, 빨치산 시체를 묻는 것을 구경하고, 마침내 형이 낀 패거리가 윤희 누나를 강간하려는 음모에 동참하려 한다. 이 모든 사건이 한나절 사이에 벌어진다.

> 바야흐로 나는 무서운 음모에 가담하고 있었다. 간단한 말을 전해주는 그런 책임이 희박한 행위로써 가담하는 것이 아니었다. 자, 미영아, 너의 집을 제공하라고 한다. 매가라는 글이 적힌 너털너털한 종잇조각이 붙은

너의 집 대문 앞을 지나칠 때마다 그러나 나는 그 집이 빈집이라는 생각을 해본 적이 한 번도 없다. 적어도 그런 생각을 해본 적이 없었다고 고집하고 싶다. (…중략…) 너의 빈집이 내게는 용궁처럼 신비스러운 곳이었다. 나는 온갖 화려한 공상을 그곳에서 끄집어낼 수 있었다. 그런데 자, 미영아, 나는 이제 몇 분 안으로 이러한 모든 것 위에 먹칠을 해버리려고 하는 것이다(1권, 77면).

아직 분리를 경험하지 않은 어린 시절의 왕국이 있고 그 반대편에는 전쟁과 죽음, 폭력이 횡행하는 현실이 있다. 그 왕국이 붕괴되고 현실로 진입하는 일련의 과정이 '나'에게는 "자라난다"는 것을 의미한다. 「건」의 사건 전개의 구도는 「생명연습」의 경우와 동일하다. 곧, 「건」과 「생명연습」은 어린 시절의 상상적 왕국으로부터 현실로 진입하는 경계에서 죄를 짓는 사건을 공유한다. 그런데 「생명연습」의 경우 누나와 '나'가 형을 살해하는 죄를 저지르는 것이 다소 모호하게 서술된 반면, 「건」의 경우는 '나'가 윤희 누나를 미영의 빈집으로 유인하여 강간하려는 음모에 동참하는 죄를 저지르는 것이 "책임이 희박한 행위로써 가담하는 것이 아니었다"고 강조할 만큼 명백하게 서술되어 있다. 「생명연습」의 누나와 '나'에게는 어쩔 수 없이 죄를 지었다는 변명의 여지가 비교적 많은 반면, 「건」의 '나'가 짓는 죄는 변명의 여지가 별로 없는, 자발적인 선택에 의한 것으로 보인다.

「생명연습」의 누나와 '나'의 상상적 왕국이 붕괴된 것이 그들의 의도에 의한 것이 아니라 어머니와 형의 갈등이라는 외부의 조건(그것은 또한 아버지의 죽음에서 기인하고, 아버지의 죽음은 또 다른 원인들에서 기인한다)에 의한 것이라고 할 때, 마찬가지로 「건」에서 '나'의 왕국이 붕괴된 것 역시 '나'의 의도에 의한 것이 아님은 명백하다. 왕국의 붕괴는 직접적으로는 전쟁 때문이며, 그것은 '나'로서는 어쩔 수 없는 원인이다. 그러나 그 어쩔 수 없다는 사실 때문에 미영과 윤희 누나를 포함한 왕국의 상실은 '나'에게 자신의 무력함을 절감하게 하고 '나'는 그 무력함에 대한 방어 기제로서 상실된 대상에 대한 비난을 자기 자신에게로 돌린다. 그리고 자기 비난의 근저에 있는, 프로이트가 처벌 욕구라고 명명한 무의식적 죄의식은 실제로 죄를 지음으로써 역설적으로 죄의식을 경감시키고 만족을 구한다.[12] 그리하여 '나'는 찬란하고 화려한 "용궁처럼 신비스러운 곳"에 스스로 "먹칠을 해버리려고" 한다.

> 언젠가 기막히게 심이 굵은 4B 도화 연필을 내게 준 적이 있는데 학교에서 그걸 그만 도둑맞았기 때문에 그 누나를 대할 때마다 나는 뭔가 죄를 지은 기분으로 어깨가 움츠러드는 것이었다. 그러나 그날 아침, 내가 그 누나 앞에서 쭈뼛쭈뼛했던 것은 그런 죄의식 때문이 아니라 쓸쓸하도록 갑자기 찾아온 가을 속에서 윤희 누나가 그 한복 차림 때문에 물이 증발하듯이 어디론가 스르르 날아가 버릴 것만 같은 느낌이 자꾸 들어서였다(1권, 60면).

방위대 본부가 불탄 것을 알고 절망한 '나'는 등교 길에 우연히 윤희 누나와 마주치자 정체를 알 수 없는 상실감을 느낀다. 그 상실감의 원인을 제대로 설명할 수 없는 '나'는 형들의 음모에 가담해 윤희 누나를 배반함으로써 상실감을 자기 탓으로 돌리려고 한다. 그 결과 '나'는 알 수 없는 이유에 의해 윤희 누나를 잃은 것이 아니라 자신의 행동 때문에 그녀를 잃은 것이라고 생각할 수 있게 된다. 이제 '나'는 정체불명의 상실감이 자기 탓이라고 이해할 수 있다. 그런데 이때 '나'의 행위는 진

---

12 이에 대해 프로이트는 다음과 같이 설명한다. "범죄 이전에 강한 죄의식이 존재하는 것을 볼 수 있는 것이다. 따라서 죄의식은 범죄의 결과가 아니라 동기이다. 마치 주체는 그 무의식적인 죄의식을 실재적이고 현실적인 어떤 것과 결부시키면 그 죄의식이 경감될 수 있다고 느끼는 것 같다"(S. 프로이트, 「자아와 이드」, 박찬부 옮김, 『정신분석의 근본 개념』, 열린책들, 2003, 398면).

정 자발적인 선택에 의한 것인가?

> 윤희 누나 앞에 서자, 나는 온 세상이 빙글빙글 도는 듯이 어지러워서 몸을 잘 가눌 수가 없었다. 억울한 일로 선생님한테서 꾸중을 들을 때 나는 그런 기분을 느껴본 적이 있었다(1권, 79면).

'나'는 윤희 누나 앞에서 억울함을 느낀다. 스스로 다짐한 대로 윤희 누나를 유인하는 일이 '나'의 자발적 행위라면, 이 억울함이라는 감정은 설명하기 어렵다. '나'의 억울함은 상상적 왕국을 상실한 것이 자기 탓이 아님에도 불구하고 그 때문에 스스로 자기를 비난해야 하고 또 그러기 위해 윤희 누나를 유인하는 죄를 저지르기까지 하는, 자학적이면서 동시에 가학적인 심리 구조에서 기인한 것이다.[13] 따라서 이뗜 의미에서 '나'의 죄는 어쩔 수 없는 상태에서 강요된 결과로 볼 수 있으며, '나'의 억울함 역시 여기서 기인한다.

극기를 통한 '자기 세계'로의 진입이란, 모든 것이 자연필연적으로 정당하기 때문에 죄가 없는 세계에 속해 있던 자기를 부정하기 위해 스스로 죄를 짓고 현실의 법칙을 따르게 되는 과정을 거친다. 이때 발생하는 죄의식은 이중적이다. 첫 번째 죄의식은 순수한 자기를 상실한 데 대한 것이고, 두 번째 죄의식은 타자에게 죄를 지은 데 대한 것이다. 「건」의 '나'에서처럼 첫 번째 죄의식이 두 번째 죄의 동기가 될 수 있다. 이런 전환이 가능한 이유는 '나'가 어쩔 수 없는 상황에서 최초의 죄의식을 떠맡았다는 억울함 때문이다. 그래서 자기에 대한 비난은 자기가 사랑했지만 상실할 수밖에 없던 대상에 대한 비난이기도 하다.[14] 죄의

13 김영찬 역시 '자기 세계'가 가학적 · 자학적 방어를 통해 형성된다는 점을 지적하고 있다(김영찬, 「불안한 주체와 근대」, 『1960년대 소설의 근대성과 주체』, 깊은샘, 2004).

14 S. 프로이트, 「슬픔과 우울증」, 『정신분석의 근본 개념』, 251면.

식을 짊어진 채 자기를 비난하는 동시에 자신에게 주어진 죄의식에 대한 억울함 때문에 사랑하는 대상을 비난함으로써 타자에게 죄를 짓는 '나'의 상태는 김승옥 소설의 주인공들이 취하는 위악의 태도와 연결시킬 수 있다.

3. 위악과 책임 회피

「환상수첩」의 서울내기 친구 영빈의 경우처럼 주체의 냉소적 태도와 결합된 위악이 있을 수 있다. 그러나 '나'의 위악은 영빈의 것과 다르다. "남들의 무관심에 큰 충격을 받고 나도 저래야 되겠다고 허둥지둥 무관심의 탈을 써봤으나 아무래도 견디어낼 수 없어서 바야흐로 기권을 하"는, "그저 남의 흉내나 내"는 "덜렁뱅이 가짜"인 '나'는 「생명연습」이나 「건」의 소년 주인공과 비슷한 성장 과정을 거쳤다. "부드러운 아카시아 잎이나 먹고 새빨간 눈알로 푸른 하늘이나 바라보고 때때로 사랑이나 하고 살면 그만인" "토끼의 세계"라는 상상의 왕국에서 이탈해 "주먹을 쥐고 싸움을 해야 하"는 현실로 진입해 들어온 '나'는 앞에서 살펴본 바와 같이 이중의 죄의식을 갖고 있으며, 위악 역시 그 죄의식으로부터 기인한다.

'나'의 위악은 자기를 비난(처벌)하면서 동시에 타자를 비난(처벌)한다. 그런데 '나'의 죄의식은 의도한 죄의 결과가 아니라 어쩔 수 없는 대상 상실로부터 떠맡겨진 것이며,[15] 또 그러한 실체 없는 무의식적 죄

15 「환상수첩」에는 "내 지난날의 그 평안, 토끼의 세계를 떨구어가듯이—그 세계가 잦아져버리는 게 아니라 내가 거기에서 막연한 필요성 때문에 도망하는 듯한 안타까움이

의식이 이후에 저지를 죄의 동기로 작용하기 때문에 '나'는 스스로를 가해자가 아니라 억울한 피해자로 여기게 된다. 이때 '나'에게는 죄의식만 있을 뿐 자신이 지은 죄에 대한 책임감은 없으며, 또한 이런 죄의식과 결합한 위악 역시 책임을 회피하려고 경향을 강하게 드러낸다.

「환상수첩」에서 선애가 자살에 이르는 과정 내내 '나'는 번번이 그녀에게 가학적으로 행동하면서 엉뚱하게도 자신의 행동을 '운명'이라는 이름으로 변명하거나 "선애도 나도 함께 단단히 속아버린 듯"하다고 생각하면서 자기의 책임을 회피하고 심지어 자기와 선애를 동급의 피해자로 간주한다. 여기서도 '나'는 가학적이면서 동시에 자학적인 존재로 드러난다.

> 나는 다시 입김을 내뿜어서 뿌옇게 만들었다. 그리고 손가락으로 거기에 '선애'라고 써보았다. '미안하다'라고도 써보았다. 미안하다니? 얼마나 무책임한 언어인가? 그렇다고 무엇이 책임 있는 말이고 무엇이 책임 없는 얘기인지도 구별할 수 없었다. 원수를 사랑하라. 그러면? 그렇다. 마땅히 사랑해야 할 사람을 사랑하는 데 능한하게 되었던 것이다. 그렇지만 내 편과 원수를 구별할 수가 없었던 게 아닌가(2권, 25~26면).

선애의 자살 소식을 접하고 귀향을 결심한 '나'는 차창에 "선애 미안하다"라고 쓰면서 책임에 대해 생각한다. "서울에서 내 행동의 일체가 악이었다면 그러면 고향에서는 그와 정반대로의 행동을 하고 살면 선이 될 것인가?"라고 자문하는 '나'에게 요청되는 것이 책임이라는 점은 자명하지만, 「환상수첩」에서 그것은 끝내 실현되지 않는다. 고향에서 재회한 친구 윤수는 "이건 내 탓이 아니야"라고 말하는 대신 묵묵하게 받아들이며 폐병쟁이 수영의 위악에 맞서 죽음을 무릅쓰지만, '나'는

있었다"라는 형태로 대상 상실에 대한 '나'의 무의식적 죄의식이 암시된다(2권, 42면).

윤수가 책임지는 방식을 이해하지 못한 채 그 죽음을 "어설픈 미덕"이며 "무의미한 것"이라고 생각하고 자살을 택한다.

책임을 회피하기 위해 죄의식-처벌 욕구로 자기를 방어하던 '나'는 가장 극단적인 자기 처벌의 방식인 자살을 선택함으로써 끝까지 책임을 회피하려 한다. 그리고 "지상에 죄가 있을 리 없다. 있는 것은 벌뿐이다. 벌은 무섭지 않다"라고 스스로를 속였던 '나'는 무수한 죄를 짓고도 위악적 태도로 책임(처벌)을 피해 다녔다는 것을 마지막에서야 가까스로 인정하고 있다.

> 그는 마지막에 가서 엉뚱하게도 죄와 벌에 관한 얘기를 잠깐 꺼내고 있지만 죄란 게 있다고 한들 또 어떠한가? 불가피하게 죄를 짓게 되면 짓는 것이다. 그러나 죄의 기준이란 게 없어진 지금, 죄의 기준을 비단 죄뿐만 아니라 모든 것의 기준을 일부러 높여서 생각할 필요는 없다고 나는 생각한다. 그는 분명히 환상적인 기준을 만들어두고 거기에 자기를 맞추려고 애썼던 모양인데 참 바보 같은 놈이었다. (…중략…) 산다는 것, 우선 살아내야 한다는 것. 과연 그것이 미덕이라고까지는 얘기하지 않겠다. 그러나 그것은 이제야 출발하는 것이다. (…중략…) 나의 건강이 회복되면 그때는 나도 죄의 기준이란 것을 좀 올려볼 생각이지만 뭐 꼭 그럴 필요도 없으리라고 믿는다(2권, 96면).

'나'의 자살 이후 수기를 읽은 수영은 '나'가 죄에 관한 "환상적인 기준"을 만들었다고 조소한다. 그러나 둘은 서로 닮았다. '나'가 모든 것이 죄의식의 대상이기 때문에 책임을 회피한다면, 수영은 죄란 없기 때문에 죄 지었음을 부인할 필요조차 없이 책임을 회피한다. 어느 쪽이나 책임지지 않은 것은 동일하다.

김승옥 소설에서는 상상의 왕국에서 벗어나는 순간 누구나 죄를 지을 수밖에 없으며, 이때 중요한 것은 그 죄에 대해 책임을 지느냐 마느냐의 문제이다. 「건」과 「생명연습」에서 볼 수 있듯이, 자기가 감당하기 어려운 죄의식을 어쩔 수 없이 떠맡아야 할 경우 '나'는 자기를 처벌하면서 동시에 타자를 처벌하는 위악적 태도로 책임을 회피하려 한다. 한편, 좀 더 일상적인 생활에서도 책임의 문제는 사라지지 않는다. 지극히 평범한 생활인의 일상을 대상으로 하는 「차나 한잔」을 살펴볼 때, 죄의식이 사라지고 방식이 바뀌었을망정 책임 회피의 장면은 지속적으로 반복된다. 다시 말해, '생활전선'에 뛰어든다는 것만으로 책임을 떠맡는 데 성공할 수는 없다.

> 그야말로 '어쩌다가'의 연속이었다. 그는 자기가 지난날 우연 속에 자신을 맡겨버린 것이 갑자기 역겨워졌다. '거지같은 자식이었나' 하고 그는 자신을 욕했다. 손톱만큼이라도 좋으니 나의 주장이 있었어야 할 게 아닌가. (…중략…) 마치 그의 만화 속의 인물들이 자기들의 표정과 운명을 그의 펜 끝에 맡겨버릴 수밖에 없듯이. 우연 속에 자신을 맡겨버리는 습관을 가르쳐준 게 그놈의 군대였었나. 그런데, 하고 그는 생각했다. 하긴 그것이 평안했어(1권, 216~217면).

「환상수첩」의 '나'가 '어쩔 수 없이'(필연)의 태도로 책임을 회피한다면, 「차나 한잔」의 만화가 이선생은 '어쩌다가'(우연)의 태도에 의해 책임을 회피한다. 이선생은 우연으로 점철된 삶을 살아온 자신이 역겨워졌고 한순간 "거지같은 자식이었다"고 자기를 비난하지만, 그 삶은 책임질 필요가 없으므로 평안하고 따라서 다시 반복된다. 「차나 한잔」을 비롯해서 「들놀이」, 「다산성」 등의 소설이 '어쩌다가' 벌어지는 책임질 필요 없는 사건을 통해 드러나는 생활의 단면을 희극적으로 보여주고 있다면, 「무진기행」은 좀 더 세련된 방식, 주인공 윤희중의 말을 빌리면 “내게 주어진 한정된 책임”을 내세움으로써 책임 회피를 은폐하는 장면을 제시한다.

‘나’(윤희중)의 삶 역시 스스로 책임질 부분이 없다. 전쟁 중에는 어머니에 의해 골방에 숨겨졌기 때문에 “모두가 전쟁터로 몰려갈 때 골방 속에 숨어서 수음을 하고 있었다”는 것은 ‘나’의 책임이 아니다. “빽이 좋고 돈 많은 과부를 만난 것”과 전무로 승진시킬 로비를 하는 장인과 아내가 자신을 무진으로 내려 보낸 것도 ‘나’가 책임질 일이 아니다. 그런데 책임질 것이 없음에도 불구하고 ‘나’는 끊임없이 책임을 상기한다. 장인과 아내가 ‘나’를 무진으로 내려 보낸 이유도 전무가 되면 책임이 더 무거워질 테니 쉬었다 오라는 배려였으며, 서울로 가고 싶다는 하인숙에게 대뜸 한 대꾸도 “그렇지만 내 경험으로는 서울에서의 생활이 반드시 좋지도 않더군요. 책임, 책임뿐입니다”이다. 이에 대해 하인숙은 “여긴 책임도 무책임도 없는 곳인걸요”라고 대답한다. 그러나 「생명연습」, 「건」, 「환상수첩」의 무대이기도 한 무진이 죄도 책임도 없는 공간일 리 만무하다.

‘나’는 서울에서의 실패로부터 도망하거나 새 출발이 필요한 때 무진에 내려온다고 고백한다. 그런데 이번 귀향이 승진이라는 성공을 앞두고 있다는 점에서 그 실패가 세속적이거나 생활적인 것이라고 보기는 어렵다.[16] 서울에서 무진으로 ‘나’를 끌어들인 실패는 죄와 그에 대한 책임이라는 윤리적 문제에 관한 것이다. 이웃의 청년들이 전사할 때 골방에 숨어 있거나 장인과 아내의 승진 로비를 묵인할 때 ‘나’는 죄를 짓고 있다. 그러나 어머니나 아내에 의해 무진에 묶여 있기 때문에 ‘나’는 그 죄에 대한 책임을 지는 데 실패한다. 요컨대, ‘나’는 윤리적인 책임을 져야 할 상황에서 늘 무진행을 택함으로써 책임을 회피한다. 그 때문에 무진은 무책임의 공간이 된다.

16 신형철, 「여성을 여행하(지 않)는 문학」, 『한국근대문학연구』 10, 2004, 204면.

> 오랫동안 우리는 다투었다. 그래서 전보와 나는 타협안을 만들었다. 한 번만, 마지막으로 한 번만 이 무진을, 안개를 외롭게 미쳐가는 것을, 유행가를, 술집 여자의 자살을, 배반을, 무책임을 긍정하기로 하자. 마지막으로 한 번만이다. 꼭 한 번만, 그리고 나는 내게 주어진 한정된 책임 속에서만 살기로 약속한다. 전보여, 새끼손가락을 내밀어라. 나는 거기에 내 새끼손가락을 걸어서 약속한다. 우리는 약속했다.
>
> 그러나 나는 돌아서서 전보의 눈을 피하여 편지를 썼다(1권, 193면).

하인숙과의 정사 이후 '나'는 하인숙을 서울로 데려가겠다고 약속하지만, 다음날 아내로부터 급히 상경하라는 전보가 오자 홀로 서울행 버스에 오른다. 전보를 받은 '나'는 책임을 질 것인가 말 것인가로 고민한 끝에 타협안을 제시한다. 그러나 배반과 무책임을 긍정하고 한정된 책임 속에서 살겠다는 타협안은 가짜이다. 그것은 전적으로 전보의 명령을 따르는 것이기 때문이다. '나'는 다시 편지를 썼다가 찢는다. "저는 옛날의 저를 오늘의 저로 끌어다 놓기 위하여 갖은 노력을 다하였듯이 당신을 햇볕 속으로 끌어다 놓기 위하여 있는 힘을 다할 작정입니다"라는 편지 내용 역시 모순적이다. 오늘의 '나'가 있기까지 반복해서 책임을 회피한 '나'가 하인숙을 오늘의 '나'처럼 만들기 위해 그녀를 책임지겠다면, 그 책임지는 '나'는 이미 오늘의 '나'와는 양립할 수 없기 때문이다. 「무진기행」에서 마지막 장면의 책임 회피는 '나'가 '한정된 책임'을 언급하지만 그것은 어머니와 아내 등의 명령을 따르는 것일 뿐임을 다시 한 번 확인시켜 준다.

4. 자유와 책임

책임 회피는 '나'에게서 자유를 박탈한다. 「차나 한잔」의 '어쩌다가'나 「들놀이」의 '들놀이 초대장', 「다산성」의 '찐빵'은 우연이든 필연이든 이미 '나'의 운명을 예언해 놓고 있다. '나'는 그 예언의 명령에 순종하여 삶을 살아갈 뿐이다. 그보다 세련된 서울 말투로 '한정된 책임' 운운해도 사정은 마찬가지다.

'자기 세계'라는 개념 자체는 긍정적인 것도 부정적인 것도 아니며, 말하자면 사회화된 주체의 출현을 의미할 뿐이다. 앞에서 언급했던 내용을 다시 반복하자면, "형 같은 경우는 아예 비길 수 없이 으리으리하게 확립된 질서" 속에 살고 있는 「생명연습」의 만화가 오선생의 '자기 세계'는 "긍정이라든지 부정이라든지 하는 따위의 의미를 일체 떠난 순종의 성곽"일 뿐이다. 그런 점에서 주체는 주체이지만 주체적(자율적)이지 못한, 분열된 주체이다.

그렇다면 주체는 현실의 법칙을 전적으로 따를 수밖에 없는가? 주체의 자유는 불가능한 것인가? 자유에 대해서는 두 방향에서 접근할 수 있다. 자유주의적 전통에 따르면, 자유란 물질적·정신적인 것을 포함한 행복 일체를 추구하기 위한 활동에 강제가 가해지지 않는 상태를 뜻한다.[17] 물론 사회 구성원 모두가 제각기 자유롭게 행복에 이르는 것은 현실적으로 쉽지 않을 것이다. 이 경우 적어도 구성원 모두의 의사를 수렴하기 위한 절차가 필수적이며, 이를 위해 자유주의적 자유는 민주주의 제도와 결합해야 한다. 특히 정치권력의 강압이 심각한 상황에서 이러한 절차의 존중은 더욱 중요성을 얻는다. 1960~70년대

---

17 J. S. 밀, 서병훈 옮김, 『자유론』, 책세상, 2005, 34~35면.

한국 사회에서 절실하게 요청되었던 정치적 자유는 이런 맥락에서 이해할 수 있다.

한편, 어떤 행위가 현실의 인과관계로부터 독립된 자기원인에서 비롯된 것인가를 묻는 형식으로서의 자유를 상정할 수 있다.[18] 자유주의적 자유가 외부의 독재 권력에 반대하는 자유라면, 이 자유는 결정론과 반대되는 자유이다. 이때, 자발적인 것처럼 보이는 주체의 감각이나 감정, 욕망 등은 그가 속해 있는 사회의 관습에 좌우될 수 있기 때문에 자유의 증거라고 할 수 없다.[19]

어떤 의미에서 주체의 자유는 죄에 대해 자기가 책임지는 행동에서 그 가능성을 모색할 수 있다. 자율적이지 못한 주체라면 그가 죄를 짓는다고 해도 그 죄 역시 누군가가 시켰거나 적어도 자신이 원해서 한 것이 아닌 타율적인 행동이므로 자신의 책임이 아니라고 변명할 것이다. 말을 바꾸면, 죄에 대한 책임을 회피하는 것은 스스로가 타율적인 속박에 묶여 있는 존재임을 폭로하는 것이며, 따라서 역설적으로 죄에 대해 책임을 지는 주체만이 자율적일 수 있다. 김승옥 소설에서의 자유 역시 이런 맥락에서 접근할 수 있다.

> 윤리의 위기라는 거창한 말을 쓰고 있지만, 내가 보기엔 작은 실패담이라고나 할 수밖에 없는 일인데, 당사자에겐 퍽 심각한 문제인 모양이다. 이야기인즉, 하얀 켄트지를 펴놓고 먼저 연필로 만화 초를 뜬다. 그러고 나면 펜에 먹물을 찍어 연필 자국을 덮어 그리는데, 직선을 그려야 할 경우에 어쩐지 손이 떨려서 그만 자를 갖다대고 그려버릴 때가 가끔 있다는 것이다. 그렇게 해서 다 그리고 난 뒤에 작품을 보고 있노라면 어쩐지 자꾸 그 직선 부분에만 눈이 가고, 죄의식이 꿈틀거린다는 것이다. 그건 당신의 선이 아

18 I. 칸트, 백종현 옮김, 『실천이성비판』, 아카넷, 2002, 208~215면.
19 A. 주판치치, 이성민 옮김, 『실재의 윤리』, 도서출판b, 2004, 49면.

니다. 그것은 직선이라는 의사밖에는 가지고 있지 않는 자의 선이다 당신은 우리를 속이려 하는구나, 라고(1권, 53면).

「생명연습」의 결말에서 '나'는 윤리의 위기와 관련된 오선생의 실패담을 서술한다. 만화로 일가를 이루었으며 으리으리한 질서에 순종하는 오선생의 삶 자체가 그대로 고정되고 완결된 '자기 세계'인 것은 아니다. 거기에는, 지극히 사소한 것일지라도 언제나 선택의 문제가 개입한다. 선택은 궁극적으로는 자율이냐 타율이냐의 문제인바, 타율적인 직선을 선택한 것에 스스로 책임을 지는 것을 통해 주체는 자신의 자유를 확인할 수 있다. 삶에서 선택이 끊임없이 계속되는 한, '자기 세계'를 '자기 세계'이게 만드는 자유 역시 어느 순간 완결될 수 있는 개념이 아니라 끊임없이 요청되는 개념이다.

"벽의 그 귀퉁이가 허술해 보이는 그것은 이젠 내 고정관념 중의 하나이다" "직선은 몬드리안에서 그쳐버렸다는 생각도 이젠 내 고정관념 중 하나이다" 등, 한 대학생이 임의로 서술하는 고정관념을 제시하고 있는 「확인해본 열다섯 개의 고정관념」은 일종의 언어유희처럼 보이지만, 여기서도 끊임없이 요청되는 그러한 자유의 개념이 발견된다.

저 벽이 어쨌단 말인가. 왜 그것이 허술하게 균형잡히지 않아 보인다는 말인가. 가방은 그냥 가방일 뿐이고 선반은 그냥 선반일 뿐이고 벽은 그냥 벽일 뿐이다. 몬드리안이 어째서 저기에 적용될 수 있단 말인가. 거지의 정열이 그렇게 생각할 뿐이다. 던적스러운 정열이. 그러나 생각해보자. 가방은 가방인 동시에 직사각형이 아닐까? 선반은 선반인 동시에 직선이 아닐까? 벽은 벽인 동시에 정사각형이 아닐까? 나는 인간인 동시에? 뭐라고 설명할 수 없는 곡선의 평면이다. (…중략…) 동그라미를 저 벽에 붙이러 일어나보자. 할 수 있겠지? 자아, 내게 가장 귀한 고정관념으로써(1권, 156~157면).

"잘 변하지 아니하는, 행동을 주로 결정하는 확고한 의식이나 관념"이라는 의미의 '고정관념'이라는 단어 자체는 자유보다는 속박에 가까운 것처럼 보인다. 그러나 '나'의 고정관념은 사실 관습적인 고정관념을 부정하기 위해 제시되는 것이다. "벽의 그 귀퉁이가 허술해 보이는 그것은 이젠 내 고정관념 중의 하나이다"는 "저 벽이 어쨌단 말인가"(벽은 그냥 벽일 뿐이다)라는 관습에 대응한 것이고, "직선은 몬드리안에서 그쳐버렸다는 생각도 이젠 내 고정관념 중 하나이다"는 "몬드리안이 어째서 저기에 적용될 수 있단 말인가"(직선 역시 그냥 직선일 뿐이다)라는 관습에 대응한 것이다.

관습에 반하는 고정관념을 잇달아 만들어내는 원천은 '거지의 정열'이며, 그것은 또한 '나'의 "가장 귀한 고정관념"이기도 하다. 여기서 모든 것을 잃었음에도 "가가호호의 대문을 두드리는" 거지의 성열은 마치 '모든 것을 부정하라'는 역설적인 명령으로 이해할 수 있다.[20] '부정하라'는 명령이 역설적인 것은 그것이 명령 자체마저 부정할 수 있기 때문이다. 따라서 「확인해본 열다섯 개의 고정관념」에서의 고정관념들은 마지막 고정관념인 '거지의 성열'에 의해 더 이상 고정관념이 아닌 것이 된다.

그러나 주로 미적 자율성에 국한된 자유의 가능성에 대해서는 일부 초기작에서만 긍정적으로 모색될 뿐, 김승옥 소설은 대체로 책임을 회피하는 방향으로 기울고 그 결과 자유의 가능성 역시 소거되고 있다. 비교적 후기작이며 4·19를 직접적으로 형상화하는 「그와 나」에 이르면 현실의 법칙과 자유의 법칙은 첨예하게 대립하게 된다. 여기서 '녹슨 쇠못'은 앞으로의 진행 방향이 예정되어 있는 현실의 법칙을 가로막는 장애물이며, '나'는 그것을 피하기 위해 최선을 다한다. "내가 무언가 평가하거나 선택하지 않으면 안 될 경우에 닥칠 때마다 그것이 나

20 가라타니 고진, 송태욱 옮김, 『윤리21』, 사회평론, 2001, 60면.

에게 한 개의 녹슨 쇠못이 되는 것은 아닌가 하는 점을 따져버릇했다. 두려워하고 긴장하는 것은 나에겐 익숙한 습관이었고 그 습관은 나에게 손해를 가져다준 일이 한 번도 없었다"라고 분명하게 말하는 '나'는 철저하게 타율적인 선택밖에 하지 못하는 존재이다. "데모란 전연 예정에 없는 등록금과 하숙비의 낭비에 불과했다"고 생각하는 '나'에게 자유 역시 녹슨 쇠못에 불과할 뿐이다.

상경하는 기차에서 '나'와 우연히 만났던 '그'는 4·19에 적극 참여했고 미국인 기자와의 인터뷰에서 "아이 빌리브 위 머스트 인벤트 아워 퓨처 앤드 위 캔 두 잇"이라고 말한다. 미래를 기다릴 것이 아니라 발명, 곧 자기로부터 창조해야 한다는 말에 '나'는 아연실색하고, '그'를 "이십 년 동안 믿고 의지해왔던 것을 송두리째 파괴시켜버리려는" 적으로 규정한다. 4·19로부터 10여 년이 지난 시점에 발표되었고, 따라서 박정희 정권 하의 지난 10년이 자유에 의해 발명된 것이 아니라 명령과 통제에 의해 주조되어 왔음을 알고 있는 작가의 사후적 평가가 강하게 개입하고 있다는 것은 부인할 수 없지만, 「그와 나」는 4·19에 의한 자유의 실현 가능성에 부정적인 반응을 보이고 있다.

이는 김승옥 소설이 민주주의적 절차에 의해 확보되는 정치적 자유가 아니라 개인의 내면적 자율성의 가능성에 대한 모색에 편향되었던 결과로 볼 수 있다. 정치적 자유가 보장된 서구 사회의 시민들이 스스로 노예 되기를 원한다는 사실을 경고했던 김수영의 언급처럼,[21] 정치적 자유가 확보된다고 해서 내적 자율성이 저절로 따라오는 것은 아니다. 기존 연구, 특히 문학사나 세대론적 관점의 연구에서 김승옥 소설을 4·19와 관련시켜 평가하려는 경향이 지배적이었으며, 그 연구에서는 자유의 문제가 또한 주요한 주제로 언급되었던 것이 사실이다. 이러한 경향이 틀린 것은 아니지만, 자유의 개념에 대한 좀 더 세심한

---

21 김수영, 「시여, 침을 뱉어라」, 『김수영 전집』 2, 민음사, 1981, 253면.

구분이 필요하다.

4·19가 실현시켰던 정치적 자유의 가능성뿐 아니라 근대적 개인에게 요구되는 내적 자율성으로서의 자유 역시 1960년대 자유 담론의 한 축을 이루고 있었다고 할 수 있다. 마찬가지로, 1960년대의 독재 통치가 정치적 자유에 대한 절실한 요구를 낳았다는 것은 부정할 수 없지만, 그 때문에 내적 자율성에 대한 요구가 경시되어서는 안 될 것이다. 김승옥 소설의 의의 역시 이에 대한 탐색을 선도적으로 수행했다는 점에서 찾을 수 있다. 또한 김승옥 소설이 정치적 자유 대신 내면적 자유를 성취한다는 식의 단순 논리를 넘어 자유의 가능성에 대해 지속적으로 질문을 던졌다는 점은, 그러한 자유가 단지 정치적 자유에 대한 심리적 보상의 차원에서 추구된 것은 아니라는 사실을 암시한다. 같은 맥락에서, 내적 자율성이 부정되는 현실 역시 자유롭지 못한 1960년대의 현실의 한 단면을 보여준다는 점에도 주목할 수 있다.

언어의 정치학과 문학의 수행성

1960~70년대 이청준 소설

1. 언어의 수행성에 대한 인식

이청준의 소설은 등단작 「퇴원」에서부터 이미 독특한 언어의식을 반영해 왔다. 1965년 『사상계』 신인문학상 심사평은 작가에 의해 작은 병원에 몰아넣어진 "의사와 간호부와 두 명의 환자와 한 환자의 아내와 그리고 나"라는 인물들이 "아무런 대화도 맺어지지 않는" "무언극"을 수행하고 있거니와 이는 궁극적으로 "모든 요구는 언어가 허용될 수 있는 한계 이전의 것이었다"라는 결론으로 수렴하고 있음을 지적하고 있다.[1] 통상 '언어의 한계'라는 말은 언어가 지닌 어떤 능력의 한도, 가령 언어가 지닌 의사 전달 능력의 부족 등을 의미할 것이다. 그런데 「퇴원」의 병실에서 타인들과 대화하는 '나'가 마주하는 문제는 언어의 전달 능력이 부족하다는 데 있는 것이 아니라 오히려 언어가 너무 많은 것을 전달한다는 사실에 있는 것처럼 보인다. 그래서 간호사 미스 윤이 한 마디씩 질

1 정명환 외, 「애매한 가운데 풍요한 가능성」, 『사상계』, 1965. 12, 270면.

문을 던질 때마다 '나'는 너무 많은 것을 생각하게 된다.

언어의 이와 같은 양상은 등단 이듬해에 발표된 「굴레」에서도 마찬가지로, 그리고 보다 구체적으로 드러난다. 모집 인원 약간 명의 채용 공고에 천 명이 넘는 응시자들이 몰린 신문사 입사 시험을 치르던 '나'는 별 기대도 없던 필기시험을 통과하여 면접을 보게 된다. X 지방 출신은 안 되고 아버지 없는 사람도 안 된다는 내규가 있다는 소문에 결과는 뻔하리라 예상하면서도 면접장에 들어간 '나'는 영락없이 법정에 선 피고 신세가 되어 있음을 자각한다. 1차 면접을 끝내고 2차 면접을 보던 '나'는 유사하게 반복되는 질문들의 목적이 "비굴한 웃음을 웃게 하고, 고분고분 대답을 시켜보자는 것"이라고 생각한다.

> 대학을 갓 나와 철없이 패기에 차서 거리를 활보하는 젊은 녀석들을 무더기로 끌어다가 콧대를 꺾어 놓을 일을 해 보고 싶습니다. 가령 면접 시험관 같은 것 말입니다. 이놈들에겐 우선 합격이 될지도 모른다는 착각이 들게 한 다음, 풀이 죽어서 애원하는 눈초리를 하고 제 앞에 서 있게 하고 싶다는 말씀입니다. 그렇게 하여 세상맛을 보여 주면 젊은 녀석들 거리에서 철없이 굴지도 않고 세상은 좀 더 주무르기 편하게 될 테지요. (…중략…) 이것은 아마 생각하고 계신 점과 부합하리라 믿어지고 있어서 드리는 말씀입니다만, 말하자면 사회 정의를 실현해 가는 한 방편이지요.[2]

문법이나 계산을 가르치는 교사가 학생들에게 질문하는 이유가 어떤 정보를 얻기 위함이 아니듯,[3] "우리 신문을 보십니까?" "우리 사로 와서 무슨 일을 하고 싶습니까?" 등과 같은 면접관의 질문 역시 어떤 정보를 얻기 위한 것이 아닐 것이다. 그 질문은 철없이 패기에 차 있는

2 이청준, 「굴레」, 『별을 보여 드립니다』, 일지사, 1971, 92~93면.

3 G. 들뢰즈 · F. 가타리, 김재인 옮김, 『천 개의 고원』, 새물결, 2001, 147면.

대학 졸업자에게 세상맛을 보여주고 나아가 사회 정의를 실현하기 위해 어떤 명령을 내리고 지시를 한다. 면접관 앞에서 '나'가 대화의 파행 혹은 언어의 한계라는 문제에 부딪치는 이유는 "우리 사로 와서 무슨 일을 하고 싶습니까?"와 같은 질문이 과소정보를 전달하고 있기 때문이 아니라 과잉정보를, 혹은 정보 이외에 다른 어떤 것을 과잉 전달하고 있기 때문이다.

주지하다시피, 오스틴은 진위(眞僞) 판단이 가능한 의미를 진술하는 진위문(constative)과 말을 하는 것이 어떤 행동을 수행하는 수행문(performative)으로 발화를 구분했으며, 이를 다시 발화행위(locutionary), 발화수반행위(illocutionary), 발화효과행위(perlocutionary) 개념으로 발전시킨 바 있다. 말과 행위의 관계를 명확히 구명하는 것은 쉽지 않지만, 대체로 발화하는 것은 통보하기, 명령하기, 경고하기, 보증하기 등과 같은 행위를 함께 수반한다고 인정되고 있다.[4] 이런 맥락에서 볼 때, 「굴레」의 면접 발화는 기죽이기, 길들이기, 사회 정의 구현하기 등으로 목록화되는 행위를 수행하고 있음을 알 수 있다.

"수행적 발화는 '이러저러한 권력을 소유하고 있다는 공공연한 주장'을 함축하고 있다"는 부르디외의 지적을 참조할 때,[5] 이청준의 소설에 반영된 위와 같은 언어의식을 매개로 언어와 권력의 관계를 밝히고자

---

4 "발화행위는 어떤 뜻과 지시를 가진 문장을 발화하는 것이며, 그리고 뜻과 지시는 전통적으로 '의미'와 같다. 둘째, 우리는 또한 통보, 명령, 경고, 보증 등과 같은 발화수반행위를, 즉 어떤 관습적인 힘을 갖는 발화를 수행한다고 말했다. 셋째, 우리는 또한 발화효과행위도 수행할 것이다. 확신시키기, 설득하기, 저지하기 그리고 심지어 예를 들어 놀라게 하기 또는 오도하기와 같이 어떤 것을 말함으로써 우리가 성취하거나 이루는 것이 발화효과행위이다."(J. L. 오스틴, 김영진 옮김, 『말과 행위』, 서광사, 1992, 139~140면) "일반적으로 발화행위를 수행하는 것은 그 자체가 발화수반행위를 수행하는 것이라고 말할 수 있을 것"이며(128면), "어떤 표현이 수행된 발화효과행위와 구별되는 수행된 발화수반행위인지 아니면 그 어느 것도 아닌지를 결정하는 데 있어서 기껏해야 매우 불안정한 검사 방법"이 있을 뿐이라면(162면), 발화행위와 발화수반행위, 발화효과행위를 구별하는 기준은 명확하게 규정되기 어렵다.

5 P. 부르디외, 정일준 옮김, 『상징폭력과 문화재생산』, 새물결, 1997, 151면.

하는 연구가 상당히 축적되어 왔다는 것은 자연스러운 귀결일 것이다.[6] 들뢰즈와 가타리의 언급을 참조한다면, 이러한 연구는 또한 '언어의 정치학'에 관한 논의로 분류될 수도 있다.[7] 물론, 이청준의 소설은 고도로 추상화되는 경우가 많은 것으로 평가되며,[8] 예컨대 그의 초기작으로 「언어사회학서설」 연작을 예기하는 「마기의 죽음」의 사례에서처럼 "말은 그것을 원하는 사람에게 힘을 지니게 되고 나중에는 그 사람들에게 복종을 요구"하며, "의사소통의 수단으로서의 언어가 나중에는 인간을 지배하고 명령"하는 언어의 수행성이 현실 정치를 반영하기보다 알레고리의 형식을 통해 관념적으로 형상화되는 경향이 자주 발견된다. 그럼에도 불구하고 권위주의 정부의 장기 집권 아래 수행적 발화와 정치권력의 관계가 대단히 노골적인 차원에서 작동했던 당시의 정치적 맥락 안에서 이청준 소설의 언어의식의 형성 과정을 추적하는 것은 의미 있는 작업일 것이다. 이러한 측면에서 본고는 1960~70년대 이청준 소설에 반영된 정치적 상황과 여기서 비롯된 언어와 문학의 수행성에 대한 작가의 인식을 검토하고, 「당신들의 천국」에서 이러한 언어관이 형상화되는 양상을 분석함으로써 작가의 정치의식의 일단을 살펴보고자 한다.

---

6 우찬제, 「권력의 역설, 그 문학적 지평」, 『세계의 문학』, 1992 가을; 김진석, 「짝패와 기생: 권력과 광기를 가로 지르며 소설은」, 『작가세계』, 1992 가을; 나병철, 「〈당신들의 천국〉과 권력의 미시물리학」, 『현대문학의 연구』 9, 1997; 채대일, 「이청준 소설의 죄의식과 고백 양상 연구」, 서강대 석사논문, 2002; 송명진, 「이청준 소설의 이야기 권력 연구」, 『시학과 언어학』 4, 2002; 설혜경, 「1960년대 소설에 나타난 재판의 표상과 법의 수사학」, 한양대 박사논문, 2011.

7 오스틴의 화용론을 언어의 정치학이라는 차원에서 접근한 들뢰즈와 가타리는 말과 말 내부에 있는 행위(발화수반행위) 사이의 내적·암묵적 관계를 잉여적인 것으로 규정하고 그것을 명령어로 개념화한다(G. 들뢰즈·F. 가타리, 앞의 책, 161면).

8 윤지관, 「억압사회에서의 소설의 기능」, 『실천문학』, 1992 봄.

2. 언론과 문학의 자유에 대한 억압

1960년대 후반에서 1970년대 초에 걸쳐 발표된 「조율사」, 「씌어지지 않은 자서전」, 「소문의 벽」은 집필 시기뿐 아니라 주제의식이나 사건에서도 유사한 측면이 많다.[9] 세 작품의 공통점 중 하나는, 주인공이나 관찰자로 등장하는 소설의 화자가 잡지 편집자라는 점이다. 여기에는 작가 자신이 대학 졸업을 앞둔 1966년 1월부터 『사상계』 편집부에서 근무한 바 있으며, 『여원』으로 이직했다가 1969, 71년에는 『아세아』와 『지성』에 창간 멤버로 참가하기도 했다는 이력이 영향을 미쳤을 것이다. 「조율사」에서 편집자인 '나'가 직면한 문제는 "무슨 이유에선지 요새 와선 통 필자들이 글을 잘 쓰려 하지 않"는다는 것이다.

> 쌍가락지, 올빼미, 바꿔치기 등등 자유당 시절의 유물들이 되살아나고 빈대표, 유령표, 기표감시 등 새로운 전통을 착착 기록하면서 6·8 공명선거는 전무후무한 막걸리 선심 속에 그 홍성한 막을 내렸다. 그리고 학생들이 거리로 쏟아져 나왔다. (…중략…) 그러나 축하인지 규탄인지 모를 학생들의 시위는 쉬 끝나지가 않을 기세였고, 학생들이 거리로 나간 채 학교문은 닫혀졌고, 거리는 최루까스 경찰봉이 휩쓸었다. 정국은 경화되었다고 했다.
>
> 여기서 나는 그 구린내 나는 기억들을 되살려 내거나 거리로 나간 학생들에게 학교문을 닫아버린 것 같은 슬픈 이야기를 끌어내려는 것은 아니

9 「조율사」는 1967년 무렵 탈고되어 한 잡지사로 넘겨졌으나 발표가 보류된 끝에 1972년 『문학과지성』에 연재되었고, 「선고유예」라는 제목으로 『문화비평』 창간호(1969.1)에 연재되다 중단, 이듬해 연재 재개되었으나 다시 중단된 「씌어지지 않은 자서전」 역시 1972년 단행본 『소문의 벽』으로 묶여 출간되었다. 이 작품들이 발표 보류되거나 연재 중단된 사정은 「소문의 벽」에 반영되어 있다.

다. 그런 것은 이 시대를 살고 있는 우리 모두가 다 잘 알고 있는 일들이다. (…중략…) 우리는 이 6・8사태와 정국 수습에 관하여 시내의 거의 모든 대학 교수들에 대하여 설문을 발송했었다. 6・8사태의 책임 소재와 이 비상정국 수습방안에 관한 의견, 그리고 국회에서 개헌선 의석을 돌파한 여당과 야당에 대한 충고, 이런 것이 그 설문의 질문 내용이었다.[10]

경제 호황으로 인해 별 이슈 없이 진행되었던 1967년 5월 대선에서는 박정희 후보가 무난히 연임에 성공했지만, 곧 이어 6월 8일 치러진 총선에서는 개헌선 확보를 위해 금권, 관권 선거가 자행된 결과 여당이 사상 최대 의석을 얻는 사건이 발생해 1964년 한일회담반대, 1965년 한일협정비준반대에 이어 부정선거를 규탄하는 대규모 반정부시위가 다시 전개되었다. 국회는 6개월간 파행되었고, 정부는 1965년에 이어 다시 휴교령을 내렸고, 중앙정보부는 동백림 사건, 제3차 민비련 사건을 터뜨렸다.[11] 「조율사」에서 대학교수를 대상으로 6・8사태와 관련한 설문조사를 실시하던 '나'는 "잘 써내려고 하지를 않을 것"이라는 편집장의 충고에 "내답해 주리라고, 대답해 줘야 한다"고 믿고 있다가 낭패를 본다.

1965년 6・3사태 당시 학원보장법안과 언론윤리위원회법안을 통과시켜 학생과 언론을 통제하려 했던 정부는 언론윤리위원회 파동에서 반대측에 섰던 『경향신문』, 『동아일보』, 『조선일보』를 탄압하기 시작했다.[12] 이 과정에서 민정이양 문제로 정치군부와 대립했던 『사상계』 역시 한일협정반대의 참모본부 역할을 수행함으로써 정부로부터 극심한 탄압을 받았다. 군정반대를 주제로 삼은 1963년 4월호가 6만 5천

10 이청준, 「조율사」, 『문학과지성』, 1972 봄, 54~55면.

11 서중석, 『대한민국 선거이야기』, 역사비평사, 2008, 143~154면; 이정민, 「동백림사건을 둘러싼 남한정부와 서독정부의 외교갈등」, 성균관대 석사논문, 2011, 6~11면.

12 김형진, 「박정희 정권 시기의 언론정책에 관한 연구」, 서울대 석사논문, 1999, 74~80면.

부나 발행되기도 했던 『사상계』는 정부의 세무사찰, 판매방해 등에 의해 재정이 급격히 악화되었으며, 편집위원으로 참여한 대학교수들에 대한 징계가 거론되자 1965년 11월 편집위원회마저 해체되어 지식인의 미디어 실천의 장으로서의 『사상계』의 위상 역시 크게 약화되었다. 1966년 민중당 주최 강연회에서 월남 파병에 반대해 구속되었던 발행인 장준하는 야당의 대통령후보 단일화를 추진하다 재차 구속되자 6・8 총선에 옥중 출마하여 당선된 후 『사상계』을 사직하게 된다.[13]

「조율사」에서 "철저한 민권 신봉자들"에 의해 운영되던 잡지가 처한 상황은 실제 『사상계』가 겪었던 역경과 흡사한바,[14] 「비화밀교」나 「신화를 삼킨 섬」 등에서 광주 5・18이나 제주 4・3이 추상화되어 다루어지는 것에 비할 때 「조율사」에서는 1960년대 말의 정치적 상황이 비교적 구체적인 수준에서 반영되고 있다. 6・8사태에 관한 설문을 50명의 대학교수에게 발송했으나 "회수된 회답지는 모두 열두 장뿐이었다. 더욱이 기이한 것은 어떤 특정 대학교로 발송된 질문지는 단 한 장도 회수되지 않는 점이었다"는 서술은 지식인의 비판적 역할, 나아가 언론의 자유가 극도로 위축되어 있음을 보여준다.

'조율사'라는 제목 자체가 "요즘은 글다운 글을 써내는 사람이 없"는 문인 그룹을 가리키거니와, 「조율사」와 「씌어지지 않은 자서전」 등에서 신문과 잡지에 대한 언론의 자유가 억압된 상황을 통해 궁극적으로 문제 삼고자 하는 것은 결국 문학 혹은 작가에게 주어진 자유를 어떻

---

13 이용성, 「〈사상계〉의 지식인과 잡지이념에 대한 연구」, 『출판잡지연구』 5, 1997, 60~66면.

14 "7만부 발행을 자랑한 『내외(內外)』지의 발행부수가 몇 차례의 반감기를 거쳐 드디어는 2천부가 되"었다는 설명 등, 「씌어지지 않은 자서전」에서 '나'가 퇴직한 잡지 『내외』는 보다 분명하게 『사상계』를 참조하고 있다. "4백에서 2백으로 페이지를 줄이고 발행부수를 2만으로 떨구면서 편집장은 대략 이런 내용의 편집후기를 썼는데"나 "면수가 2백에서 백으로 그리고 발행부수는 2만에서 8천으로 떨어지던 때의 편집후기" 등의 부분 역시 실제 66년 11월, 67년 2월 『사상계』의 편집후기와 그 내용이 유사하다.

게 정립할 것인가에 있다. 마침 「조율사」에는 "한 소설 작품의 반미 사상 고취 여부에 관한" 재판이 언급되고 있다. 1965년 3월 발표된 「분지」가 북한의 언론매체에 게재된 것이 문제가 되어 1965년 7월 중앙정보부가 작가 남정현을 구속했고, 1967년 5월에 반공법 위반으로 징역 7년 구형, 6월에 선고유예 판결이 내려진 바 있다는 사실을 감안한다면, 연주 허가를 받지 못하는 등의 이유로 연주회를 할 수 없는 악사들이 조율에만 힘쓴다는 조율사 우화는 당시의 언론계, 문화계에 대한 정부의 억압을 반영한 것으로 볼 수 있다.

「분지」 필화 사건에 대한 문학계의 반응은 반공법을 적극적으로 비판하는 데에는 이르지 못한 대신, 실정법 저촉 여부는 사법부가 판단할 문제임을 인정하나 "창작활동의 자유" "창작의욕의 위축" 등의 요소를 고려해 선처를 바란다는 소극적인 태도에 머물고 있다.[15] 「조율사」의 화자 역시 "위축되어 있는 피고측에 서서 문학인으로서 문학의 자유와 권리를 주장하지 못"한 B 시인을 비판함으로써 창작활동의 자유, 곧 문학의 자율성을 간접적으로 옹호하는 입장을 보인다.[16] 그런데 억압적인 정치 상황에서 문학의 자율성을 옹호하는 것이 대체로 동의된 입장이라고 할지라도 여전히 문제는 남는다. 문학의 자율성이라는 개념이 일종의 모순을 자체 내에 갖고 있기 때문이다.

가령, 프랑스 혁명의 실패를 목격한 실러가 혁명의 본래 목표가 빗나갔기 때문에 예술과 미학은 아직 중요한 기능을 지닐 수 있다고 말했을 때, 예술은 이미 정치적인 성격을 띤다. 이 경우 예술의 자율성은

---

15 양진오, 「필화의 논리와 그 문학적 의미에 대한 연구」, 『어문논총』 46, 2007.

16 B 시인은 김춘수이다. "작가는 무엇이든 어떻게든지 말할 수 있는 절대적 추상적 자유가 있는 것은 아니다. 작품 속에 작가는 자기의 기질이나 개성을 멋대로 쏟아버릴 것이 아니라, 어떤 통제를 가해야 할 것이다. 그것은 작가로서의 수련이 아닐까"와 같은 요지의 김춘수의 기고문은 「조율사」에 그 내용이 거의 그대로 인용되고 있다(김춘수, 「남정현 사건」, 『동아일보』, 1967.6.3).

"미라는 매체를 통해 어떤 총체화하는 실천"이며 "이러한 실천은 사람들로 하여금 자유로운 주체들의 연합을 통해 강압 없이 서로 결합하고 자신의 감성적 본성이나 이성적 강요에 의해 일방적으로 테러당하지 않을 수 있게" 할 수 있다. 그런데 이러한 적극적인 의미와 달리 현실적으로 예술은 "단지 종교나 정치 혹은 과학과의 오랜 결합으로부터 예술을 분리시키는 (따라서 애초 기획했던 총체화와는 대립하는—인용자) 어떤 사회적 세분화의 결과로서만 자율적"인 것처럼 보일 뿐이다.[17] 예술의 자율성 개념에 내재한 이러한 모순은 근대문학의 기원에 닿아 있는 보편적인 문제이긴 하나, 1968년으로 해가 바뀌자마자 시작된 이어령과 김수영의 불온시(不穩詩) 논쟁이 이 문제의 핵심을 단적으로 반영하고 있다는 점에 주목할 수 있다.

1967년의 문화계를 "예언자적 기능으로서의 창조력이 극도로 위축된 시기의 문화"로 총평하면서 그 이유를 문화인들이 "막연한 두려움이며 꼬집어 말할 수 없는 불안, 그리고 가상적인 어떤 금제의 힘", 곧 '에비'에 들려있다는 진단에서 찾은 「'에비'가 지배하는 문화」에서 촉발된 이어령과 김수영의 논쟁은 예술의 자율성 자체에 내재한 모순의 양쪽을 대변하고 있는 것으로 볼 수 있다. 「분지」 필화 재판에 변호인 측 증인으로 참석하기도 했던 이어령은 "정치권력의 에비, 문화기업가들의 지나친 상업주의의 에비, 소피스트케이트해진 대중의 에비"를 거론하면서, 가령 정치권력의 에비와 관련해서는 "오늘날의 정치권력이 점차 문화의 독자적 기능과 그 차원을 침해하는 경향이 있다 할지라도 문화의 침묵은 문화인 자신들의 소심증에 더 많은 책임이 있"으며, "어린애들처럼 존재하지도 않는 막연한 '에비'를 멋대로 상상하고 스스로 창조의 자유를 제한하고 있다"고 비판한다.[18] 이에 대해 김수영은 "창

17 G. 플룸페, 홍승용 옮김, 『현대의 미적 커뮤니케이션』 1, 경성대 출판부, 2007, 3장 참조.
18 이어령, 「'에비'가 지배하는 문화」, 『조선일보』, 1967.12.28.

작의 자유가 억압되는 원인을 지나치게 문화인 자신의 책임으로만 돌리는 것"은 오류이며 "오늘날의 '문화의 침묵'은 문화인의 소심증과 무능에서보다도 유상무상의 정치권력의 탄압에 더 큰 원인이 있다"고 반박한다.[19]

김수영의 반박에 대해 이어령은 "권력을 가진 관의 검열자들은 육안으로도 볼 수 있는 문화의 병균에 지나지 않"으며 오히려 "문화의 위기는 자유 속에 내던져지는 순간이 더욱 무서운 것이다. 그때 문화인들은 눈으로 볼 수 없는 자각조차 할 수 없는 숨어있는 또 다른 검열자와 만나게 된다"고 재차 반박하는바, 이때 숨어있는 검열자가 바로 "대중의 검열자"이다.[20] 이어령이 강조한 대중의 검열에 대해 김수영은 만약 숨어있는 검열자가 있다면 그것은 대중이라는 검열자라기보다는 "문화를 단 하나의 이데올로기와 동일시하는" "획일주의가 강요하는 대제도의 유형무형의 문화기관의 에이전트들의 검열"이며, 획일적인 이데올로기를 대행하는 "이들의 검열제도가 바로 대중의 검열자를 자극하는 거대한 테제가 되고 있는 것"이라고 다시 반박한다.[21]

"문화의 문제는 언론의 자유의 문제와 직결되는 것이고 언론의 자유는 국가의 정치의 유무와 직통하는 문제"임을 내세우는 김수영의 입장은 정치를 근본적인 층위에 두고 있으며, 정치적 작용은 가상적 금제인 에비가 아니라 가장 명확한 금제라는 점을 강조하고 있다. 이에 대한 이어령의 반박은 정치적 자유가 오히려 문화인의 주체성과 창조적 상상력에 위협을 가할 수 있다는 점에 초점을 맞추고 이를 위해 '숨어있는 대중의 검열자'를 끌어들이고 있다. 그런데 이때 대중의 검열이란 통상적인 의미로서의 상업주의나 통속성과는 전혀 무관하며,[22] 오

19 김수영, 「지식인의 사회참여」, 『사상계』, 1968.1, 93면.

20 이어령, 「누가 그 조종을 울리는가」, 『조선일보』, 1968.2.20.

21 김수영, 「실험적인 문학과 정치적 자유」, 『조선일보』, 1968.2.27.

22 애초에 정치권력 외에 문화기업과 대중을 또 다른 '에비'로 지목했을 때, 이어령이 주

히려 대중의 정치적 편향이라는 의미에 가깝다.[23] 따라서 논쟁이 진행되면서 애초에 이어령이 지적한 정치권력, 문화기업, 대중이라는 세 요소가 모두 거론되고 있기는 하지만 결국 최종적인 문제는 문화(문학)와 정치의 관계로 수렴된다. 이어령이 사회체계의 분화를 전제하고 그 분화 안에서의 문학의 자유를 말하는 데 비해 김수영은 보다 직접적인 정치의 차원에서 언론의 자유를 말하고 있다.[24] 이어령과 김수영의 논쟁은 비평사에서 그 자체로도 중요한 의미를 지니고 있지만, 본고에서 주목하는 것은 「조율사」, 「씌어지지 않은 자서전」 등 일련의 이청준 소설이 이 논쟁과 여러 면에서 조응하고 있다는 점이다.

3. 작가와 독자 혹은 수행적 언어로서의 문학

「조율사」, 「씌어지지 않은 자서전」, 「소문의 벽」 등에서 이른바 '에비'를 상상해 스스로의 자유를 제한하는 문화인들의 소심증을 연상시키는 유사 사례를 발견하는 것은 그리 어렵지 않다. 가령, 「조율사」에서 문인을 포함한 "지식인의 실천성의 요구는 그의 창조 작업과 별개의 것이 아니며, 그 안에서 동시에 이행되어가야" 함을 역설한 글을 발표한 평론가 지훈은 누군가로부터 감시당하고 있다는 망상에 시달린

목한 부분은 문화기업의 지나친 상업주의와 대중의 반문화적 · 반지성적 취미였다. 문화엘리트주의로 요약될 수 있는 이어령의 입장(강웅식, 「전체주의적 반공주의와 순수 · 참여 논쟁」, 『상허학보』 15, 2005, 209면)이 김수영과의 논쟁을 거치면서 대중의 정치적 편향성에 대한 거부로 그 성격이 바뀌고 있음을 확인할 수 있다.

23 김유중, 「김수영 시의 모더니티」, 『정신문화연구』 28-3, 2005, 153면.

24 오문석, 「김수영의 시론 연구」, 연세대 박사논문, 2002, 112면.

다. 「씌어지지 않은 자서전」에서 왕이라는 인물은 "민중의 지팡이가 곤봉체조나 좋아해서는 안 된다"라는 말과 함께 발작을 일으키고 있으며, 모종의 음모 사건의 피의자로 불시 체포되어 심문을 받는 '나'는 그 심문관이 자신과 달리 4·19혁명 대신 4·19의거라는 말을 쓰고 있다는 사실에 두려움을 느낀다. 무엇보다 「소문의 벽」에서 누가 자신을 쫓는다는 강박관념 때문에 정신병원에 입원한 작가 박준의 상황에 대해서는 "모두가 엄살로 여겨버리고 싶어하는 눈치"를 보이고 있다.

이청준은 이러한 사례들을 단지 개인의 소심증으로만 간주하는 것은 아니라는 점에서 이어령의 입장과 거리를 두고 있지만, 동시에 이로부터 정치권력의 검열을 직접 겨냥하는 것도 아니라는 점에서 김수영의 입장과도 거리를 둔다. 이청준의 독자적인 입장을 살펴보기 위해서 문학예술활동에 대해 "하나는 거의 언제나 그것을 달갑게 생각지 않는 정치권력과 다른 하나는 시민대중"이라는 두 개의 감시자가 있다는 「씌어지지 않는 자서전」의 진단을 검토할 필요가 있다. 이 역시 이어령과 김수영의 논쟁을 배경으로 이해할 수 있는데 불온시 논쟁에서 문제가 된 정치권력과 대중의 관계가 이청준에게서는 다소 다른 양상으로 드러난다는 점에 주목할 수 있다.

> 전자의 감시는 오늘날 대부분의 문학예술인들의 오랜 싸움과 또 그 정당성을 최소한의 한계에서 인정받음으로써 점차 해소의 길이 트여지고 있는 것 같다. 그리고 아직도 그 굴레에서 벗어나지 못하고 있는 나라들의 경우에는 문학이 시민대중의 정신 속에 깊이 뿌리를 박고 공감을 얻음으로써 그 명맥을 이어가고 있다. 그리하여 문학은 어떤 정치권력의 간섭 속에서도 정직하고도 충실하게 그가 속한 시대와 시민정신에 접근해가서 거기에서 호흡만 가능하게 되면 얼마든지 값있게 존재해 나갈 수가 있다. 진정한 시민정신은 권력의 소장에 관계없이 영구불변하며 이것의 획득은 곧 문학

정신의 목적이며 문학 자체를 불멸의 것으로 만든다. (…중략…) 그러나 어떤 오염된 시민의식이라는 것은 언제나 문학의 편이, 말하자면 진정한 인간정신의 보편성을 편들어 주지만은 않는다. 때로는 무기력한 몰락으로 인한 진공상태로서, 더 위험한 것으로는 우중의 집합체로서의 부당한 감시 간섭으로. (…중략…) 진정한 시민정신은 정치권력의 간섭보다 더 중요한 단계에서 문학의 존립을 최종적으로 좌우하는 것이다.[25]

이어령에게는 정치권력과 대중이 각각 문학의 검열자라면, 김수영에게는 당시 한국 사회에는 정치권력의 검열 외에 대중의 검열이라고 할 만한 작인은 아직 형성되지 못한 상태로 비춰진다. 정치권력의 검열에 비해 대중의 검열의 폐해를 지나치게 강조하는 이어령에 대한 김수영의 비판은 적절하다. 한편, 두 검열의 범죄의 비중을 가리는 것이 목적이 아니라고 한 발 물러서면서도 "대중의 검열자가 종을 칠만한 힘이 없다"라고 결말을 맺는 김수영의 입장은 정치권력이 문화기관에로, 문화기관이 대중에게로 검열의 영향력을 미친다는 체계적인 일원론을 전제하고 있다. 이와 달리 「씌어지지 않는 자서전」에서는 대중(시민정신)이 정치권력의 검열로부터 문학을 구원하기도 하지만 동시에 부당하게 감시하기도 하는 양면성을 띤 작인으로 등장하고 있다. 이는 김수영의 일원론과는 다르지만 그렇다고 대중이 정치권력보다 더 위험한, 숨어있는 검열자라는 이어령의 주장과 궤를 같이하는 것도 아니다. 이청준의 진단은 문학이 대면해야 할 근본적인 존재이자 문학 자체의 존립을 좌우하는 존재가 바로 대중, 구체적으로는 독자라는 의미로 이해될 수 있다. 요컨대, 문학은 대중(독자)으로부터 공감을 얻음으로써만 존립할 수 있다는 것이다.

문학과 대중(독자)의 공감이라는 주제와 관련하여, 가령 「분지」 필화

---

25 이청준, 「씌어지지 않은 자서전」, 『소문의 벽』, 민음사, 1972, 202~203면.

사건이 발생하자 즉각 문학의 사회적 기능을 옹호하는 글을 통해 "한국과 같은 후진사회에서 문학이 넓은 기반을 가지고 성정할 수 있는 유일한 길은 대중의 저항을 대변하는 일을 맡는 것"임을 강조한 백낙청이 서 있는 자리는 비교적 분명하다.[26] 단순 비교는 어렵지만, 이에 비해 이청준의 문학이 선 자리는 대중을 대변하는 것이 아니라 독자로부터 동의와 승인을 얻는 것에 가깝다고 할 수 있다. 물론, 대중이라는 사회적 존재를 독자로 변환 혹은 한정하는 데에는 여러 가지 부가조건이 따를 수밖에 없으며, 무엇보다 문학이 사회의 부분체계에 불과하다는 한계조건을 인정하지 않을 수 없다. 그럼에도 불구하고 독자의 존재를 문학의 존립을 위한 근본적인 자리에 위치시키는 것은, 예컨대 이어령에게서처럼 문학의 가치가 "시와 그 예술의 순수한 의미"로 물신화되는 함정을 극복할 수 있는 가능성을 제공한다. 뒤에서 다시 언급하겠지만, 독자의 동의와 승인이 없는 한 "시와 그 예술의 순수한 의미"가 그 자체로 존립한다는 것은 불가능하기 때문이다.

위의 인용에서 이청준은 "진정한 시민정신"과 "오염된 시민의식"을 언급하고 있다. 이는 임의의 기준에 의해 독자대중의 질적 수준을 평가하고 있는 것으로 볼 수도 있으나, '진정한/오염된'이라는 구별보다 더 본질적인 문제는 진정하든 오염되었든 간에 독자대중 없이는 문학이 존립할 수 없다는 엄연한 사실이다. 요컨대, 오염된 시민의식에도 불구하고 진정한 문학(이어령이 강조한 바 있는 "시와 그 예술의 순수한 의미")은 존립해야 한다 혹은 존립할 수 있다는 식의 당위적 논리가 이청준에게는 성립하지 않는다. 「조율사」와 「씌어지지 않는 자서전」의 곳곳

---

26 백낙청, 「저항문학의 전망」, 『조선일보』, 1965.7.13. 작가에게 "폭넓은 자유가 실현되는 사회에 대한 구체적 이상과 포부를 갖고 그 실현의 일부로서 자신의 자유를 주장하고 쟁취"하는, 곧 언론의 자유를 위한 싸움이 중요하며 이는 또한 대중의 대변자 역할에 충실함을 의미하는 것이기도 하다는 논리는 「새로운 창작과 비평의 자세」(『창작과 비평』, 1966 겨울)에서 보다 정교하게 발전된다.

에서 당시 형성되기 시작한 대중사회에 대한 이청준의 예민한 관찰을 발견할 수 있거니와,[27] 이때 유동적인 존재로서의 대중은 알 수 없는 타자로서의 위치를 점한다. 그 결과, 가령 「조율사」의 한 장면에서처럼 민권을 신봉하는 잡지 기고자들이 민중을 대변하고 옹호하는 글을 발표했을 때 충심으로 환영했던 시민들이 언제부턴가 태도를 바꾸는 사건이 발생할 수도 있다. 이제 민권론자들이 선택해야 할 올바른 길은 그들 자신이 민중의 대변자임을 자임하기 이전에 그들의 말이 민중을 대변한다는 점에 대해 민중들로부터 동의와 승인을 얻어내는 노력을 병행하는 것이다. 작가와 독자의 관계도 이와 다르지 않다. 이로부터 「씌어지지 않은 자서전」과 「소문의 벽」에 등장하는 심문관과 전짓불 모티프의 이중적 의미를 파악할 수 있다.

심문관과 G 사이의 대화는 진위의 차원이 아니라 수행적 차원에서 진행되고 있다. 질문하기, 질문에 대답하기, 증명하기, 선고하기 등이 발화수반행위의 대표적인 사례라는 점을 떠나서도,[28] 심문관이 G에게 "당신이 진술한 이야기의 내용이 아니라 그 태도에 의해서" 유죄판결을 내린다고 선고하는 장면은 발화의 내용(의미)이 아니라 그 발화와 함께 수행되는 태도(행위)가 문제의 핵심이라는 점을 여실히 드러내기 때문이다. 이 에피소드를 쓴 작가 박준은 전짓불을 감춘 '소문의 벽' 앞에서 곤경에 처하거니와, 본질적으로 소문이란 진위를 판단하기 어렵거나 심지어 불가능하지만 누군가의 믿음을 사고 나아가 행위를 이끌어낼 수 있다는 점에서 한층 수행적이다.

---

27 「씌어지지 않은 자서전」에서 그 단적인 사례로 비유된 것은 "토마토가 모자란다, 왜 당국은 토마토를 재배자들에게서 싸게만 사들이려 하면서 시장가격은 엄청나게 인상하도록 내버려 두느냐" 등을 비판하는 『내외』(『사상계』) 대신 "토마토를 어떻게 더 보기 좋고 멋지게 만들어 먹을 것인가"를 알려주는 『새여성』(『여원』)이 팔려나가는 상황이다.

28 J. L. 오스틴, 앞의 책, 128면.

「조율사」, 「씌어지지 않은 자서전」, 「소문의 벽」에 등장하는 작가 인물들로부터 유추하면, 이청준에게 작가란 기본적으로 창조적 자아의 소유자이며 대중을 대변하기보다 자기 진실의 진술에 성실한 자이다. 이런 점에서 위의 소설들에 등장하는 심문관이 억압적인 정치권력이라기보다 "개인의 진실을 확정적이고 단정적으로 말하기를 강요하는 외부요인의 어떤 총체"에 가깝다는 지적은 일리가 있으나,[29] 그렇다고 해서 이로부터 개인적 진실의 특권화(물신화)를 찾는 것은 성급한 판단이다. 「씌어지지 않은 자서전」에서 심문관에게 4·19 직후를 제외하면 자신의 삶 전체를 지배해 왔던 허기라는 개인적 진실에 대한 진술만을 되풀이해 유죄판결을 선고받은 '나'는 열흘간의 선고유예 기간 중에도 동일한 진술을 반복하다 마지막 날에 이르러서야 자신의 소설이 잡지에 발표되어 독자대중과 대면하기 시작했다는 사실을 알게 된다. 이에 심문관은 '나'가 발표할 소설에 대한 검토를 계속하는 조건으로 선고유예를 연장한다. 비교적 분명하게 정치권력의 은유이던 심문관 이미지가 이 지점에서 문학의 독자로 그 성격이 바뀌고 있는데, 그럼에도 불구하고 '나'의 자기 진술이 여전히 타자의 심문의 대상이라는 사실은 바뀌지 않는다. 이는 개인적 진실이 특권화 혹은 물신화되는 상황과는 거리가 멀며, 따라서 '나'는 여전히 심문관-독자 앞에서 수행문을, 곧 독자로부터 동의와 승인을 구하는 수행적 언어를 발화해야 한다.[30]

「언어사회학서설」 연작의 하나로 발표된 「지배와 해방」에서 작가 이정훈은 '왜 쓰는가?'라는 주제에 대해 강연하면서 작가의 자기 진실이 단독으로는 성립할 수 없으며 "다른 동시대 사람들의 자발적인 동

29 김영찬, 「이청준 격자소설의 정치적 (무)의식」, 『한국근대문학연구』 12, 2005, 343면.

30 "그의 소설쓰기란 그 나름의 권력 생산을 위한 구체적인 실천행위"라는 지적 역시 이청준 소설이 전제하고 있는 작가와 독자의 수행적 관계에 주목한 결과로 볼 수 있다(우찬제, 앞의 글, 123면).

의와 넓은 공감을 얻"는 과정을 거쳐야 함을 역설한다. 여기서 정교화된 이청준의 소설론에 따르면, 작가는 좌절과 실패를 구제해 줄 새로운 질서를 마련하고 그것이 독자에 의해 동의되고 승인되기를 기대한다. 그러한 기대가 가능한 이유는 작가가 마련한 질서가 동시에 독자의 자유를 창조하고 확대하는 질서이기도 하기 때문이다. 아렌트의 논의를 빌리면, 개인의 진실에 입각한 진술은 자신의 사적인 이해관계에서 자유롭고자 하는 독자의 상상력과 공통감각에 의한 판단을 거쳐 폭넓은 동의와 승인을 얻을 수 있게 된다.[31] 이런 측면에서 접근할 때, 문학은 그 자체로 수행적인 언어 행위의 산물이다. 문학의 언어는 수행문과 마찬가지로, 진위 판단에 관계된 것이 아니라 어떤 세계를 만들어내는 행위를 수행하기 때문이다.[32] 그리고 문학에 의해 창조된 세계가 독자의 상상력과 공통감각에 의해 '적절하다'고 판단된다면, 그 문학적 발화는 동의와 승인, 공감을 얻는 행위를 수반할 것인바, 이에 관한 가장 대표적인 사례는 소설이 국민국가라는 새로운 세계(질서)를 창조하고 이를 독자들이 승인한 경우일 것이다.[33]

물론, 상상력에 의한 공감이나 수행적 언어 등의 개념은 이청준 소설뿐 아니라 문학 일반에 적용될 수 있겠으나, 이청준의 경우 1960~70년대의 억압적인 정치·언어적 상황에 대한 고민 속에서 작가가 창조한 세계가 독자에 의해 승인받는 작가—독자의 관계를 형성하고 이를 하나의 소설론의 수준에서 담론화할 만큼 문학의 수행성에 대단히 자각적이었을 뿐 아니라 창작활동을 통해 이러한 소설론을 실천함으로써 근대문학의 대표적인 속성으로서의 자율성이 포괄하는 통상적인 의미역을 넘어서려 했다는 점에서 그 의의를 찾을 수 있다.

---

31 H. 아렌트, 김선욱 옮김, 『칸트 정치철학 강의』, 푸른숲, 2000, 187~189면.
32 J. 컬러, 이은경·임옥희 옮김, 『문학이론』, 동문선, 1999, 7장 참조.
33 B. 앤더슨, 윤형숙 옮김, 『민족주의의 기원과 전파』, 사회비평사, 1991.

4. 수행적 언어에 의해 매개되는 정치

수행적 언어에 대한 이청준의 소설적 탐구는 「언어사회학서설」 연작이라는 성과를 낳는데 이 연작이 언어의 수행성 자체에 대한 문제의식을 발전시키고 있다면, "60, 70년대 우리 사회의 현실을 소록도의 현실에 빗대어 이야기한 정치 알레고리"로서 작가 특유의 정치학을 전개한 것으로 평가받는[34] 「당신들의 천국」은 1960~70년대의 정치적 상황을 주요하게 참조하면서 이를 언어의 수행성이라는 맥락으로 해석하고 있다는 점에서 이청준 소설에 반영된 정치의식의 일단을 점검할 수 있는 적절한 대상으로 판단된다. 「당신들의 천국」에 드러난 정치학은 동시에 언어의 정치학이기도 한바, 그것은 '약속하다'라는 수행동사를 중심으로 전개된다. 이는 「당신들의 천국」의 핵심 장에 '(약속에 대한) 배반 Ⅰ, Ⅱ'이라는 제목이 붙여진 데서도 확인할 수 있다. 5·16이 있던 해 8월 현역 의무장교 신분으로 소록도 병원에 부임한 신임 원장 조백헌 대령은 원생들의 탈출 사건으로 어수선한 분위기 속에서 마침내 부임 연설을 시작한다. 연설의 핵심은 바로 소록도 개발에 대한 약속이다.

"우리는 이 섬을 다시 꾸며야겠습니다."

드디어 원장에게선 그 약속이라는 것의 정체가 드러나기 시작하고 있었다. 이 섬과 섬 사람들을 위해 가장 두려워해 오던 일이 원장의 입을 통해 흘러나오기 시작한 것이었다. 그는 섬을 다시 꾸미겠노라고 선언했다. 섬을 다시 꾸며서 이번에는 정말로 이 섬에 발을 딛고 사는 모든 사람들이 이

34 류양선, 「낙원에의 꿈과 관념의 정치학」, 『성심어문연구』 20·21, 1999, 61면.

곳을 자기의 행복스런 낙토로 믿게 해 주겠노라고 힘있게 다짐했다. 떠나 가선 다시 또 돌아오고 싶은 그리운 고향으로 만들어 갖자고 간곡한 설득을 펴기도 했다. 환경도 보다 개선하고 이 섬에 살고 있는 사람이면 누구나 자기의 생활을 각자가 창의적으로 개발해 나갈 수 있도록 자활 대책을 연구하겠노라는 약속도 했다.

"나라가 온통 재건 사업에 총력을 기울이고 있는 이때, 우리들이야말로 이 섬을 다시 꾸미러 나서는 것은 어떤 다른 사람들의 그것보다도 값지고 보람 있는 일이 아닐 수 없습니다. 하지만 이 일을 위해서는 중요한 전제가 있습니다."

거기서 비로소 원장은 원생들에 대한 자신의 주문을 말하기 시작했다.[35]

조원장의 연설은 선언하고 다짐하고 설득하고 약속한다. 그것은 수행문이며, 따라서 말인 동시에 행위이다.[36] "이 섬 병원의 원장이라는 직위야말로 사실은 이 병원과 섬 전체를 통치한다고 말해도 좋을 만큼 모든 권한이 함께 주어진 절대 지배자"라면 조원장의 연설은 명백히 정치의 일환이다. "나라가 온통 재건 사업에 총력을 기울이고 있는 이때", 무엇보다 경제성장이라는 명분으로 집권한 군부처럼 조원장 역시 자신의 통치를 인정받기 위해 소록도 개발을 공약으로 내세운 셈이다.[37] 자신의 연설에 침묵으로 일관하는 원생들의 태도를 돌리기 위해 조원장은 구호조로 요약한 "인화단결, 정정당당, 상호협조, 재건"이라

---

35 이청준, 『당신들의 천국』, 문학과지성사, 1984, 58면.

36 데리다에 의하면 많은 정치적인 행위들이 이러한 수행적 발화에 의해 창설된다(J. 데리다, 「독립선언들」, 진태원 옮김, 『법의 힘』, 문학과지성사, 2004).

37 제1차경제개발5개년계획의 실시로 농지개량사업이 관개개선에서 농지조성 중심으로 전환됨으로써 1960년대에는 간척붐이 조성되었다(윤양수 · 지광효, 「우리나라 간척사업의 실태분석」, 『국토연구』 1, 1982, 207면). 물론, 낙토복지(樂土福地)에 대한 조원장의 약속이 개발에 국한된 것은 아니지만 오마도 간척사업이 그 핵심에 있는 것은 사실이다.

는 운영 방침을 내걸고 "나병은 낫는다-나병은 유전하지 않는다"라는 말이 쓰인 구호판들을 수없이 세운다. 나병은 유전하지 않는다는 말은 과학적 진술이며 참이다. 인화단결, 정정당당 등은 그 자체로 정당한 말이다. 소록도 개발에 대한 약속은 정당하거나 필요한 것이다. 그런데 왜 원생들은 조원장의 연설에 침묵으로 일관하는가? 그것은 구호(slogan)가 곧 명령어(le mot d'ordre)이기 때문이다.[38] 다시 말해, 조원장은 선언하고 다짐하고 설득하고 약속하지만, 동시에 그 조건으로 뭔가를 주문하고 요구하고 명령하고 있다. 원생들이 조원장의 약속에 반응한다면 그것은 단지 언어적 차원에서의 대답만으로 그치지 않을 것이다. 원생들이 침묵하는 것은 조원장의 수행적 발화에 대해 어떠한 행위도 되돌려주지 않겠다는 의사의 표시이다.

소록도에는 이미 수십 년 전 조원장과 동일한 연설을 수행한 사람이 있었다. "나는 여러분에게 약속하겠습니다……"라고 연설의 서두를 뗐던 일본인 주정수 원장 역시 말로써 "약속하고 선언하고 장담하고 역설하고 설득"했으며, 이에 호응해 "원생들 스스로가 공사 협력을 다짐"하자 마침내 소록도 개발 사업이 시작된다. 그러나 모두가 만족한 1차 공사가 끝난 뒤에 2차 공사가 시작되고 그 뒤에도 다시 선창 공사와 해안도로 공사가 이어진다. 공사가 계속될수록 주정수에게는 "이젠 설득이고 뭐고 필요가 없었다. 모두가 원생들을 위한 일이었다. 그들을 위한 일에 일일이 구차스런 설득을 벌일 필요가 없었다." 이는 주정수의 수행적 언어에 심각한 파탄이 생겼음을 의미한다.

들뢰즈와 가타리에 따르면 모든 수행적인 발화는 명령어로 환원되지만, 하버마스는 이에 대해 좀 더 기술적으로 접근한다. 예컨대, 명령이라 해도 그것이 의사소통적으로 도달된 동의의 결과 정당한 것으로 받아들여져 따르는 경우와 그렇지 않은 경우가 있을 수 있다. 하버마

38 G. 들뢰즈 · F. 가타리, 앞의 책, 154~155면.

스는 전자를 발화수반적인 것으로, 후자를 발화효과적인 것으로 구별한다.[39] 원장들의 공약은 일방의 약속이 아니라 상호인정에 의한 쌍방간의 계약이다.[40] 일방이 먼저 약속을 제안하고 설득과 협의를 거쳐 상호이해 아래 다른 일방도 약속함으로써 계약 행위를 수행한다면 그것은 최소한의 정당성을 가진다. 주정수의 경우, 그의 원래 의도는 알 수 없으나 구차하게 설득하는 과정이 필요 없다고 생각하는 단계에 이르러서는 그 자신은 여전히 약속을 지키고 있다고 판단할지 모르나 원생들에게는 이미 약속의 배반이다.

조원장의 경우는 어떠한가? 우여곡절 끝에 원생들을 설득한 조원장은 오마도 간척사업을 시작하기에 앞서 공회당에서 선서식을 갖는다. 이 약속하기는 거창하면서 중층적이다. 조원장은 일신의 이익과 명예를 추구하지 않을 것을 서약하고, 서약이 지켜지지 않을 때 원생들에게 목숨을 내놓을 것을, 나아가 스스로 권총으로 단죄할 것을 서약한다. 물론, 원생들도 배반하지 않을 것을 서약한다. 조원장은 자신의 약속을 배신할 생각이 없고 실제로도 배신하지 않는다. 다만 그는 자신의 약속을 지키기 위해 "5천 원생들의 전체 이익을 위해서는 그 정도의 독단이나 원장으로서의 통치 기교를 사양해서는 안 된다고 생각"하고 "필요한 과장이나 협박술을 서슴지 않고 동원"한다. 조원장에게는 그렇게 할 수 있는 명분이 충분히 있지만, "문제는 오히려 그 명분의 지나친 완벽성, 명분이 너무도 훌륭했기 때문에 아무도 그 명분에는 입을 열어 말을 할 수 없었던 명분의 독점성이었다. 게다가 명분은 언제나

---

39 이는 발화수반행위와 발화효과행위를 보다 정교하게 구별하려는 시도의 산물이다. 하버마스에 따르면, 전자는 의사소통적 · 상호이해 지향적이며, 후자는 전략적 · 성공 지향적이다(J. 하버마스, 장춘익 옮김, 『의사소통행위이론』 1, 나남출판, 2006, 424~436면). 이런 맥락을 고려하여 『의사소통행위이론』에서 통상 '발화효과행위'로 번역되는 'perlocutionary'를 '발화수단행위'로 번역한 것은 적절해 보인다.

40 정과리, 「모범적 통치에서 상호 인정으로, 상호 인정에서 하나됨으로」, 『스밈과 짜임』, 문학과지성사, 1988, 90면.

힘있는 자의 차지였다."

조원장은 자신의 의도와 상관없이 주정수의 뒤를 그대로 따르고 있다. 이정태가 밝혔듯이 조원장에게는 "희생과 선의의 동기"가 있다. 또한, 이상욱이 밝혔듯이 조원장은 "돈 없는 자에겐 돈으로, 병을 앓는 자에겐 건강으로 각각 그의 천국을 삼게" 하려는 명분이 있다. 조원장의 선한 동기와 명분은 그가 확고하게 믿는 진실이지만 그것은 동시에 자기 진실에 불과한 것이기도 하다. 가령, "가난한 자와 병을 앓는 자에게, 가난하고 병을 앓을망정 아직도 차마 눈감아 버릴 수 없는 뜨거운 진실"이 남아 있다면 어떻게 할 것인가? 이 역시 누군가에게는 진실이자 포기할 수 없는 명분일 터이나, 조원장의 "명분 앞에 다른 사람들은 아무도 자신을 주장할 자기의 명분을 따로 지닐 수가 없"다. 타자의 동의와 승인을 구하지 않는 자기 진실의 물신화는 결국 농상을 낳을 것이다.

「당신들의 천국」의 조원장과 원생들의 관계는 「지배와 해방」에서의 작가와 독자의 관계와 유사하다. 이는 두 관계가 모두 수행적 언어를 매개로 성립되어 있기 때문이다. 「지배와 해방」에서 왜 글을 쓰는가 라는 주제로 강연하는 작가 이정훈은 독자들이 작가의 자기 진실을 받아들이기 위해 글을 읽을 리 없으며, "작가의 글과 독자와의 관계는 그런 일방 통행적인 파괴 관계보다는 상호 창조가 가능한 조화로운 대결이나 화해의 관계여야 한다"고 말한다. 이런 점에서 '자유에 의한 지배=해방'의 가치는 정치와 문학에서 공통적으로 추구해야 할 과제이다.

5. 1960~70년대와 언어의 정치학

조원장은 "약속을 지킨 대신 이곳에 자신의 동상을 세웠"던 주정수의 전철을 밟을 위기에 처하지만, 그보다 먼저 공사 관리권을 인계하라는 외부의 압력에 밀려 소록도를 떠난다. 「당신들의 천국」의 마지막 3부는 조원장이 5년 뒤에 섬으로 돌아온 후 2년여가 지난 시점에서 시작한다. 진지한 동시에 장황한 3부의 내용은 공동 운명을 함께 하면서 믿음을 구하고 그 믿음 안에서 자유로 사랑을 행하고 사랑으로 자유를 행함으로써 자유와 사랑의 실천적 화해를 추구하려는 주제의식을 전달하고 있다.[41] 이러한 주제는 다소 추상적으로 보이지만, 조원장의 지배 행위와 관련하여 구체적으로 다음 두 사항을 살펴볼 수 있다.

> 전 사실 원장님 부임 직후부터 이 섬의 선의의 지배자로서의 원장님과 그에 대한 피치자로서의 원생들과의 사이에 어느 정도까지 협의적인 지배 질서가 가능할 것인지에 대해 지극히 깊은 관심을 가져왔습니다. (…중략…) 전 결국 이 몇 년 동안 원장님과 원생들의 관계에서, 한 선의의 지배자와 피지배자들 사이의 어떤 대등한 상호 지배 질서, 만인 공유의 화창한 지배 질서가 탄생하는 것을 본 것이 아니라, 한 지배자가 어떤 불변의 절대 상황 속에 갇힌 다수의 인간 집단을 얼마나 손쉽게, 그리고 어느 단계까지 저항 없는 조작을 행해 갈 수 있는가 하는 슬픈 지배술의 시범을 보아 왔던 셈입니다.

"자생적인 운명의 일부분으로서 선택되어져야 할 힘의 근거라는 말의 뜻은, 그 원장이나 원장의 권능이 섬사람들 자신의 의사에 의해 그들 가운

41 김현, 「자유와 사랑의 실천적 화해」, 『당신들의 천국』, 388~389면.

데서 선택되어져야 한다는 뜻입니까……."

"물론이지요. 그렇지 못한 힘은 언제나 그 힘 자체의 욕망을 충족시킬 지극히도 이기적인 명분을 지어내게 마련이니까요. 명분은 언제나 힘에 대한 봉사만을 일삼아 왔으니까요. 그리고 그게 이 섬을 실패시키고 있는 가장 깊은 원인이겠지요."[42]

조원장에게 보낸 이상욱의 편지는 조원장의 지배가 실패했음을 밝힌다. 위에서 지적했듯이, 그 자신의 선의에도 불구하고 훌륭한 명분을 독점하고 그 외의 다른 명분은 인정하지 않았던 조원장이 주정수의 "슬픈 지배술"(전략적 · 성공지향적 발화수단행위)의 전철을 답습해 가고 있었다는 사실이 실패의 증거이다. 한편, 섬을 찾은 이정태와 조원장이 나누는 대화는 "지배자와 피지배자들 사이의 어떤 대등한 상호 지배질서"를 위한 필수적인 조건으로 "원장의 권능이 섬사람들 자신의 의사에 의해 그들 가운데서 선택되어져야 한다"는 것, 다시 말해 정치권력이 공동체 구성원의 참여(선거 · 피선거)로 구성될 수 있는 정치적 자유권(참정권)의 확보를 적시하고 있다.

우리나라에는 논설이나 회화에 있어서 '주장'만이 있지 '설득'이 없는 것이 탈이라는 것이다. (…중략…) 이런 경우에 '주장'이란 한 발자국만 더 내디디면 명령으로 화하는 성질의 것이고, 이런 현상은 으레 문화의 기반이 약하고, 정치적으로는 노상 독재의 위협에 떨고 있는 사회에 수반되는 현상이다. (…중략…) 그러다가 힘이 약한 '주장'이 명령을 넘어서서 어쩌다가 행동으로 나올 때, 독재가 어떠한 수단을 쓰는가에 대한 최근의 가장 전형적인 예가 누구나 다 하는 6 · 8 총선거의 뒤처리 같은 것이다. 이것은 완전한 힘과 힘의 대결이다. '설득'이 허용되지 않기는커녕 '주장'이 지하로

42 이청준, 『당신들의 천국』, 356, 368~369면.

그의 발언을 매장시키기 시작한다.[43]

물론, 정치가 반드시 언어행위에 한정된다고 할 수는 없지만, 수행적 언어를 주요한 매개로 하여 작동한다는 것은 틀림없을 것이다. 이에 관한 이청준의 정치관은 최소한의 정치적 권리와 자유의 보장을 요구하는 것처럼 보인다. 그런데 김수영의 진단처럼, 권력을 가진 주장과 그렇지 못한 주장 간에 설득에 의한 의사소통이나 상호이해가 결락된 채 주장이 일방적인 명령으로 변질되고 급기야 수행적 언어의 범위를 넘어 물리적 폭력이 행사되는 1960년대, 더 나아가 초법적 권력 앞에서 정치가 마비된 유신체제 하의 1970년대를 염두에 둔다면 참정권에 대한 이청준의 요구는 최소한이지만 필수불가결한 요구일 것이다.[44] 「당신들의 천국」은 정치 영역에서 상호이해에 이르는 정당한 수행적 언어가 작동해야 함에 대해, 문학이라는 또 다른 수행적 언어로써 독자들에게 동의를 구하고 있다.

---

43 김수영, 「지식인의 사회참여」, 앞의 책, 89면.

44 선거권과 피선거권은 대의제(representation)를 전제로 한다. 대의는 대표이자 대변인바, 조원장이 훌륭한 명분에도 불구하고 원생들을 대표/대변하는 데 실패했다는 점을 고려한다면 과연 대의제가 이를 보충할 수 있을지는 의문이다. 이런 점에서 「당신들의 천국」의 결말이 "기본적으로 민주주의 체제에 대한 신뢰를 보여" 주는 동시에 인간 존재의 딜레마를 남기고 있다는 지적은 타당하다(윤지관, 앞의 글, 164면). 자유로운 주체 간의 상호이해와 동의를 강조한 작가가 사랑과 용서의 윤리(이는 상호적이지 않고 일방적인 증여–선물인바, 역설적으로 일방적인 선물에 의해 선순환하는 상호작용이 개시될 수 있다)로 강조점을 옮긴 것은 이러한 한계에 대한 인식에서 비롯된 것일 수 있다.

박태순 소설과 이동성mobility

1. 유동하는 세계를 이동하는 주인공

1964년 『사상계』 신인문학상과 1966년 『경향신문』, 『한국일보』 신춘문예를 통해 등단한 박태순은 김승옥, 이청준 등과 함께 대표적인 4·19세대에 속하면서도 그와는 다른 방향으로 작품 활동을 확장해 나간 작가로 평가된다.[1] 4·19세대에 의한 1960년대 소설은 개인 '나'에 대한 인식, 곧 자기 존재의 정립과 개성의 각성을 중심으로 전개되어 왔던바, 이러한 작업은 1950년대의 전후 상황을 극복하고 근대적인 삶을 새롭게 정초하고자 한 문학사적 과제에 이어진 것이라는 점에서 그 의의를 찾을 수 있다.[2] 그러나 이러한 의의를 인정하는 것과는 별개로, 가령 김승옥의 경우와 같이 '자기 세계'를 확보하는 과정에서 빚어지는 타자와의 갈등 및 불화에 대해 감상적인 태도를 취하는 데 머물거나 혹은 이청준의 경우처럼 '나'에 대한 고민이 "환부다운 환부가 없

1 김윤식·정호웅, 『한국소설사』, 예하, 1993, 373면.
2 김주연, 「새 시대 문학의 성립: 인식의 출발로서 60년대」, 『아세아』, 1969.2, 254면.

는" 병을 낳고 또 그 병을 앓는 환자가 "영영 열리지 않을 문의 성주"가 됨으로써 관념 과잉의 고립 상태로 귀결되는 등의 문제에 대한 비판 역시 꾸준히 제기되어 왔다.

개인적 영역에 국한된 감성과 관념성이라는 한계에 대해 박태순 소설이 시도한 변화는 작품의 스토리 측면에서는 "초기 작품들은 먹고 사는 현실의 문제와는 거리가 먼 젊은 애들의 퇴폐적 내지 악동적인 세계를 주로 다루었는데 (…중략…) 이러한 한계를 벗어나려는 노력의 일환으로 작가가 자신의 원래 생활환경과는 대조적인 외촌동의 세계를 작품화하는 작업을 일찍부터 시작했다"는 설명으로 요약될 수 있다.[3] 보다 시야를 넓혀 1960~70년대에 걸친 소설사의 전개를 염두에 둔다면, 그의 작품 활동은 "60년대의 김승옥, 이청준 또는 박태순의 주류들이 개인의식의 침잠 혹은 감성적 표현이란 약점을 내포하고 있는 경향과는 달리, 현실에 깊이 투입되면서 자기의 눈으로 상황을 파악하고 재구성해 보려는 노력이 강렬하게 비치"는 1970년대적 경향의 선두에 위치하는 것으로 평가되기도 한다.[4]

1960년대적 경향과 1970년대적 경향을 동시에 드러낸다고 이해되는 박태순 소설의 성격은 그의 작가적 가능성에 대한 긍정적인 평가를 이끌어내기도 하지만, 다른 한편으로는 그의 위치를 일종의 과도기적 존재로 자리매김하는 결과로 이어지기도 한다. 여기서는 후자의 경향이 좀 더 두드러졌다고 볼 수 있는바, 그리하여 "퇴폐적 내지 악동적인 세계"를 배경으로 도시적·개인적 감성을 형상화하는 단계에서 "외촌동의 세계"에 속한 "변두리 인생, 밑바닥 인생"을 탐구하는 단계로 변화해 갔음에도 불구하고 박태순의 소설은 민중에 대한 진정한 연대의

3 백낙청, 「변두리 현실의 문학적 탐구」, 『민족문학과 세계문학』 1, 창작과비평사, 1978, 266면.

4 김병익, 「광기와 야성: 박태순론」, 『현대한국문학의 이론』, 민음사, 1972, 409면.

식의 차원에는 미치지 못하며,[5] 또한 도시 변두리로 쫓겨난 주인공들 역시 응집된 사회의식을 소유한 기본 계층이 아니라 떠돌이, 뜨내기 등의 주변부적 인물로 설정되어 "사회현실의 종합적, 전면적 인식을 감당하기에는 미흡할 수밖에 없"다는 평가에 이르게 된다.[6]

1960년대에서 1970년대로의 문학사적 전개를 "개인의식의 각성과 자아의 정립"에서 "민중의 발견"으로의 전환이라는 거시적인 구도에서 파악할 경우, 박태순 소설의 변화 과정 및 현실 인식의 한계에 대한 위와 같은 평가는 별 무리 없이 수용되지만, 일반화된 구도를 전제한 접근 방식만으로는 박태순 소설의 내적 전개 양상 자체를 고찰하기에 다소 미흡함이 따를 수 있다. 이런 측면에서 박태순 소설의 전개 과정에 나타나는 고유한 논리를 추적하고 또 그러한 과정이 이른 귀결점이 내포하는 의미를 점검하는 작업이 필요하다.

이와 관련하여, 박태순 소설의 기본적인 출발점이 도시적 삶의 반영에 있다는 점에 주목한 최근의 연구 성과들을 참고할 수 있다. 오창은은 「한국 도시소설 연구」에서 "정적이지 않고 유동적이며 다양한 자극으로 넘실대는" 도시를 배경으로 젊은 세대의 풍속을 형상화하는 데서 출발한 박태순 소설이 도시 변두리 지역으로 소설의 무대를 확대해 가는 과정을 살펴보고 있으며,[7] 이에 대한 논의를 보다 구체화시킨 조현일은 「대도시와 군중」에서 박태순 소설의 원형이 도시 거리를 배회하거나 방랑하는 체험에 이어져 있으며, "초기작 중 이질적인 작품으로 평가되는 「정든 땅 언덕 위」 역시 크게 보아 대도시 돌아다니기의 연장선 위에 있"는 만큼 그의 소설에서 발견되는 민중의 성격 또한 이런

---

5 백낙청, 앞의 글, 268면.

6 염무웅, 「도시－산업화시대의 문학」, 『민중시대의 문학』, 창작과비평사, 1979, 337~339면.

7 오창은, 「한국 도시소설 연구: 1960~70년대 작품을 중심으로」, 중앙대 박사논문, 2005, 168~170면. 이러한 연속성은 도시적 감성의 진화로 설명되기도 한다(오창은, 「도시적 감성의 진화」, 『무너진 극장』, 책세상, 2007, 334~335면).

맥락에서 이해될 때 새롭게 조명될 수 있음을 강조하고 있다.[8] 이러한 연구 관점은 일찍이 박태순 소설에서의 도시 공간이 "시작과 끝이 없이 흔들리고 반추되는" 유동적 세계로 파악되며, 주인공 역시 "그 동적 성격을 자신의 그것으로 환치시키"고 있음을 지적한 김현의 논의와 직·간접적으로 연결된 것이라 할 수 있다.[9]

이러한 논의들을 참고하여 박태순 소설의 주요한 특징 중의 하나를 유동하는 세계와 그 안에서 이동하는 주인공으로 분절할 수 있는바, 본고에서는 '이동성(mobility)' 개념을 중심으로 박태순 소설의 전개 과정을 살펴보고자 한다. 짐멜에 의하면, 자본주의적 화폐 경제의 발달에 의해 전통적인 공동체나 신분 사회에 매인 상태로부터 벗어난 근대인들이 공간적·지리적 차원에서는 물론 심리적인 차원에서도 전시대와 비교할 수 없는 이동의 자유를 부여받는다는 점은 근대의 가장 중요한 특징 중 하나이다.[10] 이처럼 근대적 삶에 의해 가능해진 이동성의 증대는 개인의 개별화를 촉진시키는데, 이러한 현상은 화폐의 순환이나 상품의 유통, 교통 등이 급속하게 진행되는 도시 공간에서 전형적으로 나타난다.[11] 짐멜의 「대도시와 정신생활」은 "급속도로 이미지들이 교체되면서 밀려오거나, 하나의 이미지 안에서 포착되는 내용의 변화가 급격하거나, 밀려드는 인상들이 전혀 예기치 못한 경우"와 같은 유동적인 도시 공간에서의 경험에 대한 주체의 이중적인 반응, 즉 한편으로 그러한 경험과 타협하면서 다른 한편으로 그것을 부정하

---

8 조현일, 「대도시와 군중: 박태순의 60년대 소설을 중심으로」, 『한국현대문학연구』 22, 2007, 350면.

9 김현, 「방황과 야성: 박태순」, 『현대한국문학의 이론/사회와 윤리』, 문학과지성사, 1991, 426면.

10 O. B. Jensen, "Facework, Flow and the City: Simmel, Goffman, and Mobility in the Contemporary City," *Mobilities*, Vol.1, No.2, 2006, pp.146~151.

11 G. 짐멜, 「대도시와 정신적 삶」, 김덕영·윤미애 옮김, 『짐멜의 모더니티 읽기』, 새물결, 2005, 46~48면.

는 태도를 추적하고 있다.[12]

짐멜의 이동성 개념이 반드시 도시생활 내부의 문제로 국한되는 것만은 아니다. 보다 확장된 차원에서 이동성은 근대 문화 전반의 본질적인 속성이며, 이를 통해 폐쇄된 공동체 집단 너머의 광범위한 사회영역이 창출됨으로써 이동의 자유가 증대되는 동시에 급격한 사회 변화에 의해 가속화된 세계의 유동성이 개인의 독립성과 자율성을 훼손하는 양상이 포착된다.[13] 주지하다시피 박태순은 유년기부터 서울에서 생활한 도시인이면서 또한 월남민이기도 했는데,[14] 이러한 작가의 이력은 도시에서의 이동성은 물론 사회 전반의 급격한 변화가 수반하는 보다 넓은 의미의 이동성에 대한 민감한 인식의 전제 조건으로 이해할 수 있다. 해방공간의 혼란 중에 월남하여 대도시 서울에서 살아가는 과정을 자전적으로 서술하고 있는 장편 「가슴속에 남아 있는 미처 하지 못한 말」의 다음 대목들은 박태순 소설에서 이동성이 갖는 의미를 대표적으로 제시한다.

> 움직이는 방—태룡이는, 일곱 살짜리 키가 작고 저음 선차, 아니 움직이는 방에 들어오게 된 태룡이는, 너무 환한, 커다란, 이 방에서 어쩔 줄을 모르고 있다. 불빛을 가득 채운 방이 길거리 한복판을 둥둥 떠가고 있는 것이다. 방이 움직이자, 태룡이도 움직이는 것이 되고 빛이 흐르고, 빛이 싸우고, 어두움이 달아나다가 달겨들고, 달겨들다가 달아나고, 그리고 길거리가 움직이고, 집들이 움직이고, 모든 것이 움직인다.

12 이런 측면에서 짐멜의 이동성과 벤야민의 산책자(Flaneur) 개념은 상당 부분 호응한다고 보기도 한다(윤미애, 「대도시와 거리 산보자: 짐멜과 벤야민의 도시 문화 읽기」, 『독일문학』 85, 2003 참조).

13 G. 짐멜, 「현대 문화에서의 돈」, 앞의 책, 18면.

14 김건우, 「4・19세대 작가들의 초기 소설에 나타나는 '낙오자' 모티프의 의미」, 『한국근대문학연구』 16, 2007, 177면.

> 저 어린것들을 데리구 처음 서울에 도착했을 때에는, 야 그 바다 굉장히 넓구나 하고 감탄두 했지만, 그러니까 사람의 바다가 말이에요, 그런데 그게 아닙디다. 사람들의 바다, 어떻게 부글부글 끓고 있는지, 그 속에 휘몰아치는 파도와 폭풍에 어떻게 거덜이 나는지…… 바로 나 자신도 그렇게 조난을 당해서 게거품을 품게 되었는데, 그러는 통에 저도 알지 못하게 밀리고 밀리어 그 막판에 왔다고 생각하게 되는군요. 어떠면 이것이 원점일지도 모르겠습니다. 생(生)의 최소한도의 요구조건, 그것만이 막판에 남는 것 아니겠습니까? (…중략…) 나만 그런 게 아니고 다른 사람들두 그렇구 이 시대라는 것두 그런 것 같아요.[15]

해주에서 월남한 태룡이 가족은 갖은 난관 끝에 서울에 도착해 네 번의 이사를 거쳐 용산경찰서 부근 언덕 꼭대기 절터로 거처를 옮긴다. 난생 처음 타게 된 용산행 전차를 "움직이는 방"으로 받아들여 곧 정주의 공간인 방이 움직이고 있다고 느끼는 태룡이의 심리는 도시의 이동성을 경험하는 주체의 상태를 압축적으로 제시하고 있다. 방이 움직인다는 것은 "도시에 오기 전에 살았던 신천 개여울이나 해주에서는 별반 일어나지 않은 일"이므로 불안할 수도 있지만, 태룡이는 오히려 빛과 어둠, 길거리, 집 등 모든 것이 떠다니고 움직이는 세계에 스스로를 동화시키는 쪽을 택한다. 그리하여 "방이 움직이자, 태룡이도 움직이는 것이 되고" 있다고 느끼며 전차에서 내리지 않으려다 미아가 되기도 하고, 집으로 돌아가는 길을 잃고 헤매면서도 전찻길로 나가는 버릇을 버리지 못하기도 하면서 이동성의 경험에 점점 매혹된다.[16]

---

15 박태순, 「가슴속에 남아 있는 미처 하지 못한 말」, 『정든 땅 언덕 위 외』, 동아출판사, 1995, 210~211, 330면.

16 "움직이는 방" 이미지가 「서울의 방」에서는 "삼백만 이상의 사람들이 득실거리는 이 더러운 도시"에서 "한없이 포근하며 마음이 놓이고, 나아가서는 나의 삶을 시인해 주는 어떤 따뜻한 특혜"라고 믿었던 하숙방이 실은 황폐한 공간으로 밝혀지는 결말을

한편, 일곱 살 태룡이에게는 감각적 차원에서 수용된 이동성이 그의 아버지에게는 보다 심각한 시대인식의 문제로 다가온다. 신천에서 회사 고원으로 근무하다 해주에서 해방을 맞은 아버지는 삼팔선이 생겨 남북이 분단되고 처가의 장인이 지주라는 이유로 투옥당하는 등, 예상치 못한 격변이 주변에 밀어닥치자 뒤늦게 허둥지둥 월남하지만 이미 한반도를 "휘몰아치는 파도와 폭풍"에 밀리고 밀려 밑바닥에 내던져진다. 그것으로 끝이 아니다. 5·10 단선을 앞둔 1948년의 서울 밑바닥 난민촌은 그 자체로도 "부글부글 끓고 있"는 유동적 공간으로, 중국과 만주에서 젊은 시절을 보낸 한독당 당원 허노인, 월남민 출신으로 기독교를 통한 자유민주주의를 신봉하는 채목사, 대동청년단에서 활동하는 난민촌 동네 반장 정갑두, 남로당 조직원으로 단선 반대 삐라를 뿌리다 검거되는 해직 교사 용식이 이모 등에 의해 대표되는 이데올로기의 파도가 휘몰아치고 있다. 몇 차례 시행착오 끝에 아버지는 자신뿐 아니라 시대 전체가 유동하는 상태에 있으며, 그 "무질서하구 혼란한 것"이 역설적으로 "생(生)의 최소한도의 요구조건"이자 "원점"이라는 결론에 이른다.

태룡이에게는 매혹적이며 그의 아버지에게는 혼란스러운 서울은 휘황찬란한 대도시인 동시에 한 집에 23세대, 2백여 명이 모여 바글거리는 절터로 대표되는 거대한 난민촌이기도 하다. 이러한 이중성은 해방공간의 서울만이 아니라, 박태순 소설에서 본격적으로 재현되는 1960년대 서울에서도 반복되고 있다. 박태순 자신의 분석에 의하면, 1960년대 서울은 화려한 도시 풍속의 이면에 "농촌의 분해－도시집중화 과정"이라는 "수평적 사회이동"과 "이농민이 도시난민촌에 편입된 이후로는 저임금으로 천민자본주의의 수취대상이 되"는 "수직적 사회이동"을 은

통해 다소 부정적으로 드러나기도 한다. 그렇다고 「서울의 방」에서 "도시와 밤거리와 행인들"의 유혹이 전면적으로 거부되는 것은 아니다.

폐하고 있으며, 이런 맥락에서 "60년대에 나는 도시문학을 했던 것이 아니라 난민촌문학을 했었는데, 실제로 이 시대의 서울이 도시문화를 형성해놓고 있었다기보다는 난민촌문화의 회랑으로 둘러쳐져 있었다고 관찰했기 때문"이라는 작가의 언급을 이해할 수 있다.[17]

대도시 서울이 드러내는 이중성은 이동성이 발현되는 두 양상이라고 할 수 있는바, 이를 중심으로 박태순 소설을 보다 일관된 구조 속에서 이해할 수 있다. 본고에서는 도시 거리에서 나타나는 이동성, 나아가 서울뿐 아니라 전국에 걸쳐 강제되는 사회이동의 양상을 중심으로 박태순 소설을 분석하고 이를 통해 박태순 소설에 형상화되는 이동성의 의미를 밝히고자 한다.

2. 도시 거리에서의 모험과 방황

박태순 소설에는 젊은 남녀의 만남을 둘러싸고 벌어지는 사건을 소재로 한 작품이 적지 않다. 그중 「공알앙당」, 「연애」, 「형성」, 「벌거벗은 마네킹」 등의 초기 작품은 "도시 젊은이들의 악동적인 연애행각이나 불구적인 정신상황"을 그렸다거나,[18] "급변하는 1960년대 도시 속 주체의 분열상"을 표출한 것으로 평가된다.[19] '악동적'이나 '불구적', '분열상'이라는 말이 암시하듯, 위의 소설들에서 남녀의 연애는 낭만적 혹은 속물적이라는 통상적인 맥락으로는 쉽게 의미화되지 않는 낯선

17 박태순, 「내가 보낸 서울의 60년대」, 『문화과학』, 1994 봄, 140면.
18 김병걸, 「외촌동 사람들의 이야기: 박태순론」, 『현대문학』, 1980.3, 303면.
19 오창은, 앞의 글, 33면.

사건으로 등장한다.

「연애」에서 돈화문 앞을 지나던 '나'는 우연히 만난 여자의 뒤를 따른다. "그녀를 본 순간, 나는 나의 몸이 요란스럽게 자극되고 있음을 느꼈"기 때문이다. 다음날 오후, 자신의 별명을 '억근이'라고 소개한 그녀를 만나기 위해 약속 장소인 뮤직홀을 찾은 '나'는 예상과 달리 그 별명으로 불리는 사내를 만나게 되고, 어젯밤의 여자가 이 사내의 애인일지도 모른다고 기대하면서 그의 일행과 합류해 그녀를 기다리기로 한다.

'연애'라는 제목 그대로 「연애」의 내용 대부분은 사랑을 주제로 나누는 젊은이들의 대화로 이루어져 있기는 하나, 그 대화에는 실체가 없다. '나'는 어제 처음 만났을 뿐 이름도 모르는 "거의 가공인물이다시피 한" 여자와 오랫동안 만난 듯한 착각 속에서 "사랑이니 진실이니 하고 떠들어" 대지만, 마침내 나타난 여자가 어젯밤의 여자와 전혀 다른 사람으로 밝혀지자 '나'의 말은 거짓이 되며 그뿐 아니라 「연애」의 모든 사건이 '나'의 착각에 의한 것으로 귀결된다.

그러나 "그녀와 나 사이에는 굉장한 인연이라도 있을 법했는데 사실 아무 인연도 없었다"는 사실을 깨닫고 슬그머니 술자리를 빠져나오는 '나'가 느끼는 실망감의 정도는 그리 심하지 않다. 자신의 말이 반드시 거짓인 것만은 아니라고 고집하는 '나'에게 그녀와의 인연은 여전히 "있을 법"한 어떤 것이기 때문이다. 이처럼 현실의 사건과 상상의 사건을 구분하지 않고 모호하게 뒤섞어버리는 '나'의 태도는 '불구적', '분열적'이라는 지적을 받을 만도 하나 이와는 별도로 그러한 '나'의 태도가 도시의 유동성과 밀접한 관련이 있다는 점에 대한 지적 또한 필요하다.

> 도시는 거기에 도대체 유치함이니 무어니 이런 것과는 전혀 관계없이 제 삼의 상태로서 펼쳐져 있었고 나는 그것을 보는 것이 기뻤다. (…중략…)

감미롭고 훈훈한 오월의 밤바람은 약간 완강하게 얼굴을 때리고 있었고, 흡사 네온사인으로부터 전파돼 오고 있는 듯한 어느 신비경은 나를 어리둥절하게 만들었다. 네온사인은 끊임없이 유혹의 손길을 뻗치고 있는 마녀처럼 보였던 것인데, 그러자 술이 취한 나는 돈화문 쪽을 보며 걷기 시작했다. (…중략…) 이따금씩 생각난 듯이 행인들이 지나가고 있었고, 그럴 적마다 혹시 '그녀'가 나타나지 않았나 싶어 나는 주의를 행인 쪽으로 집중시키곤 하였다. 그녀가 나타났다. 나는 그녀에게로 다가갔다. 어제의 그녀와 오늘의 그녀는 약간 달라 보였다. 그녀는 약간 웃어줄 듯한 표정을 하고 있었는데 나는 부지런히 십여 미터 이상이나 쫓아갔다.

"이름을 가르쳐주세요."

"가르쳐드릴 수 없어요."

"왜 없어요."

"없으니까 없어요."[20]

박태순 소설에서 연애는 우연성과 순간성에 의해 지배되는 유동적 공간으로서의 도시 안에서 전개되는 삶의 상징이며, 또한 그 공간에서 발생하는 순간적인 매혹이라는 사건의 대표이다.[21] "묘한 환상의 세계에 들떠서" 거짓 연애담을 말하던 '나'는 자신이 유치한 착각을 했을 뿐이라는 사실에 직면하지만, "도대체 유치함이니 무어니 이런 것과는 전혀 관계없이 제삼의 상태로서 펼쳐져 있"는 도시의 거리로 나서자 다시 기쁘고 상쾌한 기분을 느낀다. '나'의 시선을 사로잡아 연애로 이끌 '그녀'가 도시의 거리를 오가는 익명의 인파 사이 어딘가에 존재할 것이라는 환상이 "끊임없이 유혹의 손길을 뻗치고" 있기 때문이다. 그리고 실제로도 '나'는 어젯밤에 만난 여자와 "약간 달라 보였"지만 연애의 잠재

20 박태순, 「연애」, 『무너진 극장』, 정음사, 1972, 112~113면.
21 오창은, 앞의 글, 34~36면; 조현일, 앞의 글, 357~360면.

적 대상이라는 점에서는 마찬가지인 익명의 '그녀'와 조우하고, 어제와 동일한 절차를 반복한다. 물론, 오늘밤의 그녀와 연애하기가 반드시 성공하리라는 보장은 없지만 그렇다고 불가능한 것은 아니며, 또 설령 실패한다 하더라도 도시는 끊임없이 그 기회를 제공할 것이다.

도시의 유동성이 제공하는 연애의 환상에 탐닉하는 주인공의 태도는 유동하는 "현실을 전면적으로 수락하고 있"다는 평가를 받기에 충분한데,[22] 이는 진지하기보다는 경박하며 안이하거나 수동적인 현실 인식의 산물로 보이기 쉽다. 그러나 좀 더 생각해 보면, 도시의 삶에 매혹된 주인공이 전적으로 수동적인 것만은 아니다. "외부 풍경을 단지 넋을 잃고 쳐다보는 구경꾼이나 자신의 이해관계에 갇혀 있는 행인"에 비한다면 유동하는 도시와 동화되고자 하는 그의 도시 체험은 보다 활발하고 역동적이며, 이런 점에서 그것을 일종의 보험이라고 부를 수 있기 때문이다.[23] 도시의 연애는, 「공알앙당」에서 작가 자신도 언급했듯이 일종의 "모험"이다.[24] "통일적인 삶의 과정"이라는 총체적 맥락으로부터 떨어져 나온 삶의 형식으로서의 모험에는 재빠르게 기회를 움켜쥐려는 '자발적(능동적) 태도'와 외석인 우연성에 진적으로 자신을 내맡기는 '수동적 태도'라는 상반된 국면이 동시에 공존한다.[25] 이와 마찬가지로, 한 순간 드러나는 연애의 기회를 놓치기 않기 위해 도시의 거리를 이동하면서 주의를 집중하는 '나' 역시 적극적으로 자발성을 발휘하는 동시에, 그 기회란 우연한 사건의 연쇄에 속해 있기 때문에 어쩔 수 없이 수동적인 상태를 놓일 수밖에 없다.

「연애」의 '나'는 자신의 수동성에 대한 불안은 애써 무시하는 대신

---

22 김주연, 앞의 글, 258면.

23 윤미애, 앞의 글, 398~399면.

24 박태순, 「공알앙당」, 『사상계』, 1965.12, 320면.

25 G. 짐멜, 「모험」, 앞의 책, 211~215면. 여기서 짐멜은 다른 사건보다 특히 연애에서 모험의 형식이 월등하게 자주 발견된다는 점을 강조한다.

주어진 기회를 놓치지 않겠다는 자발적 국면에만 주목하고 있다. 그러나 유혹적인 동시에 경계심을 불러일으키는 도시의 이동성 체험에 대해 이러한 일방적 태도를 고집하는 데는 한계가 있다.[26] 불안과 경계심이라는 부정적 요소가 이동성의 이면에 자동적으로 뒤따르는 한, 어떤 주체가 유동하는 세계에 자발적으로 동화하는 것은 쉬운 일이 아니기 때문이다. 예컨대, 「공알앙당」에서 친구 '그 녀석'과 함께 자유롭게 여성을 편력하던 '나'는 정작 자신의 애인이 그 녀석과 우연한 계기로 만나고 있다는 사실을 알고 불안해진다. 끊임없이 유동하는 세계가 제공하는 기회는 동시에 위기이며, 그 위기는 불안을 조장한다. 그렇기 때문에 「형성(形成)」에서 애인과 헤어질 위기에 처한 '나'는 안정된 형식의 보호를 절실히 원한다고 고백하기에 이른다.

> 어떤 일반화된 패턴 같은 것이 절실히 필요하다구 느껴질 때 말야. 예를 들어 연애라 하면, 아 연애는 이러이러한 것에서부터 이러이러한 얘기를 거치고 이러이러한 장소엘 가서 이러이러한 무드를 만드는 것이 통례이다 식으루 일반화시킬 수 있는 패턴 말야. 결혼식이란 건 인류가 발견해 낸 가장 일반화된 패턴이거든. 그 형식은 최소한도 무엇인가를 보장해 주고 있거든. 삭제시키거나 박탈하는 것이 아니라 첨가시켜 주고 보호해 준단 말야. 난 그런 보호를 받고 싶어졌어. 아주 절실히 받구 싶어졌어. 내 생각이 너무 소시민적이구 속물적이구 비생산적이구 그리구 안이한 것이라구 그래두 상관 안 해.[27]

애인과의 관계에서 맞은 위기 앞에서 "우리 지금 바깥으로 나가서 시내를 마구 쏘댕겨 보자. 말하잠 오늘이 무슨 축제일인 것처럼 생각

26 F. 모레티, 조형준 옮김, 『근대의 서사시』, 새물결, 2001, 198면.
27 박태순, 「형성」, 『세대』, 1966.6, 388면.

해 버리자"고 제안하여 유동하는 세계에 뛰어드는 것으로 문제를 무화시키려는 시도를 염두에 두지 않는 것은 아니지만, 결국 '나'는 이동성의 반대편에 있는 안정성을 선택하는 쪽으로 고민을 정리해 나간다. 젊은 세대의 연애를 소재로 하는 「형성」의 주인공은 여전히 '악동적'이라는 평가를 받을 만한 성격을 소유하고 있지만, 그가 모험과 방황을 거듭하는 악동적 행동을 언제까지나 지속할 수 없다는 것은 상식적인 진실이다. 일상적인 연속성으로부터 일탈했던 모험가는 우회로를 거쳐 다시 삶의 맥락과 접속되어야 하기 때문이다.[28]

「형성」에서의 이러한 과정은 교양소설(Bildungsroman)의 다른 이름인 형성소설(novel of formation)의 의미를 내포하는 '형성'이라는 제목에서부터 암시되는 것이기도 하다. 모레티에 의하면, 빠르고 지속적으로 변화하여 세대 간의 연속성이 약화된 세계를 대상으로 한 "여행, 방랑, 모험, 방황, 길 잃기" 등의 탐색 과정에서 표출되는 이동성과 이에 뒤따르는 불안한 내면성은 젊음의 특성인 동시에 근대의 특성이며,[29] 따라서 젊은 주인공의 탐색을 중심으로 전개되는 교양소설은 근대의 상징적 형식이 된다. 그러나 종결을 위해 젊음의 이동성과 불안정성을 제한한다는 점에서 교양소설의 구조는 "내재적으로 모순적인 것"이라고 할 수 있다.[30]

이와 마찬가지로 이동성에 의해 가능해진 모험으로서의 삶을 선택해 왔던 '나'에게 "일반화된 패턴(형식)"이란 자신의 개성이나 자유 등을 "삭제시키거나 박탈하는" 것이었지만, 위기를 맞은 지금 '나'는 그러한

28 G. 짐멜, 「모험」, 204면.

29 박태순의 「생각의 시체」는 20대 청년이 우울한 도시 편력을 반복하는 이유를 "세대 간의 정당한 교섭이란 성립할 수 없"는 상황에서 "불안정한 삶을 누릴 수밖에 없"기 때문으로 상정한다.

30 F. 모레티, 성은애 옮김, 『세상의 이치: 유럽 문화 속의 교양소설』, 문학동네, 2005, 28~31면. 모레티가 말하는 교양소설은 괴테나 오스틴에 의해 창시된 '고전적 교양소설'이 아니라 형성소설, 사회화소설 등으로 바꿔 부를 수 있는 일반적인 의미를 갖는다.

패턴이 "최소한도 무엇인가를 보장해 주고 있"다는 사실을 새삼 깨닫게 된다. 그리하여 '나'는 일반화된 삶의 패턴이 제공하는 보호를 받아들이는 대가로 "인간의 개성이라는 것은, 어떠한 방식에 의하여서든지 몰수될 필요가 있"음을 인정하며, 또 이처럼 "어렵게 얻어진 진실"을 수용하는 과정이 "우리가 반드시 알아내지 않으면 안 될" "성년의 의미"임을 정확히 인식하고 있다.

그러나 "엉성하게 질서를 갖추고 있던 나의 마음속의 형성이 와르르 무너지고 있는 듯한 소리를 듣고 있었다"로 끝나는 「형성」의 결말은 일종의 반전을 제시한다. 요컨대, 「형성」은 '형성'(성장)의 실패로 결말을 맺는 형성소설이다. 성장이라는 이름으로 젊음의 이동성에 가해지는 제한은 대개는 현실과의 타협이라는 형태로 드러나는바, 「형성」의 반전이 문제제기하는 것 역시 이러한 타협의 부정적 속성이다. 모험과 방황의 삶을 영원히 지탱할 수는 없겠지만, 그러한 상태로부터의 성장이란 결국 "소시민적이구 속물적이구 비생산적이구 그리구 안이한" 삶과의 타협이 아니겠는가? 젊은 주인공의 자기 성장이라는 주제를 박태순 초기 소설 전반에 대한 것으로 확장한다면,[31] 「형성」의 결말이 제기하는 질문은 「이륙」, 「도깨비 하품」, 「당나귀는 언제 우는가」 등의 경우에도 서사를 추동하는 갈등의 기본 조건을 구성한다고 할 수 있다.

고정된 출퇴근 생활에 익숙해진 「이륙」의 '나'는 갑자기 방문한 친구 '진땅'을 "그는 아직 어른이 아니었다"라는 단정으로 평가절하한다. "결혼을 하고 사회적 지위를 쌓"는 등 생활의 질서를 찾는 데 성공한 친구들에게 뒤쳐져 "엉뚱하게 이륙해버린" 진땅은 "유령처럼 허공을 헤매"면서 "마치 귀신처럼 서울 시내를 출몰하"고 있다. 「도깨비 하품」의 주황 역시 "출세를 하려고 서두르는 같은 나이의 젊은이들과는 성격이 달"리 "궁극적인 질서라든가, 생활의 보금자리라든가, 이런 것에 대해

31 오생근, 「박태순의 작품 세계」, 『단씨의 형제들 외』, 삼중당, 1975, 303면.

서 반감이 대단"하며, 그 결과 "허공 한가운데에 붕 떠 있는 듯한 생활" 속에서 "마음의 갈피를 잡지 못한 채 방황"을 계속한다. 돈벌이 욕심으로 밀수를 하다 가동이 중단된 공장을 배경으로 하는 「당나귀는 언제 우는가」에서는 무숙자(無宿者) 방랑 청년들이 대거 모여들어 "망해 자빠진 공장 속에다가, 마치 무중력 상태와도 같은 빚잔치를 벌"인다.

진땅이나 주황을 포함한 이들 '무중력 청년들'의 공통점은 자의에서든 타의에서든 안정(정착) 대신 이동을 삶의 기본 태도로 삼은 데 있다. 그리고 「도깨비 하품」의 주황이 "모든 것을 일단 그를 위한 현전성(現前性)으로 보고" 그런 차원에서 세계를 파악하여 그 결과 "모든 것은 그에 의하여 일종의 무질서가 되"고 있는 것처럼, 그들의 이동성은 세계가 고정적이지 않고 유동적이라는 인식을 전제로 한다. 이러한 이동성에 대한 인식은 「당나뒤는 언제 우는가」에서 명시된 것처럼 "1960년대의 한국적인 분위기", 곧 "1960년대의 속물주의"에 대한 비판의 가능성을 마련하고 있음은 위에서 살펴본 바와 같으나, 그 비판의 입지 자체가 구체성을 결여하여 공허하거나 관념적이라고 평가될 혐의도 없지 않다.[32] 이것은 일종의 딜레마이다. 박태순 소설의 주인공들은 소시민성이나 속물성에 대한 비판의 근거를 유동하는 세계를 이동하는 삶에서 찾을 수 있지만, 반면에 그 이동성은 의미 있는 맥락으로 통합되기 쉽지 않으므로 혹은 의미 있는 맥락으로 통합되는 순간 상실될 수 있으므로 여전히 막연한 상태에 머물 수밖에 없다. 이러한 문제, 곧 이동성의 의미화라는 과제는 이후 박태순 소설에서 지속적으로 탐구된다.

---

32 김진기, 「박태순 초기 소설에 나타난 작가의식 연구」, 『한국문학이론과 비평』 10, 2001, 235면; 임경순, 「1960년대 소설의 주체와 지식인적 정체성」, 『상허학보』 12, 2004, 30~31면.

3. 인생유전과 진정한 모험

작가 자신이 "나의 문학 세계에서 처음이자 마지막으로 써 본 소설가 소설"이라고 언급한 바 있는 「뜨거운 물」에서 갓 소설가로 등단한 '나'는 술에 취해 광화문 거리를 헤맨 다음날 아침, "세계는 커다란 무질서 속에 싸여 있었다. 도리어 우리는 이 세계의 혼란함에 대하여 어떤 질서를 부여하기를 거절했다. 왜냐하면 혼란은 그것 자체로서 완성된 상태인 것이며, 거기에 어떤 질서가 있다면 다만 그것은 소시민의 초라한 안정과 같은 것에 불과한 것"이라고 판단하기에 이른다. 이는 '나'의 생각일 뿐 아니라 박태순 자신의 문제의식이라고 해도 크게 무리가 없다. 무질서한 혼란이 그 자체로 완성된 상태라는 인식은 이동성에 대한 인식에 다름 아니다. 그러나 '나'가 인정하듯, 소설이란 또한 "신문의 기사나, 애달픈 호소가 담긴 수기와는 다르게 그것은 일종의 강력한 질서를 요구하는 것"이기도 하다. 무질서한 세계를 어떻게 소설의 질서 속에 포착할 수 있는가 혹은 어떻게 소설에 의해 무질서한 세계에 질서를 부여할 수 있는가?

박태순 소설을 관통하는 주요 특징을 "근본적인 무질서의 세계"로 파악한 임경순은 박태순 소설이 "이미 수립되어 있는 질서에의 편입에는 동의할 수 없으며, 새로운 가치체계는 형성되어 있지 않은 상황에서 존재하는 모든 것의 근원으로 돌아가려는 시도"의 일환으로 "원시적인 생명력으로서의 민중성"을 포착하고 있으며 이때의 민중성이란 "체제 내로 편입되지 않는 방랑자와 같은 이미지"로 구현된다고 이해하고 있다.[33] 이러한 해석에 대해서는 대체로 수긍할 수 있지만, 이로

33 임경순, 「1960년대 지식인 소설 연구」, 성균관대 박사논문, 2002, 158~168면.

부터 무질서란 극복해야 할 대상이며 그 극복은 민중으로부터 기대되는 새로운 질서에 의해 가능하리라는 성급한 결론에 이르는 것에는 다소 문제가 있다. 예컨대, 박태순 소설에서 민중에 의한 주체의 재정립을 읽어내려는 관점이 있을 수 있는데,[34] 이에 의하면 박태순 소설은 여전히 주체 정립에 미달하는 상태에 머무는 것으로 평가될 수밖에 없다. 그 이유는 박태순 소설에서 형상화되는 민중 역시 기본적으로는 이동성의 존재, 곧 정립되지 않는 주체이기 때문이다.

앞에서 살펴본 대로 유동적 세계에서 이동하는 주인공은 박태순 초기 소설에서부터 발견되는 주요 특징인바, 박태순 소설이 민중과 대면하는 계기 또한 그 연장선상에서 찾을 수 있다. 다시 말해, 그 계기는 우선은 광화문이나 종로 등의 도심을 배회하던 주인공이 자신의 영역을 도시의 변두리나 지방으로 확장하는 과정에서 자연발생적으로 등장한다. 예컨대, "그 당시 오만확의 나이는 스물한 살이었다. 일 년 재수해서 대학에 들어가기는 했는데, 학문의 전당이라는 곳이 꼭 무슨 극장 같기만 하고, (…중략…) 그는 서적 세일즈맨 노릇을 해볼 마음을 내었다"와 같은 설정은 특정 작품에 국한되지 않고 박태순 소설 선반에 걸쳐 빈번히 나타나고 있다.[35] 이 계열의 대표작 「단씨의 형제들」에서 대학을 때려치우고 일용 노무자로 전전하다 의류 세일즈맨이 된 단기호는 전국을 떠도는 과정에서 도시 소시민들의 삶과는 다른 형태의 삶을 발견한다.

> 하여튼 서울 물을 먹어본 내 눈에는 시골 장날의 축제 기분이라는 것이 이런 식으로 보이는 거야. 음험한 관찰임에 틀림없겠지만, 대략 8개월가량

---

34 김주현, 「시각체험과 6・70년대 도시빈민소설의 새로운 형식: 박태순과 조세희 소설을 중심으로」, 『어문연구』 126, 2005, 359면.

35 박태순, 「우스꽝스런 정밀(情密)」, 『월간중앙』, 1971.6, 422면.

장똘뱅이 생활을 하는 가운데 나는 산다는 것의 가장 구체적인 표정과 그 실감을 느꼈단 말야. (…중략…) 사람들은 신문의 차원으로 눈을 뜨고 있지만, 반대로 신문보다 약간 높은 차원 또는 약간 낮은 차원의 세계에 대하여는 깜깜 절벽의 문맹상태가 되어버린단 말야. 새로운 문맹인들은 신문이 제시해주는 삶과 생활이라는 게 진짜 삶이며 생활이라고 착각조차 한단 말야. 그런데 내가 장똘뱅이 노릇을 하면서 보게 된 삶이라는 것은 신문 같은 것에 의하여 규정되어 있는 삶과는 상관이 없는 것이었어.[36]

그의 체험에 의하면, "넥타이를 맨 인생과 노동복을 입은 인생 사이에는 엄청난 거리감이 놓여 있"는데 세일즈맨이란 그 중간에 위치하며 그래서 더 위태로운 존재이다. "이방인은 상인으로, 또는 상인은 이방인으로" 치환할 수 있다는 짐멜의 설명에 따르면, 박태순 소설에서의 세일즈맨이란 도시와 시골 어디에도 속하지 않는 이방인, 곧 '이동하는 인간'(mobile person)으로서의 상인이다.[37] "취직을 하고 결혼을 하는 등 어떤 공식적인 과정을 거쳐서 나이 서른 살이 되어가는" 친구들이 영위하는 "신문 같은 것에 의하여 규정되어 있는 삶"을 거부하고 이동하는 삶을 선택한 단기호는 시골 장바닥의 '밑바닥 인생'들에게서 "산다는 것의 가장 구체적인 표정과 그 실감"을 찾으려 한다.

이러한 사정은 외촌동의 발견의 경우에서도 마찬가지로 드러난다. 외촌동은 고유명사로서의 신림동을 모델로 하고 있지만, '정착지 정책'에 의해 1960년대 말에 서울 변두리로 확대되던 무허가 가옥 지대를 일컫는 보통명사로 그 의미가 확장된다. 「가슴속에 남아 있는 미처 하지 못한 말」의 태룡이 가족과 같은 월남민들이 집단거주했던 해방촌(용산)을 비롯해 6·25 피난민들이 몰려든 금호동, 옥수동뿐 아니라 종

36 박태순, 「단씨의 형제들」, 『정든 땅 언덕 위』, 민음사, 1973, 359면.
37 G. 짐멜, 「이방인」, 앞의 책, 79~81면.

로, 남산, 청계천변 등의 도심까지 난립한 무허가 가옥을 정리하기 위해 이를 시 외곽으로 이전하는 정착지 정책이 대규모로 실시된 결과 서울 변두리에는 수십만 가구의 무허가 가옥 지대들이 생겨났는데, 무허가 가옥만을 따로 분리하는 정책은 오히려 무허가 가옥의 확대 재생산을 부채질하는 악순환을 낳기에 이른다.[38] "본디부터 이곳에 살아왔던 주민이라곤 하나도 없고, 다들 무슨 귀찮은 휴대물인 양 제 사정에 의하여 떠돌아다니다가 이런 구석에까지 밀리어 들어"온, 도시에서 밀려난 철거민과 수많은 이농인구들이 수용된 비촌비도(非村非都)의 공간인 외촌동은 당시의 급격한 사회변동을 집약하고 있다.[39]

> 외촌동(外村洞)은 지난 봄철에 급작스럽게 생긴 동네였다. 서울시 도시계획에 따라 무허가 집들을 철거한 시 당국은, 판자촌에서 살던 사람들을 위하여 새로이 동네를 만들어 증정했던 것이다. 시 당국은 〈재건 토목주식회사〉에 청부를 맡겨서 날림으로 공영 주택을 지었다. (…중략…) 하나의 거드럭거리는 이방인으로서 당신이 이 동네에 들어선다면, 우선 대변보는 곳으로 들어가서 십여 분씀 쪼그리고 앉아 있어 볼 필요가 있다. (…중략…) 그리고 당신은 진영이의 말방울 음향뿐만 아니라, 이 동네 전체에서 무어랄까 생(生)의 요란스런, 그리고 점잔빼지 않는 낯설은 음향이 들려오고 있음을 알게 된다.[40]

「재채기」의 서두에 제시되는 고백처럼, "너희들('새로운 문맹인'—인용자)과 마찬가지로 그저 멍청한 인간이었"던 '나'는 "전국을 떠돌아다니다가 이곳에 들어와서" "외촌동은 정말로 사람이 살아봄직한 곳"임을

38 손정목, 「도시50년사: 광주대단지 사건」, 『도시문제』, 2003.11, 89~90면.
39 백낙청, 앞의 글, 265면.
40 박태순, 「정든 땅 언덕 위」, 『정든 땅 언덕 위』, 13~14면.

깨닫는다. '나'가 외촌동에서 발견한 것은 "생의 요란스런, 그리고 점잔 빼지 않는 낯설은 음향"에 비유되는 어떤 것인바, 기다란 뱀 같은 형국의 날림 주택에 살고 있는 외촌동 주민들을 등장시킨 「정든 땅 언덕 위」는 살아가기 위해서는 온갖 사건을 겪으며 요란할 수밖에 없고 그렇다고 기성도덕을 지키며 점잔빼고 있을 수만도 없는 그들의 삶을 서술하고 있다.

변두리 민중의 삶을 다룬 「정든 땅 언덕 위」가 통상 과도기적 소설로 평가되곤 했던 이유는 주로 도시 청년의 삶을 형상화했던 박태순 초기 작품과 단지 발표 시기가 겹치기 때문만이 아니라, 「정든 땅 언덕 위」의 화자가 세상을 떠도는 젊은이로 설정되어 있다는 보다 근본적인 이유 때문이기도 하다. 이는 「정든 땅 언덕 위」가 "악동소설적 세계와의 연속성을 드러내"고 있다는 백낙청의 지적을 통해서도 암시되는 바, 「정든 땅 언덕 위」의 과도기적 성격에 대한 지적은 도시의 거리를 배회하다 변두리 외촌동까지 이른 청년의 관찰이 "국외자다운 가벼움"의 태도를 극복하지 못하고 있음에 대한 비판으로 이해할 수 있다.[41] 이러한 지적은 어떤 의미에서 타당하지만, 이로부터 박태순 소설의 세계를 '도시 청년의 삶 : 변두리 민중의 삶'이라는 통상적인 이분법으로 환원할 수 있는가의 문제에 대해서는 좀 더 고찰할 필요가 있다. 여기서 도시 청년의 삶의 기본 조건을 구성하는 이동성에 대한 인식이 변두리 민중의 삶을 서술하는 작품에서도 지속적으로 유지되고 있음에 주목할 수 있다.

> 나는 성남단지(城南團地)에서 이곳으로 흘러 들어왔거니와, 이 고가(古家)가 처음에는 그저 낡은 집이겠거니 싶기만 했었다. 성남단지(지금은 성남시가 되었지만)는 일단 내 모든 것을 앗아가 버렸었다. 십오만 원가량

---

41 백낙청, 앞의 글, 267면; 김진기, 앞의 글, 245면.

되던 나의 총재산, 우연히 막차 버스에서 만나 함께 살게 되었던 심금선이, 그리고 저주스러웠던 철거소동과 하루아침에 온다간다 말 한 마디 없이 사라져 버린 심금선이, 그래서 나는 성남단지를 뒤로 하고 멍청히 걸었었고, 멍청히 걸었으되 노모가 살고 있는 시골 고향으로 내려갈 수 없는 노릇이었다. 내려갈 수 없으니 무슨 짓으로든 도시 주변에서 어정대며 견디어야 했다.[42]

「이야기, 이야기, 이야기」에서 세상을 떠돌다 성남단지에 이르렀던 '나'는 그곳에서도 쫓겨나 걷고 걷다가 한 고가로 흘러든다. 무허가 가옥을 이전시킬 대규모 정착지를 서울시 행정구역 안에서 더 이상 구할 수 없게 되자 이를 대체할 단지를 조성할 목적으로 경기도 성남출장소 관내에서 시행된 광주대단지사업은 행성상의 난맥과 정치가들의 감언이설, 부동산 투기꾼들의 농간 등이 복합되어 6·25 이후 최초로 민중이 세력화되는 사태로까지 비화된다.[43] 광주단지사건 직후인 1971년 8월말 현지를 방문조사한 후 기고한 박태순의 르포에서 상세히 보고된 바를 참고하면,[44] 「이야기, 이야기, 이야기」의 '나'는 이미도 서울 변두리 외촌동에서 살다가 "집 없는 설움을 면해 보려"고 총재산 15만 원으로 '딱지(입주증)'를 매입해 동거녀와 함께 광주단지('별촌동') 혹은 모란단지('무촌동')에 입주했으나 광주단지사건으로 모든 것을 잃고 다시 떠돌이 생활을 하고 있음을 짐작할 수 있다.

물론, 세상을 떠도는 상태가 유사하다는 이유만으로 도시 청년과 변두리 민중의 삶을 동일시할 수는 없을 것이다. 두 주체 사이에는 대단히 큰 차이가 존재하는데, 그것은 이동성에 대한 태도에서 찾을 수 있다.

42 박태순, 「이야기, 이야기, 이야기」, 『정든 땅 언덕 위』, 70~71면.
43 손정목, 앞의 글, 94~99면.
44 박태순, 「광주단지 4박5일」, 『월간중앙』, 1971.10, 258~260면.

「단씨의 형제들」의 주인공 '단기호'의 이름이 '돈키호테'를 연상시키듯,[45] 소시민의 안정적 삶을 버리고 도시의 거리를 헤매거나 혹은 대학을 중퇴한 뒤 세상을 떠돌아다니는 도시 청년들은 정도의 차이는 있으나 모두 다소간 모험가의 태도를 취한다. 사적으로는 "진정한 사랑"(「연애」)에서부터 공적으로는 한국 사회의 지형을 분석한 "새로운 대동여지도"(「낮에 나온 반달」)에 이르기까지, 그들은 자신의 모험을 통해 크고 작은 업적들을 성취하려고 한다.[46] 앞에서 언급한 바와 같이, 세계를 이동하면서 기회를 찾는 모험가에게 있어 이동성은 세계로부터 주어진 수동적 조건인 동시에 자신의 능력을 시험할 수 있는 능동적 국면이기도 하다.

이와 비교하면, 변두리 민중에게 이동성은 현저히 수동적 국면만을 갖는 것처럼 보인다. 그들은 자발적인 선택에 의해 떠돌아다니는 것이 아니라 "인생유전(人生流轉)"이라는 말대로 끊임없이 바뀌는 세상을 살아가다 보니 어쩔 수 없이 떠돌아다닐 수밖에 없는 것이다. 그러나 역설적으로, 유전하는 세상을 따라 떠돌아다니는 그들의 삶은 지극히 수동적인 가운데 그러한 수동성만으로는 설명할 수 없는 능동적인 측면을 지닌다.

> 집안은 그럭저럭 질서를 유지하고 있었는데 그것이 왜 그렇게 되었느냐 하면 인간들이란 어떤 처지, 어떤 환경에 빠져 있어도 죽지 않고 살아내기 마련이었다. 큰 딸년인 옥숭이만은 아버지의 말에 복종을 않더니, 급기야 집을 뛰쳐나가고 말았는데 안갑종씨는 딸년이 왜 가출했는지를 깊게 느낀 나머지 자신에 대한 거역으로 생각하지 않았다. 사람은 어떤 환경 어떤 처지에서든지 참아내기 마련이기 때문에 겁을 낼 것은 하나도 없고, 어떤 환경 어떤 처지든 뚫고 나아가지 않으면 안 되는 것이었다. 안갑종씨 자신이

45 김병익, 「왜 글을 못 쓰는가: 이청준과 박태순의 경우」, 『문학과지성』, 1971 가을, 594면.
46 박태순, 『낮에 나온 반달 · 정처』, 삼성출판사, 1973, 63면.

비로소 그러한 일을 해낼 수 있다고 깨닫게 되었으므로 옥숭이도 그런 일을 해낼 수 있을 것이라고 믿는 것이었다. 안갑종씨는 옛날보다도 대범해지고 유쾌하게 동네 사람들과 어울려 들었다. 외촌동 사람들은 너나 할 것 없이 안갑종씨의 인생 사연과 흡사한, 또는 그보다도 지독한 자기 사연들을 가지고 있기 때문이다.[47]

「옥숭이의 가출」의 안갑종은 "일곱 번이나 결혼을 한 사람"이라는 단적인 소개에서 짐작할 수 있듯, 1·4후퇴 때 월남하여 "그 뒤로 반도를 이리저리 방황하며 별의별 우여곡절을 다 겪"은 인물이다. 한때 운이 틔는 듯도 했으나 여지없이 고난이 밀어닥쳐 지금 그는 창고지기로 생계를 이어가며 다섯 아이를 딸린 홀아비로 외촌동에 살고 있다. 안갑종의 일곱 번째 결혼 상대자인 평산댁 역시 기구한 팔자를 타고나 매질을 일삼는 남편을 피해 서울로 올라와 식모살이를 하던 중 남편에게 발각되어 도망 다니다 은신처를 구할 요량으로 결혼을 결정한다.

유전하는 세상에 쫓겨 불행하고 실패한 삶을 산 것처럼 보이는 안갑종이 소설에 결말에서 비치는 자신감, 즉 "사람은 어떤 환경 어떤 처지에서든지 참아내기 마련"이고 "어떤 환경 어떤 처지든 뚫고 나아가지 않으면 안 되는 것"이며, 또 능히 그럴 수 있다는 대범함의 정체는 무엇인가? 「모기떼」의 주인공 강금옥의 태도에 대한 백낙청의 다음과 같은 평가, 곧 "이러한 심경은 얼핏 보아 인생에서의 패배를 자인하는 태도 같고 실제로 많은 것을 포기한 태도지만, 작가는 이에 대해 불필요한 눈물을 쏟기보다 이처럼 호된 시달림 끝에서까지도 남아 있는 강인한 생명력에 주목"하고 있다는 지적은 안갑종의 태도에도 그대로 적용될 수 있다.[48] 다시 말해, 그 자신감은 실패할 수밖에 없는 환경에 처한 수

47 박태순, 「옥숭이의 가출」, 『정든 땅 언덕 위』, 160~161면.
48 백낙청, 앞의 글, 270면.

동적 상태를 견디고 살아냈다는 데서 비롯한 것이다. 이런 맥락에서 모험을 피하고 유전하는 세계와 타협하는 것이 소시민의 질서라면, 안갑종으로 대표되는 민중의 질서는 "어떤 처지, 어떤 환경에 빠져 있어도 죽지 않고 살아"낸 뒤에 얻어진 것이다.

안갑종을 포함한 변두리 민중에게는 삶 자체가 이동성이라는 조건 위에서 발생하는 일종의 모험이다. 이 모험은, 소시민 출신 청년에 의해 자발적으로 선택된 것으로 상상되는, 그리하여 객기나 허장성세를 동반하거나 관념적이기 쉬운 도시 거리에서의 모험이 아니라 유전하는 세상을 살아가다 보면 필연적으로 대면할 수밖에 없는, 실패하면 더 이상의 기회는 없는, 그런 모험이다. 전자의 모험에서는 뭔가 가치 있는 것을 성취함으로써 주체의 능동성을 증명하려고 하지만, 후자의 모험에서는 필연적인 모험을 견뎌내고 있다는 사실 자체로써 주체의 능동성이 입증된다. 이것은 모험을 통해 가치 있는 어떤 '이야기'를 찾으려던 「이야기, 이야기, 이야기」의 주인공이 "모든 것이 다 그렇지만 이야기도 고통스러운 역정 끝에 쟁취해 내어야 이야기가 되는 것"이라는 깨달음을 통해 얻은 진실이기도 하다.

4. 이동성에 대한 의미화의 과제

박태순 소설은 통상 '60년대적 경향 : 70년대적 경향'이나 '도시 청년의 삶 : 변두리 민중의 삶'이라는 대립 구도에 의해 이해되어 왔으나, 그 근저에는 이동성이라는 삶의 기본 조건이 공유되고 있음을 볼 수 있다. 그런데 박태순 소설이 전국을 떠도는 모험 도중 외촌동에 당도

한 도시 청년의 관찰을 통해 혹은 그곳에서 모험으로서의 삶을 실제로 살아가는 외촌동 주민에 대한 형상화를 통해 민중의 생명력을 드러냈다는 점을 인정한다 하더라도, 그것이 현실의 문제를 얼마나 폭넓게 반영하고 있는가 라는 질문은 여전히 남는다.

이와 관련하여, "사회적 부동층(浮動層)"인 떠돌이, 뜨내기, 막벌이꾼 등과 같은 주인공에 의해서는 사회현실의 전면적인 반영이 어려울 것이라는 염무웅의 지적으로 대표되는 의문은 많은 연구자들에 의해 반복적으로 제기되어 왔다.[49] 이와 다른 맥락에서 박태순 소설에 나타나는 서술의 특징에 주목한 김병익은 "정통적인 구조 혹은 수법과는 상당한 거리를 두"는 그의 소설은 "시작과 끝의 단서가 분명하지 않"은 상태에서 "이러저러한 삶의 체험을 진술함으로써 허망하고 혼란스런 현실의 진면을 보"이는 데 치중하고 있는데, 이는 박태순 소설이 "부랑하는 삶의 실체에 대한 분석과 해명"을 겨누고 있기 때문이라고 평가한다.[50] 서로 다른 측면에서 접근하고 있지만, 염무웅과 김병익의 지적은 모두 박태순 소설이 이동성을 형상화하고 있다는 사실과 관련된다. 요컨대, 이동성은 사회과학적 측면에서나 서사적 측면에서 완결된 형태로 의미화되기 어렵다는 문제를 지닌다.

> 우리 사회구성의 수직적 변화유형(계급구성)과 수평적 변화유형(농민 · 노동자층을 중심으로 하는 민중구성)의 실상을 탐구하는 작업은 특히 경제학을 중심으로 하는 계층구조 연구와 민중 연구를 통해 여러 문예학, 인문 · 사회과학을 선도하였다고 보게 되는 것이다. 비근한 예가 될지 모르겠지만, 지난 70년대 초까지만 하더라도 도시 금융자본의 지배하에 놓

49 염무웅, 앞의 글, 338면.
50 김병익, 「왜 글을 쓰는가: 박태순과 이청준의 경우」, 『세계의 문학』, 1977 가을, 98~101면.

인 농촌 삶의 파괴, 도시 난민촌이라거나 공업단지의 노동자의 문제 같은 것들은 주로 문학인들의 시나 소설 또는 르포의 대상이 되어 일반인들에게 그 '진실'을 알리는 작업으로 되어 왔다. 그런데 근래 와서는 경제학이 이러한 문학의 작업들을 '뺏아가 버린' 것을 발견하게 된다.

> 문학은 사회과학이 아니므로 이론의 틀을 내세워 현상·현실을 파악하고자 하는 것이 아니다.(그것을 일련의 '추상화 작업'이라고 한다면) 논리적인 구성으로써가 아니라 역사적 사실·현실 그 자체를 통해, 그것의 보다 미묘한 사실성(寫實性)을 포착하고자 하는 역사 속에서의 구체화 작업이다.[51]

위의 글은 사회를 어떻게 인식할 수 있는가, 또 그 인식을 문학에 의해 어떻게 형상화할 수 있는가의 문제에 대한 박태순의 입장을 비교적 분명히 보여준다. 사회 인식을 위한 박태순의 기본 관점이 계층 분화라는 "수직적 변동"과 농촌사회의 해체, 인구 이동, 농민의 노동자화라는 "수평적 변동"을 두 축으로 형성되고 있음은 앞에서 살펴본 바와 같다. 이러한 사회 인식은, 전부는 아니더라도 일정 부분 이동성에 대한 인식의 연장선상에 있다고 할 수 있다. 한편, 문학은 사회 변동을 추상적인 논리가 아니라 "역사적 사실·현실 그 자체를 통해, 그것의 보다 미묘한 사실성을 포착"하는 것을 통해 구체적으로 형상화해야 함이 강조되고 있다.

박태순에게 있어 문학이 추상화 작업이 아니라 구체화 작업이어야 한다는 언명은 수사적인 차원의 당위 이상의 의미를 갖는다. 작가의 이러한 인식에는 대학 1학년으로서 겪은 4·19 체험이 크게 영향을 미

---

51 박태순, 「분단의 경제학과 분단의 문학」, 『우리 시대 민족운동의 과제』, 한길사, 1986, 41, 45면.

친 것으로 볼 수 있다. 작가에게 4·19는 "광화문 네거리를 꽉 메워 가지구, 구호를 외쳐 대니까 하늘이 흔들흔들하는 거 같은 그 광경"으로 육박한다. 혁명이란 일상적 삶의 연속성이 단절됨으로써 열리는 자유로운 이동성의 가능한 최대치라는 점을 고려한다면,[52] 거리 체험으로서의 4·19에 대한 인식을 단지 주관적 판단으로만 치부할 필요는 없다. 박태순의 4·19 삼부작 중 첫 번째 작품인 「무너진 극장」은 거리를 가득 메운 채 "평화극장을 향하여 맹렬한 속도로 달려가"는, "사슬에서부터 풀려 나온 짐승처럼 으르렁거리며 아무런 제지도 받지 않고 달려가는" 군중들이 평화극장을 파괴하는 사건에 대한 기록이다.

> 과연 이 밤은 지나갈 것인가? 사람들이 아픔을 느끼며 희구해 마지않았던 새날은 찾아올 것인가? 능히 무질서를 수용하며 그것을 승화시킬 수 있는 새로운 질서는 찾아올 것인가? 〈희망을 말하는 자는 누구를 막론하고 도적놈들이다〉라고 어떤 시인이 쓴 말은 과연 정확한 것인가? 1950년대에 사람들은 전쟁이라는 것을 통하여 잔학한 무질서를 익혔었다. 그리고 1960년대로 넘어가는 이 해에는 한국에 있어서 또 하나의 그늑한 변혁이 오고 있었다. 이 변혁을 정치적인 의미로만 해석해 버리기 이전에, 사람들은 그들이 어째서 질서를 파괴하고 있는가를 깨닫게 될 것인가? 화석(化石)과도 같은 질서…… 마치 죽어가는 나비를 대(臺) 위에 고정시켜 놓은 나비 채집가의 핀과도 같은 질서를 파괴하였을 때, 사람들은 이를 능히 감당해낼 수 있을 것인가![53]

"화석과도 같은 질서"가 파괴됨으로써 이동성의 공간이 열릴 수 있으며, 거꾸로 갑자기 분출한 이동성에 의해 "화석과도 같은 질서"가 파

52 F. 모레티, 『세상의 이치』, 154~162면.
53 박태순, 「무너진 극장」, 『무너진 극장』, 366면.

괴될 수 있는 것이라고 가정한다면, 4 · 19의 역사적 의미를 규명하는 것은 그 이동성을 어떻게 의미화할 것인가의 문제와 관련된다. 이동성의 의미화 문제는 「무너진 극장」이 1968년에 최초로 발표된 이후 1972년과 1989년 단행본에 수록되는 과정에서 계속해서 개작된 이유이기도 하다.[54] 「무너진 극장」에서 4 · 19의 역사적 의미를, 구체적으로는 4 · 19 현장을 휩싸던 "고귀한 무질서가 미래에 있어서는 고귀한 자유"로 축조될 수 있는지, "무질서를 수용하여 그것을 승화시킬 수 있는 새로운 질서는 찾아올" 것인지를 질문했던 박태순은 「환상에 대하여」에서는 4 · 19 당시 죽은 평길이를 통해 "누구보다도 착실하게 충실하게 살라구 했던 그 녀석이 왜 의사(義士)가 되어야" 하는지, "그 녀석의 죽음의 의미가 무엇"인지에 대해 질문을 던지며, 「벌거숭이산의 하룻밤」에서는 4 · 19로 인해 삶의 궤적이 크게 바뀐 구자광을 통해 "인생 속에서 과연 얼마만큼이 진정한 자기 자신의 몫이냐" "자기 자신의 자발적인 선택이 얼마만큼이나 가능하겠느냐"를 따질 수 있는지에 대해 끊임없이 질문을 던진다.

유동하는 거리를 이동하면서 겪은 구체적인 체험이 반드시 올바른 의미를 제시할 수 있는 것은 아니라 해도, 짧은 순간 감각적 · 인식적 차원에서 박태순을 육박했던 이동성의 체험이 이후 작가의 향방을 좌우했다는 점은 분명해 보인다. 그 체험을 논리가 아닌 문학으로써 의미화하는 문제는 박태순으로 하여금 소설이란 무엇인가 라는 필연적인 질문을 던지게 한 「뜨거운 물」, 「단씨의 형제들」, 「이야기, 이야기, 이야기」, 「3 · 1절」 등의 작품을 낳았으며, 끝내 "글 안 쓰기에 관한 글쓰기(또는 글 못 쓰기에 관한 글쓰기)"에 대한 문제의식으로 이어지기도 했던 것이다.[55]

54 조현일, 앞의 글, 378~380면.

55 박태순, 「글쓰기 vs 글쓰기」, 『실천문학』, 2002 봄, 372면.

3부

전쟁, 애도, 윤리, 역사

전쟁과 죄의식
1950년대 손창섭 소설

1. 작가의 인간관과 전후 상황

손창섭은 소설집 『비 오는 날』에 수록된 단편소설을 비롯해 「낙서족」, 「신의 희작」과 같은 중장편소설 등, 주로 1950년대에 발표된 작품들을 통해 전후세대의 대표 작가라는 평가를 받은 바 있다. 이러한 평가에 동의하는 기존의 논의 중 상당수는 손창섭 소설에 등장하는 독특한 인물형의 분석에 주력하고 있거니와 이 점이 갖는 함의를 보다 자세히 살펴볼 필요가 있다.

예컨대, 손창섭 소설에 대한 초기의 주요한 논의 중 하나인 「모멸과 연민」에서 유종호는 "작가의 특이한 인간관이 소설의 재미와 악수"하고 있는바 그러한 인간관에 의해 "일반 인간보다도 무가치하고 추한 인물들"이 형상화되고 있다는 점을 손창섭 소설의 중요한 특징으로 강조한다. "특이한 인간관"과 그로부터 나온 "무가치하고 추한 인물들"이 작가 특유의 개성의 영역에 속하는 문제라고 할 때, 손창섭이 개성적인 인간 탐구의 작가로서뿐 아니라 전후세대의 대표 작가로서도 평가되었다는 것은 그의 작가적 개성과 전쟁 직후라는 1950년대의 시대 상황이 어떤 지점에서 절묘하게 교차하고 있음을 의미한다고 볼 수 있다. 이에 대해 유종호는 손창섭 소설이 “그의 인간관의 괴뢰들을 조종하여 독자들로 하여금 그것을 인간이라고 오인시키는 데 성공”하고 있기 때문이라고 분석한다.

> 황막한 일모(日暮)의 풍경이나 음산한 우경(雨景)은 그대로 절망과 무기력과 무위로 구질구질한 작중 인물의 심경의 상태이다. 그의 작품이 특히 젊은 세대에게 인기가 있었다는 것도, 그의 작중 인물의 구질구질한 절망과 무기력과 무위와 무능감을 전후의 청년들이 그대로 분담하고 있었다는 데도 일원인(一原因)이 있는 것이다. 민감한 작자는 그러기에 병역기피자나 반공청년과 같은 시체인물(時體人物)들을 적당히 배치하는 것을 잊지 않았다. 그리고 이러한 비근한 시체인물이나 시사적 사건을 작품 속에 교묘하게 배치하는 것은 그의 인간관의 괴뢰(傀儡)들인 작중인물을 실생활의 인간으로 오인시켜 현실성을 부여하는 데 유능한 기능을 담당하고 있는 것이다.[1]

“구질구질한 절망과 무기력과 무위”를 특징으로 하는 손창섭 소설 특유의 인물들에 대해 1950년대 당대의 독자들, 특히 작가와 동세대에 속하는 젊은 세대들의 호응이 컸던 것은 “절망과 무기력과 무위와 무능감을 전후의 청년들이 그대로 분담”함으로써 공감대가 형성되었기 때문인데, 이는 당대의 독자들이 “시체인물이나 시사적 사건을 작품 속에 교묘하게 배치”시키고 있는 손창섭의 소설을 읽으면서 “그의 인간관의 괴뢰들인 작중인물을 실생활의 인간으로 오인”했음을 의미한

1 유종호, 「모멸과 연민」, 『비순수의 선언』, 신구문화사, 1962, 82면.

다. 이와 같은 유종호의 분석은 손창섭 소설이 전쟁 직후인 1950년대의 현실과 풍속을 적절하게 배치함으로써 전후 상황을 반영하고 있음에도 불구하고 그 본질은 작가 특유의 인간관에서 기인했다고 보는 것이 타당하다는 견해를 드러낸다.

> 여러 가지 수법과 장치를 통해 무의미에 새로운 가치 부여를 하기 위한 점이야말로 6 · 25의 충격이 어떻게 문학적 충격으로 전환되었는가를 말해 주는 확실한 징표였다. 소박한 휴머니즘을 외치는 일, 전쟁 참상의 폭로 따위를 드러내는 소설과 손창섭의 맨얼굴 드러내기는 그 충격 효과에 있어 질적으로 다른 것이다. 이 순간 우리 문학사는 시대적인 과제에서 조금 벗어나, 문학 양식의 독자성을 묻게 되게끔 질적 비약을 이룩할 수 있었다.[2]

한편, 김윤식은 「6 · 25 전쟁문학: 세대론의 시각」에서 제목 그대로 전쟁과 전후세대의 관점에서 손창섭 소설에 접근함으로써 삶의 무의미에 대한 탐구를 통해 "인간의 맨얼굴"을 노출시킨 그의 소설이 전쟁의 충격을 가장 문학적으로 드러내고 있다고 분석하지만, 그에 못지않게 세대적 과제와는 다른, 문학 양식의 독자성에도 주목해야 한다는 점 또한 강조하고 있다. 이 역시 손창섭 소설이 전쟁과 전후세대라는 관점에서만이 아니라 작가의 독창성("손창섭의 맨얼굴")의 측면에서도 접근될 필요가 있음을 언급하는 것으로 볼 수 있다.

손창섭 소설의 본질을 전쟁과 그 직후의 전후 상황에서 찾을 것인가, 아니면 작가 특유의 개성적 인간관에서 찾을 것인가 라는 질문에 대해 두 요소 중 어느 하나를 선택하고 다른 하나를 배제하는 식의 답을 구하는 것은 적절하지 않을 것이다. 그럼에도 불구하고 손창섭 소설의 기원을 작가의 인간관에서 찾아야 한다는 견해가 꾸준히 이어지

2 김윤식, 「6 · 25 전쟁문학: 세대론의 시각」, 『1950년대 문학연구』, 예하, 1991, 29면.

고 있다는 것은,[3] 여전히 손창섭을 전후세대의 대표 작가라는 타이틀에 의해 편의적으로 규정하고 있는 상황에 대한 문제 제기로서의 의의를 지닌다. 이러한 문제의식의 연장선상에서 본고는 손창섭 소설에 등장하는 인물들의 독특한 성격이 죄의식과 밀접한 관계를 형성하고 있음을 밝히고, 나아가 그 죄의식이 전후라는 시대 상황에서 어떤 양상으로 발현되는지를 보이고자 한다.

프로이트에 의하면, 죄의식이란 "자아와 자아 이상(초자아) 사이의 긴장에 바탕을 두고 있으며 자아의 비판 세력에 의해서 자아에 내려진 유죄 판결의 표현"이다.[4] 손창섭 소설에 등장하는 인물의 성격을 해명하기 위한 방법론으로 프로이트의 정신분석을 원용한 논의는 상당히 많은데, 그 대부분은 오이디푸스 콤플렉스를 중심으로 작품을 분석하고 있다.[5] 작가 스스로 '자화상'이라는 부제를 단 「신의 희작」에 아버지의 부재나 어머니에 대한 욕망과 같은 요소들이 직접적으로 노출되고 있다는 점은 오이디푸스 콤플렉스를 중심으로 한 작품 분석의 타당성을 방증하고 있다. 그런데 오이디푸스 콤플렉스는 정신분석의 가장 기본적인 참조틀이라는 점에서 다소 광범위한 개념으로 볼 수 있다. 죄의식의 구조를 이루는 자아 이상(초자아)과 자아의 갈등 역시 그 기원은 오이디푸스 콤플렉스로 거슬러 올라가지만, 보다 한정된 개념이므로 좀 더 구체적인 작품 분석을 기대할 수 있을 것이다.

---

3 대표적인 경우로 정호웅, 「손창섭론: 손창섭 소설의 인물성격과 형식」, 『한국현대소설사론』, 새미, 1996; 방민호, 「한국의 1920년대산 작가와 한국전쟁」, 『한국 전후문학과 세대: 이어령 · 장용학 · 손창섭을 중심으로』, 향연, 2003; 공종구, 「손창섭 소설의 기원」, 『현대소설연구』 40, 2009.

4 S. 프로이트, 「자아와 이드」, 박찬부 옮김, 『정신분석의 근본 개념』, 열린책들, 2003, 395~396면.

5 정신분석의 관점에서 손창섭 소설에 본격적으로 접근한 최초의 논의는 송기숙, 「창작과정을 통해 본 손창섭」, 『현대문학』, 1964.9. 송기숙은 "특이한 인간관을 지니고 있는" 손창섭의 소설이 "자서전적인 요소로 가득 차 있다"고 평가함으로써 작가에 대한 정신분석의 의의를 확립했다.

2. 인물의 성격으로서의 죄의식의 형성

어느 정도 편차는 있지만 1950년대에 발표된 손창섭 소설의 인물들은 "우리와 생각도 비슷하고 행태도 흡사한 그런 평균인이 거의 보이지 않"는다는 점에서 공통점을 지닌다.[6] 또한, "성격화의 과정이 생략"되어 인물의 성격이 "왜 그렇게 되었는지가 불분명"하다는 한계 역시 공통적으로 드러내고 있다.[7] 이런 측면에서 보자면 「신의 희작」은 주인공 S의 성격 형성 과정에 대한 작가의 분석이 비교적 충실히 서술되어 있다는 점에서 특징적이다.

> 그 속에는 첫줄 첫마디에서부터, 끝줄 끝마디까지 음산한 신음 소리로 가득 차 있는 것이다. 그러나 그 작중 인물들을 유심히 뜯어보면, 결코 모두들 앓고만 있는 것은 아니다. 그들의 대부분은 이미 정신적 질병에 대한 면역성을 가지고 있는 자들이다. 도대체가 앓고 있지도 않은 사람들이 줄곧 신음 소리를 연발하며 살고 있다는 것은 참말 어이없는 일이 아닐 수 없나.[8]

「신의 희작」의 서두에서 작가 자신도 인정하고 있듯 손창섭 소설의 인물들은 "앓고 있지도 않은 사람들이 줄곧 신음 소리를 연발하"는 것 같은 이상 성격의 소유자인바, 「신의 희작」은 그러한 인물들에게서 드러나는 "비극적인 유머의 정체를 기어이 밝혀보자는 절실한 욕구"의 산물이다. 작가에 의해 분석되고 있는 주인공 S의 성격 형성 과정을 통해 손창섭 소설의 인물들의 성격을 파악할 수 있는 실마리를 찾을 수

---

6 조남현, 「손창섭 소설의 의미 매김」, 『손창섭』, 새미, 2003, 167면.
7 한수영, 「전쟁 세대의 자화상」, 『손창섭』, 198면.
8 손창섭, 「신의 희작」, 『비 오는 날』, 문학과지성사, 2005, 378면.

있다.[9]

S의 삶에서 최초의 충격적인 경험은 자신의 어머니가 어떤 남자와 동침하는 현장을 목격한 사건이다. 이에 대해 어머니는 증오를 이기지 못하고 S에게 "칵, 뒈져라, 뒈져, 요 망종아"라는 저주를 퍼붓는다. 어머니의 심한 질책에 그런 행동을 한 것을 자책하던 S는 마침내 "자기가 죽어야 마땅할 것"이라고 생각하기에 이른다. 작가의 서술에 의하면 S의 심리는 "자기 운명에 어떤 불길한 변화가 닥쳐올지도 모른다는 불안감"과 그 불안감에서 기인한 "자기 자신에 대한 자책적인 수치감"에 의해 복합적으로 형성된 것이다.

자신이 죽어 마땅한 잘못을 저질렀다고 불안해하는 S의 심리 상태는 죄의식의 형성 과정을 전형적으로 드러낸다. 프로이트에 의하면, 개인의 발달 과정을 고찰할 때 잘잘못(선악)을 구별하는 능력은 본래부터 타고나는 것이라기보다 외부의 영향력에 의해 결정되는 것인바, 자아가 그 외부의 영향력에 복종하는 동기는 "사랑의 상실에 대한 불안" 때문이다. 예컨대, 어린아이와 같이 타인에 의존해야만 하는 존재는 그 타인의 사랑을 잃으면 더 이상 보호받을 수 없을 뿐 아니라 처벌당할 위험에 노출되기 때문에 사랑을 상실하게 할 우려가 있는 행동은 잘못된 것으로 인식하게 된다.[10] 이런 맥락에서 S의 죄의식은 어머니의 사랑을 상실할 수 있을 뿐 아니라 죽음에 이를 수도 있는 심각한 처벌을 받을지도 모른다는 불안에서 기인한 것으로 볼 수 있다.

특히 주목해야 할 것은 S가 죄의식을 느낄 만한 충격적인 사건을 경

---

9 「신의 희작」이 자전적 소설이라 하더라도 주인공 S와 작가를 동일시하는 데는 당연히 무리가 따를 것이다. 최근 작가의 가족과의 인터뷰를 통해 「신의 희작」의 상당 부분이 사실과 다른 허구라는 증언이 나오기도 했다(정철훈, 「두 번 실종된 손창섭」, 『창작과 비평』, 2009 여름). 본고가 「신의 희작」에 주목하는 이유는 S가 작가의 분신이기 때문이 아니라 S의 성격 형성 과정이 작가에 의해 상세히 분석되고 있기 때문이다.

10 S. 프로이트, 「문명 속의 불만」, 김석희 옮김, 『문명 속의 불만』, 열린책들, 2003, 304면.

험했다는 사실보다 그 이후로 S의 죄의식이 발달하는 과정이다. S의 죄의식은 단지 자신의 행동이 어머니에 의해 단죄될 때에만 발생하는 것이 아니다. 이제 그는 어머니의 단죄가 있기 전에 스스로 "엄마, 내가 칵 죽어버릴게"라는 말을 통해 자기 자신을 처벌하려 한다. 이러한 양상은 자아를 단죄하는 외부의 타인이 초자아의 형태로 S에게 내면화되고 있음을 의미한다.

> 학교에서 돌아오다가, 꼭 멧돼지같이 생긴 그 남자와 나란히 걸어가는 어머니를 발견했다. S는 얼굴이 해쓱해지며 옆 골목으로 뛰어 들어갔다.
>
> "칵 뒈져라, 뒈져."
>
> S는 어느 집 뒷벽에 기대서서 그렇게 저주하며 두 주먹으로 자기 머리를 자꾸만 쥐어질렀다. 그것은 어머니가 자기더러 그러는 것이다. 한편 그것은 자기가 어머니에게 그러는 것이기도 했다.[11]

그 남자와 어머니를 본 S는 자기 입으로 "칵 뒈져라, 뒈져"라는 저주를 내뱉으며 스스로를 자해한다. 죽으라고 단죄하는 것도 S이고 그 단죄를 당하는 것도 S이다. 전자를 S의 초자아로, 후자를 S의 자아로 이해할 수 있다면, 초자아와 자아 간의 내적인 긴장과 혼란 속에서 발생하는 S의 자해는 초자아가 자아에게 내리는 일종의 처벌임을 알 수 있다.[12] 그 자해가 초자아의 처벌이라는 점에서 "그것은 어머니가 자기더러 그러는 것"이라는 S의 진술은 타당하다. 초자아는 자아를 단죄하는 타인(S에게는 어머니)과의 동일시를 통해 확립되므로, 여기서 '어머니

11 손창섭, 「신의 희작」, 382면.

12 죄의식은 자기 비난, 자기 비하, 자살에까지 이를 수 있는 자기 처벌의 경향을 띤다. 여기서 자아와 분리된 비판 기관으로서의 초자아(자아 이상)는 일종의 고소인으로 피고인인 자아를 처벌하려고 한다(S. 프로이트, 「슬픔과 우울증」, 『정신분석의 근본 개념』, 249~250면).

=초자아'이기 때문이다.[13]

어린 S는 "목을 물어뜯으며, 너는 칵 죽어야 한다고 소리를 지르는" 괴물이 와글거리는 환영에 끊임없이 시달린다. 이러한 환영은 단순한 공포심이 아니라 "자기가 죽어야 마땅할 것"이라는 죄의식의 산물이다. 물론, S가 실제로 죽어 마땅한 죄를 지었을 리는 없다. 앞에서 언급한 바와 같이, S는 어머니로부터 사랑받지 못하는 데 대한 실망과 불안을 자기가 죄를 저질렀기 때문에 어머니가 자기를 사랑하지 않는다는 식으로 변환시켰다고 보는 것이 타당하다. 미수극에 그치기는 하나 자신을 처벌하기 위해 실제로 자살을 기도하는 상태에 이른 S의 성격에서 초자아와 자아는 서로 조화를 이루지 못하고, 그 대신 "엄격한 초자아와 그 지배를 받는 자아 사이의 긴장"으로서의 죄의식과 그 산물인 자기 자신에 대한 처벌 욕구가 전면화되고 있다.[14]

죄의식과 그로 인한 자기 처벌 욕구는 자아의 피학증으로 드러나기도 한다.[15] 물론, 손창섭 소설에 등장하는 인물들은 피학증적인 성격을 지니는 동시에 가학증적인 성격 또한 지니고 있기는 하지만,[16] 다음과 같은 장면의 분석을 통해 후자의 성격 역시 그 기원에는 자기 처벌 욕구가 강하게 작용하고 있음을 볼 수 있다.

"야이, 이 새끼 내 눈깔 좀 똑똑히 봐. 난 부모두 형제두 집두 없는, 전도

13 S. 프로이트, 「문명 속의 불만」, 310면. 한편 S는 "그것은 자기가 어머니에게 그러는 것"이라고 말하고도 있는데, 프로이트에 의하면 이는 초자아와의 동일시의 이면이다. 자신을 단죄하려는 타인과 동일시하는 어린아이는 곧 '내가 그(타인)라면 그가 나'라고 생각하게 된다는 것이다. 자기가 어머니를 처벌한다는 S의 착각은 이러한 혼란에서 기인한다.

14 위의 책, 303면.

15 S. 프로이트, 「마조히즘의 경제적 문제」, 『정신분석의 근본 개념』, 430면; 양소진, 「손창섭 소설에서 마조히즘의 의미」, 『비교한국학』 14, 2006.

16 이와 관련하여 공종구는 특히 손창섭 소설에 나타난 여성 인물에 대한 혐오와 폭력을 중요하게 지적하고 있다(공종구, 앞의 글).

가 암담한 오줌싸개다."

이것이 S가 적을 향해서, 아니 세상을 향해서, 혹은 하늘을 향해서 과시적으로 쏘아붙이는 부르짖음이었다. 말하자면 그는 이래서 싸우지 않고는 견딜 수 없었던 것이다. 이러한 그의 공식적인 선전포고사는 부연하면, 가슴이 서늘해지는 한 마디로 귀착해버리는 것이었다. 즉,

"난 너 같은 거 한두 마리쯤 죽이구 죽어두 그만야, 내 죽음을 애석해 하구 슬퍼해줄 사람은 세상에 단 한 사람두 없으니까."

S의 도전사에는 이와 같은 의미의 암시가 노골적으로 풍겼다. 이러한 위협적인 암시는 언제나 효과적이었다. 상대방에게는 대개 사랑하는 부모형제와 창창한 전도가 약속되어 있었기 때문이다.[17]

「신의 희작」에서 S는 여러 차례에 걸쳐 "비위에 거슬리는 놈을 닥치는 대로 때려죽이"겠다는 식의 잔인하고 폭력적인 성향을 드러내지만, 이는 궁극적으로는 "(남을) 닥치는 대로 때려죽이고 (나는) 죽어도 좋다"는 것과 같은 "자포자기적 자멸 의식"으로 귀결되고 있다. 이때 타인에 대한 가학적 성향은 자신은 죽어도 된다는 피학적인 성격에서 기인한 것이라고 할 수 있다. "내 죽음을 애석해 하구 슬퍼해줄 사람은 세상에 단 한 사람두 없"으므로 죽어도 그만이라고 생각하는 S의 "자포자기적 자멸 의식"은 자아가 초자아로부터 사랑받지 못하고 미움과 박해를 받고 있다고 느껴서 자신을 포기해 버린 상태로 분석된다.[18]

이와 같이 타인에 대한 폭력과 자신에 대한 폭력, 곧 "살인과 자멸의 충동"이 동시에 표출되고 있다는 것은 타인에 대한 S의 가학적인 성향이 스스로를 처벌하려는 욕구에서 비롯된 것임을 암시한다. 다시 말해, 자신이 처벌받아 마땅하다는 죄의식이 S로 하여금 죄를 짓게 하고

17 손창섭, 「신의 희작」, 395~396면.

18 S. 프로이트, 「자아와 이드」, 앞의 책, 405면.

그럼으로써 S가 실제로 처벌받게 되는 병리적 구조가 그의 성격을 지배하고 있는 것이다.[19] 그리고 뒤에서 살펴보겠지만, 죄의식이나 자기처벌 욕구와 같은 성격은 손창섭의 1950년대 소설 전반에 걸쳐 영향을 미치고 있다.

3. 성격과 전후 상황을 매개하는 죄의식

손창섭의 소설에서 해방 이전의 일본이나 만주, 해방과 전쟁 그리고 전쟁 이후의 서울이나 부산 등으로 드러나는 현실은 "하나의 배경일 뿐, 등장인물의 성격과 유기적 관련을 맺고 있지는 않다"는 평가는 대체로 타당하다.[20] 1950년대에 발표된 손창섭의 단편소설은 주로 전쟁의 흔적이 가시지 않은 도시를 배경으로 전개되고 있으며 그러한 현실이 인물들에게서 보이는 죄의식 및 자기 처벌 욕구 등의 성격과 동조 현상을 일으키기는 하나, 그 성격의 기원 자체는 작가 특유의 인간관에서 찾는 것이 적절하기 때문이다. 그 결과 전후의 현실이 거의 반영되지 않는 작품에서도 그 등장인물의 성격은 죄의식이나 자기 처벌 욕구를 강하게 드러내고 있음을 볼 수 있다.

'틀어져서 어긋남'이라는 의미의 제목대로 결혼을 앞둔 젊은 남녀의

19 프로이트에 의하면, 죄의식은 "범죄의 결과가 아니라 동기"이다. 이 경우 죄 이전에 죄의식이 존재하며, 그러한 "죄의식을 고정시키기 위해 저질러지는 범죄들은 죄의식으로 고통 받고 있는 사람들에게는 분명히 안도감을 줄 것"이다(S. 프로이트,「정신분석에 의해서 드러난 몇 가지 인물 유형」, 정장진 옮김,『예술, 문학, 정신분석』, 열린책들, 2003, 381면).

20 정호웅, 앞의 글, 91면.

갈등을 다룬 「저어(齟齬)」에는 전후 상황은 물론 어떤 사회 현실도 읽어낼 수 없을 만큼 개인적인 차원에 국한된 사건이 전개된다. 또 하나 주목할 만한 특징은 주인공 광호가 손창섭 소설의 다른 경우들과 달리 논리적으로 사고하고 적극적으로 행동하는 인물로 등장하고 있다는 점이다.

> 그래도 듣지 않으신다면, 우리가 택할 길은 결국 두 가지밖에 없을 것입니다. 결혼을 단념하든지, 둘이 단독적인 행동을 취하든지……. 언제나 한 인간의 운명은 주위 환경에 지배당하지만 그 책임은 어쩔 수 없이 본인이 지게 된다는 냉엄한 사실을 우리는 알고 있어야 합니다. 우리의 운명은 마침내 우리의 등에 지어져 있습니다. 그렇기 때문에 우리 자신의 의사만이 우리 자신의 문제를 결정지을 특권을 갖는 것입니다.[21]

사생아로 태어나 고아원에서 자란 처지를 극복하고 대학을 졸업한 후 잡지사에서 일하는 광호는 같은 직장에 근무하는 중산층 집안의 정이와 결혼을 계획하고 있다. "자기 문제는 무엇이든 스스로 자기가 해결 짓고, 따라서 자기가 책임지는 수밖에 없다"고 생각하는 자율적인 성격을 지닌 광호는 사회적 체면을 위해 그럴 듯한 결혼식을 치르자는 여자 쪽 집안의 의견에 반대의사를 분명히 한다. 정이 역시 동의할 만큼 광호의 태도는 합리적이며, "결혼을 단념하든지, 둘이 단독적인 행동을 취하든지"를 선택하자는 의견 역시 논리적이다.

「저어」는 결혼식에 대한 양쪽의 의견 차이가 좀처럼 좁혀지지 않아 결국 광호가 결혼을 단념하는 것으로 끝을 맺고 있는데, 여기서 주목할 것은 광호의 마지막 결정이 전혀 합리적이거나 논리적이지 않다는 사실이다. 광호는 갑자기 "정이를 안아보고 싶은 충동"을 느끼고 그녀

21 손창섭, 「저어」, 『사상계』 24, 1955.7, 108면.

를 강제로 껴안는다. "이로써 완전히 자기들의 관계는 와해된다는 생각이 광호의 머릿속을 스쳐갔다. 그는 마치 분풀이라도 하듯이 정이의 입술 위에다 자기의 입술을 힘껏 눌렀다"라는 결말은, 「신의 희작」의 S에게 드러나는 것과 유사한 "자포적인 심리"의 표출이자 보다 엄밀하게 말하면 스스로 죄가 되는 행동을 하고 싶은 자기 처벌 욕구의 산물일 것이다.

의식적으로 자율성을 추구하는 것처럼 보이는 「저어」의 광호에게서 표출되는 죄의식이 손창섭 소설에서 다소 예외적인 경우라면, 이와 달리 "자기의 의사나 생활이 전적으로 무시당하고, 단지 장인과 여편네와 의붓자식인 대갈장군만을 위해서 움직이는 기계"와 같은 타율적인 삶을 살고 있는 「피해자」의 병준에게서 드러나는 죄의식은 손창섭 소설에서 매우 전형적인 사례에 속한다. 그 죄의식은 상식적으로는 이해하기 쉽지 않은데, 왜냐하면 전쟁 통에 세 번째 남편을 맞은 아내와 장인에게 학대에 가까운 취급을 받아 조금도 "인간 행세"를 하지 못하는 병준은 죄를 지은 가해자라기보다는 오히려 피해자로 보이기 때문이다.

> 세상일이란 모두가 자기에게 박해를 가하기 위해서만 꾸며진 것같이 생각되는 것이다. 이러한 세상을 무사히 살아 나간다는 일이 애당초 무리한 짓이라고 느껴지기도 했다. 참말이지 병준은 요즘 와서 가끔 죽고 싶어지는 일이 있다. 그러나 인제는 도무지 죽을 자신마저 생기지 않는 것이었다. 그러한 병준은 자기의 심신이 나날이 피로해가는 것을 의식하는 것이다. 피로가 심해갈수록 발목에 연추(鉛錘)라도 매단 듯이 전신이 견딜 수 없이 무거워지는 것이었다. 이러다가 마침내 죽고 마는 것이라고 생각되었다.[22]

---

22 손창섭, 「피해자」, 『비 오는 날』, 144면.

아내와 장인만이 자신을 학대하는 것이 아니라 나아가 "세상일이란 모두가 자기에게 박해를 가하기 위해서만 꾸며진 것"으로까지 여기는 병준은 끝내 죽고 싶다고 생각하기에 이른다. 이는 우선은 자신의 불행에 적극적으로 대응하지 못하고 절망한 끝에 나온 생각이지만, 마침내 병준이 자살에 가까운 죽음을 맞으면서 "아내를 보며 자꾸만 용서해달라고 했다"는 「피해자」의 결말은 다시 한 번 주인공의 죄의식을 강하게 암시한다.

박해를 당한 피해자인 병준이 죄의식을 갖게 되는 이유는 무엇인가? 그것은 자신에게 가해진 박해를 자신에 대한 처벌로 받아들이기 때문이다. 무기력하기 그지없다는 점에서 병준의 삶을 긍정적으로 평가할 수는 없으나 그렇다고 해서 그가 박해를 받고 죽음에 이를 만큼 많은 죄를 지었다고 볼 수도 없다. 그래서 병준은 "자꾸만 자기만이 억울하게 괄시를 받고 있는 것" 같다고 생각하기도 한다. 이는 「생활적」의 동주도 마찬가지인데, 그 역시 "송장처럼 외계의 힘을 빌리지 않고는 적극적으로 자신을 움직여보지 못하는 위인"이긴 하지만 그렇다고 하더라도 자신이 주위 사람들로부터 심하게 천대받아야 하는지는 쉽게 납득하지 못해 억울함을 느낀다. 이런 점에서 그들에게 닥친 불행이 일종의 처벌이라면, 상식적인 논리로는 그것은 "죄 없는 형벌"일 수밖에 없을 것이나 그럼에도 불구하고 손창섭 소설의 인물들은 죄의식에서 자유롭지 못하다.

> 혜순은 눈물에 젖은 얼굴을 들어 남편을 바로 쳐다보았다. 그 눈에는 죽음과 같이 암담한 빛이 있었다. 영원히 구원받을 수 없는 불행을 의식하게 하는 눈이었다. 아내의 입은 금시 무엇을 말할 듯 말할 듯 하다 말고 종시 도로 다물어지고 말았다.
>
> 아내는 마침 두 손으로 얼굴을 감싸고 그 자리에 푹 고꾸라져서 어깨를

추며 울기 시작했다. 한참 뒤 둘이는 각기 자기 자리에 도로 누워서도 도무지 잠이 오지 않았다. 혜순은 저쪽으로 돌아누운 채 어둠 속에서 이런 말을 중얼거렸다.

"저 때문에 여러 사람이 모두 불행해지게 되었어요. 당신이나, 어린것들이나, 양이나가, 다 저 때문에 불행해지게 되었어요. 그러나 제 죄만은 아니에요!"[23]

「죄 없는 형벌」의 혜순에게 닥친 불행 역시 그녀가 지은 죄에 대한 처벌로 보기는 어렵다. 같은 학교에서 근무하던 혜순과 상권, 양이의 삶은 전쟁으로 인해 큰 굴곡을 맞는다. 양이와의 약혼을 일주일 앞두고 전쟁을 맞은 상권은 월남한 경력 때문에 몸을 피하고, 혜순은 도피 중인 상권과 인연을 맺어 결혼에 이른다. 반면에 양이는 부역 혐의로 체포된 오빠들을 구하려다 여성으로서 견딜 수 없는 불행을 겪게 된다. 혜순이 상권과 결혼하게 된 것이나 양이가 불행해진 것은 누구의 탓이라기보다 "이번 동란은 수많은 사람의 운명을 바꿔놓고야 말"았다는 식으로 이해할 수밖에 없을 것이다. 그러나 혜순은 자신이 나병에 걸리자 "저 때문에 여러 사람이 모두 불행해지게 되었어요"라고 고백하지 않을 수 없다. 물론, 자신의 죄만은 아니라고 변명하는 것이 불가능하지는 않으나 그것은 적극적인 변호라기보다 어쩔 수 없이 자신의 죄를 인정할 수밖에 없다는 의미에서 참회에 더 가깝다.

손창섭 소설로서는 드물게 전쟁의 현장을 직접적으로 다루고 있는 「희생」의 재성과 수옥 역시 같은 학교의 교사로 혼담이 오가던 중 전쟁을 맞게 된다. 서울 수복 직전, 근처 밭에 숨어 있던 동네 주민들 사이로 떨어진 포탄에 맞아 중상을 입은 수옥의 손을 잡고 임종을 지키던 재성은 "같이 죽지 못하는 것이 큰 죄" 같고 또 그것이 "수옥에게 대

23 손창섭, 「죄 없는 형벌」, 『손창섭 단편전집』 2, 가람기획, 2005, 62~63면.

한 배신"처럼 여겨져 강렬한 죄의식을 느낀다. '희생'이란 결국 '죄 없는 형벌'을 의미한다. 수옥 역시 전쟁에 희생된 존재인 것은 틀림없지만, 보다 문제적인 것은 수옥의 죽음을 지켜보면서 미안함을 넘어 죄스러움을 느끼는 재성의 태도이다.

「희생」의 결말은 이러한 죄의식이 보다 심각한 양상으로 발현되는 과정을 보여준다. 이북에서 교사로 근무했던 재성은 자기가 월남할 당시 도움을 주었던 제자가 패잔병으로 동네에 숨어들자 그를 피신시키지만, 얼마 뒤 곧바로 미군의 수색에 발각된다. 자신의 몇 마디 변명이 통하지 않고 동네 주민 역시 아무도 변호해주지 않는 상황에서 재성은 모든 것을 단념하고 닥쳐올 운명을 각오한다.

> "할 수 없는 일이다!"
>
> 그렇게 대답하노라는 게 채 말이 되지 않았다. 입속으로 중얼댔을 뿐이다. 참말 별수 없는 일이라고 생각했다. 재성은 목이 타는 것을 참고 지그시 눈을 감아보았다. 예측할 수 없는 운명에 견디려는 것이다. 그러한 재성의 뇌리를 불현듯 어제 죽은 수옥의 모습이 스쳐갔다. 지금 같으면 능히 따라 죽을 수 있었으리라 여겨졌다. 심한 충격과 공포심이 다소 가셔감에 따라 재성은 저도 모르게 기다란 한숨을 토하였다.[24]

「희생」의 말미에는 "부당한 죽음, 억울한 죽음이 엄연한 객관적 가능성 밑에 긍정적으로 행해지는" 전쟁의 비극을 보여주고자 했다는 작가의 창작 의도가 부기되어 있다. 전쟁을 소재로 한 소설이 그 비극적 양상을 다룬다는 것은 그리 특별한 일이 아닐 수 있지만 부당하거나 억울한 죽음이 발생하는 비극적 상황의 중심에 죄의식을 자리 잡고 있다는 사실에는 주목할 만하다. 수옥이 죽은 뒤 자기 역시 죽음을 맞게

24 손창섭, 「희생」, 『비 오는 날』, 321~322면.

되는 상황에 이르러 재성이 어떤 안도를 느낀다는 것은 그 죽음을 자신의 죄에 대한 처벌로 받아들인다는 것이고, 그런 점에서 수옥의 죽음에 대해 느끼는 재성의 죄의식이 단지 수사적인 차원에 그치는 것이 아님은 분명하다.

야스퍼스는 전쟁 중의 독일인의 죄에 대해 논하면서 타인들이 죽은 곳에서 살아남은 누군가가 자신이 '아직 살아 있음의 죄(guilty of being still alive)'를 지었다고 느끼는 것을 죄의식의 궁극적인 기원으로 설명하고 있다.[25] 손창섭 소설에 등장하는 인물의 핵심적인 성격을 우울에서 찾고 그 우울이 동반하는 주요 속성으로 죄의식을 지적하고 있는 조현일 역시 비슷한 맥락에서 죄의식에 접근하고 있거니와, 이때 죄의식은 전쟁을 경험하면서 "이유 없는 고통에 직면하여 초주체적인 운명적 힘을 의식하게 된 인간은 삶의 고통이 자신도 모르고 저지른 죄에 대한 신의 응보"로 받아들인다는 데 그 기원을 둔다.[26] 이와 같이 전쟁을 거치면서 살아남은 사람들이 느끼는 죄의식은 대부분의 경우 법적으로는 물론 도덕적으로도 그 책임을 묻기 어려울 것이다. 그럼에도 불구하고 "대재앙으로서의 전쟁체험"을 자신의 죄의 대가로 받아들이는 죄의식은 전후 사회의 심리적 실체이다.[27]

이러한 전후의 죄의식은 앞에서 언급한 바 있는, 한 개인의 발달 과정에서 형성되는 죄의식과 기본적인 구조를 공유하고 있음에 주목할 수 있다. 외부의 타인으로부터 사랑을 상실했을 때 어린아이가 그것이 자신의 잘못 때문이라고 간주하며 죄의식을 형성하는 것과 전후의 생

25 K. Jaspers, *The Question of German Guilt*, trans. by E. B. Ashton, Fordham University Press, 2001, p.65. 이러한 형이상학적 죄는 법적으로는 물론 도덕적으로도 책임을 물을 수 없는 것으로, 세상의 모든 잘못과 부정에 대해 인류의 한 사람으로서 공동책임이 있음을 인정할 때 수긍할 수 있는 죄이다.

26 조현일, 『전후소설과 허무주의적 미의식』, 월인, 2005, 101면.

27 조현일은 손창섭에게 6·25전쟁이 "자신의 의지와는 무관하게 가해지는 엄청난 폭력, 대재앙"의 의미를 갖는다고 지적한다(조현일, 앞의 책, 24면).

존자들이 대재앙을 자신의 죄로 돌려 죄의식을 형성하는 것은 구조적으로 유사하다. 이런 측면에서 볼 때, 손창섭이 특유의 개성적 인간관을 지닌 작가인 동시에 전후세대의 대표 작가가 될 수 있었던 것은 죄의식이라는 매개를 통해 가능했던 것이라 할 수 있다.

4. 죄의식을 통한 윤리적 문제 제기

유종호는 손창섭 소설에는 윤리적 범주인 선악의 개념이 부재한다고 지적하고 있지만,[28] 동물적 삶을 살아가는 일부 인물들 이외에 윤리적 가치를 추구하는 인물이 등장하지 않는 것은 아니다.[29] 자신의 죄에 민감한 죄의식을 지닌 인물들이 윤리적 판단의 문제에 있어서도 역시 민감하리라는 것은 쉽게 짐작할 수 있다. "포탄이 비 오듯 부어지는 속"에서 영위되어 온 삶을 불안해하는 「모발의 의시」의 종배 역시 그러한 인물 중 하나이다.

> 그 위에 거품처럼 떠서 흐르는 불안한 자신을 종배는 의식하는 것이었다. 끊임없이 흐르는 인간의 이 거대한 흐름의 어느 역사적 지점에서 우연히 태어나, 예측할 수 없는 운명에 밀려 어느 지점까지 휩쓸려 흐르다가 흔적 없이 꺼져버릴 한 방울의 거품. 종배는 웃었다. 그저 웃는 수밖에 없었다. 어쩌면 그것은 불안한 자신을 극복해보려는 무력한 표정인지도 모른다. 예정된 인간의 운명을 조종하는 우주적인 어떤 거대한 힘에 대한 아첨

28 유종호, 앞의 글, 73면.
29 조현일, 앞의 책, 71면.

> 일지도 모른다. (…중략…) 인파 속에서 종배의 웃음을 발견하고 다가서는 여인이 있었다. 옥화. 기대하고 온 얼굴이었다. 역시 어린애를 업고 있었다. 30이 다 돼 보이는 초라한 모습으로 여인도 종배를 쳐다보며 웃었다. 역시 처음 만났을 때와 마찬가지로 그것은 죄를 의식할 줄 아는 약점의 미소였다.[30]

타인의 사랑을 잃으면 더 이상 보호받을 수 없을 뿐 아니라 처벌당할 위험에 노출되기 때문에 사랑을 상실하게 할 우려가 있는 행동을 잘못된 것으로 인식하는 어린아이가 죄의식을 형성해 가듯, 예측할 수 없는 운명의 거대한 흐름 앞에서 흔적도 없이 꺼져버릴 수 있는 한낱 물거품에 불과한 삶을 살아가는 데 대해 불안감을 감추지 못하는 종배 역시 "죄의식에서 오는 약점의 미소"를 짓지 않을 수 없다. 그는 길거리에서 우연히 자기와 같은 "죄인의 미소"를 지닌 옥화를 만나 일부러 찾곤 한다.

아버지 없이 태어난 종배는 어머니가 죽은 후 이모에게 맡겨지지만, 그의 어머니가 매음을 해 번 돈으로 교육받고 열성적인 기독교 신자가 된 이모는 종배를 "죄악의 씨"로 여겨 온전한 인간으로 대우하지 않는다. 성장 과정에서부터 죄의식에 노출되었던 종배는 성인이 된 후에도 여전히 "탁류에 휩쓸려 흐르는 물거품의 불안"을 벗어나지 못한다. 재물이나 권세, 명성 혹은 하다못해 허영이나 향락 등, 현실의 인간들이 추구하는 목표는 종배가 보기에는 "뭇 인간들의 비참한 행복"에 불과하다. 그런 하찮은 행복이란 "인간의 운명을 조종하는 우주적인 어떤 거대한 힘" 앞에서 무력할 수밖에 없기 때문이다. 이렇게 생각하는 한, 모든 인간은 그 거대한 힘 앞에서 자신이 잘못한 것이 없는지 불안에 떨며 '아첨'해야 하는, 곧 자신의 죄를 민감하게 의식해야 하는 존재가

30 손창섭, 「포말의 의지」, 『손창섭 단편전집』 2, 166~167면.

될 수밖에 없다.

제목에서 암시되듯, 「포말의 의지」는 "물거품의 불안"에서 자유롭지 않던 종배가 매음부인 옥화를 만나면서 "어떤 보람에 대한 하나의 가능성"을 갖게 되는 과정을 서술하고 있다. 그러나 그 보람은 일정한 가치에 대한 적극적인 의지로 드러나기보다는 전후의 몰가치한 현실에 대한 항의의 형태로 드러나고 있다. 열성적으로 예배당에 나가는 이모의 가족들이 "그저 제상(祭床)에만 맘을 두고 그 앞에 몰려든 대식가(大食家)들의 무리"로 비치는 반면, 종소리를 듣기 위해 예배당 근처에 방을 얻어 매음을 하는 옥화에게서는 적어도 "병자나 죄인의 절박한 갈구"를 발견할 수 있다. 예배당 앞에서 옥화를 이상한 눈으로 쳐다보는 신자들에게 "예수님께선 당신들을 보고, 너희들 중에 죄 없는 자는 돌을 들어 치라 하셨소. 당신들은 창녀만두 못한 사람들이오"라고 종배가 울부짖는 장면은 죄의식을 통해 간접적으로 지향되는 윤리적 가치를 드러내고 있다. 모두가 죄인이라는 단죄는, 한편으로는 선악의 구별 이전의 소박한 판단인 동시에 그 너머의 근본주의적인 윤리적 판단이기도 하다.

윤리적 가치와 관련하여 「비 오는 날」의 원구가 느끼는 죄의식은 좀 더 구체적인 양상으로 전개된다. 1·4후퇴 때 월남하여 부산에서 피난생활을 하고 있는 그는 우연히 고향 친구인 동욱과 그의 여동생 동옥을 만나 몇 차례 집을 방문하기도 한다. 그러나 어느 날 방문했을 때 남매는 이미 사라지고 없다. 아마도 동욱은 징집되었을 것이고 홀로 남은 동옥은 방을 비워달라는 집주인의 말에 내쫓기듯 떠났을 것이다.

> 얼굴이 고만큼 밴밴하고서야 어디 가 몸을 판들 굶어 죽기야 하겠느냐는 말에, 이상하게 원구는 정신이 펄쩍 들어, 이놈 네가 동옥을 팔아먹었구나, 하고 대들 듯한 격분을 마음속 한구석에 의식하면서도, 천근의 무게로 내

리누리는 듯한 육체의 중량을 감당할 수 없어 그는 말없이 발길을 돌이켰다. 이놈, 네가 동옥을 팔아먹었구나, 하는 흥분한 소리가 까마득히 먼 곳에서 자기를 향하고 날아오는 것 같은 착각에 오한을 느끼며, 원구는 호박 덩굴 우거진 밭두둑 길을 잃고 난 사람모양 허전거리는 다리로 걸어나가는 것이었다.[31]

원구는 피난지 부산에서 겪고 있는 장마를 "구약 성경에 나오는 대홍수", 곧 신의 형벌에 비유하고 있지만, 원구와 동욱 남매를 포함한 전쟁 피난민들에게 닥친 불행을 누구의 잘못 때문이라고 판단하기는 어렵다. 그러나 원구가 그 불행을 "할 수 있나 모두가 운명인 걸"이라고 치부할 수만은 없는 이유는 "커다란 적선으로 생각하고, 동옥과 결혼할 용기는 없는가?"라는 동욱의 질문 때문이다. 원구가 동욱, 동옥 남매의 불행을 책임질 의무는 없으며, 또 자신의 처지가 그들을 도와줄 형편도 못 된다. 동옥과의 결혼도 마찬가지다. 하지만 그렇다고 해서 동옥을 도와주는 것이 '적선(積善)', 곧 선을 행하는 윤리적 행위임을 부정할 수는 없다. "이놈, 네가 동옥을 팔아먹었구나"라는 윤리적 비난이 자신을 향하고 있다고 느끼는 원구의 죄의식은 그가 악을 행했기 때문이 아니라 선을 행하지 않았다는 사실에서 기인하고 있다.

물론, 손창섭 소설에서의 죄의식이 항상 윤리적 가치를 지향하는 것은 아니다. 「피해자」의 병준, 「생활적」의 동주, 「미해결의 장」의 문선생 등, 많은 인물들에게서 보이는 죄의식은 자기 처벌 욕구를 동반하여 오히려 무력한 상태를 조장하기도 한다.[32] 이런 측면에서 볼 때, 운

31 손창섭, 「비 오는 날」, 『비 오는 날』, 70면.

32 프로이트에 의하면, 죄의식이 윤리 의식의 일부를 내포하고 있는 것은 사실이나 대부분은 자기 처벌 욕구에 의해 상쇄되는 경향을 보인다. 그 결과 죄의식적 인물은 "적절하지 못한 일을 해야 하며, 자신의 이익에 반해서 행동해야 하고, 현실 세계에서 자신에게 열려 있는 좋은 전망을 망쳐 놓아야 하며, 급기야는 자기 자신의 현실적 존재 자

명적으로 강요되는 죄의식에 대한 저항을 손창섭 소설의 대안으로 제시할 수도 있을 것이다.[33] 그러나 「유실몽」의 경우에서와 같이, 죄의식을 떨쳐버리려는 의식적인 저항이 반드시 긍정적인 방향을 제시하는 것만은 아닌 듯 보인다.

「유실몽」의 철수와 춘자의 관계는 「비 오는 날」의 원구와 동옥의 관계와 비교할 만하다. 가족을 부양하기 위해 제본소에서 일하면서 검정고시를 준비하고 있는 춘자는 철수의 도움을 필요로 하며, 철수 역시 이 점을 잘 안다. "하나두 나의 죄는 아닙니다. 그렇다구 물론 춘자씨 죄두 아닙니다. 정말입니다. 누구의 탓도 아닙니다. 춘자씨의 부친이나 우리 누이의 잘못두 아닙니다"라고 말하는 철수는, 비슷한 상황에 처했던 「비 오는 날」의 원구와 달리 자신의 죄의식으로부터 의식적으로 벗어나려는 태도를 취하고 있다.

> 이제는 어디로든 나도 떠나야 할 때가 왔다고 생각했다. 그 집에 내가 월여를 머물러 있는 것도 누이가 있었기 때문이다. 그렇다고 해서 다시 누이를 찾아갈 생각은 아예 없었다. 차라리 나는 누이와는 반대 방향으로 가야 한다고 생각하며 대합실을 나섰다. (…중략…) 불현듯 창백한 춘자의 얼굴이 눈앞에 얼씬거렸다. 뒤이어 여자의 가느다란 울음소리가 들려오는 것 같았다. 그것은 분명히 숨죽여 우는 젊은 여자의 울음소리였다. 이러한 착각을 나는 끝까지 견뎌내야 한다고 생각하며 자꾸만 어둠 속을 헤치고 소년을 따라 걸었다.[34]

체를 파괴해야 한다"는 성격을 드러낸다(S. 프로이트, 「마조히즘의 경제적 문제」, 430~431면). 이런 속성의 상당 부분은 손창섭 소설에 등장하는 인물들에게서 전형적으로 발견된다.

33 조현일, 앞의 책, 100면.

34 손창섭, 「유실몽」, 『비 오는 날』, 248면.

소설의 결말에서 철수는 누이와 반대 방향으로 가기 위해 집을 떠난다는 점을 의식적으로 강조하고 있다. 동물적 인간인 누이의 삶과 절연하겠다는 것은 그 나름대로 긍정적인 결심임이 분명하다. 그러나 의식적 수준에서의 이러한 자기변호와는 달리 무의식적인 수준에서 철수는 춘자로부터 달아나고 있을 뿐이다. "여자의 가느다란 울음소리"란 철수의 죄의식이 낳은 환청이다. 철수는 새로운 삶을 시작하기 위해 죄의식을 부인하고 집을 떠나는 것이지만, 그 죄의식은 쉽게 떨쳐지지 않는다. 오히려 죄의식에 대한 부인이 또 다른 죄의식을 낳고 있기 때문이다.

5. 죄의식의 상상적 해결

관점에 따라 「잉여인간」을 손창섭의 초기 소설의 도달점으로 볼 수도 있고 반대로 새로운 경향의 시작점으로 볼 수도 있으나,[35] 죄의식의 문제에 주목할 때 「잉여인간」은 속죄를 완결하려는 시도의 산물이라는 점에서 일종의 도달점으로 볼 수 있다. 손창섭 소설에 등장하는 인물들이 갖는 죄의식은 개인적인 불행이나 불운에 대한 것이며, 나아가 전쟁이라는 재앙에 대한 것이다. 원칙적으로 죄란 그에 상응하는 처벌을 통해 속죄 받을 수 있을 것이나 손창섭 소설의 인물들에게 형성되어 있는 죄의식은 상식적인 논리의 수준에서 그에 상응하는 처벌을 찾는 것이 거의 불가능하다. 자신에 대한 처벌은 자기를 더 불행하게 만

35 조남현, 앞의 글, 135면.

들며 따라서 죄의식 또한 커질 것이기 때문이다. 이런 점에서 「잉여인간」의 주인공 서만기는 현실적으로는 불가능해 보이는 속죄를 위해 상상된 인물로 볼 수 있다.

> 귀공자다운 풍모, 알맞은 체격, 넓고 깊은 교양, 굳은 의지와 확고한 신념, 강한 의리감과 풍부한 인정미, 어떤 점으로 보나 형부 같은 남성은 세상에 다시없을 것 같았다. 그러한 형부가 보잘것없는 가족들을 위해서 노예처럼 희생당하고 있다. 형부를 위해서는 이따위 가족들이 다 없어져도 좋지 않을까. 아니, 형부를 둘러싸고 있는 너절한 인간들이 온통 사라져버려도 좋지 않을까. 불공평한 현실 속에서 가족을 위해 죄인처럼 고민하는 형부를 생각할 때 은주는 속으로 혼자 울며 그렇게 중얼거려 보기도 했다.[36]

물론, 실제로 죄를 지었기 때문에 서만기가 자신의 죄를 속죄해야 하는 것은 아니다. 오히려 "귀공자다운 풍모, 알맞은 체격, 넓고 깊은 교양, 굳은 의지와 확고한 신념, 강한 의리감과 풍부한 인정미"를 갖추고 있는 서만기는 처제인 은주에게만이 아니라 이느 누가 보기에도 세상에 다시없을 것 같은, 가장 죄 없는 인간이다. 죄가 없음에도 불구하고 "불공평한 현실 속에서 가족을 위해 죄인처럼 고민하"고 "보잘것없는 가족들을 위해서 노예처럼 희생당하고" 있는 서만기는 일종의 희생양이 분명하다.

그러나 "이따위 가족들이 다 없어"지고 나아가 주위의 "너절한 인간들이 온통 사라져버"리지 않는 한, 서만기는 그들을 위해 희생하는 것을 멈출 수 없다. 왜냐하면 전쟁으로 인한 것이든 혹은 개인적인 이유에 의한 것이든, 주위에서 발생하는 불행을 못 본 체한다면 그는 견딜 수 없는 죄의식에 시달리게 될 것이기 때문이다. 이런 점에서 볼 때 주

36 손창섭, 「잉여인간」, 『비 오는 날』, 360면.

위에서 발생하는 모든 불행에 대해 자신을 기꺼이 희생하는 서만기는 성자(聖者)인 동시에 죄인이라고 할 수 있다.[37]

손창섭 소설에 등장하는 인물들을 사로잡고 있는 죄의식은 성자와 같은 인물을 제시함으로써 겨우 봉합될 수 있었지만, 이러한 봉합은 상상적인 해결책으로서의 한계를 지닌다. 죄의식이라는 주제와 관련하여 손창섭이 택할 수 있었던 긍정적인 방향 중의 하나는 주인공의 죄의식을 통해 현실의 윤리적 문제를 민감하게 형상화하는 것이었다고 예상할 수 있으나, 「잉여인간」의 서만기는 윤리적 인물이기는 하되 현실적 인물이라고 하기는 어렵기 때문이다. 이런 측면에서 볼 때, 손창섭의 1950년대 소설은 주인공의 개성적 성격으로서의 죄의식을 전후라는 현실적 상황과 결부시켜 사회심리의 일단을 형상화할 수 있었으나 이를 긍정적인 방향으로 전개시키는 데는 미흡했다는 점에서 의의와 한계를 동시에 지닌다고 볼 수 있다.

---

37 이와 관련하여, 프로이트는 도덕적이고 누구보다 공덕을 많이 쌓은 사람일수록 세상에서 가장 나쁜 죄인이라고 자신을 나무라는 사례를 제시한다. 요컨대, 성자야말로 자신을 최악의 죄인으로 자처한다는 것이다(S. 프로이트, 「문명 속의 불만」, 306면).

상실과 애도
박완서의 전쟁 체험 소설

1. 오빠의 망령

마흔의 나이로 뒤늦게 등단하여 2011년 작고할 때까지 40여 년 동안 '현역 작가'의 자리를 지켰던 박완서는 15편의 장편소설과 15권 분량의 단편소설 등을 통해 글자 그대로 "한국 사회의 사회 풍속을 일별할 수 있을 만큼 다채"로운 작품 세계를 보여주었거니와, 박완서 소설은 크게 전쟁 체험을 근간으로 한 작품, "근대화 과정에서 소외되는 여성들을 다룬 작품", "1960~70년대의 개발 독재와 그로 인해 물신화된 사회 풍속이나 세태를 다룬 작품", "나이가 들어가는 작가의 분신인 듯한 인물들이 등장하는 노년 소설" 등으로 분류될 수 있다.[1] 이러한 작품 분류는 1990년대부터 본격적으로 수행되기 시작한 박완서 문학 연구의 경향과도 조응하고 있는바, 그 결과 전쟁 체험과 분단으로 인한 고통의 형상화 혹은 물질만능의 사회현실 및 중산층의 허위의식에 대한 비판에 주목

1 이선미, 「한 길 사람 속을 파헤치는 소설: 분단/냉전 문화와 마음의 흔적」, 『실천문학』, 2011 봄, 268면.

한 연구들로부터 여성주의적 관점과 생명주의적 관점에 입각한 연구들에 이르기까지 다양한 경향의 연구 성과들이 축적되고 있다.[2]

이처럼 박완서 소설이 형상화하고 있는 여러 문제들 중 어느 것에 더 우선순위를 둘 것인가를 굳이 따질 필요는 없을 것이다. 예컨대 "신여성의 이상과 모녀관계를 다룬 「말뚝 1」이 분단과 모자관계를 다룬 「말뚝 2」보다 현격하게 처진 비평적 관심을 받아온 것은 우리의 여성문제가 '분단체제'의 연속선상에 있다"는 입장이 반영된 결과라는 지적은,[3] 조금 과장되게 해석하면 여성문제를 분단문제에 종속시키는 관점이 낳은 부작용에 대한 문제제기로 읽을 수 있거니와, 박완서 소설이 제시하는 주제의식들의 우선순위를 정하는 것은 득보다 실이 많을 수 있다. 6·25와 분단이 박완서 문학의 가장 중요한 경험이지만 동시에 가부장제 이데올로기나 가족 이기주의, 물질만능주의 등을 내면화해야 했던 여성 혹은 중산층 주부로서의 체험 또한 박완서 문학의 근본적인 자질임을 함께 인정하는 것이 보다 합리적인 태도일 것이다.[4]

박완서 소설의 중요한 한 축을 이루고 있는 이데올로기 대립과 전쟁에 대한 기억의 핵심에 오빠의 죽음이라는 사건이 놓여 있다는 것은 주지의 사실이다. 작가 스스로 "나의 초기의 작품, 그중에서도 특히 6·25를 다룬 일련의 작품들은 오빠의 망령으로부터 벗어나 보려는 몸부림 같은 작품들"이라고 말하고 있거니와,[5] 전쟁 체험과 그 체험의 중핵인 오빠의 죽음을 끊임없이 다시 쓰는 작업은 재현을 거부하는 과거의 기억에 대한 치유적 글쓰기로서의 트라우마 서사(traumatic narrative)라는 측

---

2 박완서 소설에 대한 선행 연구 검토는 김선미, 「박완서 장편소설의 아버지 극복 과정 연구」, 이화여대 석사논문, 2004, 1~9면 참조.

3 최경희, 「〈엄마의 말뚝 1〉과 여성의 근대성」, 『민족문학사연구』 9, 1996, 123면.

4 이선미, 『박완서 소설 연구: 분단의 시대경험과 소설의 형식』, 깊은샘, 2004, 23면.

5 박완서, 「나에게 소설은 무엇인가」, 『우리 시대의 소설가 박완서를 찾아서』, 웅진, 2002, 23면.

면에서 박완서 소설에 접근할 수 있는 가능성을 제시한다.[6]

본고 역시 오빠의 죽음에 주목하고는 있으나 오빠의 죽음이라는 과거의 트라우마를 다시 쓰는 행위에 내포된 의미보다는 오빠의 죽음 자체가 갖는 의미를 집중적으로 검토하고자 한다. 이와 관련하여 박완서 소설에서 오빠의 위치는 상징적 동일시의 모델로서의 성격을 띠고 있으며, 그러한 오빠의 죽음이 주체에게 상실감을 넘어 일종의 죄의식을 유발하는 양상을 살펴볼 것이다. 이 과정에서 부분적으로 6·25를 다룬 다른 작가들의 소설과 박완서 소설을 비교하는 작업도 함께 이루어질 것이다.

2. 상실에 대한 주체적 반응으로서의 애도

여러 차례 지적된 대로 등단작 「나목」으로부터 「그 산이 정말 거기 있었을까」에 이르기까지 6·25와 관련된 박완서 소설에서는 '6·25 전시하의 오빠의 죽음'이라는 사건이 반복적으로 형상화된다. 작품에 따라 인물 설정에 약간의 차이는 있으나, 좌익운동 경력이 있는 보도연맹원이었으며 의용군에 징집되었다 탈출한 후 갑작스런 총상을 입고 그 후유증으로 죽은 오빠는 이데올로기 대립의 희생자라는 점에서 6·25의 비극을 대변하는 인물형으로 받아들여진다. 그런데 한편으로

6 이런 측면에 주목한 경우로는 김은하, 「완료된 전쟁과 끝나지 않은 이야기」, 『실천문학』, 2001 여름; 김양선, 「증언의 양식, 생존·성장의 서사: 박완서의 전쟁재현소설 〈그 산이 정말 거기에 있었을까〉를 중심으로」, 『한국문학이론과 비평』 15, 2002; 이선미, 「세계화와 탈냉전에 대응하는 소설의 형식: 기억으로 발언하기」, 『상허학보』 12, 2004 참조.

는 박완서 소설의 핵심 주제가 오빠의 죽음 자체가 아니라 그 죽음 뒤에 살아남은 자의 몫으로 남겨져 있다는 것 또한 사실일 것이다.

> 나는 그것들을 삼켰으니까. 나는 망령들을 내 내부에 가뒀으니까. 나의 망령들은 언젠가는 토해내지 않으면 치유될 수 없는 체증이 되어 내 내부의 한가운데에 가로놓여 있을 수밖에 없었다. (…중략…) 나는 늘 두 죽음을 억울하고 원통한 것으로 생각해왔는데 그 생각조차 바뀌어갔다. 정말로 억울한 것은 죽은 그들이 아니라 그 죽음을 목도해야 했던 나일지도 모른다 싶었다. (…중략…) 나는 이때다, 이때를 놓치지 말고 나도 곡을 하리라, 나도 자유로워지리라 마음먹었다. 나의 곡의 방법이란 우선 숨겼던 것을 털어놓는 일이었다.[7]

등단한 지 얼마 지나지 않은 시점에 발표된 「부처님 근처」에 이미 "죽은 그들"과 "그 죽음을 목도해야 했던 나"의 관계에 대한 작가의 자의식이 명료하게 밝혀져 있거니와, 이는 작가나 혹은 특정한 개인에게뿐 아니라 전쟁을 경험한 대부분의 사람들에게 주어진 과제일 것이며, 또한 그것이 상실감에 대한 주체의 반응이라는 점에서 심리학(정신분석)적으로 애도와 관련된 문제일 것이다.[8] 그런데 그 상실감(슬픔)을 전쟁의 탓으로 돌리면 돌릴수록 주체가 감당해야 할 애도의 몫은 그만큼 줄어들기 마련이다. 「나목」에서 옥희도를 만난 첫날 이경이 느꼈던 불쾌감은 그 역시 많은 사람들처럼 모든 상실을 전쟁의 탓으로 돌리고 있다고 오해했기 때문이다.

---

7 박완서, 「부처님 근처」, 『부끄러움을 가르칩니다』, 문학동네, 2006, 110~111면.
8 S. 프로이트, 「슬픔과 우울증」, 윤희기 · 박찬부 옮김, 『정신분석학의 근본 개념』, 열린책들, 2003.

> 그의 다음 이야기는 들으나마나 뻔하다. 이북이 고향이구, 거기선 잘살았구, 암 그때야 설마 이랬을라구…… 그때가 좋았지, 이런 투로 시작되는 따분하고도 길고긴 넋두리를 난 얼마나 주워들었던가. 가끔 어머니가 푸듯이 뇌는 소리, 또 말 많은 환쟁이들이 입에 거품을 뿜어가며 겨루는 소리, 청소부 아줌마들에서 잡역부들에 이르기까지 찌들은 사람들의 그 허망한 넋두리(그때야 이렇지는 않았지…… 좋았지 좋았구 말구). 과거에 대한 망상은 미래에 대한 망상보다 듣기에 구질구질하고 때로는 처참하게조차 느껴져 끝내 들어줄 수 있는 참을성이 나에겐 없었다.[9]

그러나 이경의 오해와 달리 옥희도는 "아주 황량한 풍경의 일각 같은 것"을 품고 있으며 "자기 세계만을 집착"하고 있기조차 하다. "그는 딴사람과 다르다"라는 말을 주문처럼 되뇌는 이경은 옥희도와 동질감을 느낀다. 그가 딴사람과 다른 이유는 선전(鮮展)에 입선한 진짜 화가인 때문이기도 하겠지만 보다 중요한 이유는 그가 애도의 과제를 짊어진 주체인 때문일 것이다. "구질구질하고 때로는 처참하게조차 느껴"지는 "과거에 대한 망상"은 상실한 어떤 대상에 대한 주체의 집착에서 비롯된 것이다. 물론, 전쟁이 어떤 상실의 원인이라는 점은 틀림없는 사실일 것이고, 또한 그러한 상실을 경험한 주체가 잃어버린 대상과 자신을 쉽게 분리하지 못하는 상태를 보이는 것 역시 일반적인 현상이다.[10] 따라서 "그때야 이렇지는 않았지"라는 "허망한 넋두리"에도 일말의 진실이 있을 것이다. 그러나 정신건강에 도움이 되는 넋두리 이상의 언어가 되기 위해서는, 상실을 외부의 타자원인으로 환원하는 것 이상의 자기 탐구가 필요하다.

---

9 박완서, 『나목』, 세계사, 2002, 28~29면.

10 S. 프로이트, 앞의 글, 245~246면.

전쟁이 개인의 운명을 바꾸었느니, 전쟁이 기성 질서와 생활 감정을 어쨌느니, 전쟁이 무엇을 무엇했느니, 그래 전쟁이 없었다면 네가 운동의 네 번째 법칙을 발견할 것을 못 했단 말인가. 전쟁통에 그만 배울 걸 제대로 배웠겠습니까 머리를 긁는 친구, 전쟁에 그만 깡그리 가산을 날리고 이러면서 소주잔을 비우는 빵장수, 전쟁이 저를 이렇게 만들었어요. 당치도 않은 피해망상을 실습해 보는 갈보의 센티멘틀리즘, 거짓의 무리들이여 열세 번이나 지옥으로 가라. (…중략…) 전쟁은 게으른 자와 음탕한 자들에게만 핑계를 주었다.[11]

주체의 상실감을 전쟁 때문으로 돌리는 태도를 "피해망상"이라고 노골적으로 적시하는 최인훈의 첫 장편 「가면고」에서 전후의 상실감 극복이라는 문제를 풀기 위한 전제 조건으로 제시되는 것 역시 전쟁 탓 하지 않기라는 사실은 흥미롭다. 「나목」과 「가면고」를 작가가 속한 세대의 측면에서 비교한다면, 20세 전후에 전쟁을 겪은 세대가 자신의 상태를 전쟁이라는 타자원인의 결과로 환원하는 데 일종의 거부의식을 공유하고 있었으리라는 추측도 가능할 것이다. 물론, 그들이 간단히 전쟁이라는 원인을 삭제할 수 있었던 것은 아니다. 「나목」의 이경은 "나는 지금 의사이고도 환자인 모양"이라고 고백하고 있으며, 「가면고」의 독고준은 심령학회원들에 의해 전쟁을 체험한 젊은이의 보상의식의 케이스라는 진단을 받는다. 이런 점에서 볼 때, 그들 역시 전후의 깊은 상실감으로 인해 병들어 있다는 사실에 있어서는 다른 사람들과 다를 바 없다. 다만, 「나목」의 이경은(「가면고」의 독고준도 포함하여) 다른 사람들에게서는 "그때야 이렇지는 않았지"라는 식의 넋두리를 통해 애매하게 제시되는 그 상실감의 정체가 무엇인지를 분명히 확인하고자 하는 과제와 대면하고 있다는 점에서 차이를 드러낸다. 사실, 이경 역

11 최인훈, 「가면고」, 『크리스마스 캐럴/가면고』, 문학과지성사, 1993, 164면.

시 자신이 잃어버린 것이 무엇인지, 상실한 대상의 정체를 처음부터 분명히 알지는 못했으며 심지어 은폐하려드는 경향을 보이고 있으나, 서사가 진행될수록 일종의 자기 분석을 통해 그 대상의 정체에 다가간다. 지극히 자명한 말이지만, 어떤 대상의 상실을 애도하기 위해서는 그 대상이 무엇인지를 확인하는 것이 필요하다.[12] 이를 위한 자기 진단은, 역사적 사건으로서의 6·25에 대한 진단으로까지 발전하는가의 여부는 차치하더라도, 그 자체로 의미 있는 현상일 것이다.

3. 오빠의 상실이 지닌 상징적 의미

6·25와 관련된 박완서 소설에서 오빠라는 존재는 상실된 대상의 대표자로서 제시되어 왔다. 그러나 "그 죽음을 목도해야 했던 나", 곧 오빠의 상실 이후에 살아남은 자들에 비해 전쟁 중에 죽은 오빠 자체에 대해서는 그다지 많은 논의가 이루어지지 않았다.

> 이 소설(「그 많던 싱아는 누가 다 먹었을까」—인용자)은 모녀의 대결의식으로 일관된 것이며 긴장력의 근거도 이 대결의식에 수렴되는 것. 그 대결의 매개항이 외아들이며 우유부단한 성격을 가진 오빠였던 것. 그 오빠라는 자의 우유부단성이란, 일제 말기에 결혼하기, 결핵병의 애인을 병원 입원시키기 등으로 표상되었던 것. 좌우간 이 오빠라는, 참으로 제어하기 어려운 변수(인간사의 핵심)에 대한 논의란 별로 중요한 것이 아닙니다.

12 S. 프로이트, 앞의 글, 244면.

문제는, 엄마인 기숙 여사와 인간 박완서와의 대결에 있었던 것.[13]

박완서 소설에서 모녀의 갈등은 "역사의 소용돌이를 뚫고 나가는 억척 모성의 생명력의 이중성과 그러한 어머니의 이중성에 대한 비판과 이해의 모순에 찬 운동과정 속에서 자신의 정체성을 획득해 나가는 딸의 세계"라는 양상으로 전개되는 동시에,[14] "근대라는 시기를 나름대로 문제의 시기로 보면서 동시에 그러한 근대를 숭상하면서도 배반하는 '엄마'를 구체적인 시대적 · 계급적 · 문화적 조건을 지닌 한계 있는 한 여성으로 인정하며 비판적으로 바라보는" 양상으로 전개되기도 한다.[15] 모녀의 갈등에 주목하는 것은 모성성과 근대성을 중심으로 박완서 소설의 여성성을 검토하려는 의도와도 통하거니와 이는 이데올로기 대립으로 인한 가족사의 비극을 중심으로 박완서의 6 · 25 소설에 접근하는 기존 관점의 한계를 겨냥하고 있다.[16] 그런데 여기서 오빠의 존재는, 위의 인용문의 표현대로 모녀의 갈등을 촉발하고 모습을 감추는 사라지는 매개자 정도로 간주되고 있는 것처럼 보인다. 물론 오빠가 사라진 것은 사실이지만, 그 부재하는 자리의 의미에 대한 고려가 좀 더 필요할 것이다.

이런 측면에서 볼 때, 박완서 소설에 등장하는 딸에게는 엄마보다 오빠가 보다 중요한 동일시의 모델로 기능하고 있다는 점에 주목할 수 있다. "송도 거리에서의 엄마의 당당함이 어딘지 부자연스러워 보이는 게 되레 나더러 닮기를 바라는 본보기처럼 보였다"와 같이 그려지는 엄마는 어딘지 모순된 요소들이 착종되어 있으며,[17] 위에서 언급한 모

13 김윤식, 「박완서론: 기억과 묘사」, 『작가와의 대화』, 문학동네, 1996, 51면.
14 권명아, 「박완서 문학 연구: 억척 모성의 이중성과 딸의 세계의 의미를 중심으로」, 『작가세계』, 1994 겨울, 334면.
15 최경희, 앞의 글, 126면.
16 임규찬, 「분단체제와 박완서 문학」, 『박완서 문학 길찾기』, 세계사, 2000, 114면.

녀의 갈등 역시 기본적으로는 동일시의 대상으로서의 엄마의 위상이 이처럼 양가적이라는 데서 기인한다. 그에 비해 "오빠인 동시에 아버지였고 우상"으로 묘사되는 오빠의 위상은 상대적으로 주체에게 일관된 의미를 전달하고 있다.[18]

> 나는 처음으로 오빠를 딴 사람과는 다르다고 생각했고 거기에 대한 묘한 긍지를 느꼈다. 나야말로 무엇을 알아서라기보다는 전형적인 속물의 세계에서 별안간 우뚝 솟은 어떤 정신의 높이를 본 것 같은 환각이었다. 그런 건방진 느낌은 그 무렵 왕성해진 독서 체험과도 무관하지 않을 듯하다.[19]

동일시의 모델로서의 아버지는 경험적 · 현실적 존재가 아니라 상징적 법의 작인이다. 위의 인용문에서 "전형적인 속물의 세계"와 "우뚝 솟은 어떤 정신의 높이"로 표현되는 두 개의 아버지 형상에서 상징적 동일시의 모델은 후자인바, 박완서 소설에서 그 자리가 오빠에게 위임되고 있다는 점은 주목을 요한다. 사적 이해관계에 지배되는 경험적 존재와 달리 상징적 존재로서의 동일시 모델은 보편적인 가치를 지탱할 수 있어야 하며, 바로 이런 점에서 후자는 책으로 대표되는 보편적 진리와 위상을 공유한다. 위의 인용문에서 오빠의 상징적 권위에 대한 자각과 독서 체험이 동시에 진행되는 것도 이 때문이다.

물론, 보편적 가치 혹은 진리가 현실과 갈등하는 상황이 발생할 수도 있다. 그 갈등은 책과 현실의 갈등으로 나타나기도 한다. 예컨대, 김현은 최인훈의 독서체험과 관련하여 "세련된 사회에서는 책과 현실은 아주 희귀한 예를 제외하면 거의 마찰을 일으키지 않는다. 그러나

17 박완서, 『그 많던 싱아는 누가 다 먹었을까』, 웅진, 1995, 43면.
18 박완서, 「나에게 소설은 무엇인가」, 『우리 시대의 소설가 박완서를 찾아서』, 22면.
19 박완서, 『그 많던 싱아는 누가 다 먹었을까』, 131면.

변혁기의 사회에서는 그 사회를 움직이는 추상적 진리와 그것으로 인한 금기 체계가 이미 그 사회에 알맞지 않은 진리를 흔히 말하는 책들과 마찰을 일으키게 된다"라고 언급하고 있다.[20] 책과 현실의 갈등은 아버지의 두 형상, 곧 상징적 아버지와 경험적 아버지 간의 갈등과 등가이다. "우뚝 솟은 어떤 정신의 높이"를 지탱함으로써 동일시의 모델로 기능해야 할 아버지가 한낱 "전형적인 속물"로 밝혀질 때 그 갈등은 최고조에 달한다. 이에 관한 가장 전형적인 사례를 최인훈의 또 다른 장편인 「광장」에서 찾을 수 있다.[21]

> "저희들에겐 좋은 아버지였어요." 국고금을 덜컥한 정치인을 아버지로 가진 인테리 영양의 술회가 풍기는 수수께끼는 여기 있는 겁니다. 오 좋은 아버지, 나쁜 인민의 공복, 개인만 있고 국민은 없습니다. 밀실만 풍성하고 광장은 사멸했습니다. (…중략…) 좋은 아버지, 불란서로 유학 보내준 좋은 아버지, 청렴한 교사를 목 자르는 나쁜 시학관(視學官), 그게 같은 인물이라는 이 엄청난 역설.

---

20 김현, 「최인훈의 정치학」, 『현대한국문학의 이론/사회와 윤리』, 문학과지성사, 1991, 348면. 박완서의 「그 많던 싱아는 누가 다 먹었을까」와 최인훈의 「회색인」에는 주인공이 일본어를 모르는 엄마 곁에서 공부와 무관한 책을 읽는 장면이 공통적으로 등장한다. 엄마를 속이고 있는 데서 「그 많던 싱아는 누가 다 먹었을까」의 주인공 '나'는 쾌감을, 반면에 「회색인」의 주인공 독고준은 죄의식을 느끼고 있다는 것은 흥미로운 차이이다.

21 경험적 · 현실적 존재로서의 오빠와 상징적 동일시의 모델로서의 오빠 간에도 당연히 불일치가 존재할 것인바, 실제로 해방 이후 전쟁으로 이어지는 극심한 사회 변혁기에 오빠의 상징적 권위는 거의 완전히 붕괴된다. 이에 대해 신수정은 오빠를 상징적 권위를 지닌 이상적 존재로 묘사하는 것이 일종의 미화이며, 이는 "아름다운 인간에게 불어닥친 세계의 폭력성을 유감없이 드러내고자 하는 작가의 전략적인 기억의 산물"이라고 이해한다(신수정, 「증언과 기록에의 소명: 박완서론」, 『소설과 사상』, 1997 봄, 238면). 그럼에도 불구하고 오빠에게서 발현되었던 상징적 권위 자체가 무화되는 것은 아니며, 또한 상징적 권위가 단지 과거를 이상화하기 위한 전략에 봉사하는 것만도 아니다.

도대체 어디에 혁명이 있단 말인가. 일류 컴뮤니스트의 집안에 중류 부르조아의 그것 같은 차분한 평화가 도사리고 있는 바에야 혁명의 청신한 흥분이 어디 있단 말일까. (…중략…) 밖에 나가서 아버지라는 이름에 합당치 않은 죄를 범하고 있는 사나이가 자기 아내와 장성한 자녀에게 보이는 양보, 그러면 아버지는 무슨 죄를 밖에서 범했다는 건가. 혁명을 판다는 죄, 이상과 현실을 바꾸면서 짐짓 살아가는 죄, 그걸 스스로 모를 리 없는 아버지가 계면쩍어서 하는 태도일거다.[22]

해방공간의 나라 만들기 서사를 다루는 「광장」은 남한에서 단독선거가 실시되던 1948년 5월 무렵 민주주의민족통일전선의 대남방송을 통해 아버지가 귀환함으로써 진짜 아버지를 찾아 월북하는 이명준의 가족로망스와 접속한다. 광장은 사멸하고 빌실반 풍성한 남한은 사직으로는 "좋은 아버지"이지만 공적으로는 "나쁜 인민의 공복"이 지배하는 세계이다. 그는 경험적 차원에서는 좋은 아버지일 수 있으나 상징적 권위를 지탱할 수는 없다. 한편, 상징적 권위를 가진 "반일투사이며 이름 있는 컴뮤니스트"로 상상되던 평양의 아버지 역시 밖에서 공적으로는 혁명을 팔고 있지만 집에서 사적으로는 부르주아의 평화로운 가정을 유지하는 가짜일 뿐이며, 따라서 "아버지라는 이름에 합당치 않은" 가짜 아버지가 주도하는 북한의 인민민주주의혁명 역시 가짜 혁명일 뿐이다. 전쟁이 나자 이명준은 "인민의 영웅"으로 재탄생하기를 꿈꾼다. 이때 탄생은 비유가 아니라 가짜 아버지의 아들이 아닌, 혹은 아버지 없는 존재로 "스스로 출생"하고자 하는 의지를 반영한다.

좌우대립이 극심한 해방공간에서의 체제 선택(이데올로기적 동일시)의 문제가 경험적 아버지와 상징적 아버지 간의 갈등으로 구체화된다는 점은 박완서 소설에서의 오빠의 위상과 관련해서도 적지 않은 시사점

22 최인훈, 「광장」, 『새벽』, 1960.11, 256, 274면.

을 제공한다. 오빠는 유년기부터 여러 면에서 '나'의 동일시 모델이었지만,[23] 여기서 주목해야 할 것은 공적 이데올로기 차원에서의 동일시이다.

> 나는 그때 그 혼란을 좌익과 우익, 진보와 반동의 대립이라는 이념적 관점으로 바라보고 이해하려 들었고, 내가 박수 치고 역성들어 줘야 할 편은 좌익이라는 생각에 망설임이 없었다. (…중략…) 오빠는 어려서부터 머리가 좋은 걸로 소문이 나 있었고 용모가 준수하고 말수가 적고 우애가 깊었다. 게다가 장손이었으니까 자연히 집안에서 떠받들어졌다. 이런 오빠는 나에게 큰 백이었을 뿐 아니라 무조건 추종하고 싶은 우상이었다. (…중략…) 숙부들을 위시해 속물들만 모여 있는 것 같은 우리 집안 내에서 유일하게 정신적인 높이를 가지고 있는 것처럼 보였다. 오빠의 높은 생각을 나만 이해할 수 있을 것 같은 마음과 어떤 것이든 이해하고 흉내 내고 싶은 마음이 감지한 게 오빠의 사상의 빛깔이었다. 정확하게 말하면 오빠가 사들인 책이 맨 그런 책이었으므로 그 중 쉬운 것만 빼다 읽어도 감화받기에 충분했다.[24]

해방공간의 좌우 대립 중에, 또 전쟁 초기에 '나'가 "하필 좌익이었다는 건 오빠의 영향이 결정적이었다." 말하자면, "무조건 추종하고 싶은 우상"이자 "이해하고 흉내 내고 싶은" 동일시의 대상으로서 사적 이해관계를 초월한 공적 이데올로기가 요청되었으며, 그것을 오빠에게서 찾을 수 있다고 믿었는데, 그 오빠가 좌익이었다는 것이다. 「광장」의 이명준과 비교할 때, 공적인 것과 사적인 것에 대한 '나'의 구별은 덜 강박적인 것처럼 보인다. 그래서 '나'는 한편으로는 빈민들 편에 서야겠

---

23 최경희, 「박완서 문학의 젠더」, 『박완서 문학 길찾기』, 181~188면.

24 박완서, 『그 많던 싱아는 누가 다 먹었을까』, 197면.

다는 순진한 정의감 때문에 쉽게 공산주의 사상에 공감한 오빠가 다른 한편으로는 빈민들이 콩깻묵도 못 먹을 때 동생을 위해 양식 요리를 대접하고 폐병을 앓는 애인을 특실에 입원시킨 것에 대해 노골적인 거부감을 드러내지는 않는다.

그러나 오빠의 상징적 권위에 대한 '나'의 의혹은 점차 커진다. '나'는 일제 말기에 자신은 징용을 피했으면서도 남 걱정 하다 자기까지 위태롭게 하려는 오빠가 "딱하고 유치해 보"인다고 조소하며, 노무부장인 숙부의 치사한 특권에 빌붙어 쌀밥을 먹는 처지에 남의 이익을 위해 자신의 이익을 돌보지 않는 듯이 행동하는 것도 얼핏 보기에는 정의감 같지만 실은 도피였다고 간접적으로 비난한다. 이처럼 위태롭던 오빠의 상징적 권위가 결정적으로 훼손된 시점은 1949년 무렵, 좌익들이 월북 또는 지하화하거나 아니면 보도연맹에 가입해 전향해야 하는 선택의 순간에 오빠가 후자를 택했을 때였을 것으로 추측할 수 있다.

> 비록 취중일망정 오빠는 전에 없이 유치하고 졸렬하게 굴었다. 엉엉 소리내어 울면서 마치 엄마 때문에 좌익운동에서 발을 빼고 임나 보란 듯이 보도연맹에도 가입한 것처럼 모든 것을 엄마 탓으로 돌렸다. (…중략…) 그 후에도 엄마는 두고두고 오빠 몰래 그 일을 심란해했다. 오빠가 하는 일을 그만두게 하려고 집요하게 극성을 떨 때하고는 딴판으로 문득문득 후회하는 기색이랄까 미련 같은 눈치까지 보인 적도 있었다. 자식의 안전을 위해 법에서 금하는 불온한 사상을 두려워하면서도, 자식이 위험을 무릅쓰고 하는 일이니만치 뭔가 위대한 일이라고 믿고 싶은, 가장 우리 엄마다운 이중성이었을까? 아니면 엄마도 임의로 할 수 없는 불길한 예감 때문이었을까?[25]

25 박완서, 『그 많던 싱아는 누가 다 먹었을까』, 215면.

「그 많던 싱아는 누가 다 먹었을까」의 화자 '나'는 대체로 오빠의 전향을 담담히 관찰하고, 엄마의 입을 빌려 간간히 의견을 제시하는 데 그칠 뿐이지만, 그럼에도 불구하고 "전에 없이 유치하고 졸렬"한 오빠의 모습은 집안에서 유일하게 "정신적인 높이"를 지녔다고 믿었던 동일시 모델로서의 오빠의 형상과 양립하기 어렵다. 「목마른 계절」에서는 여동생이 공적인 차원에서 추종하고 흉내 내려던 모델로서의 오빠에 대한 반발이 보다 구체적으로 드러난다.[26] 보도연맹에 가입하고 전향한 오빠가 사적인 생활에만 안주하는 데 심한 저항을 느끼던 여동생 진이는 면전에서 "오빠의 흉내에서 벗어나 있어요. 난 결코 오빠처럼 변절이나 배반은 하지 않을 테니까"라고 노골적으로 반발한다. 급기야 전쟁이 발발하자 "인민군이라니까. 새 세상이에요. 만세라도 불러야죠"라고 믿어 S대 민청에서 활동하며 당성 심사를 위한 자서전을 쓴다. "당이 원하는 자서전을, 당의 의도에 영합하는 자서전을, 아주 간명하고 그러고도 열렬하게 썼다. 오빠가 6·25 전부터 당원이었다는 것과 그의 영향이 컸다는 것까지…… 그녀의 표현은 거침없이 대담해진다. 그녀는 어제부터의 열의 모호한 태도를 경멸했고, 그런 파렴치는 바로 이렇게 야유해주는 게 제격이다 싶다."

가짜 혁명가인 아버지에 반발하던 「광장」의 이명준이 전쟁을 맞아 "인민의 영웅"이 되고자 했던 것과 오빠의 전향에 반발하던 진이가 전쟁을 만나 "바뀐 세상에 서슴없이 공감"하려 했던 것을 동일선상에서 비교할 수는 없을 것이다. 공적인 것과 사적인 것의 구별에 덜 강박적이었던 것만큼, 진이는 공산주의에 공감하는 동시에 "자유주의 근성이 농후한" 방관자이며 "냉엄한 생활의 자세"를 버리지 않는다. 그러나 그

26 이런 점에서 공적 이데올로기에 대한 남매 간의 갈등을 드러내는 장면에 관한 한 「그 많던 싱아는 누가 다 먹었을까」가 더 '자전적'일 수 있을지는 모르나 「목마른 계절」이 더 '개연적'이라고 볼 수 있다.

렇다고 해서 공적 이데올로기에 대한 존중을 포기한 것은 아니다. 화자 '나'가 "가장 우리 엄마다운 이중성"이라고 언급한 대목에 의하면, 심지어는 엄마마저 "뭔가 위대한 일"의 숭고함을 인정하지 않을 수 없는 것이다.

> 조소와 경멸, 때로는 노골적인 욕설과 적의를 아무리 받아도 진이는 오히려 미흡했다. 열이 끌려간 밤부터 어쩔 수 없이 그녀의 의식의 표면으로 부상한 공산주의에 대한 반발과 증오가 결코 동기간을 잃은 데서 비롯된 단순한 사감이 아니라는 확증, 즉 많은 사람, 특히 당이 자기들 편이라고 믿고 있는 무산계급도 결코 공화국의 하늘 아래서 행복하지 않다는 확증을 될 수 있는 대로 많이 봐 두고 싶었다. 그녀는 또 열을 그렇게 되게끔 내버려두고 도와주지 못한 자기가 미워 견딜 수 없었다. 그 미움은 열무상수라든가 오이장수, 그밖에 식구들을 위한 힘에 겨운 노동, 또 뭇사람의 적의와 조소 앞에 자기를 세우는 것쯤으로는 도저히 갚아질 것 같지 않게 절실하면서도 그렇게라도 하지 않고는 못 배겼다.[27]

공적 이데올로기와 동일시하기 위해 적극적으로 시작한 민청 활동에 대한 의욕이 가짜 열광과 예찬이 계속되면서 점점 약화되어 감을 느끼던 '나'가 활동을 그만둔 결정적인 계기는 오빠가 의용군으로 끌려가게 된 사건이다. 「그 많던 싱아는 누가 다 먹었을까」에서 "나는 오빠가 의용군에 붙들려 간 걸 기화로 학교에 나가는 걸 그만두었다. 오빠 때문이라고 말하진 않겠다. 그냥 지쳐 나자빠진 거였다"라고 짧게 서술된 부분이 이번에도 「목마른 계절」에서는 보다 구체적으로 서술된다. 위의 인용문에서 주목할 부분은 두 가지이다. 첫째, "공산주의에 대한 반발과 증오가 결코 동기간을 잃은 데서 비롯된 단순한 사감이

27 박완서, 『목마른 계절』, 세계사, 2003, 120면.

아니라는 확증"을 찾으려 했다는 것은 이데올로기에 대한 '나'의 거부가 단지 사적인 차원에서만이 아니라 공적인 차원에서도 정당하다는 것을 보여주려는 의도를 반영하고 있다.[28] 둘째, 그보다 더 주목을 끄는 것은 오빠에 대한 부채감과 그로 인한 자기비난이나 자기 처벌 의식 등, 죄의식으로 포괄될 수 있는 일련의 태도들이 진이에게 두드러지게 나타난다는 점이다.

4. 상실에 대한 죄의식, 상실과 함께 머물기

전쟁에서 살아남은 자들이 죄의식을 갖는 것은 일반적인 현상이다. 야스퍼스에 의하면, 전쟁의 와중에 타인이 죽은 곳에서 살아남은 자는 '아직 살아 있음의 죄'를 지었다고 느낀다는 것이다.[29] 손창섭 소설에서는 예외적으로 전쟁의 현장을 직접 묘사한 「희생」에서 이러한 죄의

28 아버지와 그 대리자로서의 오빠의 부재를 중심으로 박완서 소설을 분석하는 김선미의 「박완서 장편소설의 아버지 극복 과정 연구」는 본고의 주제의식과 상통하는 점이 있으나, 경험적/상징적 존재로서의 아버지에 대한 인식이 체계적이지 못하다는 한계를 드러낸다. 가령, 오빠라는 대리자를 통해 아버지의 경험적 형상과 대립하던 '나'가 오빠의 징집을 계기로 가족의 생계를 책임지는 아버지의 역할을 떠맡음으로써 아버지 부재를 극복하고 있다는 논리는 아버지의 위상을 단지 생계를 책임지는 자로 한정하고 있다(김선미, 앞의 글, 59~60면). 이러한 논리는 자신이 생계를 떠맡은 전쟁 중에, 그리고 생계유지를 최고의 가치로 삼는 중산층 가정에 편입된 이후에도 '나'가 생계의 반대편에 있는 상징적 가치에 대한 반성적 성찰을 지속하고 있다는 점을 제대로 설명하기 어렵다.

29 K. Jaspers, *The Question of German Guilt*, trans. by E. B. Ashton, Fordham University Press, 2001, p.65. 이는 세상의 모든 잘못과 부정에 대해 인류의 한 사람으로서 공동책임이 있음을 인정하는 것으로 '형이상학적' 죄라고 불리기도 하는데, 여기에는 어느 정도 무지(無知)가 포함되어 있다는 점에서 '무의식적' 죄라고 불릴 수도 있을 것이다.

식의 전형적인 사례를 볼 수 있다. 재성과 수옥은 혼담이 오가던 중 전쟁을 맞는다. 서울 수복 직전 포탄에 맞아 중상을 입은 수옥의 손을 잡고 임종을 지켜보던 재성은 "같이 죽지 못하는 것이 큰 죄"이며 "수옥에게 대한 배신"이라는 강렬한 죄의식을 느낀다. 결말에 이르러 옛 제자를 피신시켰다가 미군에게 체포되어 곧 닥쳐올 죽음을 각오하는 재성은 수옥을 떠올리며 "지금 같으면 능히 따라 죽을 수 있었으리라" 생각한다. 수옥의 죽음에 죄의식을 가졌던 재성이 자기 역시 죽음을 맞게 되는 상황에 이르러 어떤 안도를 느끼는 것은 그 죽음을 자신이 지은 죄에 대한 처벌로 받아들이고 있기 때문이다.[30]

전후의 죄의식, 다시 말해 전쟁 후에 살아남은 자의 죄의식은 1960년대 소설에서도 지속적으로 변주된다. 최인훈의 「우상의 집」은 「회색인」 등에서 반복되는 방공호 장면을 기본 골격으로 한 죄의식을 세시하고 있다. "전쟁이 우리들에게 무엇을 했는가를 가르쳐준 창조적 거짓말은 병적이구 정신병원감"이냐는 주인공의 반문은 전쟁에서 살아남은 자의 심리적 실체로서의 죄의식을 적시한다. 또한, 김승옥의 「건」은 빨치산과 방위대의 전투로 "찬란한 왕궁"을 상실한 소년이 느낀 죄의식이 위악적인 행동으로 귀결되는 과정을 보여주고 있다.

박완서의 등단작 「나목」의 결말이 "모든 사람들이 서로의 가지를 비벼댈 수는 있으나 서로의 거리를 좁힐 수 없는 어린 나목들임을 다시 확인"함으로써 "사람살이의 근원적인 외로움"을 포착하고 있다거나,[31] 그렇기 때문에 역설적으로 사랑의 필요성을 재차 강조하고 있다는 해

30 제목 '희생'이 의미하는 것처럼, 그 처벌은 어떤 의미에서는 죄 없는 자에 대한 처벌이다. 재성이 수옥의 죽음에 직접적인 책임이 있을 리 없기 때문이다. 그러나 이와 같은 자기 처벌은 손창섭의 전후소설 전반에 걸쳐 공통적으로 나타난다. 그의 주인공들이 무력한 상태에서 자기모멸을 받아들이는 이유는 그것을 자신의 죄에 대한 처벌로 간주하기 때문이다. 이러한 경향은 「잉여인간」에서 만인을 위해 스스로를 기꺼이 희생하는 성자형 인물의 창조로 이어지기도 한다.

31 유종호, 「불가능한 행복의 질서」, 『박완서』, 서강대 출판부, 1998, 93면.

석은 타당할 것이다.[32] 그런데 「나목」을 이경의 죄의식의 서사로 읽는다면 조금 다른 의미를 찾을 수도 있다.[33] "나는 새삼 나를 층층이 얽맨 사슬을 느꼈다. 그 사슬의 시초가 궁금했다. 나는 가끔 그 사슬의 시초로의 소급을 시도하다가 우습게도 좌절당하고 마는데, 난 그 시초를 결코 망각한 게 아니라 교묘하게 피하고 있을 뿐인 것이다"라는 고백이 명시하듯, 오빠들의 폭사가 행랑채에 숨도록 한 자신 때문이라는 죄의식이 이경의 무의식에 억압되어 있음은 익히 알려져 있다.

그 죄의식은 서사 자체에서 억압된 부분이기도 하다. 1951년 겨울부터 시작되는 「나목」의 서사는 전체적으로는 정상적인 시간 순서를 따르지만, 전쟁이 발발하기 직전인 1950년 봄부터 서울을 재수복한 1951년 봄까지의 시기를 다룬 14장만 유독 소급제시의 형태로 서술되고 있다. 이때의 핵심적인 사건은 물론 오빠들의 죽음이다. "아들들은 몽땅 잡아가시고 계집애만 남겨놓으셨노"라는 어머니의 탄식을 접한 후, 이경은 "살아 있다는 것이 송구스러워" 어머니를 피하고 어쩔 수 없이 대면할 때면 "나는 웅얼웅얼 변명 비슷한 소리를 했다. 곧 또 난리가 날 거라든가 또 난리가 나면 이번에는 살아남을 사람이 없을 거라든가. 나는 이렇게 내가 살아 있다는 게 민망해서 구구한 변명을 늘어놓지 않으면 안 되었다." 몇 달 후 1·4후퇴를 맞아서도 "어머니의 부연 눈이 한결 집요하게 나를 쫓고 있"는 것 같아 이러지도 저러지도 못하던 이경은 큰집의 권유를 못 이기는 척 부산으로 피난을 떠난다. "곧 또 난리가 날 거래요라는 내 말을 통해 이번 난리가 나면 난들 살아남겠느

32 소영현, 「복수의 글쓰기, 혹은 쓰기를 통해 살기」, 『나목』, 세계사, 2002, 300면.

33 6·25와 관련된 「그해 겨울은 따뜻했네」 역시 수지의 죄의식이 서사를 추동하는 동력이다. 그러나 '전쟁 중에 잃어버린 동생은 실은 내가 버린 것이 아닐까'라는 죄의식적 상상이 사실로 드러난다는 점에서 「그해 겨울은 따뜻했네」는 소설이 아니라 로망스에 가깝다. 이러한 죄의식의 로망스는 '우리 부모가 실은 지체 높은 사람들이 아닐까'라는 오목이의 가족로망스와 짝을 이룬다.

냐, 나도 곧 죽을 것이라고 말한 셈이었는데, 난리를 피해 도망와 있으니 무슨 낯으로 어머니를 볼 수 있을 것인가." 오빠들의 죽음에 대한 죄의식 때문에 자신의 죽음이라는 처벌을 상상했던 이경은 여전히 살아 있다는 사실 앞에서 소설의 14장에 해당하는 서사를 억압한 것이다.

오빠들의 죽음에 대한 죄의식은, 손창섭의 「희생」에서 본 바와 같이 전쟁을 겪고도 살아남은 자가 갖는 죄의식의 전형적인 사례와 유사하다. 다만, 「나목」의 경우 내면의 고소인(초자아)과 피고(자아)의 관계가 어머니와 이경의 관계로 외부화 · 인격화되어 제시된다는 차이를 보이고 있다.[34] 이때의 죄의식은 단순히는 윤리적 책임감이나 양심의 가책, 자책 등과 유사한 것이다. "오빠들을 통해서만 모든 사물을 받아들였고 이해하려 들었"던 이경이 동일시의 모델로서의 오빠들의 죽음에 큰 충격을 받았을 것은 당연하며, 아마도 어머니의 집요한 시선이 없었더라도 어느 정도 자책의 심정을 가졌을 것이다(물론 어머니가 없었더라면 더 빨리 죄의식에서 벗어나려고 했을 수는 있다).

자책감에서 벗어나지 못하는 이경의 상태를 걱정하던 사촌 오빠가 "넌 우선 너의 어머니로부터, 그 다음은 이 음산한 고가로부터 자유로워져야 돼"라고 조언했을 때 이를 거부했던 이경은 과거 회상에 이은 15장에서 "나 때문이었을까?"라는 자문을 반복한다. 그리하여 억압되었던 "오빠들의 죽음이 꼭 나 때문일 것 같은 가책"과 대면한 끝에 "나 때문이기도 했지만 전쟁 때문이기도 했고 어쩌면 그럴 팔자일지도 모른다. 나는 내 허물을 딴 핑계들과 더불어 나누어 갖기를, 나아가서는 내가 지은 허물만큼 그동안 나도 충분히 괴로워했다고 믿고 싶었다"라는 결론에 이른다.

애도를 끝내라는 사촌 오빠의 충고를 거절했던 이경은 일종의 자기 분석을 거쳐 이제 스스로 애도를 종결하려 한다. 그런데 일단락되는

---

34 S. 프로이트, 「자아와 이드」, 『정신분석의 근본 개념』, 395~396면.

것처럼 보이던 「나목」의 죄의식의 서사는 갑작스런 어머니의 죽음으로 인해 다시 연장된다. 어머니의 죽음이 급성폐렴 때문이 아니라 자기 때문이라는 '거짓말'이 사실로 유통되자 "어쩔 수 없이 나는 내가 조작한 사건에 갇히고" 말기 때문이다.[35] 「토템과 터부」에서 아버지의 죽음이 아들의 죄의식을 강화하는 사례와 유사하게 어머니의 죽음을 통해 재형성된 죄의식 때문에 이경의 애도는 끝날 수 없다.

프로이트에 의하면 끝나지 않는 애도는 우울증을 형성하며, 이 우울증적 주체는 외부의 대상이 아니라 자아를 구성하는 일부를 상실했다고 느끼게 된다.[36] 만약 주체가 외부의 대상을 상실했다면, 그 빈자리를 다른 대상으로 대체함으로써 상실감을 극복할 수 있으며 애도 역시 끝낼 수 있다. 그러나 자신의 일부를 상실했다면, 그것은 대상의 상실인 동시에 주체 자신의 상실이기도 하다.[37] 그래서 외부(의 대상)를 한탄하는 것이 아니라 자기 자신을 한탄하는 우울증적 주체는 상실과 함께 하며 애도를 끝내지 않는다.

박완서 소설에서 그 상실은 일차적으로는 오빠의 죽음이다. 그런데 그 상실은 단지 오빠의 상실만이 아니라 '나' 자신의 상실이기도 하다. 오빠가 의용군에 끌려가던 무렵 공산주의를 버린 '나'는 다시 한 번 오빠와 동일시한다. 이때의 동일시는 오빠를 흠 없는 우상으로 삼던 시절의 동일시와는 다르다.

---

35 이 거짓말 역시 무지 혹은 무의식적 앎(unknown knowns)일 것이다. 자신의 거짓말 때문에 죄의식이 연장된다는 것은, 이경이 의식적인 판단과는 반대로 무의식적으로는 여전히 죄의식을 벗을 수 없으며 따라서 애도를 끝낼 수 없음을 인식하고 있음을 의미한다.

36 우울증적 주체는 대상 리비도 집중을 나르시시즘적 자아 동일시로 전환하며, 그 결과 상실된 대상은 주체의 외부가 아니라 내부에서 자아를 구성하는 일부로 존재한다(조현순, 「애도와 우울증」, 『페미니즘과 정신분석』, 여이연, 2003, 59면).

37 J. 버틀러, 양효실 옮김, 『불확실한 삶: 애도와 폭력의 권력들』, 경성대 출판부, 2008, 47~49면.

빨갱이와 흰둥이의 죽고 죽이는 일의 순환에서 벗어날 수 있는 또 하나의 색은 없는 것일까? (…중략…) 주위의 친한 이들은 싫건 좋건 간에 모두 둘 중 하나의 색을 선명하게 선택하는 일을 이미 끝내고 있지 않은가? 민준식도 민도 화진도. 그리고 열도?

생각이 오빠 열에게 미치자 진이는 그녀의 가장 깊숙한 곳이 까진 피부처럼 쓰려옴을 느낀다. 그녀는 동기간끼리의 직감으로 자기의 방황과 흡사한 또 하나의 방황을 열이 하고 있음을 안다.[38]

'나'는 오빠의 전향에 대해 순진한 정의감만 있을 뿐 "행동을 하기엔 너무도 허약하고 사치스러운 마음을 가지고 있었다"고 냉소한 바 있지만, 관념적으로만 공산주의에 동조했을 뿐 현실에서는 한 달도 못가 그것을 포기해 버리고 만 '나' 역시 "허약하고 사치스러운" 상태와 크게 다르지 않았던 것은 명백하다. 그런 '나'가 뒤늦게 다시 한 번 오빠와 동일시하려 했다면, 그것은 좌우 대립에서 이도 저도 선택하지 못하고 방황하는, 상처 입은 자의 이미지와의 동일시일 것이다.

그러나 혹독한 시대는 자신의 일부였던 것을 상실하고 그 때문에 상처 입은 자로 살아가는 것마저도 불가능하게 만든다. 죽을 고비를 넘어 집으로 돌아온 오빠는 이미 "세상이야 어떻게 돌아가든, 남이야 어떻게 살든 내 알 바 아니게 내 식구 생각만 하겠노라"는 말을 입에 단, "얼굴을 잃고 돌아왔다고 해도 지금의 오빠보다는 유사성을 발견하기가 쉬울" 만큼 다른 사람으로 변해 있었고,[39] 그렇게 "서서히 사라져 간"다. "딴 사람도 아닌 오빠 입에서 어떻게 저런 소리가 나올 수 있을까 차라리 귀를 막고 싶은" 배신감을 느끼지만, '나' 역시 "처자식의 먹이를 벌어들이는 것 외에는 자기가 속한 사회에 섣불리 참여하지도 저

---

38 박완서, 『목마른 계절』, 181～182면.
39 박완서, 『그 산이 정말 거기 있었을까』, 웅진, 1995, 38～39면.

항하지도 않는 남자"와의 결혼을 실행에 옮기고 있다.

> 우리 모녀는 지금까지도 오빠가 빨갱이였는지, 흰둥이였는지, 아예 그런 사상 문제엔 집안일에 관심이 없었던 것처럼 관심도 없었는지, 그것조차 분명히 알고 있지를 못하다. 다만 어머니는 아들 치다꺼리만 했지 한 번도 아들이 벌어오는 밥을 못 얻어잡숴 본 게 가슴 깊이 맺힌 한이어서 아무쪼록 오래 사셔서 하루라도 손자가 벌어오는 밥을 얻어잡숴 보는 게 소원이시다. 손자가 좋은 학교 나와서 착실한 직장을 가지고 결혼해서 일요일이면 처자식 데리고 카메라 메고 놀러 나가고 당신은 집을 봐 주는 게 평생 소원이시다.[40]

그렇지만 여전히 어떤 상실에 대한 애도는 끝나지 않는다. 그 상실은 오빠의 여읨이며, 더 나아가서는 일찍이 오빠에게서 보았던, 그리고 '나' 또한 동일시했던, 따라서 '나'의 일부이기도 했던 "속물의 세계에서 별안간 우뚝 솟은 어떤 정신의 높이"의 상실이다. 애도의 종결이 상실한 것의 대체가능성을 요구한다는 점을 염두에 둔다면, '나'의 상실이 결코 다른 것으로 대체가능하지 않다는 것은 애도가 여전히 진행 중이라는 사실에 대한 확실한 증거이다. "볼이 붉은 사내아이, 착한 아내, 찌개 끓는 화로, 커튼 늘어진 창"이 희망의 전부인 남편과 결혼한 '나'는 언제까지라도 그가 낯설 것이고, 또 예전에 고가(古家)는 허물어졌지만 "아직도 해체되기 않은 한 모퉁이가 내 은밀한 곳에 남아" 있을 것이다. "처자식만 아는 남편, 많은 아이들. 그래도 나는 행복하지 않"고 "사는 게 매가리가 없고 시들시들하고 구질구질하고 답답하고 넌더리" 날 것이다. 그것도 모자라 오빠의 아들에게까지 "이 사회에 순응해서 이득을 보는 사람이 돼야지 괜히 사회의 병폐란 병폐는 도맡아 허

40 박완서, 「카메라와 워커」, 『부끄러움을 가르칩니다』, 361면.

풍을 떨면서 앓는 소리를 내는 사람이 될 건 없잖아"라고 충고하는 '나'는 심한 부끄러움을 느낄 것이다.

박완서의 소설이 "사회에 선불리 참여하거나 저항하는 행위는 한 주체를 죽음으로 몰고 갈 뿐만 아니라 이러한 죽음에도 불구하고 부조리한 세계는 조금도 개선되지 않"을 것이지만 "부조리한 현실과 타협하는 것은 더욱 불가능"할 것이라는 "이중적인 절망 상태"를 전제하고 있다는 지적은 타당하다.[41] 그런데 그 이중구속 상태에서 속물들의 세계에 투항하는, 보다 쉬운 길을 택하지 않을 수 있었던 것은 어떤 가치의 상실 자체를 자신의 일부로 받아들였으므로 가치가 상실되었다는 사실을 망각할 수 없었기 때문이며, 자신의 가치를 상실했다는 사실을 죄스러워했기 때문이며, 그래서 상실감과 함께 머물며 애도를 끝내지 않았기 때문이다.

5. 종결되지 않는 애도

2010년 2월 자전소설로 발표된 「석양을 등에 지고 그림자를 밟다」를 제외하면 마지막 소설이라고 할 수 있을 「빨갱이 바이러스」는 서두에서 언급했던 박완서 소설의 폭넓은 작품 세계를 한꺼번에 보여주고 있는 작품이다. 작가는 네 명의 화자의 입을 통해 노년의 삶과 여성의 삶, 도시인들의 이기주의, 그리고 6·25와 분단의 문제를 압축적으로 제시하고 있다. 이러한 문제들 중에서 6·25와 분단의 문제가 가장 중

41 류보선, 「개념에의 저항과 차이의 발견」, 『부끄러움을 가르칩니다』, 433면.

요하다고 평가할 필요는 없을 것이다. 그러나 낯선 사람들과 우연히 하룻밤을 함께 지내면서 고백 게임을 벌이고 그 고백을 통해 각자의 죄의식을 떨어버림으로써 "아무한테도 말하지 않았고 죽을 때까지 말하지 않을 줄 안 걸 말해 버리고 나니까 이렇게도 살 것 같다는 데 동의"하며 일종의 애도를 종결하고 있는 「빨갱이 바이러스」의 서사 안에서 유독 '나'만이 그 대열에 동참하지 못하고 있다는 결말은 주목할 만하다.

해방 직후 삼팔선 이북에 편입되었던 '나'의 고향은 6·25 중에 인민군 세상이 되었다가 국군 세상이 되었다가를 반복하다 마침내 남한에 속한 땅이 되어 휴전을 맞는다. 일제 때 서울에서 전문학교를 나왔고 지주 집안으로 몰려 다른 가족들이 전전긍긍할 때도 "홀로 희망을 잃지 않고 씩씩했"으며 전쟁이 나자 인민군으로 참전했던 삼촌은 휴전과 함께 사라지고 없다.

> 나는 삼촌을 좋아했는데 삼촌은 돌아오지 않았다. 아무도 삼촌에 대해 입에 담지 않았고 기다리는 것 같지도 않았다. 내가 삼촌을 좋아했다는 게 생각만 해도 쓸쓸해지는 상처가 되었다. 삼촌에게선 우리 식구들에게는 없는 분위기가 있었다. 옷자락에서 풍기는 냄새까지 향긋했고 무뚝뚝한 식구들에게는 없는, 연민을 숨기지 못하는 우울한 표정을 하고 있었다. 삼촌을 통해 막연히 동경하게 된 교양인의 냄새가 사라진 우리집은 어린 나에게 무지렁이들만 남은 것처럼 보였다.[42]

오빠가 삼촌으로 바뀌었을 뿐, 문제는 여전히 동일하다. 휴전 후 은밀히 집을 찾아왔던 삼촌이 아버지의 손에 죽어 마당에 암매장 되는 장면이 실제 사건인지, 아니면 어린 '나'의 상상에 불과한지를 밝히는

42 박완서, 「빨갱이 바이러스」, 『문학동네』, 2009 가을, 237면.

것은 중요하지 않다. '나'의 죄의식은 삼촌이 살해되는 장면을 목격하고도 모른 척했다는 데서 비롯된 것이 아니라 삼촌의 상실 그 자체에서 비롯된 것이기 때문이다. 삼촌의 상실은 먹고사는 일에 바쁜 무지렁이 같은 "우리 식구들에게는 없는 분위기" 혹은 "전형적인 속물의 세계에서 별안간 우뚝 솟은 어떤 정신의 높이"의 상실이다. 또한, 그 정신적 높이의 상실은 단지 삼촌이 지향했던 가치의 상실인 것만이 아니라 "삼촌을 통해 막연히 동경하게 된", 곧 삼촌과의 동일시를 통해 '나' 역시도 지향했던(혹은 지향하려 했던) 가치의 상실이기도 하다. 다른 것으로 대체 불가능한, 자신의 소중한 가치를 상실했으므로 '나'는 그 상실을 죄스러워하고 그 상실과 함께 머물 수밖에 없다. 「빨갱이 바이러스」를 통해 우리는 어떤 상실을 그 자체로 자신의 일부로 구성했으므로 결코 애도를 종결할 수 없는 주체의 사례를 다시 한 번 확인할 수 있다. 상실에 대해 그만 슬퍼하고 다른 것으로 대체함으로써 재빨리 애도를 종결하지 않는 것이 단지 무기력이나 수동성, 체념을 낳는 것만이 아니라 폭력에 노출되어 있고 폭력과 공모하기 때문에 상시적으로 상실을 겪는 인간의 취약성(vulnerability)에 대한 배려로 이어지는 긍정적인 변환이 가능하다면,[43] 박완서 소설은 그 좋은 예가 될 것이다.

43 J. 버틀러, 앞의 책, 59~60면.

사실과 당위

'난장이가 쏘아올린 작은 공' 연작

1. 현실 반영 이상의 의미

발표순으로 「칼날」부터 「내 그물로 오는 가시고기」까지 총 12편으로 이루어진 조세희의 '난장이가 쏘아올린 작은 공' 연작(이하 '난장이' 연작으로 약칭)에 대한 대표적인 평가는 "사실주의적 소재를 반사실주의적 수법으로 형상화하고 있다"는 지적이다.[1] 이 간단한 평가가 '난장이' 연작에 대한 많은 논의를 대표할 수 있었던 이유는 '사실주의적 소재'와 '반사실주의적 수법'이라는 말이 갖는 풍부하면서도 중요한 함의 때문이다. 도시 철거민인 난쟁이 가족이 대단위 공장 노동자로 전화하는 과정을 포착하고 있는 '난장이' 연작에서의 '사실주의적 소재'란 일용노동에 의해 생계를 유지하는 난쟁이와 중학교 중퇴 후 공장 노동자가 되는 그의 아들 세대를 중심으로 한 노동자들의 삶이다.[2] 이를 통해 급격히 산업화·자본주의화한 경제구조가 인구의 도시 집중을 야기해

1 김병익, 「대립적 세계관과 미학」, 『상황과 상상력』, 문학과지성사, 1979, 203면.
2 성민엽, 「이차원의 전망」, 『한국문학의 현단계』 2, 창작과비평사, 1983, 221~222면.

도시빈민 및 저임금 노동자층을 형성했던 1970년대 한국 사회의 역사적 단계를 형상화한 대표적인 작품이라는 점에서 '난장이' 연작의 문학사적 의의를 찾을 수 있다.[3]

'난장이' 연작의 노동소설적 측면에 대해서는 노동자의 현실이 작가의 체험에 의해 장악되지 못했다거나 시·공간 및 시점의 빈번한 이동이 조성하는 환상적 분위기로 인해 "현재의 삶의 구조를 과학적으로 철저하게 인식함으로써 얻어지는 역사적 연관 속에서의 구체적 인간상 또는 미래상"에 이르는 데 미흡했다는 점 등이 한계로 지적되기도 했다.[4] 그런데 이와 같은 비판의 이유였던 '반사실주의적 수법'이 '난장이' 연작에 대한 논의를 지금까지 지속되도록 한 원천을 제공했다는 사실은 역설적이다. 이는 '난장이' 연작의 기법이나 형식상의 특징 자체에 대한 분석이 활발히 이루어졌다는 것을 의미한다기보다는 '난장이' 연작이 "노동자의 발견이라는 단일한 서사원리"만으로 형성되지 않은 덕분에 지금까지도 다양한 분석과 해석이 가능한 작품으로 남을 수 있었다는 것을 의미한다.[5] 이와 관련하여 다음과 같은 지적은 시사하는 바 크다.

> 이 작품은 이러한 형성(노동계급의 형성—인용자)의 추이를 정확히 기록하고 또 그 고통의 의미를 생각함에 있어서 그 작업을 폭넓고 다양한 원근법 속에서 행한다. (…중략…) 이 소설의 다양한 가능성의 검토는 작가의 뜨거우면서도 침착한 이성으로 인하여 가능해진 것이다. 현실을 이성적으로 또는 합리적으로 본다는 것은 그것의 다양한 모습을 두루 살핀다는 것이고 그것들을 하나로 아울러 본다는 것이다. 여기에서 이 조망은 현

3 김윤식·정호웅, 『한국소설사』, 예하, 1993, 383면.
4 염무웅, 「도시—산업화시대의 문학」, 『민중시대의 문학』, 창작과비평사, 1979, 343~344면; 황광수, 「노동문제의 소설적 표현」, 『한국문학의 현단계』 4, 창작과비평사, 1985, 97면.
5 류보선, 「사랑의 정치학」, 『1970년대 문학연구』, 소명출판, 2000, 387면.

실태를 넘어선 가능태로 그것을 저울질한다는 것을 말한다. 이 작품이 노동계급의 형성에 관한 것이면서, 인간의 삶에 대한 보편적인 윤리 이상에 관한 깊은 성찰이 되는 것은 이러한 연유로 인한 것이다.[6]

'난장이' 연작이 1970년대 노동계급의 형성 과정을 형상화한 대표적인 작품이라는 사실에는 이론의 여지가 없지만, 그렇다고 해서 이 소설이 노동운동의 관점에서만 사실주의적으로 서술되고 있는 것은 아니다. 또, 그렇다고 해서 소설의 곳곳에 드러나는 환상적 요소가 현실 반영보다 더 중요하다고 판단하는 것도 적절하지 않다. 도시 철거민 출신으로 대기업 노동자가 된 난쟁이의 아들이 '의식화 교육'을 받고 노동운동에 투신하지만 끝내 절망하여 그룹 회장을 살해하려 한다는 연작 전체의 서사는 노동운동의 관점에서 보자면 운동의 실패이자 포기일 수 있으며, 「에필로그」에서 느닷없이 우주여행을 떠나겠다고 말하는 교사의 태도 역시 다분히 현실 도피적인 환상에 기댄 것일 수 있다는 점에서, '난장이' 연작은 현실 반영이나 환상의 측면에서 모두 어느 정도 한계를 드러내고 있다. 그러나 위에서 김우창이 언급한 것처럼, '난장이' 연작에서 수행되고 있는 "폭 넓고 다양한 원근법"에 의한 "가능성의 검토"는 이런 한계들을 포괄하는 동시에 다른 해석의 가능성을 암시하고 있다. 본고에서는 특히 사실과 당위의 관계를 중심으로 '난장이' 연작을 분석함으로써 작품을 이해하고 나아가 이 작품에 나타난 윤리적 문제를 보다 구체적으로 해석할 수 있는 가능성을 검토하고자 한다.

6 김우창, 「역사와 인간 이성」, 『작가세계』, 2002 가을, 53면.

2. 사실과 당위—'누가 깨끗하고 더러운가'와 '누가 씻을 것인가'

「뫼비우스의 띠」는 '난장이' 연작의 서두에 위치할 뿐 아니라 「에필로그」라는 제목의 단편과 구조적으로 대칭을 이루고 있다는 점에서 일종의 프롤로그로 간주된다. 원고지 60매 가량의 짧은 단편임에도 불구하고 수학 교사와 학생들 간의 문답에서 제시되는 굴뚝 청소 우화와 뫼비우스 띠, 그리고 이와 병치되는 앉은뱅이와 꼽추의 서사 등이 겹쳐 있는 「뫼비우스의 띠」에 대해서는 이미 많은 논의들이 이루어져 왔다. 이는 중층적 구성으로 인해 의미가 애매한 만큼이나 함의 또한 풍부한 「뫼비우스의 띠」 자체를 이해하는 것은 물론, 나아가 프롤로그로서의 「뫼비우스의 띠」를 통해 "『난장이』의 전체를 규율하는 작가의 일차적인 관심을 확인할 수 있는 열쇠"를 찾으려는 목적에서 수행된 것이라고 할 수 있다.[7]

「난장이 혹은 소외집단의 언어」와 「대립적 세계관과 미학」 등을 통해 '난장이' 연작 독해를 위한 관점을 선도적으로 제시한 김병익은 교사와 학생 간의 문답을 분석하면서 "앞의 윤리적 질문(굴뚝 청소 우화—인용자)과 뒤의 수학적 설명(뫼비우스 띠—인용자)에서 공통되는 것은 우리가 보고 겪고 부닥치는 것들은 사실 세계에서의 대립이며, 그것의 전면적 진실 또는 하나로의 통합은 추상의 세계에서만이 가능하다"는 것이 작가의 기본적인 세계 인식임을 밝히고 있다.[8] 김윤식 역시 굴뚝 청소 우화와 뫼비우스 띠에 주목한 점에서는 동일하지만, 이로부터 "안과 밖, 내면과 외면, 시간과 공간 등등 이른바 인간이 수천 년에 걸쳐 그토록 공들여 이룩해 온 이원론적 사유"의 해체, 나아가 "가치의

7 류보선, 앞의 글, 390면.

8 김병익, 앞의 글, 205~206면.

높고 낮음 이른바 원근법이 지배하는 세계"의 종언이라는 의미를 도출해 낸다는 점에서 차이를 보인다.[9]

요컨대, 이원적 대립의 소멸이라는 동일한 현상에 대해 김병익이 보다 높은 차원에서의 통합이라는 해석을 이끌어내는 반면 김윤식은 가치 체계의 해체 및 무차별성(Indifferenz)의 대두라는 메시지를 읽어내고 있다.[10] 이러한 두 관점이 「뫼비우스의 띠」에 나타난 교사와 학생 간의 문답의 의미를 이해하는 기본 축을 이루어 왔다는 점을 고려한다면,[11] 두 해석 사이의 간극을 어떻게 이해할 것인가의 문제가 새삼 중요함을 확인할 수 있다.

굴뚝 청소 우화는 『탈무드』를 일본에 소개한 『유대 5천년의 지혜』의 저자 서문에 나오는 에피소드로,[12] 굴뚝을 청소한 두 아이 중 누가 얼굴을 씻을 것인가 라는 질문은 『탈무드』를 배울 자격이 있는지를 시험하기 위해 랍비가 낸 문제이다. 유명한 솔로몬 왕의 재판을 비롯한 구체적인 판결 사례들이 자주 등장하는 것에서 짐작할 수 있듯, 『탈무드』에서 가르치는 것은 필연적이고 영원한 것을 알 수 있는 이론적 지식(sophia)이 아니라 상황에 따라 올바른 판단을 내릴 수 있는 실천적 지혜(phronesis)에 가깝다고 할 수 있다. 이와 같은 교육은 도서관의 책

---

9 김윤식, 「난장이론」, 『우리 소설과의 만남』, 민음사, 1986, 77~78면.

10 무차별성은 의미론적, 통사론적 이분법에 의해 형성된 종교적・정치적・윤리적・미적 가치들이 교환가치에 의해 부정되는 상태를 지칭한다(P. 지마, 허창운・김태환 옮김, 『이데올로기와 이론』, 문학과지성사, 1996, 7장 참조).

11 김병익의 관점은 성민엽(앞의 글), 이동하(「어두운 시대의 꿈」, 『작가세계』, 1990 겨울), 우찬제(「분노와 사랑의 뫼비우스 환상곡」, 『작가세계』, 1990 겨울) 등에서 수용되며, 김윤식의 관점은 류보선(앞의 글), 이호규(「1970년대 저항의 두 지점」, 『현대문학의 연구』 28, 2006) 등에서 수용된다.

12 일본에서 랍비로 활동한 토케이어(M. Tokayer)의 『유대 5천년의 지혜』는 1970년 일본어로 출간되었으며, 1975년 이래 '탈무드'라는 제목으로 여러 차례 한국어로 번역 출간되었다. 교사의 입을 빌려 "나는 몇 권의 책을 뒤적여 보다가 제군과 함께 이야기해 보고 싶은 것을 발견했다"라고 말하고 있는 조세희가 접한 것도 이 번역본일 것으로 추정된다.

에서가 아니라 "살아 있는 교본에서 배워라"라는 유대교의 가르침과도 그리 멀지 않다.[13]

그런데 이런 측면에서 본다면, '누가 얼굴을 씻을 것인가'라는 질문에 대한 대답이 상황에 따라 다를 수 있다는 사실 자체는 그다지 심각하게 고민할 문제가 아닐 수도 있다. 경험을 통해 획득되는 실천적 지혜는 그 속성상 이론적 지식과 달리 개별적이고 특수한 것에 관계하며, 따라서 전적으로 보편적이지는 않기 때문이다.[14] 하지만 그렇다고 해서 굴뚝 청소 우화가 단순히 상황 의존적 판단의 사례만을 보여준다고 단정하는 것 역시 적절하지 않다. 무엇보다 이 우화 속의 문제에 대해 상이한 판단이 도출되는 구조에 주목할 필요가 있다. 우화를 중심으로 진행되는 교사와 학생 간의 문답의 내용을 요약하면 다음과 같다.

> ① 두 아이가 굴뚝 청소를 했다. 한 아이는 얼굴이 새까맣게 되어 내려왔고, 또 한 아이는 그을음을 전혀 묻히지 않은 깨끗한 얼굴로 내려왔다.
>
> ② 얼굴이 더러운 아이가 얼굴을 씻을 것입니다.
>
> ③ 얼굴이 더러운 아이는 깨끗한 얼굴의 아이를 보고 자기도 깨끗하다고 생각한다. 이와 반대로 깨끗한 얼굴을 한 아이는 상대방의 더러운 얼굴을 보고 자기도 더럽다고 생각할 것이다.
>
> ④ 얼굴이 깨끗한 아이가 얼굴을 씻을 것입니다.
>
> ⑤ 두 아이는 함께 똑같은 굴뚝을 청소했다. 따라서 한 아이의 얼굴이 깨끗한데 다른 한 아이의 얼굴은 더럽다는 일은 있을 수가 없다(11~12면).[15]

교사가 굴뚝을 청소한 두 아이의 상태를 설명(①)한 후 '누가 얼굴을

13 M. 토케이어, 김상기 옮김, 『탈무드』, 태종출판사, 1975, 31면.

14 김기수, 「아리스토텔레스의 '실천적 지혜'와 교육의 실제」, 『교육철학』 17, 1997, 13면.

15 이하 인용 면수는 조세희, 『난장이가 쏘아올린 작은 공』, 문학과지성사, 1986에 따름.

씻을 것인가'라고 질문한다. 이에 대한 학생의 대답(②)은 단순한 것처럼 보이지만, 엄밀히 말하면 '얼굴이 더럽다'라는 사실과 '얼굴을 씻는다'라는 행동을 결합한 판단이다. 또, 당연한 것처럼 보이지만 '얼굴이 더럽다'라는 사실과 '얼굴을 씻는다'라는 행동을 결합하기 위해서는 '얼굴이 더러우면 씻어야 한다'라는 당위(규범)를 전제해야 한다. 따라서 학생의 대답은 일상적인 수준에서 사실과 당위를 종합하여 판단한 결과로 볼 수 있다.[16]

얼굴이 더러운 아이가 씻을 것이라는 대답이 틀린 이유에 대한 교사의 설명(③)을 듣고 학생들은 "놀람의 소리"를 내는데, 그것은 우선 얼굴이 더러우면 마땅히 씻을 것이라는 일상적인 당위가 실현되지 않을 뿐 아니라 오히려 전도될 수 있다는 것에 대한 놀람이다. 그런데 이런 전도가 발생하는 이유로부터 또 다른 문제가 발생한다. 학생들의 예상과 달리 깨끗한 아이가 씻고 더러운 아이가 씻지 않는 이유는 사실 관계에서 깨끗한 얼굴을 더럽다고 오인하고 더러운 얼굴을 깨끗하다고 오인했기 때문이다.

'얼굴이 더럽다'가 사실의 문제라면, '얼굴이 더럽다는 것을 안다'는 인식의 문제이다. '얼굴이 더러우면 씻어야 한다'라는 당위를 받아들인다고 하더라도, 얼굴이 더럽다는 사실을 알지 못한다면 그 당위는 실현될 수 없을 것이다. 게다가 어떤 사실을 안다는 것은, 사실과 다르

---

16 흄에 의해 '이다/아니다(is/is not)'라는 사실판단에서 '해야 한다/해서는 안 된다(ought/ought not)'라는 당위판단을 연역하는 자연론적 오류가 지적된 이래로 현대윤리학의 과제는 당위의 근거를 사실에서 찾을 수 없으므로 도덕에 대한 정당화는 불가능하다는 회의론을 어떻게 극복할 것인가를 중심으로 형성되었다(김상배, 「현대윤리학에서의 존재와 당위의 문제」, 서울대 박사논문, 1989, 1~9면). 물론, 일상적인 실천 안에서는 당위판단을 지지하기 위해 '사실에 의한 인증'이 자주 수행되는바, 이는 어떤 사실 진술 안에 명확하지는 않지만 이미 당위판단이 내포되는 경우가 많기 때문이다(A. 피퍼, 진교훈·유지한 옮김, 『현대윤리학 입문』, 철학과현실사, 1999, 185~189면). 굴뚝 청소 우화에 대한 학생들의 첫 번째 대답 역시 '얼굴이 더럽다'는 사실에 '얼굴을 씻는다'는 행위의 정당성이 어느 정도 내포되었다는 판단에 근거한 것으로 볼 수 있다.

게 잘못 알 수 있는 오인의 위험을 수반하기까지 한다. 이런 측면에서 학생들의 놀람은, 사실과 그 사실에 대한 인식 및 오인 등의 문제에 대한 것이기도 하다.

동일한 질문이 반복되자 학생들은 교사의 설명에 따라 이번에는 얼굴이 깨끗한 아이가 씻을 것이라고 대답(④)하지만, 이에 대해 교사는 다시 한 번 자신의 설명을 번복한다. 함께 굴뚝 청소를 했다면, 한 아이는 깨끗하고 다른 한 아이는 더럽다는 것은 있을 수 없다는 교사의 설명(⑤)은 처음 제시한 사실과는 상이한 사실에 관한 진술이다. 그런데 이 진술은 사실 차원에서 두 아이 모두 더러울 수밖에 없음을 밝히고는 있지만, 당위와 관련된 원래의 질문, 즉 '누가 얼굴을 씻을 것인가'에 대해서는 답하지 않는다.[17] 김윤식이 지적한 바와 같이, ⑤는 궁극적으로 사실 인식에서 봉착할 수 있는 "결정불가능 상태"를 가리키는 것으로 볼 수 있다.[18]

이처럼 교사와 학생 간의 문답은 사실과 당위, 사실에 대한 인식 및 오인, 그리고 이러한 오인이 극단화된 형태의 결정불가능성 등과 같은 여러 가지 문제들을 제기하고 있다. 그런데 지금까지의 논의는 당위의 문제(누가 얼굴을 씻을 것인가)보다는 주로 사실의 문제(누가 깨끗하고 누가 더러운가)에 주목하였으며, 그리하여 누가 깨끗하고 더러운가에 대해 서로 상반된 사실을 진술하는 ①과 ⑤의 관계를 어떻게 이해할 것인가의 문제에 초점을 맞춰 왔던 것으로 보인다.

①에서 사실이 흑백의 이분법적 구조 안에서 인식된다면, ⑤에서는 사실이 흑백의 차이를 구별할 수 없는 결정불가능의 구조 안에서 인식된다. 이와 같이 상반된 사실 인식에 대해 김병익은 ①을 사실 세계에서

17 류보선, 앞의 글, 392면. 5장에서 다시 언급하겠지만, 본고에서는 교사의 설명이 진행됨에 따라 학생들의 사실판단과 당위판단이 분리되며, 사실판단에 관한 문제가 전면에 부각되는 데 비해 당위판단의 문제는 상대적으로 잠복한다는 점에 주목한다.

18 김윤식, 「문학사적 개입과 논리적 개입」, 『문학과사회』, 1991 겨울, 1518면.

나타나는 대립으로 ⑤를 사실 너머의 세계에서 드러나는 전면적 진실로 이해한 반면, 김윤식은 ①을 전통적인 이원론적 사유로 ⑤를 현대사회의 무차별적 사유로 이해했다는 것은 앞에서 말한 바와 같다. 그러나 이와 같은 논의 틀에서는 애초에 교사가 제기했던 질문, 곧 '누가 얼굴을 씻을 것인가'와 같은 당위의 문제는 제대로 검토되기 어렵다.

3. 계산(수학)이 제기하는 당위의 문제

'난장이' 연작의 서사 전반에 걸쳐 선명한 선악 대립이 드러난다는 것은 대부분의 논의에서 공통적으로 언급되는 특징이다. 예컨대, "두 집단의 공간적인 단절과 윤리적인 단절을 중첩시켰기 때문에 『난장이』의 세계는 가진 자-밝고 깨끗한 곳-죄의 덩어리, 못 가진 자-어둡고 더러운 곳-고통과 희생의 덩어리로 간명하게 등식화"되고 있음을 지적한 김병익은 이와 같이 "부자-악-죄"와 "가난한 자-선-희생"으로 결정화된 선악 구도가 "현실의 어두움과 아픔을 더욱 격렬하게 느낄 수 있"게 하는 효과를 거둔다고 평가한다.[19] 여기서 선악이 대립하는 현실과 그 대립이 화해할 수 있는 추상으로서의 "황금색의 별 세계"의 관계는 위에서 살펴본 '사실 세계에서의 대립'(①)과 '사실 너머에서의 통합'(⑤)이라는 틀을 따르고 있다. 한편, 김윤식은 '난장이' 연작이 "뫼비우스의 세계를 이원론이 철폐된 세계로 보는 대신 가진 자와 못 가진 자의 속임수로 바라"본다는 점에서 "윤리화"를 추구하고 있

19 김병익, 앞의 글, 208~209면.

는데, 이는 "산업사회 이전의 이원론이 지배하는 사회를 전제로 하"는 일종의 시대착오라고 평가한다.[20] 이러한 평가 역시 '전통적인 이원론적 사유'(①)와 '산업사회 이후 현대의 무차별적 사유'(⑤)라는 틀에 의거하고 있다.

윤리가 "무엇인가를 해야만 한다거나 하지 말아야만 한다는 의식, 곧 당위의 의식으로 나타나"는 것이라고 할 때,[21] 「뫼비우스의 띠」의 문답에 나타난 당위의 문제(누가 얼굴을 씻을 것인가)를 윤리의 문제로 이해할 수도 있을 것이다. 위에서 볼 수 있는 바와 같이 '난장이' 연작에서의 윤리적 문제에 대한 기존의 논의는 기본적으로 ①과 ⑤의 관계망 안에서 진행되며, 주로 '가진 자'와 '못 가진 자'로 대표되는 선악의 대립에 주목하고 있음을 알 수 있다. 이런 식의 윤리적 관점의 의의를 어떻게 평가할지에 대해서는 다소 차이가 있지만, 추상적이거나 낭만적이라는 지적에서 짐작할 수 있듯 '난장이' 연작에서의 윤리적 문제에 대해서는 그 전망에 현실성과 구체성이 부족하다는 평가가 공통적이다.

윤리나 선(善) 혹은 당위라는 덕목이 '가진 자'와 '못 가진 자'에게 선험적으로 분배되기만 할 뿐이라면, 그것을 현실이 구체적으로 반영된 결과로 볼 수 없는 것은 당연하다. 비슷한 맥락에서, 아포리즘적이거나 동화적 경향을 띤 '난장이' 연작의 서사 안에서 난쟁이 가족으로 대표되는 '못 가진 자'는 "동화 속의 주인공들처럼 처음부터 착하고 정직하고 정의로운 사람들로 묘사"되며, 그 결과 "세상 사람들의 것이 아닌 것 같은 '별나라'의 인물들로 왜곡"되고 만다는 지적 역시 '난장이' 연작에 나타난 선악 구도의 비현실성을 문제 삼는 것이라 할 수 있다.[22] 그러나 어떤 의미에서 '난장이' 연작의 윤리적 문제는 오히려 대단히 구

20 김윤식, 「난장이론」, 78면.
21 김상봉, 「윤리 · 도덕」, 『우리말 철학사전』 2, 지식산업사, 2002, 227~228면.
22 황광수, 앞의 글, 96면.

체적인 상황에서 제시되고 있는 것처럼 보이기도 한다.

> 공무원 월급표를 보면 뒷집 남자의 월급은 남편의 월급보다 사뭇 적다. 단출한 식구에 더 많은 월급을 받는 자기네는 조용한데, 많은 식구에 적은 월급을 받는 뒷집은 흥청댄다. 알 수 없는 일이다. 우리가 귀가 아프게 들어 온 잘 살 수 있는 세상이 뒷집에만 온 것 같다. 그래서 신애는 생각한다. 저 집은 도대체 어느 편인가? 우리는 또 어느 편인가? 그리고 어느 편이 좋은 편이고, 어느 편이 나쁜 편인가? 도대체 이 세상에 좋은 편이 있기는 한가?(30면)

예컨대, 「칼날」의 신애는 "단출한 식구에 더 많은 월급을 받는 자기네는 조용한데, 많은 식구에 적은 월급을 받는 뒷집은 흥청"대는 것을 이해할 수 없다는 윤리적 의문을 갖는다. 이 의문이 왜 윤리적인가? 그 이유는, '누가 얼굴을 씻을 것인가'라는 질문에 더러운 아이가 씻을 것이라고 대답한 학생이 그러했듯, 신애 역시 사실과 당위의 문제를 하나로 겹쳐 보고 있기 때문이다. 그녀는 "단출한 식구에 더 많은 월급"과 "많은 식구에 적은 월급"이라는 사실로부터 전자의 살림이 더 넉넉해야 마땅하다는 당위가 실현되리라고 기대하지만 현실은 그와는 반대이다. 이런 맥락에서 신애의 의문이 곧바로 "어느 편이 좋은 편이고, 어느 편이 나쁜 편인가?"라는 선악 판단에 대한 의문으로 이어지는 것은 당연한 귀결이다.

중산층인 신애에게 주어졌던 계산 문제는 철거 계고장을 받은 난쟁이의 둘째아들 영호에게 다음과 같은 형태로 바뀌어 제시된다. "헐릴 저희 집 같은 걸 새로 지으려면 백삼십 만원은 있어야 됩니다. 저희 아버지가 평생을 일해 지은 집예요. 우린 그걸 이십이 만원과 바꾸어야 될 입장예요. 거기서 전세 주었던 돈 십오만 원을 제하고 나면 칠만 원이 남습니다." 난쟁이의 평생은 계산에 넣지 않는다 해도 130만원짜리 집을 비워 주면 그에 상응하는 것을 받아야 마땅하겠지만, 현실에서는 그 당위가 실현되지 않고 고작 7만원을 받는다는 것 역시 납득하기 어려운 계산이다.

물론, 간단한 사칙연산 수준의 계산과 뫼비우스 띠 혹은 클라인씨의 병을 다루는 수학을 곧바로 동일시하는 데는 무리가 따를 수 있지만, 당위가 실현되지 않는 현실에 의문을 제기하는 신애와 영호의 계산은 「에필로그」에서 수학교사가 윤리교사로 전신하는 장면을 이해할 수 있는 계기를 제공한다. 「클라인씨의 병」에서 수학적 개념을 이해하지 못하겠다는 영수에게 "어떤 훈련을 받지 않은 사람이라도 상식적인 방법에 의해 문제의 핵심을 뚫을 수 있"다고 조언하는 과학자의 태도는 윤리적·당위적 문제를 제기하는 수학의 역할을 암시하고 있다. 이런 맥락에서 '난장이' 연작에서의 수학은 단지 수(數)라는 가치중립적인 사실을 다루는 학문에 그치지 않고 "누구나 공감하는 현실의 수학"을 지향하며, 과학 역시 단지 자연현상이라는 가치중립적인 사실을 다루는 것만이 아니라 "과학처럼 사람이면 누구나 인정하고 받아들일 수 있는 최소한의 기본 도덕"을 환기시킨다는 지적은 타당하다.[23]

도시 철거민이 공장 노동자로 전화하는 역사적 단계를 서사의 주요한 일부로 포착하고 있는 '난장이' 연작에서 계산이 제기하는 가장 중요한 당위적 문제는, 노동력의 가치만큼의 정당한 임금을 받지 못하는 잉여노동시간과 거기서 발생하는 잉여가치일 것이다. 「은강 노동 가족의 생계비」에서 낙원구 행복동을 떠난 난쟁이 가족의 삼남매는 은강 그룹 계열 공장에 취직한다. 은강 자동차에 입사한 큰아들 영수는 노동조합 지부장에게 9시간 30분을 근무하면서 근로기준법이 정한 연

23 김인환, 「현실과 도덕」, 『작가세계』, 2002 가을, 39~41면. 같은 맥락에서 김우창 역시 '난장이' 연작에서 과학이 지닌 윤리성에 대해 언급한다(김우창, 앞의 글, 67~69면).

장 근로 수당을 받지 못했음을 항의한다. '연장 근무 시간(9시간 30분 - 8시간 = 1시간 30분)=연장 근로 수당(1시간 30분×통상 임금×1.5)'과 같은 계산은 수학인 동시에 마땅히 실현되어야 할 당위이다. 이러한 윤리적 계산은 '연장 근무 시간=0'이라는 현실에서의 비윤리적 계산을 고발함으로써 "일한 만큼 받지 못하고 있"다는 윤리적 메시지를 드러낸다.

> 어머니의 가계부는 이런 내역들로 꽉 찼다. 나는 은강에서의 생존비를 생각했다. 생활비가 아니라 살아남기 위한 생존비였다. 우리 삼남매는 죽어라 공장 일을 했다. 우리는 우리의 생산 공헌도에 못 미치는 돈을 받았다. 네 명의 가족을 둔 그해 도시 근로자의 최저 이론 생계비는 팔만 삼천 사백 팔십 원이었다. 어머니가 확인한 삼남매의 수입 총액은 팔만 이백 삼십 일 원이었다. 그러나 보험료・국민저축・상조회비・노동조합비・후생비・식비 등을 제하고 어머니 손에 들어온 돈은 육만 이천 삼백 오십 일 원밖에 안 되었다. 이 돈을 벌어오기 위해 우리는 죽어라 일했고 어머니는 늘 불안했다(161~162면).

「은강 노동 가족의 생계비」는 제목 그대로, "일한 만큼 받지 못하"는 노동자 가족의 생계비(엄밀히 말하면 생존비)를 "콩나물 50원"부터 세세히 계산하여 보여 주는 것으로 결말을 맺는다. 4인 가족 기준 근로자의 최저 생계비는 83,480원이다. 그러나 무려 세 명이나 공장에서 일하는 난쟁이 가족 네 명의 총수입은 80,231원에 불과하며, 그나마 최종적으로 손에 들어오는 것은 62,351원이다. 최저 수준에도 모자라는 생계비 부족분 21,129원은 간단한 계산으로 쉽게 답이 나오지만, 이 부족분을 윤리적으로 어떻게 받아들여야 할지의 문제는 쉽게 풀리지 않는다.

4. 이데올로기적 오인에 대한 비판

'난장이' 연작에서 가진 자와 못 가진 자의 대립이 형성되는 기본적인 토대는, 동화적이고 비현실적인 선악 구도에서가 아니라 객관적인 사실에서 기대할 수 있는 일상적이고 자명한 당위가 실현되지 않는 현실에서 찾을 수 있다. 1시간 30분의 연장 근로를 했다면 법이 정한 연장 근무 수당을 받는 것이 마땅하지만, 현실에서 그 법(당위)은 실현되지 않는다. 법은 왜 실현되지 않는가? 「잘못은 신에게도 있다」에서 노사협의에 출석한 사용자 대표는 "모든 걸 법대로 하자면 은강에서 돌아가는 기계들 대부분을 지금 세워야" 하며, "기계는 세워 두면 녹이 슬어요. 공장 문도 닫아야죠. 그렇게 되면 여러분 모두가 일할 곳을 잃"을 것이기 때문이라고 설명한다.

영수에 대한 재판이 진행되는 법정 안에서 은강 그룹 회장의 아들과 그의 사촌이 나누는 대화 속에는 고용(employment)에 대한 두 가지 상반된 인식이 제시된다. 하나는 고용이 "인간을 위해 일한다면서 인간을 소외시"킨다는 것이고, 다른 하나는 "공장을 지어 일을 주고 돈을 주었지. 제일 많은 혜택을 입은 게 바로 이들(노동자—인용자)"이라는 것이다. 어느 쪽이 사실에 부합하는가? 여하간에 법을 지키면 기계가 멈추고 공장 문이 닫히고 노동자가 일자리를 잃게 된다는 사용자의 주장은, 고용을 통해 노동자에게 일자리와 돈이라는 혜택이 주어진다는 인식에 근거하고 있다.

> 야간작업 수당도 많이 줄었다. 공원들도 줄였다. 일 양은 많아지고, 작업시간은 늘었다. (…중략…) 공장 규모는 반대로 커 갔다. 활판 윤전기를 들여오고, 자동 접지 기계를 들여오고, 옵셋 윤전기를 들여왔다. 사장은 회사

> 가 당면한 위기를 말했다. 적대 회사들과의 경쟁에서 지면 문을 닫을 수밖에 없다고 말했다. 이것은 우리 공원들이 제일 무서워하는 말이었다. (…중략…) 큰 공장이 문을 닫으면 수많은 공원들은 갈 곳이 없었다. 작은 공장들이 채용할 인원은 한정이 되어 있다. 나는 돈도 못 벌고 놀게 될지도 모른다(82~83면).

은강에 오기 전 영수가 근무했던 인쇄 공장 사장의 주장 역시 이와 다르지 않다. 그의 주장에 의하면 일자리를 잃지 않기 위해 노동자들은 잉여노동시간을 최대한 늘려야만 한다. 그리고 "우리 공원들은 우리가 아는 것만큼 밖에는 사물을 이해하지 못"할 뿐 아니라 "무엇 하나 일깨워 줄 사람도 없"기 때문에 그에 따를 수밖에 없다. 반면에 공장의 규모는 점점 커진다. 사장 집 정원의 손질 잘 된 나무는 무럭무럭 자라고, 노동자들은 "우리 집에는 나무가 없습니다. 나는 건강하지 못합니다"라는 무기력한 농담을 주고받을 뿐이다.

그러나 영수는 은강에 세워진 노동자 교회의 목사로부터 "의식화 교육"을 받으면서 사용자의 인식이 틀렸음을 알게 된다. 목사는 노동자들에게 "여러분이 알아야 할 것은 그게 아니라 부의 생산자가 바로 여러분 자신이란 점"이며, "부를 생산하고도 그것을 제대로 나누어 받는 사람은 아직 한 사람도 못 보았"다고 강조한다. 교육을 위해 초빙된 과학자 역시 "근로자의 손해는 경영주의 이익"이며, "부의 증가는 저임금 근로자의 수의 증가와 비례해 왔"음을 가르친다. 요컨대, 고용이란 노동자에게 일자리와 돈을 제공함으로써 혜택을 주는 것이 아니라 노동자를 착취하고 노동을 소외시키는 것이다. 전자는 사실을 오인한 것이며, 후자가 올바른 인식이다.

목사와 과학자를 신뢰하며 그들에게서 바르게 인식하는 법을 배운 영수는 "은강에서 일하는 사람들을 머릿속부터 변혁"시킴으로써 "그들이 위협을 받아야 할 사람은 자신들이 아니라는 것을 깨닫"게 하려 한다. 착취당하면서도 위협을 받는 노동자와 착취하면서도 안락을 누리는 사용자의 관계는, 깨끗하면서도 스스로를 더럽다고 생각하는 아이와 더러우면서도 스스로를 깨끗하다고 생각하는 아이의 관계만큼이나 전도되어 있다. 물론 이러한 전도는, 교사로부터 질문을 받은 학생들의 경우처럼 일차적으로는 오인에서 기인한 것이다. 단지 오인이 전도의 원인이라면 사실에 부합하는 바른 인식에 의해 전도를 원상복귀 시킬 수 있으며,[24] 이로부터 사실에서 기대할 수 있는 당위가 실현될 것이다. 요컨대, 얼굴이 더러운 아이는 얼굴을 씻을 것이고, 착취당했던 노동자는 정당한 부를 얻어 안락을 누릴 수 있을 것이다. 이는 "교육의 수단을 이용해 누구나 고귀한 사랑을 갖도록 한다"는 영수의 계획이 의도하는 바이기도 하다. 곧, 영수는 누구나 바른 인식에 이른다면 당위를 실천할 것이라고 생각한다.

'난장이' 연작에서 이러한 오인이 교육에 의한 직접적인 비판의 형태로만 나타나는 것은 아니다. 영수가 본격적인 교육을 받기 이전부터 '난장이' 연작의 서사 곳곳에는 이러한 오인이 간접적으로 드러나고 있음을 볼 수 있다. 예컨대, 재개발 예정 지구에 사는 난쟁이 가족은 당국의 '보호'를 받고 있다(75면). 문제는 그들이 받는 보호가 아프리카 원주민이 받는 보호와 같은 것이라는 점에 있다. 보호의 본뜻은 보살피고 도와준다는 것이지만, 영수가 받는 보호란 실은 이질적 집단에 대한 격리에 다름 아니다. '고용'의 의미가 이중적이듯, '보호'의 의미 또한 이중적이며 이 중 하나는 이데올로기적 오인에 의해 틀린 의미를 전달하고 있다.

24 이데올로기를 '허위의식(false consciousness)', 곧 '틀린 인식'으로 간주하고, 올바른 인식에 의해 허위의식의 가면을 벗기려는 작업을 고전적 이데올로기 비판이라 부를 수 있다(S. 지젝, 이수련 옮김, 『이데올로기라는 숭고한 대상』, 인간사랑, 2001, 60~61면).

어떤 개념의 이중적 의미는 그 안에 서로 모순된 의미들이 대립하는 양가성(Ambivalenz)으로부터 비롯되는바, 이러한 양가성에 의해 그 개념의 이데올로기적 의미가 비판적으로 인식될 수 있다.[25] '난장이' 연작에서는 단어(개념)의 양가성을 통해 간접적으로 이데올로기 비판이 수행되는 장면이 빈번히 발견된다. 영수가 다니던 인쇄 공장의 사장이 즐겨 쓴 '불황'이란 단어는 경제가 위축되는 상황이라는 사전적 의미가 아니라 노동자에 대한 억압을 뜻한다(82면). 또한, '지배'란 단어는 노동자에게 할 일을 주는 것을 뜻한다(85면). 말을 바꾸면, 일자리는 얻는 것이 바로 지배당하는 것이다. 공장장이 말하는 '노사의 공동 이익'과 '산업 평화'이란 단어 역시 노조가 약화되어 노동자에 대한 해고와 징계를 마음대로 할 수 있다는 것을 의미한다(171면).

이처럼 일상적인 현실 곳곳에서 양가성과 마주칠 수 있다는 사실은 이데올로기적 오인 역시 일상적인 삶에 편재한다는 것을 뜻한다. 보다 정확히 말하면, 이데올로기적 오인이라는 토대 위에 현실과 일상적인 삶이 형성되어 있다. 따라서 바른 인식에 이르는 것만으로는 이데올로기적 오인으로부터 벗어날 수 없다. 물론, 틀린 인식 자체는 올바른 인식에 의해 교정될 수도 있겠지만, 이데올로기적 오인으로부터 자유로워지기 위해서는 지금까지 살아온 현실과 삶 전체를 포기해야 하기 때문이다.[26] 사용자들이 안락한 현실과 삶을 쉽게 포기할 리 없으므로, 그 현실과 삶의 토대가 되는 이데올로기적 오인을 쉽게 교정할 리도 없다. 노사협의가 철저하게 결렬되는 과정을 통해 이를 깨달은 영수는 "교육의 수단을 이용해 누구나 고귀한 사랑을 갖도록 한다"는, 다시 말

25 P. 지마, 앞의 책, 556~562면. 류보선은 양가성에 의해 이데올로기 비판이 수행되는 과정을 아이러니(화)에 의한 이데올로기 비판으로 분석한다(류보선, 앞의 글, 394~400면). 지마에 의하면, 아이러니를 발생시키는 근거가 곧 양가성이다(P. 지마, 서영상 · 김창주 옮김, 『소설과 이데올로기』, 문예출판사, 1996, 95면).

26 S. 지젝, 앞의 책, 67면.

해 올바른 인식을 통해 당위의 실현에 이를 수 있을 것이라는 자신의 계획이 틀렸음을 인정할 수밖에 없다.

5. 사실 너머의 당위의 가능성

「내 그물로 오는 가시고기」에서 영수는 교육에 의한 노동운동의 한계를 절감한 끝에 은강 그룹 회장의 동생을 살해하고 법정에 선다. 정작 죄를 지은 '그들'은 수배 명단에서 빠지고, 죄 없이 블랙리스트에 올랐던 영수는 이제 진짜 죄인이 된 것인가? 그렇다면 이는 "한 아이의 얼굴이 깨끗한데 다른 한 아이의 얼굴은 더럽다는 일은 있을 수가 없"는 상태, 곧 사실 관계에서의 차이를 구별할 수 없는 결정불가능의 상태를 의미하는가? 그러나 설령 사실 관계의 차이를 구별할 수 없다 하더라도 당위의 문제가 무효화되는 것은 아니다.

> 자기가 보기에 그것은 강요된 행위였다고 지섭이 말하고 있었다. 변호인은 그 말을 기다렸다는 듯이 누가 강요했겠느냐고 묻고 그것을 좀 구체적으로 말해 달라고 부탁했다. 지섭은 저항할 수 없는 폭력이나 자기 또는 친족의 생명, 신체에 대한 위해를 방어할 방법이 없는 협박에 의하여 강요된 행위의 증거로 삼남매가 은강 공장에 나가 일해 버는 돈으로 살아가는 난장이 일가의 비문화적인 생활과 난장이의 부인이 써 온 낡은 가계부를 들었다. (…중략…) 그는 콩나물 값 · 소금 값 · 새우젓 값에서 두통 · 치통 약값까지 읽어 내려가더니 도시 근로자의 최저 이론 생계비, 생산 공헌도에 못 미치는 임금, 그리고 노동력 재생산이 어렵다는 생활 상태를 두서없

이 주어 섬겼다(224면).

증인으로 법정에 선 지섭은 영수의 살인이 "강요된 행위"였음을 주장한다. "양심에 따라 숨김과 보탬이 없이 사실 그대로" 말하겠다는 맹세가 아니더라도 그가 증언하는 내용이 사실이라는 것에는 의심의 여지가 없다. 그의 증언은 「은강 노동 가족의 생계비」에서 난쟁이 가족의 가계부를 통해 숫자 하나하나까지 상세히 보고되었던 내용과 일치하기 때문이다. 지섭은 정확한 사실에 근거해 영수의 살인이 강요된 것이라고 주장한다.

그러나 동일한 사실을 공유하는 「은강 노동 가족의 생계비」와 「내 그물로 오는 가시고기」에는 중요한 차이가 있다. 전자에서 '최저 이론 생계비와 생산 공헌도에 미치지 못하는 임금을 받는다'는 사실로부터 '일한 만큼 받아야 한다'는 결론에 이른 것과 후자에서 동일한 사실로부터 '살인을 저지를 수밖에 없다'는 결론에 이른 것을 비교할 때, 중요한 차이는 '일한 만큼 받아야 한다'는 것이 당위인 것처럼 '살인을 저지를 수밖에 없다'는 것 역시 당위일 수 있는가의 문제에 있다. 물론, 살인을 당위라고 주장할 수는 없다. 일한 만큼 받지 못했을 때 일한 만큼 받는 것이 '마땅함'의 문제라면, 일한 만큼 받지 못했을 때 살인을 저지르는 것은 '불가피함'(어쩔 수 없음)의 문제는 될 수 있을지언정 '마땅함'이 될 수는 없기 때문이다.[27]

이러한 문제는 「뫼비우스의 띠」와 「에필로그」에 삽입된 앉은뱅이와 꼽추의 서사에서도 유사하게 나타난다. 「뫼비우스의 띠」에서 투기업자에게 16만원에 판 아파트 입주권이 38만원에 거래된다는 사실을

27 성민엽과 류보선은 지섭이 영수의 살인을 정당방위로 변호하고 있음을 지적한다(성민엽, 앞의 글, 224면; 류보선, 앞의 글, 410면). 정당방위를 뜻하는 'Notwehr'는 '불가피한 방어'로 풀이된다. 영수의 살인을 정당방위 개념에 의거해 불가피한 것으로 인정할 수는 있더라도 당위로 인정할 수는 없다.

뒤늦게 알게 된 앉은뱅이와 꼽추는 20만원을 더 요구하나 투기업자가 이를 거절하자 그를 살해한다. 투기업자의 행동이 비윤리적인 것은 틀림없으며, 또한 앉은뱅이와 꼽추의 행동은 그러한 비윤리적 행위에 대해 어쩔 수 없이 취해졌다는 것도 인정할 수 있다. 그렇다고 하더라도 그들의 행동이 당위적이거나 윤리적인 것이 될 수는 없다. 투기업자가 탄 차에 불을 지르는 앉은뱅이를 지켜보던 꼽추가 죄의식을 느끼는 것도 이 때문이다.[28]

> 나는 형도 잘 알고 있겠지만 미국은 세계 인구의 8퍼센트 미만으로 전세계 자원 소비의 반을 차지하고, 잘 사는 그들 중 한 사람이 하루에 섭취하는 열량은 못 사는 아프리카·아시아 빈민들 중 한 사람이 형편없는 식사를 통해 1주일에 취하는 열량보다 못할 게 없을 것이라고 말했다. 강자가 약자에게 주는 이런 종류의 충격이 인정되는 이상 우리의 상태도 인정을 받아 마땅하다고 나는 주장했다(212면).

당위는 어떤 사실에서 마땅히 그러해야 한다고 기대되는 것이지, 사실에 의해 불가피하게 강요되는 것이 아니다. 예컨대, 은강 그룹 회장의 아들은 8%의 미국인이 50%의 자원을 소비하고, 그들의 1일 섭취열량이 저개발국 빈민의 1주일 섭취열량과 같다는 사실에 근거해 자신의 삶 또한 "마땅하다"고 주장한다. 그의 의도대로 사실에 의거해 자신의 행동을 변명하는 것은 어느 정도 가능할 수 있겠지만, 이러한 변명과 당위는 전혀 별개의 문제이다.

이는 사실을 인식하는 것과 당위를 실현하는 것이 전혀 무관하다는 것을 의미하지는 않는다. 기본적으로 당위는 사실로부터 기대될 수 있

28 이에 대해서는 작품 분석을 통해 영수와 앉은뱅이의 살인이 정당화될 수 없음을 밝히고 있는 김우창, 앞의 글, 61~67면 참조.

는 것이므로 '난장이' 연작의 작가는 한편으로는 사실을 바르게 인식하는 토대로서의 수학과 과학의 역할을 중시하며, 다른 한편으로는 틀린 인식(오인)을 바르게 교정하는 작업의 의미를 강조하고 있다. 그렇다고 하더라도 사실 및 사실에 대한 인식으로부터 당위가 저절로 도출되는 것은 아니다. "제군의 지식이 제군이 입을 이익에 맞추어 쓰여지는 일이 없도록 하라"는 교사의 마지막 당부는 사실판단(지식)과 당위판단(윤리)의 균열을 경고하고 있다. 이와 같은 관계는 '누가 얼굴을 씻을 것인가'라는 최초의 질문에도 동일하게 적용된다. 교사는 사실 관계를 단계적으로 변화시킴으로써 학생들의 당위판단을 교란하고 있으며, 그 결과 '얼굴이 더럽다'는 사실로부터 일상적으로 기대할 수 있는 '얼굴이 더러우면 씻어야 한다'는 당위의 실현조차도 사실 관계가 복잡하게 얽혀 있는 현실 안에서는 여러 난관에 부딪칠 수 있음을 보여 준다. 그러나 얼굴이 더럽다는 것을 모르거나 얼굴이 더러우면서도 깨끗하다고 오인하거나 혹은 얼굴이 깨끗한지 더러운지 알 수 없거나 간에, 곧 사실 및 그에 대한 인식이 어떻게 바뀌든 간에 당위 자체를 방기하거나 망각해서는 안 될 것이다.

'난장이' 연작이 1970년대 한국 사회의 첨예한 증상이었던 저임금 노동자 및 도시빈민 문제에 대해 당위적·윤리적 입장에 서 있었던 것은 틀림없다. 그런데 그 당위가 난쟁이 가족으로 대표되는 "절대적인 가난"에 대한 동정이나 연민으로 환원되는 것이라면, 현재의 한국 사회는 그와 같은 절대 빈곤의 상태를 벗어났으므로 '난장이' 연작이 갖는 의미는 단지 과거에 국한된다고 볼 수도 있을 것이다. 그러나 '난장이' 연작의 의미는 그 당위가 어떤 내용을 갖는가 라는 관점에서만이 아니라 당위가 어떻게 가능한가의 관점에서도 찾을 수 있다. 당위의 구체적인 내용은 사실 관계에 따라 바뀔 수 있지만, 당위 자체는 사실 관계의 변화에도 불구하고 마땅히 실현되어야 할 가치에 대한 질문을 그치지 않을 때 비로소 가능해진다. 교사가 말한 "한 아이의 얼굴이 깨끗한데 다른 한 아이의 얼굴은 더럽다는 일은 있을 수가 없"는 상태, 곧 사실에 대한 인식 자체가 곤란하거나 불가능한 상태는 '난장이' 연작이 출간될 당시보다 오히려 현재의 시점에서 더 빈번히 맞닥뜨리게 된다. 그럼에도 불구하고 당위의 문제를 포기할 수 없다면, '난장이' 연작이 전하는 당위적 · 윤리적 질문은 사실 및 그에 대한 인식의 확실성이 점점 불투명해지고 있는 지금 더욱 중요하다고 할 것이다.

소설과 역사 재현
「암태도」

1. 역사소설적 상상력

송기숙의 역사소설 「암태도」는 1923년 하반기부터 암태도 소작인회가 주도한 소작료 불납운동이 1924년 8월 지주 문재철과의 소작료 조정 약정 체결에 성공하여 일단락될 때까지의 과정을 형상화하고 있다.[1] 역사적 사건으로서의 암태도 소작쟁의는 「암태도」가 연재될 무렵부터 역사학계에서도 주목받기 시작했으며, "전국적으로나 또는 전라남도 지방, 특히 서해안 여러 섬의 소작쟁의를 자극하였고 더구나 암태 소작쟁의의 승리보다는 다른 소작쟁의에 자못 용기를 불어 넣어 주었던 점에서 농민운동사상 의미 깊은 운동"[2]이라는 평가를 중심으

1 송기숙은 「암태도」 집필을 위한 자료 조사를 마친 1978년 6월 교육민주화선언사건으로 구속되었으며, 수감 중에 원고 집필을 시작하여 이듬해 형집행정지로 출감한 후 『창작과비평』에 작품을 연재하였다. 11장으로 구성되었던 연재본은 12장으로 수정・보완되어 단행본으로 출간되었다. 「암태도」는 1970년대 농민문학의 대표작으로 평가되지만, 생산관계를 소홀히 취급하며 일제 및 이와 결탁한 지주와 소작인들 간의 대립에 치중하고 있다는 점에서 한계가 지적되기도 한다.

2 조동걸, 『일제하 한국농민운동사』, 한길사, 1979, 135면.

로 여러 차례 조명되어 왔다.[3]

암태도 소작쟁의와 관련된 주요한 특징은 『동아일보』, 『조선일보』를 비롯한 신문, 잡지의 기사 및 이를 바탕으로 한 논픽션 「암태도 소작쟁의」 등을 통해 사건의 전개 과정이 비교적 구체적으로 밝혀져 있다는 점이다. 특히, 사건의 전말을 학계와 문학계로 확산시킨 계기로 평가되는 「암태도 소작쟁의」는 역사학 논문에서 주요 참고문헌으로 인용될 뿐 아니라,[4] 이를 "말 그대로 사실(史實)에 입각한 수기"로 인정한 송기숙 역시 실제 사건과 실존 인물들에 관한 기본 자료로 활용하고 있다.[5]

물론, 기사나 논픽션 등에서 요구되는 사실성만으로 역사소설이 성립할 수 있는 것은 아니다. "역사적 상황과 인물들의 실존, 즉 실제 있는 그대로의 존재를 문학적인 수단으로 증명"하는 역사소설은 '사실―허구'의 관계로 이해되기 쉬운 '역사―소설'의 관계를 직접적으로 문제 삼거니와, 과거 한 시대의 현실을 충실히 재현하는 데서 역사소설의 의의를 찾은 루카치는 "그러나 이것이 역사적으로 전해 내려오는 어떤 사실들에의 구속을 의미하는 것은 결코 아"님을 거듭 강조함으로써 개별적인 사실 너머의 역사적 총체성을 추구하는 데 역사소설적 상상력의 핵심이 있음을 보여 준다.[6] "이 소설(「암태도」―인용자)은 위 논픽션(「암태도 소작쟁의」―인용자)과 현지 취재를 통한 구체적인 사실을 바탕으로 구상된 것으로 실제의 사실을 충실하게 살리면서 소설로 형상화했다. 따라서 여러 명의 가공인물이 있다"는 작가의 발문에서 드러나듯, 「암태도」는 소설적 형상화를 위해 상상된 허구적 인물과 사건을 설정하고 있는데 이 역시 사실들의 전체적인 관계를 조망하는 역사적

---

3 박상수, 「일제시기 전남 도서지역 농민운동에 관한 연구」, 전남대 석사논문, 1993; 정병준, 「암태도 소작쟁의 주역의 세 가지 길」, 『한국민족운동사연구』 51, 2007 참조.

4 정병준, 앞의 글, 295면.

5 임홍배 · 송기숙, 「역사와 문학」, 『실천문학』, 1993 가을, 38면

6 G. 루카치, 이영욱 옮김, 『역사소설론』, 거름, 1987, 44, 214면.

관점을 형성하는 데 중요한 역할을 수행한다.

1920년대 당시의 소작쟁의는 전근대적 토지소유관계 및 일제의 식민지 농업 정책에 저항하는 반제, 반봉건 운동의 주요한 일환이었던 바, 이러한 운동의 대표적 사례로 평가되는 암태도 소작쟁의의 전체적 양상을 조망하는 「암태도」의 역사적 관점은 "당대 운동의 필연적 조건과 과정들을 충실히 파고드는 자세", 곧 "당시의 싸움이 과연 어떤 조건에서 가능했었고 이길 수 있었는가"라는 질문을 탐구하는 것으로부터 출발하고 있으며, 이에 대한 대답은 기본적으로 "당시의 정세적 조건이나 농민들의 주체적 역량"이라는 두 계기를 중심으로 형성되고 있다.[7] 본고는 「암태도 소작쟁의」를 통해 서사와 역사 재현의 관계를 살펴본 후, 「암태도」에서 위의 두 계기가 어떻게 형상화되고 있는지를 분석하고 마지막으로 「암태도」에 나타난 역사 재현에서의 문제점을 검토하고자 한다.

2. 서사와 역사 재현의 관계

『신동아』 제5회 논픽션 공모 당선작인 박순동의 「암태도 소작쟁의」는 소작쟁의의 전개과정에 대한 사실 혹은 그에 가까운 기록으로 인정되어 왔다. 논픽션은 그 외연이 매우 넓기 때문에 양식적 속성을 명확하게 규정하는 것이 쉽지 않으나,[8] 사실 자체의 전달을 일반적인 특징

7 임홍배 · 송기숙, 앞의 글, 39~40면. 이러한 두 계기는 1970년대 농민문학론에서 요청한 사회 · 역사적 인식의 심화 및 역사적 주체로서의 민중에 대한 각성이라는 두 요소와 맥락을 같이 한다(박재범, 「1970년대 농민문학론과 농민소설의 소통 양상 연구」, 『현대소설연구』 31, 2006, 222~226면).

으로 한다.[9] 「암태도 소작쟁의」가 당선될 때의 심사평 역시 "반세기나 지난 과거에 파묻힌 남해의 작은 섬에서 일어났던 한 쟁의사건을 철저한 조사와 정확한 문헌의 뒷받침을 통해서 재구성한 열의와 솜씨"를 높이 사고 있다. 그런데 한편으로는 "다만 문장이나 구성이 너무 미끄럽고 짜인 때문에 논픽션다운 묵직한 박력을 경감시키고 있는 느낌이 든다"는 점을 지적하고 있기도 한데,[10] 이는 「암태도 소작쟁의」가 사건과 상황의 직접적인 제시에 의한 사실 전달이라는 논픽션의 일반적인 속성과는 다소 거리가 있음을 암시한다.

이러한 지적과 관련하여 확인할 수 있는 「암태도 소작쟁의」의 서술상의 특징 중 하나는 보여주기(showing)에 의한 극적・간접적 제시가 두드러진다는 점이다. 「암태도 소작쟁의」는 "신문 보도면에서 볼 때 1923년을 가장 눈에 띄게 특징 지워주는 기사들 중에 소작료 조정쟁의 사건이 있다"와 같은 배경 지식을 설명하는 머리말 부분에 한정해 화자의 주석적・논평적 진술이 제시될 뿐, 본문에서 말하기(telling)에 의한 직접 제시는 거의 찾아보기 어렵다. 「암태도 소작쟁의」 본문의 서두는 다음과 같은 장면 묘사로 시작된다.

> 목포서 암태 길은 범선으로 쉬지 않고 3시간 남짓이다. 그러나 그것은 남풍을 알맞게 받고 물씨를 잘 맞추었을 때의 말이었고, 늦가을 이른 점심

8 R. L. Root・M. Steinberg, *The Fourth Genre*, Allyn and Bacon, 1999, p.15.

9 이와 같은 논픽션의 속성은 "형상화—문학화하지 않기, 사건과 상황이 스스로 말하게 하기"(Nicht gestalten, "Literatur-machen-wollen", sondern die Vorkommnisse und Zustände für sich sprechen lassen)라는 선언적 명제에 의해 대표될 수 있다(박운영, 「르포르타지의 주관적 형상화 고찰」, 서울대 석사논문, 1993, 44면).

10 방기환, 「선후평」, 『신동아』, 1969.9, 343면. 박순동은 『신동아』 논픽션 공모 제1, 4회에서도 최우수상으로 당선된 경력이 있다. 조정래는 외숙이었던 박순동의 논픽션에 대해 "논픽션을 마치 소설인 듯 구성하시는가 하면, 그 문장 표현력과 묘사력이 출중해 어떤 장면들은 소설이 무색할 지경"이라는 인상을 피력한 바 있다(박순동, 『암태도 소작쟁의』, 이슈투데이, 2003, 412면).

후에 목포를 떠난 배가, 낮때에만 부는 아주 희미한 남풍으로 암태에 당도한 것은 벌써 으스스한 해거름 참이었다. (…중략…) 햇발이 엷어지면서 어느새 바람도 서북풍이었다. 한나절 길을 그래도 남풍을 받고 배를 몰아 왔는데, 두루마기 옷고름의 나부끼는 방향이 달라지는 것을 본 박복영은,

"허어, 가을이 깊었구나……"

고 마음에 느끼면서 언뜻 눈을 들었다.[11]

「암태도 소작쟁의」의 머리말에 언급된 것처럼 1919년 3·1운동을 기점으로 발생하기 시작한 소작쟁의는 1923년에 이르러 폭발적으로 증가하고 있는데,[12] 암태도 소작쟁의와 관련된 최초의 신문 기사 역시 1923년 12월 2일 발기회를 소집하고 4일 창립총회를 개최한 암태도 소작인회가 소작료를 답(畓) 4할, 전(田) 3할로 인하할 것과 이에 불응할 경우 소작료 불납 운동을 전개할 것 등을 결의했음을 보도하고 있다.[13] 「암태도 소작쟁의」 본문의 첫 장면은 이보다 조금 앞선 1923년 11월 말, 청년회장 박복영이 목포에 거주하던 지주 문재철과 소작료 조정을 교섭하고 돌아오는 장면을 형상화하고 있다. 위의 인용에서 확인할 수 있듯, 「암태도 소작쟁의」의 화자는 자신이 보고 들은 바를 최대한 직접적으로 진술함으로써 사실성을 보증하려는 경향을 보이기보다는,[14] 장면을 재구성함으로써 사건을 소설적으로 형상화하려는 경향을 보이고 있다.

「암태도 소작쟁의」에서 확인할 수 있는 또 다른 서술상의 특징은 구성이 상당히 치밀하다는 점이다. 「암태도 소작쟁의」는 섬 안에서 소작인회와 지주 측의 갈등이 상승과 하강을 거듭하다가 송덕비(공덕비) 도

---

11 박순동, 「암태도 소작쟁의」, 『신동아』, 1969.9, 347~348면.

12 김동노, 「일제시대 식민지 근대화와 농민운동의 전환」, 『한국사회학』 41, 2007, 201~202면.

13 『동아일보』, 1923.12.11.

14 박운영, 앞의 글, 16~21면.

「암태도 소작쟁의」	「암태도」
소작회 사람들	앞에 나선 사람
소작인들의 지주(支柱) 박복영	깊은 뿌리들
벼는 우선 베기로	동요
지주와의 담판에서 실패	
냉전	위협
놀음판을 벌이는 소작인도	배신
소작회를 배반한 소작인	
열전	대결
지주의 계략	
난투극	난투
부서진 송덕비	공덕비를 부숴라
무대는 목포로	모두 목포로
집단농성	
이차농성	다시 목포로
도장관의 개입	결전
대단원	
길은 모두 서울로	만석이의 눈물

괴 사건을 기점으로 갈등이 최고조에 이르고 이로 인해 사건의 무대가 목포로 확장되어 전국적인 성원과 지지를 받은 끝에 극적으로 대단원을 맞게 되는 전개를 따른다. 이러한 사건 전개 중에 발생하는 에피소드들 역시 대단히 풍부하다는 점 등은 그 구성이 "너무 미끄럽고 짜"여 있다는 평을 받기에 충분한 것으로 보인다. 암태도 소작쟁의의 전개 자체가 실제로 극적이기도 했지만, 논픽션과 소설의 소제목을 비교한 위의 표에서 보이듯 「암태도 소작쟁의」의 서사가 「암태도」에 대부분 그대로 반영되어 있다는 점은 「암태도 소작쟁의」의 구성 자체가 장편소설로 옮겨져도 크게 무리가 없을 만큼 치밀하게 짜여 있음을 보여준다.

그런데 이와 같은 「암태도 소작쟁의」의 구성에서 중요한 역할을 하는 일부 사건이 사실과 다르다는 점에 주목할 필요가 있다. 그 첫째는 송덕비 도괴를 결정하는 중요한 계기가 일본 군함의 갑작스러운 출현으로 서술되는 부분이며, 둘째는 수감되었던 소작인회 간부들이 소작료 조정안 체결 후 곧바로 석방된다는 부분이다. 갈등을 고조시키거나 대단원을 맺는 역할을 담당한다는 점에서 이 두 사건은 전체 구성에서 중요한 의미를 지니지만 사실 관계에서는 오류를 범하고 있다.[15] 이 오류가 서사의 구성상의 효과를 위해 의도적으로 발생한 것인지 단순한 착오에서 기인한 것인지는 판단하기 어려울 뿐 아니라 일반적으로 역사서술에서 플롯 만들기 등의 허구적 요소가 개입할 가능성이 전적으로 부정되는 것도 아니다.[16] 그럼에도 불구하고 이와 같은 사실 관계에서의 오류는 역사적 사건의 재현에 일정한 한계를 낳고 있거니와, 「암태도 소작쟁의」에서 보이는 오류가 그대로 유지되는 「암태도」의 경우 역시 이러한 사정은 크게 다르지 않다.

3. 농민의 주체성에 대한 각성

기본적인 서사가 유사하다고 하더라도 소작쟁의를 바라보는 「암태도」의 역사적 관점은 「암태도 소작쟁의」와 상당히 다른데, 가장 가시

15 일본 군함에서 상륙한 군대가 암태도에서 사격연습을 실시한 때는 1924년이 아니라 1926년이다(『조선일보』, 1926.3.2). 한편, 조정안 체결 직후부터 진행된 재판에서 소작인회 회원 중 4명은 실형을 언도받았다. 서태석과 서창석의 경우, 1924년 12월 일시 귀향하기도 했으나 보석이 취소되어 각각 1927년과 1926년 석방된다(『조선일보』, 1926.6.9; 1927.3.3).

16 루샤오펑, 조미원 외 옮김, 『역사에서 허구로』, 길, 2001, 69~71면.

적인 차이는 소작쟁의를 주도한 인물이 박복영에서 서태석으로 바뀌었다는 점이다. "현재 암태도 이웃섬인 자은도에서 80의 고령으로 한가로운 박복영 옹의 회고담을 『동아일보』 기사를 고증 삼아 조그마한 기록으로 엮어본다"는 머리말에서 보이듯, 「암태도 소작쟁의」의 중요한 한 축을 이루고 있는 박복영의 증언의 객관성과 관련하여 "서태석이 사회주의자로 정당한 평가를 받지 못하는 사이 임정계 우익인사인 박복영이 소작쟁의의 주역이 된 것은 아닌가"와 같은 의문이 꾸준히 제기되어 왔다.

암태도 소작쟁의와 관련된 인물들의 행적을 실증적으로 밝힌 정병준에 의하면, 이러한 의문은 "객관적 사실 · 진실"과 "재현된 기억 · 전승된 기억"의 간격에서 비롯된 것이다. 박복영이 1928년 이후 기독교 선교나 향토교육가로 자신의 활동범위를 축소했음에도 불구하고 소작쟁의 당시에는 암태도 청년회원이자 소작인회 간부로서 중요한 역할을 수행하고 있었다는 증거가 여러 경로를 통해 확인되므로 그의 행적에 대한 의문은 사실과는 다소 거리가 있다.[17] 물론, 개별적인 사실의 차원을 넘어 박복영과 서태석 중 누구의 활동을 더 강조할 것인가 등과 같이 역사를 조망하는 관점의 문제는 여전히 남는다. 수확 거부 운동의 지속 여부를 결정하는 과정은 서사 초반의 중요한 사건이거니와, 이 과정을 살펴봄으로써 「암태도」의 역사적 관점이 지닌 함의를 확인할 수 있다.

7, 8할에 이르는 고율의 소작료를 인하할 것을 요구하면서 수확을 거부하고 있던 소작인회는 지주와의 교섭에 진척이 없는 상태에서 겨울이 다가오자 예상치 못한 농민들의 동요에 부딪친다. 소작인회에서는 일단 벼를 벤 후 소작료 불납 운동을 계속하는 것으로 방향을 수정한다.

17 정병준, 앞의 글, 303~307면.

> 아직도 내 말을 이해하지 못하는 것 같은데, 이야기가 처음으로 다시 돌아갑니다만 생각해 봅시다. 박형도 그렇습니다마는 나는 전부터 면장이다 뭐다 해서 작인들이 늘 쳐다보기만 했고, 또 나는 내려다보기만 했던 터라 어느새 그런 거탈이 몸에 배어 있기 때문에 작인들과는 위아랫물이 너무 져서 그들의 가려운 곳을 발밭게 가려내지 못하고 있습니다. 그래서 이번에도 벼를 베지 말아야 한다는 것을 우리 입장에서만 생각했고, 그러다 보니 그만큼 일감만 더 헝클어놨을 뿐 아니라 그 동안 그들에게 큰 고통을 주었습니다. 다시 말하면 그동안 우리는 본의 아니게 그들을 압제해 온 셈입니다(70면).[18]

동일한 사건에서 벼를 베기로 결정하는 인물이 「암태도 소작쟁의」에서는 박복영으로, 「암태도」에서는 서태석으로 서술된다. 그런데 보다 중요한 차이는 「암태도 소작쟁의」에서는 그 결정이 단지 불납 운동의 효과적 전술을 고려한 박복영 개인의 차원에서 이루어지는 데 반해, 「암태도」에서는 소작쟁의의 본질적인 성격을 반성하는 차원에서 이루어진다는 점이다. 수확 거부 운동이라는 문제를 통해 농민들의 입장과 거리가 있었음을 반성하는 서태석은 나아가 "소작인들이 자발적으로 나서서 자기들의 의사로 모든 것을 결정하고, 싸우기도 자기들이 싸워서 그 승리도 자기들의 승리가 되어야" 함을 새삼 강조한다. 이러한 인식에 의하면, 누군가가 앞장서서 지도하는 것은 농민들의 기회를 박탈하는 것이며 나아가 일종의 "압제"일 수도 있다. 「암태도」에서 강조되는 농민의 주체성에 대한 서태석의 인식은, 「암태도 소작쟁의」에서 소작인들의 의존적 · 자멸적(自蔑的) 태도가 "소작인들 자신의 내부에 도사리면서 이번 일을 무너뜨릴 수도 있는 가장 위험한 요소의 하나"라고 경계하는 박복영의 인식과 의미심장한 대조를 이루고 있다.

---

18 이하 인용 면수는 송기숙, 『암태도』, 창작과비평사, 1981에 따름.

따라서 「암태도」에서 소작쟁의를 이끈 인물이 박복영에서 서태석으로 바뀐 것은 누가 지도자였는가 라는 사실 확인의 차원을 넘어 농민의 주체성이라는 보다 근본적인 문제를 바라보는 역사적 관점의 변화를 반영한 것이라고 할 수 있다. 이때 「암태도」에서 서태석에 의해 사회운동의 주체에 대한 각성이 이루어지도록 설정한 것은 서태석과 박복영의 이후 행적을 고려한 결과로 보는 것이 적절하다. 기독교 선교나 향토교육가로 활동을 축소한 박복영과 달리 사회운동을 지속한 서태석에게 운동의 주체에 대한 문제의식이 보다 중요하게 인식되었을 개연성이 크기 때문이다. 농민이 주체성을 형성해 가는 과정에 대한 형상화는 역사소설인 동시에 농민소설인 「암태도」의 중요한 성취 중 하나이며, 이 점은 "철저한 자기비판의 과정을 겪음으로써 서태석이 농민의 역량을 신뢰하고 그들을 운동 수체로 인식"할 수 있었던 것이 「암태도」의 핵심 주제라는 평가로 이어지기도 한다.[19]

"내가 갔다 와서 가도 늦잖습니다. 가서 말로 따질 것은 따져보고 나서 힘으로 밀어붙여도 붙여야 합니다."

"저놈들 말에 많이 속아 왔소. 우리는 말로 살아온 사람들이 아니고 몸뚱이로 살아온 사람들이오. 제 몸뚱이 끙끙 부려 땅 파먹고 살아온 사람들이라 이런 일도 몸뚱이를 던져 해결하는 것밖에는 길이 없어요. 말? 여태 촌놈들 속여 온 것은 그 말이요. 말!"

춘보였다. (…중략…) 박복영이가 다시 무슨 말을 하려는 순간이었다. 만석이가 토방으로 뛰어올랐다.

"그런 한가한 소리나 하려면 이제 당신도 더 나서지 마시오. 당신은 배가 안 고파본 사람이라 소작인들 속을 몰라요."

만석이는 박복영이를 한쪽으로 밀어붙여 놓고 군중을 향했다(273면).

---

19 정호웅, 「송기숙론」, 『한국현대작가연구』, 민음사, 1989, 269~270면.

이는 단지 농민의 주체성에 대한 서태석의 각성으로 드러나는 데 그치지 않고 실제로 농민들이 소작쟁의에서 주체적으로 활동하는 단계로까지 발전한다.[20] 「암태도」는 동학군으로 참여했다가 토벌을 피해 암태도로 숨어든 춘보, 그리고 정미의병에 가담했다가 역시 일본군을 피해 도망하던 중 춘보 동생 춘만의 소개로 암태도에 정착하게 된 만석 등의 상상적 인물을 등장시킴으로써 농민의 주체성이라는 주제를 과거의 민중운동 경험과 연결시키는 역사적 관점을 반영하고 있다.[21] 소작쟁의 과정에서 주체성을 확보해 가는 상상적 인물들은 지주 측과의 폭력사건에 연루되어 목포에 수감된 서태석 등을 지원하기 위해 벌어진 석방 운동에서 중요한 역할을 담당한다.

특히 두 차례에 걸친 목포에서의 석방 운동이 전국적인 관심과 지지하에 이루어졌음에도 불구하고 서태석 등이 오히려 광주로 이감되었다는 소식을 접한 직후, 지금까지 교섭을 담당하던 박복영의 역할이 부정되고 "서태석이에 방불한 위엄이 풍겨나는" 만석이 새 지도자로 탄생하는 급격한 상황 변화를 통해 소작쟁의의 성격이 농민 중심으로 바뀌고 있음이 보다 분명히 드러나고 있다.[22] "천도를 지키고 살아가는 우리 백성들을 못살게 하는 놈들은 천도를 어긴 놈들일세. 이런 놈들한테 주먹 쥐고 달려드는 것은 그대로 하늘의 뜻에 따르는 것이 아니고 뭣이겠어?"라는 춘보의 발언은 「암태도」에서 부각되는 농민의 주체성이 "구체적인 삶에서 얻는 수많은 체험"과 "과거의 민중운동을 경험을 통해

20 이와 관련하여 진정석은 「암태도」가 "농민들이 일상적 의식에서 깨어나 스스로의 주체됨을 자각해 가는 근대적인 형태가 소작쟁의임을 간파하는 진전된 문제의식"을 보여준다고 평가하고 있다(진정석, 「민중적 주체성의 복원을 위한 도정」, 『창작과비평』, 1995 겨울, 273면).

21 만석이 합류하려고 했던 안규홍은 머슴 출신 의병장으로 알려져 있으며, 1908년 보성에서 의병을 일으켜 순천, 광양 등지에서 활동했다.

22 이는 「자랏골의 비가」 발표 이후 민중의 주체성이라는 문제를 꾸준히 고민해 왔던 작가의 문제의식이 반영된 것으로 볼 수 있다(김춘복 · 송기숙 · 신경림 · 홍영표 · 염무웅, 「농촌소설과 농민생활」, 『창작과비평』, 1977 겨울, 27~29면).

나타난 집단적 요구의 정당성"에 근거한 것임을 보여 준다.[23]

> 일주일 뒤인 8월 30일, 박복영 · 서광호 · 이만석 세 사람은 다시 경찰서로 들어갔다. 서장이 또 만나자고 했던 것이다. (…중략…) 서장실로 안내된 세 사람은 잠시 어리둥절했다. 서장실에는 광주 노농회 간부 서정희와 함께 뜻밖에 문재철이가 앉아 있었고, 서장 자리에는 낯모르는 사람이 버티고 앉아 있었다.
>
> "전남 경찰부 고등과장님이십니다. 인사하십시오."
>
> 서장의 소개로 세 사람은 고가 과장에게 꾸벅 고개를 숙였다. (…중략…) 고가는 봉투를 하나 서장한테 던졌다. 서장이 받아 박복영에게 건넸다.
>
> '소작료 조정 약정서'
>
> 박복영은 손이 떨렸다. 약정서에는 이미 문재철의 도장이 찍혀 있었다. (…중략…) 박복영이가 만석이에게 낮은 소리로 내용을 설명해 주었다. 세 사람은 멍청한 표정이었다. 얼음장 같은 서장실의 분위기 때문인지, 너무 거짓말 같아 실감이 안 가는지 뚝배기에 든 두꺼비처럼 눈알만 멀뚱거리고 있었다(295~296면).

그런데 소작인회가 만석을 중심으로 후속 대책을 논의하던 중 행정당국이 갑자기 조정안을 제시한다. 당국의 중재에 의한 소작료 조정안 체결로 소작쟁의가 해결되는 「암태도」의 급작스러운 결말은 만석이 지도자로 탈바꿈하는 등 농민의 주체적 역량이 점차 고조되어 가던 서사의 내적 전개와 무관하게 주요 갈등이 해소된다는 점에서 구성상의 난점을 드러내고 있다. 자신들이 전혀 모르는 상태에서 진행된 행정당국의 중재에 대해 주체적인 역할을 수행하지 못한 소작인회는 "일이 이렇게 끝장이 나고 보니 뭔가 좀 싱겁다는 느낌뿐, 이겼다는 실감이

23 진정석, 앞의 글, 275면.

얼른 안겨오지 않"는다는 반응을 보일 수밖에 없다.

작가 역시 이 점을 고려해 「암태도」가 단행본으로 수정되는 과정에서 송덕비 도괴 사건의 계기가 되었던 일본 군함이 재차 출현한다는 소식에 전해지고 이에 대해 새 지도부가 급박하게 대응하는 장면을 삽입함으로써 서사의 내적 긴장을 유지하려고 한다. 그러나 이러한 설정은 구성상의 효과를 얻을 수는 있으나 소작쟁의 자체가 소작인회의 활동과 무관하게 행정 당국의 중재로 종결되고 있다는 사실을 어떻게 이해할지에 대한 적절한 역사적 서술에는 이르지 못한다는 한계를 드러낸다.

4. 사회적 조건에 대한 인식

암태도 소작쟁의 관련 기사는 소작료 불납운동을 둘러싸고 소작회와 지주 측의 충돌이 본격화되기 시작한 1924년 4, 5월에도 여러 차례 신문에 보도된 바 있지만, 목포에서 석방 운동이 전개된 6월 초부터 소작료 조정 약정이 체결된 8월 30일을 전후한 시기에 급격히 증가하는 양상을 보인다.[24] 당시 신문 기사는 서태석 등에 대한 석방 운동을 전개하고 있는 소작인회의 동정을 보도하는 한편 자금과 식량을 지원하는 목포 소재 노동단체 및 청년단체의 활동을 포함해 전국에서 연설회를 개최하고 동정금을 모금하는 동시에 대표자를 파견하는 조선노동총동맹의 활동 등을 연일 보도하고 있다.[25] 언론매체의 이와 같은 역

24 이 기간 중 암태도 소작쟁의 관련 기사는 『동아일보』에 40여 회, 『조선일보』에 50여 회 보도되었음을 확인할 수 있다.

할에 의해 암태도 소작쟁의는 전국적인 관심의 대상이 될 수 있었으며, 또한 이렇게 형성된 사회 여론은 소작쟁의의 전개 과정에서 긍정적인 효과를 발휘했다고 평가할 수 있다.

따라서 암태도 소작쟁의가 성공할 수 있었던 데에는 농민들의 주체적 역량뿐 아니라 "언론도 소작쟁의 과정에서 은근히 농민들의 편에 설 만큼 우호적"일 수 있었던 당시의 사회적 조건 또한 중요한 요인으로 작용하고 있다.[26] 언론을 통한 사회 여론의 형성은 「암태도 소작쟁의」와 「암태도」의 서사 안에서도 공통적으로 중시되고 있으며, 이는 당시의 신문 기사가 「암태도 소작쟁의」와 「암태도」의 본문에 여러 차례 직접 인용되고 있다는 점을 통해서도 확인할 수 있다.

> 전에는 아무리 큰일이 나도 입에서 입으로만 전해지니까 소문이 산 하나를 넘는 데도 하루가 걸렸잖습니까? 그런데 그 기자란 사람들이 와서 적어가기만 하면 그것이 신문에 나서 그 뒷날이면 조선 팔도에 좍 퍼집니다그려. (…중략…) 아무데 사는 지주 아무개는 소작료를 이렇게 험하게 뜯어가는 통에 소작인들이 살 수가 없어 지금 이렇게 들고 일어났나고 조선 팔도 사람들한테 왜장을 치면서 죽일 놈 잡죄듯 하니 지주가 겁을 안 먹고 견디겠습니까? 세상 개명했다는 것이 고무신 신고 남포불 켜는 것보다 이런 것입니다. (…중략…) 요새 세상에는 싸운다는 것이 그냥 이렇게 버티는 것만 싸우는 것이 아닙니다. 한쪽에서는 이렇게 버티면서 또 한쪽으로는 신문으로 세상에다 대고 왜장을 치고, 양수겹장으로 몰아쳐야 해요. 개명한 세상에 산다는 것이 뭡니까? 연락선 놔두고 풍선 타고 다니던 생각만 하면 그만큼 세상에서 뒤떨어지는 것이 됩니다(39~40면).

---

25 아사다 교지, 「항일농민운동의 일반적 전개 과정」, 편집부 편역, 『항일농민운동연구』, 동녘, 1984, 32면.

26 임홍배 · 송기숙, 앞의 글, 39면.

특히, 「암태도」에서는 근대적 매체로서의 신문이 사회운동에 미치는 긍정적인 효과에 대한 인식이 보다 구체적으로 드러나고 있음을 볼 수 있다. 지주 측과의 충돌이 본격화되기 전인 1923년 가을, 형 춘보를 찾아 순천에서 암태도를 방문한 춘만은 순천 소작쟁의에 참여한 자신의 경험을 바탕으로 신문의 협조가 중요하다는 점을 강조한다.[27] 3·1운동 이후 제한적으로 허용된 언론·출판·집회·결사의 자유는 공론장의 확대를 가져왔으며, 그 결과 "그때까지 종교시도자, 교육자, 언론인, 기업가, 변호사, 문인 등에 의해 주도, 지도되던 공론의 장에 새로운 목소리가 '침입'해" 소작인, 노동자, 백정계급 등의 민중이 "당연히 행사할 권리를 행사"하고 "의례히 할 말을 하"게 되는 변화를 낳는다.[28] 당시 소작쟁의를 보도하던 신문 기사가 소작인의 목소리를 적극적으로 대변하려 했던 데에는 부르주아 계몽주의 지식인뿐 아니라 민중의 담론까지 부분적으로 포괄하는 공론장의 형성이 주요한 조건으로 작용했다고 볼 수 있다.[29]

그런데 "신문에 나서 그 뒷날이면 조선 팔도에 좍 퍼"지는, 곧 근대적인("개명한") 매체에 의해 시공간의 압축이 가능해진 데 대한 춘만의 인식이 기술결정론에 기반한 소박하고 낙관적인 전망을 드러내는 데 그치고 있다는 점에 주목할 필요가 있다.[30] 근대화에 대한 반응을 기준으로 송기숙의 농민소설이 "근대화가 농촌사회의 내부에 일으키는

27 소작료 인하 및 소작권 이동 반대를 요구했던 1922~23년의 순천 소작쟁의는 선구적 경험을 통해 이후 농민운동의 전형적 특징을 형성한 것으로 평가된다(오와 카즈아키, 「1920년대 전반기의 한국농민운동」, 『항일농민운동연구』, 125~128면).

28 김현주, 「3·1운동 이후 부르주아 계몽주의 세력의 수사학」, 『대동문화연구』 52, 2005, 65면.

29 김현주, 「1920년대 전반기 사회주의 문화담론의 수사학」, 『대동문화연구』 64, 2008, 20~21면.

30 기술결정론은 시공간을 초월하거나 압축시키는 통신·미디어 기술에 의해 사회가 자동적이고 직접적으로 변화된다는 입장을 취한다(윤상길, 「일제강점기 전화의 식민지적 용도 구성과 배치」, 서울대 박사논문, 2010, 10면).

파괴적 영향력을 현상적으로 진단하는 유형"과 "파행적인 역사의 전개 과정 속에서 면면히 이어져 온 농민의 주체적 움직임을 그려내는 유형"으로 대별된다고 할 때,[31] 「암태도」에 드러나는 근대적 매체에 대한 긍정적인 인식은 송기숙 소설에서 다소 예외적인 경우에 속한다고 할 수 있다. 이는 근대적 교통기관의 경우에도 유사하게 드러나고 있다. 신문의 중요성을 역설하던 춘만은 그 연장선상에서 "연락선 놔두고 풍선 타고 다니던 생각만 하면 그만큼 세상에서 뒤떨어지는 것"이라고 강조한다.

> 저 남일환(南一丸)은 그 기항지가 되어 있는 안좌, 여기 암태・도초・흑산 그리고 그 외 자잘한 기항지의 섬사람들이 저마다 한푼 두푼 주(株)를 사서 사들인 배였다. 그래서 섬사람들은 저 연락선만 보면 거기에 자기 논이 얼마가 들었건 모두가 나이찬 자식 본 듯 뿌듯한 보람이 안겨 왔다 (…중략…) 목포까지의 아득한 뱃길을 두 시간에 훌쩍 건네다 주니 육지가 그만큼 가까워진 것도 가까워진 것이지만, 저런 기선을 타고 다닐 수 있게 되었다는 것이 자기들도 그만큼 개명을 한 것 같아 이제 섬에 살아도 사람 축에 낀 것 같았다(11～12면).

신문과 마찬가지로 기선(汽船) 역시 풍선(風船)에 비할 수 없을 만큼 시공간의 축소를 가능케 함으로써 개명한 세계를 제공할 수 있지만, 그렇다고 해서 이러한 근대화된 통신, 교통 기술이 그 자체로 중립적인 속성을 갖는 것은 아니다. 이는 당시 목포와 암태도 사이를 오가던

31 이와 관련하여 진정석은 "사회의 전반적인 근대화가 전통적인 인간관계를 왜곡하고 타락한 욕망을 산출했음은 분명한 사실이나, 이는 근대화가 가진 한 단면에 불과"한데도 불구하고 근대화를 부정적으로 바라보는 송기숙에게는 "억압적인 봉건질서를 해체하는 근대성의 충격은 파괴적인 성격과 함께 진보적인 측면 또한 내포하고" 있다는 인식이 미흡하다고 평가한다(진정석, 앞의 글, 270면).

연락선 남일환에 대한 소작인들의 태도에서도 암시되거니와, 그들은 연락선이 자신들이 출자하여 사들인, 자신들의 기선이라는 점을 중시하고 있다. 근대화의 성과를 소작인들이 주체적으로 이용할 수 있을 때, 그것은 긍정적인 것이 될 수 있다. 그러나 그와 반대의 경우도 충분히 있을 수 있다.

「암태도」의 서사에는 등장하지 않지만 소작료 조정 약정이 체결된 이후 연락선 운항을 둘러싼 분쟁이 실제로 발생하여, 남일운수회사는 암태취급점을 위탁운영하던 청년회 박복영에게 돌연 계약 해지를 통고한다.[32] 고율의 소작료를 책정해 쟁의를 부른 당사자였던 지주 문재철은 남일운수회사 사장을 겸하고 있었고, 소작쟁의가 농민들에게 유리하게 종결되자 "암태 소작쟁의로 인하여 누구든지 소작간부인 암태청년이라면 모두 구수시(仇讐視)하여 될 수 있는 대로 전멸시키려" 했기 때문이다.[33] 이처럼 기선 남일환은 한편으로는 문명개화의 상징일 수 있으나 다른 한편으로는 소작쟁의를 분쇄하기 위한 목적에 이용되는 억압적 수단일 수도 있다.

근대적 교통기관은 그 자체로 중립적인 것이 아니라 어떤 정치적·사회적 상황에 놓이느냐에 따라 그 성격이 달라진다. 이러한 사정은 신문이라는 근대적 매체의 경우도 마찬가지이다. 춘만의 인식에서처럼 신문은 단지 객관적인 소식을 빨리, 멀리 전달하는 중립적인 수단인 것만이 아니라 그 자체로 사회적 상황을 반영하고 있다. 따라서 당시의 신문 보도가 소작쟁의의 전개 과정에 긍정적인 효과를 발휘할 수 있었던 이유는 신문 자체의 속성에서가 아니라 3·1운동 이후 새롭게 등장한 민중이라는 정치세력을 중심으로 한 운동이 꾸준히 활성화되고 있었던 사회적 조건에서 찾아야 한다. 이런 맥락에서 암태도 소작

32 『동아일보』, 1924.10.12.

33 『조선일보』, 1925.1.7.

쟁의는 노동운동 및 기타 사회운동과 상호지지 · 제휴 하에 전개되었던 농민운동의 선구적이며 대표적인 사례로 평가되고 있다.[34] 그러나 「암태도」에서 다른 사회운동과의 연계는 단편적이고 피상적인 차원에서만 형상화되고 있을 뿐이며, 이는 소작쟁의가 제3자의 중재를 통해 해결되는 과정에 대한 역사적 재현이 미흡하다는 한계로 이어진다.

1924년 8월 소작인회와 문재철 간에 체결된 약정에는 무안군수 김동우, 목포경찰서장 나카지마(中島), 전라남도 고등경찰과장 고가(古賀)가 조정자로, 서정희가 입회인으로 참석하고 있다. 순천 소작쟁의의 경우 역시 군(郡)과 경찰이 지주회 임시총회를 소집하여 소작인회의 요구 사항을 승낙하도록 주도했던 만큼, 행정 당국이 소작인과 지주 사이에서 소작쟁의를 조정하는 것이 암태도 소작쟁의에 국한된 현상만은 아니었다.[35] 농사개량 및 소작관행 개선, 자작농 보호를 통한 산미증식을 정책적 목표로 삼았던 총독부는 정책의 효율적 집행을 위해 지주회를 활용하고자 했으나 소작쟁의가 급증하고 농촌사회의 위기가 고양되면서부터 보다 적극적이고 실질적으로 개입하지 않을 수 없었고,[36] 이 과정에서 일부 지주들의 거부에도 불구하고 분쟁의 조정을 주도하는 양상을 보이기도 했다.[37]

암태도 소작인회 역시 이러한 정세를 파악한 결과 "일본이나 육지에서 하는 것을 보면 시세가 이미 그렇게 기울었기 때문에 작인들이 그냥 물러서지는 않을 것"이라는 자신감을 피력하고는 있었지만, 당국의 중재가 진행되는 과정에는 참여하지 못하고 중재안을 일방적으로 통보 받고 있을 뿐이다. 따라서 「암태도」에서는 중재가 어떤 과정을 거쳐 진행되었으며 그 성격이 어떠한 것이었는지 등에 대한 구체적인 서

34 오와 카즈아키, 앞의 글, 129면.
35 아사다 교지, 「식민지 한국에서의 농민조직의 발전 상황」, 『항일농민운동연구』, 15면.
36 정연태, 「일제의 한국 농지 정책」, 서울대 박사논문, 1994, 113면.
37 이기훈, 「1912~1926년 일제의 농정 수행과 지주회」, 서울대 석사논문, 1993, 55~57면.

술을 찾아볼 수 없다. 이러한 한계는 입회인으로 참석한 서정희를 매개로 남선노동동맹 등의 사회운동단체가 암태도 소작쟁의와 관련하여 어떤 활동을 수행했는지를 보다 폭넓게 서술함으로써 어느 정도 극복될 수 있을 것으로 판단된다. 「암태도」의 서사에는 등장하지 않으나 이미 1924년 4월 암태 소작인 총회에 참석한 서정희가 "암태 소작인회 급(及) 남선노농동맹회 만세"를 선창했다고 보도되고 있거니와,[38] 이는 소작쟁의의 전개 과정에서 외부의 사회운동단체가 목포에서의 석방운동에 단지 지지를 표하는 것 이상의 역할을 수행했을 것이라는 추정을 가능케 하는바, 암태도 소작쟁의의 전모가 보다 체계적으로 서술되기 위해서는 소작인회와 사회운동단체 간의 연계가 좀 더 구체적으로 형상화될 필요가 있었던 것으로 보인다.[39]

5. 결말 이후에 남은 문제들

「암태도」의 서사는 1924년 9월 추석 무렵 서태석 등이 남일환을 타고 암태도에 도착하는 장면으로 결말을 맺고 있다. "지주하고 소작인들은 문서에 도장 찍고 싸움을 끝냈어. 우리도 이제 손잡고 화해할 때"라는 말에서 보이듯, 지주와의 소작료 약정이 체결된 이후 「암태도」의 서사는 소작쟁의 과정에서 생긴 소작인 내부의 갈등을 해소하는 것을 주요

38 『조선일보』, 1924.4.17.

39 광주소작인연합회를 조직한 서정희는 1923년을 전후로 전라노농연맹 위원장, 남선노농동맹 위원장, 조선노동총동맹 중앙상무집행위원 등을 지냈다. 암태도 소작쟁의와 관련한 서정희의 활동에 대해서는 이성규, 『서정희』, 지식산업사, 2006, 381~384면 참조.

한 사건으로 다루고 있다.[40] 그러나 실제로는 서태석이 암태도로 돌아올 수 없었듯이 소작쟁의 역시 약정 체결만으로 종결될 수는 없었다.

앞에서 언급했듯이 행정 당국의 소작쟁의 조정안은 산미 증산이라는 농업 정책을 원활히 수행하기 위한 것이었다는 점에서 소작쟁의를 개량주의화하고 체제내화하려는 속성을 지니고 있었다.[41] 조정안의 세목에는 소작료 인하뿐 아니라 시비(施肥) 장려, 품평회 개최, 소작인 표창 등이 보이거니와,[42] 이러한 항목이 농사개량을 위해 지주회가 시행하던 사업과 일치한다는 점에서 당국의 조정안이 안고 있는 한계가 여실히 드러난다. 또한, 소작료 및 소작권을 둘러싼 분쟁도 쉽게 해결될 기미를 보이지 않았다. 약정 체결 후 채 몇 달 지나지 않아 신문은 "오랫동안 싸움에 싸움을 거듭하여 온 암태 소작쟁의는 일시에 화해되었다는 말을 전하였으나 이것은 무근한 풍설에 지나지 못하고 실상은 갈수록 분쟁이 더하여 도리어 타협할 여망이 없어졌다"는 박복영의 말을 전하고 있으며,[43] 이후로도 암태도에서 소작료 강제 집행이나 소작권 이동을 반대하는 운동이 전개되었다거나 소작권 이동으로 인해 소작인 간에 분쟁이 발생했다는 보도가 계속되고 있음을 볼 수 있다.[44]

「암태도」는 주체적이고 적극적인 민중—농민상을 형상화하는 데에는 성공을 거둔 것으로 평가되지만, 다른 한편으로는 "권력의 폭력과 농민들의 대립이란 골격" 안에서 농민들이 "하나같이 건강하고 선의와 단결력이 충만된 존재"로서 "일사분란하게 뭉쳐 지주와 맞서"고 있으며, 이는 "현실의 민중의 모습이라기보다는 작가의 관념 속에서 재구

40 소작인 내부의 갈등과 화해를 부각시키기 위해 단행본으로 수정되는 과정에서 소작쟁의에 적극 참여한 집안과 문재철 일가에 속한 청년 남녀의 연애 사건이 서사에 추가되기도 한다.

41 오와 카즈아키, 앞의 글, 133~134면.

42 『조선일보』, 1924.9.11.

43 『조선일보』, 1924.11.10.

44 『동아일보』, 1925.12.1; 『조선일보』, 1926.4.28; 『동아일보』, 1927.5.6.

성된 이상적 민중의 형태"에 가깝다는 한계가 지적되기도 한다.[45] 이러한 지적은 타당하지만, 그럼에도 불구하고 수백 명의 소작인들이 암태도에서 목포로 건너가 여러 차례 석방 운동을 전개했으며, 이에 대해 전국적인 성원과 지지가 답지했다는 사실은 일제하 농민운동의 중요한 성과로 높이 평가되어야 하며, 또한 과거 농민운동의 전통을 복원하면서 이러한 사건의 전개 과정을 충실히 재현한 「암태도」 역시 농민소설의 중요한 작품으로 인정될 수 있다.

「암태도」의 역사 재현에서 드러나는 문제는 오히려 그러한 가시적인 성과에 주목한 나머지 사건의 전체적인 역사적 맥락에 대한 재현이 미흡했다는 점에서 찾아야 할 것이다. 이는 기본적으로 사실 관계를 보다 체계적으로 확인하는 것과 관련된 문제인 동시에 나아가서는 암태도 소작쟁의라는 역사적 사건을 어떤 식으로 규정할 것이냐의 문제이기도 하다. 암태도 소작쟁의를 소작료 불납 운동으로만 규정한다면 지주와의 약정 체결에 의해 사건이 종결된 것으로도 볼 수 있으나, 1920년대 이후 빈번히 발생했던 농민운동의 본질적인 측면에서 접근한다면 암태도 소작쟁의를 종결된 사건으로 보기는 어렵기 때문이다. 당시 총독부 당국의 농업정책, 언론 및 사회운동단체와의 연계 등, 암태도 소작쟁의가 부분적으로 성공을 거둘 수 있었던 사회·역사적 상황에 대한 전체적인 고찰은 곧 그러한 부분적인 성공이 지닌 한계에 대한 고찰로 이어질 것인바, 이러한 성공과 한계가 함께 서술될 때 「암태도」에서 볼 수 있는 역사 재현의 수준은 한 단계 더 심화될 수 있을 것이다.

---

45 정호웅, 앞의 글, 270면; 진정석, 앞의 글, 274면.